U0001257

槍炮、船艦與筆墨

The Gun, The Ship, and the Pen

Warfare, Constitutions, and the Making of the Modern World

戰爭及憲法所催生的現代世界

琳達・柯利◎著
Linda Colley
陳信宏◎譯

目錄

各界好評

這是一本融合戰爭、歷史、憲法與許多精彩故事的書。戰爭導致新憲法，新憲法又常引起戰爭，整本書可以像章回小說一樣一直讀下去。扣除尾聲，全書正文以康有為在伊斯坦堡的見聞開始，最後以孫文和中華民國憲法前言結束，更是意料之外的有趣之處。

——林建志，中研院法律所副研究員

每一部憲法都有自己的故事。《槍炮、船艦與筆墨》以全球尺度，將這些故事及其背後推動力量，特別是戰爭與印刷術，編織成一幅巨型的時代圖像，極具啟發性。

——蔡蔚群，北一女中歷史科教師

本書文筆生動，內容豐富，是一部引人入勝的優秀作品。作者從不同歷史事件與行動者——如戰爭發起者、強大領導者、有遠見的立法者和堅定的反叛者等角度——重新描繪當代憲政體制的故事，以及當代憲政體制對現代化（modernization）所帶來的深刻意涵。

——李怡俐，清華大學科技法律研究所助理教授憲法，想像一個不存在的世界，但展現好似真的一般。本書作者說，成文憲法，易於犯錯的人類紙上創造的脆弱作品，但仍紀實不墜：哪些歷史當下，為改變一切，人們必須追求此「不存在的世界」。憲法時刻，尤令人佇足深思。

——林佳和，政治大學法律系副教授

在讀到莫斯科少女歐嘉米希克向鎮暴警察朗讀俄羅斯聯邦憲法時，我落淚了！在此全球民主程度退化的時刻，本書的成文憲法歷史回顧，無疑鼓舞了無數的威權體制反抗者：「我們不是在幫別人作戰，而是在替自己爭取更多重要性無可估量的權利，……更是為了證明我們不再是被統治者，而是公民。」歷史站在反專制者的這一邊，而戰爭不過是他們反抗暴政與守護理念的鼓聲。

——黃惠貞，板橋高中歷史科教師

本書爬梳成文憲法在戰爭及帝國擴張時期如何誕生的過程：戰爭（槍炮）讓許多軍人需要成文憲法鞏固自身統治、日漸繁盛的海上貿易（船艦）及出版知識（筆墨）則讓「成文憲法」全球化。但如同作者琳達・柯利所說，「成文憲法是易於犯錯的人類在紙上創造出來的脆弱作品」。源自於過往戰爭的憲法，該如何持續保障我們今天所珍視的民主自由，其實有賴未來全民的關注與推陳出新。

——盧省言，師範大學歷史學系專案助理教授

琳達．柯利是一位極為出色的導遊，帶你穿越世界的歷史，看見成文憲法誕生的故事。

——瑪莉．莎拉．比爾德（Mary Sarah Bilder），波士頓學院法律系教授

本書將思想史、政治史和人的歷史結合在一起……，是當今最偉大歷史學家的全球歷史傑作。

——瑪雅．加薩諾夫（Maya Jasanoff），哈佛大學歷史系教授

如果諾貝爾有歷史獎，我會提名琳達．柯利。

——吉兒．萊波爾（Jill Lepore），哈佛大學歷史系教授

導讀

戰爭、憲法與人類文明的進步

陳國棟（中研院史語所研究員）

琳達・柯利（Linda Colley）新著的《槍炮、船艦與筆墨》這本書講三個事情：戰爭、憲法與現代世界的形成。她觀察到在第一次世界大戰之前，憲法已經成為現代國家的註冊商標：一個國家一定要有一部憲法，那個國家才算步入到現代。讀者看一下當代國家，不管是採用民主制度還是獨裁集權，絕大多數都會有憲法，便知她的觀察不假。

這也澄清了憲法的產生必然與民主政體相關的想法。本書開卷就先講康有為的故事。康有為在一九〇八年造訪了鄂圖曼土耳其帝國的首都伊斯坦堡，親眼看到青年土耳其黨成功帶領人民迫使帝國統治者蘇丹恢復實行先前已在一八七六年制定的憲法。康有為日後寫下叛軍領袖的言語：「萬國皆行立憲！」康有為是眾所皆知的保皇黨，但他認同立憲的必要性。就連慈禧太后掌權的大清朝廷也無法違背這樣的趨勢，而在一九〇五年就派「五大臣」出洋考察，展開「預備立憲」的歷程。

我們現在常說「憲法是國家的根本大法」，因為它規範國家的性質、治理的方式及政府和人民各自的權利義務。憲法所規定的政府組成方式雖然不拘是民主共和還是君主統治，但是憲法存在的本身也意味著政府（政權）的存續係根基於人民的首肯，也就是政府的作為應該獲得人民的同意。當然，掌權者不免會百般操弄，或在一時剝奪憲法賦予人民的權利，可是有憲法還是比沒有好。琳達・柯利在終卷之前，盱衡時局，最後也重述了美國開國元勛傑佛遜（Thomas Jefferson）的名句：「成文憲法雖然可能在一時的激情或迷惑之下遭到違反，但這樣的文本畢竟可讓保持警覺者用來再度號召及重新集結眾人」，讓人民拿回屬於自己的權利。

這個「一定要立憲」的趨勢大約從十八世紀中葉開始。琳達・柯利檢視了許多具有代表性或關鍵性的個案，她分析了立憲者本人或者立憲推動者們的想法，還有大時代的背景。講到這些人，當中有多個讀者未必熟悉，一如發生在科西嘉、海地或者連聽都沒聽過的皮特凱恩島群島（the Pitcairn Islands）的故事。但是對英國人，或者英國歷史學家來說，不會太陌生。因為從十六、七世紀以來，英國人就已經加速到海外發展，而到了十八世紀，英國已澈底建立起一個「日不落」的帝國。隨著帝國的手腳不斷地向外延伸，英國人所掌握的世界情報也不斷地累積，並且都加入到人民茶餘飯後與學術殿堂的討論。透過琳達・柯利有系統的整理、爬梳與分析，讀者也就掌握到這些難得的知識。

那麼，為什麼「萬國皆行立憲」會成為一個事實呢？那就是書名當中的「槍炮、船艦」這兩樣東西造成！槍炮當然是用來打仗，因為都使用到火藥，於是也有人將之歸類作「熱兵器」。隨著十八世紀中葉工業革命的發生，槍炮的演進日新月異，不在話下。至於船艦，他們的原本功能是作為交通工具。然而，隨著它們的快速改良與進步，船艦得以越造越大，其航行速度也愈來愈快，操作也愈來愈容易掌控，它們讓海洋阻絕交通的限制不斷被突破，地球的角落變得無遠弗屆。這本來也是好事一樁，但同時卻也將戰爭有規模地從陸地延伸向海洋。十八世紀以來的戰爭不但規模愈來愈大，被捲入的國家或者政權愈來愈多，而且是在陸上打，也在海上打，使得「混合戰爭」成為破敵致勝不可不採行的手段。捲入者往往需要投入大量的人力與物力才能撐得住場面。戰爭需要人民當兵，需要人民挪出他們高比率的所得去提供戰爭所需的龐大物資。

混合戰爭的形式與擴大的戰爭規模造成龐大的財政負擔與人力需求。錢與人兩者都取自人民。江戶時代末期（幕末），日本人稱強迫兵役為「血稅」。幫穀子去殼就是「稅」，也就是俗話所說的「剝一層皮」。「稅」就是一種剝奪，若沒有補償必然會遭致反對或者抗拒。政府如果要剝奪人民的人身或財產，一定要獲得人民的同意，並且提供相對的保護作為回饋。

十八世紀中葉前後，一些出身不同政治文化與社會階層的人士，嗅到了時代的氛圍，都去思考立憲這個課題，並且朝向相同的方向去尋求解決之道。他們更透過筆桿子，透過印刷、出版、流通，向社會大眾分享想法，爭取認同以促成共識。巧妙而平易近人的文筆、日漸增長的民眾識字率，以及印刷出版的發達，投射到被戰爭影響所衝擊到每個人的切身感受，也正解釋了有關憲法問題的種種活動蔚為風氣的來由。

至於憲法本身，一定要以文本的形式呈現；而其認可，一定要透過議會代議或者全民公決，從而取得正當性與合法性（legitimacy）。因為有正當性與合法性，因此在一定的範圍內人民納稅、服兵役都成為義務；政府的施為如欲超越那樣的範圍，就必須重新獲得人民的同意才能取得正當性與合法性。對政府而言，遵從憲法比較容易獲得人民的服從與配合；對人民而言，憲法使政府受到一定程度的規範，因此獲得基本的保障，避免陷入任由掌權者隨意宰割的下場。憲法是根本大法，因為一切的法律都不能與它的條文牴觸，而上至統治者、下至芸芸眾生都得遵從它的規定。

琳達．柯利明明白白地指出：雖然有些人不免把憲法的產生與革命套在一起聯想，但是真正讓憲法這種制度成為普世現象的推動力量，就是海陸並舉的混合戰爭，就是涉及廣大地理範圍的戰爭！不管制度上是獨裁或者民主，不管是出自侵略野心或者自我防衛（以及為了避免戰爭而做的備戰準備），都有可能會給國家帶來戰爭，而這在在都推動使用憲法以規範政府與人民的權利與義務。

琳達．柯利指出十八世紀中葉以後，交戰的國家海陸並舉、規模變大，如此形成的混合戰爭給國家與政權帶來威脅，終究催生了各國的憲法。我們一般想到戰爭，往往只想到破壞，想到傷亡，想到戰爭過後的滿目瘡痍。不過，在列國爭衡的情況下，力圖致勝的國家都會投入大量資源去從事武器的研發與制度的調整，其所產生的理論與技術在戰後也可能轉移到和平用途，進而改善人民的日常生活。二十世紀美國芝加哥大學的經濟史家約翰·涅夫（John Ulric Nef, Jr.）就曾針對戰爭與文明的進步問題多所著墨。戰爭確實殘酷，發動戰爭去侵略他國絕對不好。然而面對惡霸欺凌，為了自我防衛，別無選擇之時，也還是要提起干戈以衛社稷。既然涉入戰爭，也就要竭力求勝。改良武器可能致勝，改進制度何嘗不是？立憲與行憲，讓統治者與人民通曉各自的權利義務，利害與共，團結奮鬥，也真的是一項極為重要的文明進步啊！

一個有趣的問題是：在本書討論的時間裡面，絕大多數出錢出力者都是男性。因此憲法大多賦予男性較多的權利——較完整的公民權。這種情形差不多在第一次世界大戰之後才有像樣的改變，因為那個時代以後女性才開始普遍有機會受教育、進入家庭以外的職場，最後也可以選擇從軍，抓起槍桿子捍衛國家。然而，身為一位優秀的女性學者，琳達·柯利也隨時留意到在憲法產生與立憲制度發展的過程中，不時也有偉大的女性付出貢獻——不管是站在臺前的女性君主、思想家與行動者，還是隱身在背後的母親與妻子。

《槍炮、船艦與筆墨》這本書因此談了很多重要的軍國大事，也給出了點點滴滴的溫馨細節。此外，英國有很好的肖像畫（portraits）與諷刺畫（caricatures）等圖像傳統，對於時事與歷史都提供豐富的訊息，琳達・柯利也善加利用。讀者仔細檢視選錄在本書中的附圖，必然有恰到好處的感想。原著在二〇二一年才出版，我們這麼快就有機會讀到譯筆流暢的中文本，說真的，實在令人高興啊！

陳國棟

二〇二三年三月三日

導讀

一本完美融合現代世界史與英國法政思想史的著作

葉浩（政治大學政治系副教授）

羅素（Bertrand Russell）曾在其名著《西方哲學史》當中提及：「發展於某個政治、經濟上先進國家的一套哲學，雖然在原生地不過是一種普遍想法的釐清與系統化，到了另一個地方卻可能點燃革命的熱情，甚至成了發動革命的理由。」

這位英國大哲下筆時指的是英國的自由主義（liberalism），其內容大抵包括了奠定一個國家的組成、列舉人民基本權利（例如生命、財產和個人自由）與義務（例如服兵役）的「立憲主義」（constitutionalism）、定期選舉的代議民主制度，以及採取權力分立等手段來避免權力過度集中於某一人或機構以保障人民基本權利的法治原則（the Rule of Law）。當今大多數憲政民主或自由民主的國家，都深受其影響。而那一位將自己國家政治實踐釐清並系統化成一套哲學的人，就是洛克（John Locke），其思想決定性地促成了在北美洲的英國人追求獨立建國。

當然，立憲主義起源更早。霍布斯（Thomas Hobbes）寫於一六五一年的《利維坦》（*Leviathan*）如此描繪了國家的誕生過程：在欠缺法律與政治權威底下的人們，生活必然鬥爭不斷、民不聊生甚至天天枕戈待旦，最後所有人決定一起放下武器，彼此簽約來組成社會，並推選一位主權者來成立政府。這一個說明人類如何從政府不存在的「自然狀態」藉由簽約而建立國家的過程，開啟了哲學思想上所謂的「社會契約論」傳統。據此傳統，國家是一群人憑自己意願所打造，也因此唯有經由人民的同意，才有政治權威，政府才具有統治的正當性。

由於霍布斯認定人們在國家成立以前絕無累積財產的可能，所以對他來說簽約內容並不包括對私有財產的保護，這使得他的思想不如後來的洛克一般受到啟蒙運動者的青睞。但他的想法的確啟發了人們如何思考一個國家該如何打造，以及奠定國家組成的根本大法應當包括哪些權利與義務。

洛克的思想猶如一種定期契約，是憲政主義加上以民主選舉而成。另一位活躍於啟蒙運動時期的日內瓦思想家盧梭（Jean-Jacques Rousseau）則更加激進——他認為唯有那些有錢有閒的人才能參加選舉，因此當權者永遠是政商統治集團成員，一如英國的代議民主。對盧梭而言，解決之道就是人們直接參與立法過程。從此，西方民主就分為盧梭式的人民主權民主與洛克式的代議民主，或說直接民主與間接民主兩大類。但不論是哪一種民主，基本上不脫霍布斯的憲政主義。

這正是為什麼英國最受歡迎的PPE（即哲學，政治，經濟不分系）大學學位，其基礎課程即是以霍布斯思想作為探究現代國家體制及合法性的開端，而《利維坦》一書更是長年高居美國長春藤大學學生必讀書單的榜首。這也造就了一種關於現代政治的通說：那就是國家必須有一部根本大法，是其他所有法律的基礎，規範人民與政府之間的權利義務。這種思維又造成許多法政學者認為以成文憲法為基礎的美國才是第一個「現代主權國家」。美國耶魯大學教授卡恩（Paul W. Kahn）甚至主張，二戰結束後解殖運動中的國族主義都是以美國為模範，因此建國必須以一部成文憲法為基礎。

《槍炮、船艦與筆墨》（*The Gun, the Ship, and the Pen*）一書讓前述通說都成了一種「政治迷思」。作者柯利（Linda Colley）是著名英國史家。相較於政治學與政治哲學教科書習慣以霍布斯的憲政主義或美國憲法為現代主權國家的起源，她卻指出史上首部成文憲法其實來自一七五五年的科西嘉共和國。當年科西嘉剛從熱內亞獨立出來，其軍人首長保利（Pasquale Paoli）即為新共和國起草了十頁治理計畫，而且他明確使用了「憲法」（costituzione）一詞。

雖然科西嘉共和國只存在不到十五年即被法國併吞，但這島國及其憲法卻是本書訴說成文憲法如何成為一股世界潮流的故事起點。尤須注意的是，這一位成文憲法制定者是一位軍人，不是哲學家。立憲之舉，既有其政治理想及賦予共和國一個恆久永續形式的意圖，包括高舉人民全體為國家主人和國民議會的設置，但亦有出自於為了抵禦外敵而強化社會團結的考量。

換言之，正如本書副標「戰爭及憲法所催生的現代世界」所示，雖然柯利同意立憲建國乃現代性的政治體現，但她更主張真正讓制憲成為一股歷史潮流的原因，不是對民主或人權理想的追求，而是諸多歷史偶然性因素，尤其是戰爭——以及引發戰爭的各種內憂外患。就此而言，立憲是為了確認敵我、內外，誰是國民，誰才能享有公民資格，以及誰必須接受徵召入伍、上戰場，才必須採取的一種政治手段。不僅過程中充滿權謀算計，最後結果也往往反映各方勢力的實力。

事實上，科西嘉作為首個立憲案例，在柯利筆下也是一股動盪不安的世界潮流之一環。以她的話來說，這則故事必須置於一個更大的「新式政治技術」的歷史脈絡之中才能完整理解。什麼樣的歷史脈絡呢？那就是十八世紀中葉「變動的想法、革命的爆發、蓬勃發展的印刷、持有武裝且不斷移動的軍人，以及戰爭毫不停歇的發展腳步」，尤其是一七五四至六三年的七年戰爭前後的鉅變。稍後的美國革命和法國大革命，也都是這股潮流所推波助瀾的結果。

另一方面，柯利也提醒讀者，以「不成文憲法」著稱的英國同樣受到這一波潮流的影響。我們甚至可以說，英國在十七世紀中葉提出的《人民協定》和《政府約法》等政治方案，其實也是掀起潮流的漩渦。這些嘗試都是為了更新或取代一二一五年的《大憲章》。而法學家布萊克斯通（William Blackstone）於一七五九年出版的《探究大憲章》（*The Magna Carta*）一書，即是英國人參與這一波運動的重要里程碑。雖然不另立成文憲法，但該書卻替大憲章這份古老文件賦予了國家根本大法的地位。直至今日，英國每隔一段時間都還會對此一地位進行再次確認。

同樣值得一提的是，本書也提及洛克本人曾於一六六九年協同幾位貴族起草了《卡羅萊納基本憲章》。此舉開啟了另一種立憲運動傳統，亦即英國知識分子替遠在天邊的殖民地或根本不曾造訪的另一個國家制定憲法。以《常識》（*Common Sense*）一書為北美十三州獨立背書而成為美國開國元勛的潘恩（Thomas Paine）即是其中著名的代表。提出效益主義（utilitarianism）而澈底改變現代倫理學的社會改革家邊沁（Jeremy Bentham）則是另一位。邊沁曾多次受邀或毛遂自薦幫其他國家制定憲法，且出版過一本《適用任何國家的憲法典主要原則》（*Leading Principles of a Constitutional Code for Any State*）。從書名可知，他認為成文憲法的內容本應該具備普世性，因為那捍衛的是人類基本權利和普世價值，以及理性可推導出來的法律基本原則。

倘若我們將篇首羅素的話進一步細分為（一）政治實踐、（二）哲學家系統化而成的一套思想，以及（三）一套政治思想如何傳播，那麼本文前幾段關於英國憲政傳統的討論，其實是針對立憲主義的政治實踐。相較之下，柯利這本書著重之處當然不在思想本身，而是思想的傳播之上，包括經由殖民、貿易、傳教、留學和戰爭等各種方式。於是，從海地、大溪地到突尼西亞，再從太平天國到明治維新的日本，本書相當精彩地描繪了始於英國的立憲運動如何在十八世紀中葉的歐洲開枝散葉，又是如何在十九世紀遍及五大洲並見證了許多現代國家的誕生。書中還細數了一次世界大戰前後的另一波立憲潮流，包括以失敗告終的清末立憲運動，儘管著墨不多，卻也是令人意猶未盡。

筆者以為，《槍炮、船艦與筆墨》是對於學界討論立憲主義時總是著重於抽象概念（例如普世價值或法律通則）的一種重要補充。這種補充不僅讓人看到一套抽象思想如何在具體的社會脈絡當中實踐，也突顯了類似邊沁那種想法在某程度上的缺失。柯利在書中提及盧梭曾撰寫過一篇《科西嘉憲法提案》，但並未進一步說明。事實上，那是盧梭在一七六四年應推動科西嘉新憲的貴族之邀才開始的寫作計畫，最後則是因為該島國被法國併吞才放棄。重要的是，盧梭在書寫期間曾要求對方提供關於科西嘉更詳細的民俗風情與歷史資料，而這剛好與邊沁的信念相反：盧梭不相信有一部可以適用於萬國的憲法。

從本書關於人類追求立憲的歷史敘事來看，作者立場似乎偏向盧梭而非邊沁。在國際人道救助經常以政治與經濟改革作為交換條件的今天，這確實是一項相當重要的提醒：別試圖將自己國家的憲法強加於另一個國家。同樣重要的是，立憲的推動者其實不只有一種，哲學家如洛克、盧梭、邊沁是一種，提出《人民協定》和《政府約法》的軍人也是，書中格外強調的俄羅斯凱薩琳大帝（Catherine the Great）和瑞典國王古斯塔夫三世（Gustav III）自然也可以是。立憲主義是為了制定一份關於國家制度以及規範人民與政府各自權利義務的根本大法。雖然這一源自英國的想法可以在歐陸開枝散葉，也能飄洋過海到其他大陸，但如果欠缺當地人的參與制定和因地制宜，勢必難以落地生根，更別說開出真正自由與民主的果實。

脫歐後的英國，北愛邊境問題至今未獲解決，再加上蘇格蘭獨立公投的呼聲再起，是否該制定一部成文憲法的問題也跟著浮上檯面。於是，撰寫這一部人類立憲史的作者對此一問題的立場也引發不少關注。她在二〇一六年接受英國國家學術院院刊訪談時，對此議題的回答如下：我常年居住在美國（過去四十年僅有五年回國任教於倫敦政經學院，其餘都待在耶魯和普林斯頓大學），因此不想針對這此議題在這裡說三道四，況且我是一位史家，能做的是將這問題置入一個更大的歷史脈絡底下來理解，那就是英國自一六八八年（光榮革命）以來並未遭遇真正重大的政治危機，像是外敵占領或流血革命，因此沒有必要採取翻天覆地的體制變革來回應。不過，蘇格蘭一旦獨立，它肯定會制定一部成文憲法來重新確立自己的身份，而這勢必將影響剩下來的英國。

去年，英國女皇過世之後，柯利在《紐約時報》對同一問題的答覆又更進一步。她再次強調立憲的必要性通常是因為國家面臨鉅變或陷入存在危機，至於英國是否已經走到此一地步，仍應該讓居住此地的當事人決定——只不過，倘若聯合王國最後剩下英格蘭和威爾斯，加上繼任伊莉莎白二世女王的又是人民愛戴程度遠遠不及的查爾斯三世，那是該考慮重新制定成文憲法的可能性了。

筆者以為，雖然柯利對英國立憲問題的回答不夠斬釘截鐵，但大抵符合本書立場及盧梭的態度，也因此不若那些繼承了邊沁精神的美國學者。最後，除了歐美法政思想史上的辯論與現代世界史的書寫示範，生長在臺灣的我們其實也能從柯利的主張中獲得別的啟發。因為無論是立憲與否應該由當事人決定，或適用一個領土遍及歐美亞非大陸的大英帝國憲法並不適用於回歸島國的英格蘭，都在在提供了臺灣讀者格外重要的啟示。

紀念我的父親
羅伊・柯利（Roy Colley）
及他的父親
哈利・柯利（Harry Colley）
是戰爭塑造了他們的人生

開場

Introduction

鉅變發生時，人在伊斯坦堡的康有為目睹了一切。當時六十歲的他，是一位思想家暨改革者，因為政治理念不同而被放逐於他土生土長的家鄉中國之外，不斷漂泊遷徙。他在一九〇八年夏季來到鄂圖曼帝國的首都，並發現自己恰好置身於政治動盪的中心。謠言盛傳俄國與英國已占據馬其頓，也就是鄂圖曼蘇丹阿卜杜勒哈米德二世（Abdülhamid II）領土當中的一部分。部分鄂圖曼軍隊認為這點證明了政府能力不足，因此發動叛變。他們要求成立國會，更要求恢復鄂圖曼帝國的第一部成文憲法：那部憲法曾在一八七六年施行，但隨即就遭到廢止。康有為在七月二十七日抵達伊斯坦堡，正好就是叛軍成功促使政府正式恢復憲法施行的日子。他在人群當中推擠而過，雖然語言不通，卻還是能感受到眾人的興奮情緒。他在事後記錄這段經歷，如此描述沿途所見的景象：「半月之旗蔽道，飲酒擊鼓，聯隊歌舞，歡呼萬歲者，旬日晝夜不絕，凡道路、公園、公館、公地之中皆是也……天下咸怪之。」不僅如此，康有為還寫下了叛軍領袖對蘇丹提出最後通牒的情景：「皆叩頭曰：萬國皆行立憲，惟突厥立而後廢，故民積怒；今者全國兵心盡變。」[1]

這起事件彰顯了本書的核心主題：軍人在憲政危機中所扮演的重要角色、外國侵略所引發的威脅與恐懼，以及康有為這類人的所作所為——他們希望自己的國家能夠出現憲政變革，卻也認為有必要仔細觀察世界其他地方的政治實驗與理念。如同本書將會提及的其他倡議人士，康有為也理所當然地認為一套可行的憲政體制不可能由單一政治體內部自行產生，而是必須向他人學習與借取經驗。只是康有為對這一觀點的實踐比較極端一些——他最鍾愛的個人印章刻著這段文字：「出亡十六年，三周大地，游遍四洲。」[2]像康有為所抱持的這種立場，到了二十世紀初已成為常態。

不過，康有為這段記述最值得注意的地方，仍在於這些叛變軍人用於壓服鄂圖曼蘇丹的論點。依據康有為所述，這些人堅稱人「心」已「變」，即便在鄂圖曼帝國的普通士兵當中也是如此。更引人注意的是，這些軍人聲稱到了一九〇八年的現在，「萬國皆行立憲」。這般主張大致無誤，因為自十八世紀中葉以來，新出現的成文憲法已經以愈來愈快的速度擴散至各國與各洲，形塑與再造了眾多的政治與法律體系，更因此改變與顛覆了傳統的思維模式、文化實踐與大眾期望。

當然，將治理規則予以彙編，這件事本身並不新鮮，而是可以追溯到許久之前。公元前七世紀的古希臘城邦就已部分採行了這種做法，更久之前的其他社會也曾經出現過成文法的法典。在位於當今中東的美索不達米亞，其統治者漢摩拉比曾把法典刻在石板上，結果這些石板就從公元前一七五〇年代存續至今。不過，這類古代文本通常是單一作者與統治者的作品，大多比較關注怎麼為臣民訂定行為準則及違犯這些準則的可怕懲罰，而不是約束掌權者或規定個人權利。此外，大多數早期的法典和法規彙編都沒有大量製作，也不是要面向廣大受眾。就算人們開始把法典與憲章寫在獸皮與紙張上，而且印刷技術與識字能力也在世界上部分地區逐漸普及，這些文件的流傳也還是深受限制。一七五九年，英格蘭法學家威廉・布萊克斯通（William Blackstone）抱怨約翰王的《大憲章》在當時仍然缺乏一部「完整而且正確的抄本」，儘管這是一部廣為知名的憲章，而且早在五個世紀之前就已經出現。[3]

然而，布萊克斯通的抱怨卻也暗示著狀況正在改變。自一七五〇年代以來（在瑞典等遭到戰爭摧殘特別嚴重的國家甚至更早），為了約束政府及承諾各種權利而廣泛傳播的著名文本與憲法文件即愈來愈多，也愈來愈廣為人知。在那之後，這類文件更是大幅增長，形成一股跨越國界的串聯浪潮。憲法在第一次世界大戰之後的大量激增，以及此一趨勢在第二次世界大戰之後的更進一步發展，雖然還是未來的事情，但到了一九一四年，這類文件已經施行於除了南極洲以外的世界各大洲。此外，如同康有為在伊斯坦堡對於土耳其青年團革命的記述所顯示的，成文憲法在當時已被廣泛認為是現代國家與身為現代人的正字標記。本書探究成文憲法普及化的過程，並將此等全球鉅變連結上戰爭與暴力模式的轉變。

* * *

這與我們過去看待成文憲法發展的方式大相逕庭。人們通常只會把憲法置於特定法律體系的框架下予以檢視，或是在愛國精神的影響下以個別國家的視野來進行分析。**就算**我們將成文憲法視為一種逐漸跨越陸地與海洋邊界、四處傳播的政治典範，這種現象通常也被歸因於革命而非戰爭。成文憲法的出現尤其被歸功於一七七六年的美國獨立革命，以及緊跟在後的幾場重大革命：一七八九年的法國大革命，還有在其影響下催生的海地革命，以及一八一〇年代中南美洲西班牙與葡萄牙前殖民地所發起的反抗革命。由於這些新憲法的起源與這些著名革命深切相連，人們反而看不見導致憲法四處傳播的真正原因：彷彿這些憲法的誕生與普及皆源自於共和制度的興起與君主制度的衰退，而且與全球民族國家及民主制度的不斷增長有關。[4]

在本書的解讀中，這些橫跨大西洋兩岸的重大革命及因此產生的文本與觀念仍舊是重要的一部分。然而，如果我們僅把憲法視為特定革命及共和制度、民族建構和民主制度的產物，這樣的觀點就太過於狹隘，甚或有誤導之嫌。成文憲法確實在一九一四年成為世界各國的常態，但在美洲以外，大多數國家仍舊維持著君主制度（其中有些最開明的國家直到今天仍是如此），而且當時全球包括美洲在內極少有國家是完全的民主國家（許多國家直到今天仍舊不怎麼民主）。更不用說一次大戰前夕全球最有力的強國，實際上**全都不是**民族國家，而是陸上帝國或海洋帝國，或者兩者兼具。

倘若僅透過著名革命的視角來看待憲法，還會在另一個面向上造成誤導：比起戰爭，我們也許會誤以為革命在本質上更加吸引人也更具建設性。然而，革命與戰爭這兩種大規模暴力之間常常沒有明顯的區別，特別是在一七五〇年以後更是如此。美國獨立革命與法國大革命，連同其所催生的海地與南美洲革命，全都受到跨越歐美兩大洲的戰爭所激發及促成。而這些革命的觀念、規模與後果，又進一步受到更多戰爭爆發而澈底改變。[5]戰爭本身變成了革命。此外，即便在一七七六年與美國《獨立宣言》之前，戰爭與憲法創新之間的關係明顯已是愈來愈密不可分。為什麼會如此？

最主要且最持續不變的原因，就是戰爭與跨國暴力在地理範圍、頻率、強度及需求方面的成長。有些區域的詳細資訊仍不完整，但事情的整體輪廓看來卻頗為明白。在十八世紀初期，世界上部分地區的武裝衝突**總數**可能有所減少，但一如羅瑟（Max Roser）、布雷克（Peter Brecke）等人所詳述的，我們在一七〇〇年後卻**愈來愈常**見到衝突演變成牽連全球的大規模戰爭。這種大規模戰爭**規律性**提高的現象，一路持續至二十世紀中葉。[6]

這就是所謂的「傘狀戰爭」（umbrella war），這類戰爭不但造成生命與財產的巨大損失，還會橫跨水域和陸地擴散到世界上的不同區域，從而納入並加劇各式各樣的地方鬥爭，進一步提高危險性與破壞性。這種戰爭變得愈來愈頻繁，包括七年戰爭（約自一七五六至六三年）、法國革命戰爭與拿破崙戰爭（約自一七九二至一八一五年），以及一次大戰（一九一四至一八年）。[7]此外，前述所列舉的傳統西方年份同樣會產生誤導，原因是對於許多涉入這類「傘狀戰爭」的主要參與者而言，衝突都比這些日期開始得更早或持續得更久，或者兩者皆是。武裝衝突的頻率與規模在十八世紀以來的提升，也促使戰爭科技變得愈來愈致命。以海戰為例，海戰從一六五〇年代造成的傷亡就已逐漸提升。而陸戰則在一八〇〇年後逐漸走向機械化，從而導致更多死傷，尤其在一八五〇年之後更是如此。大規模戰爭愈來愈常發生、波及範圍愈來愈大，同時戰爭也變得愈來愈致命，這種現象一路持續到二十世紀中葉。與此同時，擁有成文憲法或者以制定成文憲法為目標，幾乎已是全世界的常態。

某種程度上，這種戰爭模式的變化正是促成制定憲法的結構性因素。因為當國家選擇加入（或者被動捲入）這些規模更大且更常發生的大規模戰爭，就會經常需要投入大量的海上與地面部隊，而且還得越洋部署，從而支付極為高昂的生命與金錢代價（就連勉強加入的小國也不例外）。這會對國家造成極大的壓力，而且這類壓力經常是反覆出現。有些政權因此陷入嚴重耗弱與不穩定的狀態，或者分裂，或者爆發內戰與革命。而那些誕生於戰爭危機的新政權，則愈來愈傾向於以成文憲法作為重新整頓政府、劃定國界、聲索爭議區域，乃至於在國內外宣揚與維護自身地位的方法。

就連那些打贏戰爭的國家，或者是成功避免瓦解或嚴重分裂的政權，也經常發現自己必須重整政府並致力於提升施政表現。因此，即便是這類較有韌性的國家，也愈來愈傾向於以書面形式發布新的法律和政策，而且不僅限於西方國家。起草與頒布成文憲法，讓政府得以為自己的治理體系重新賦予正當性。這類文本可以號召更廣泛的支持，還能合理化財政擴張與人力需求的增長。這是成文憲法獲得青睞的重要原因。

這類更廣泛生產的新憲法，實際上或許相當於一種書面上的討價還價：一個國家的男性居民可能會獲得政府提供選舉權等若干權利，作為接受更高稅負或徵兵制的交換條件。如同韋伯這位偉大的社會學家暨法學家所體認到的，這種情形已愈來愈常見。一次大戰之後，韋伯捲入故鄉德國的憲政辯論之中，因此在課堂上對學生指出，多年來擴張「軍事訓練」的需求，無可避免地造成了「民主的勝利」。他主張不同的社會都「迫切希望能……獲取平民大眾的合作，因此把武器及隨之而來的政治權力放入他們手中」。[8] 一個男人只要願意開槍或者上船服役（這類需求從十八世紀以來已在世界各地逐漸增長），即有可能獲得投票權或更多權利，而且這類協議或許能藉由大量印製的成文憲法加以概述、入法乃至於頒布。

韋伯直白的分析，有一部分能用來解釋亞洲與非洲的部分地區，連同被歐洲殖民的美洲，為什麼會在新頒布的憲法當中把服兵役訂為強制性義務，同時又為所有（或特定一部分）的成年男性人口賦予投票權，而且**只限**男性。這也正是戰爭日益加劇和成文憲法大量增加這兩者密切關聯所導致的結果，尤其在一八五〇年之後更是如此。女性因為被視為沒有能力參與「軍事訓練」，導致絕大多數的憲法文本在一次大戰爆發之時仍將女性排除在積極公民權之外。❶

暴力的日益升級也在另一個重大面向上影響了憲法的傳播方式。隨著衝突的程度與規模在十八世紀以來開始加劇，帝國競爭與征服的速度也因此加快，包括歐洲在內的每一洲都更加暴露於威脅更大的帝國侵略風險。帝國因此也在成文憲法的設計與擴散當中扮演了不可或缺的角色，即便傳統上我們都把憲法放在民族主義與民族建構興起的角度來檢視（這些現象確實也是憲法歷史的一部分）。這點在當時幾乎無法避免，畢竟一九一三年世界上人口最多的前十二個政權當中，有十一個都是帝國**而非**民族國家：英國、中國、俄國、法國、德國、荷蘭、哈布斯堡君主國、鄂圖曼帝國、日本、義大利，以及美國。其中的美國除了陸上帝國以外，在這時候也控制了東南亞的菲律賓。[9]

這些帝國全都曾為了自身利益而實驗過成文憲法（甚至包括英國在內），並藉此促成了憲法的擴散與多樣化發展。不同的帝國各自利用這些大量生產的正式文件為自己的統治賦予正當性，同時管理軍隊與墾殖人口所占據的區域。有些帝國利用新制定的憲法，讓阻礙其領土擴張的民族處於劣勢與遭受差別待遇，尤其是那些非白人的民族。帝國偶爾也會在其屬地頒布新憲法，藉以試行他們可能不願意在殖民母國核心區域冒險嘗試的政治與社會方案。與此同時，十九世紀以來的新憲法也愈來愈吸引那些遭到諸多新挑戰的舊帝國（如同許多處於壓力之下的民族國家）。帝國既希望能藉此重塑自己，也希望藉此在這個充滿敵意的世界裡

---

❶ 編注：積極公民權與消極公民權有許多的差異，在本書主要是指參政權利的有無。

保持其臣民與領土的團結與完整，一如康有為於一九〇八年在鄂圖曼帝國首都所觀察到的那樣。

然而，帝國治理從來就不是成文憲法得以擴散的唯一原因。成文憲法本質上是一種變化多端且充滿可塑性的政治技術，乘載著誘人的許諾，宣稱其條文與字句能催生出一個更好與更完善的新現實。只要有一部新憲法，就能夠帶來（或看似能夠帶來）令人興奮的美好前程，使良善的變革得以產生。因此，憲法會在一七五〇年後擁有強烈的吸引力與大肆流通，也就遠遠不只是因為壓力沉重的政治人物、國家機器或充滿野心的帝國由上而下的推動。社會上的各方勢力與遊說團體也深受這種文類吸引，並且愈來愈涉入憲法的制定過程：在這個層面上，戰爭與暴力模式的改變同樣具有重要影響。

軍事衝突與侵略擴張所造成的負擔、破壞與危險，除了造成政治菁英愈來愈把心思轉向新憲法，也可能鼓動下層的被統治者與屬民，有時甚至喚起他們採取行動。一再發生的戰爭耗盡了錢財，同時也要求更多錢財投入。戰爭奪走愈來愈多士兵、水手與平民的性命，對生計造成打擊，也一再擾亂貿易與社群的正常運作。這一切都可能促成對於權力與權威結構更具批判性的檢視與討論，並且引發憤怒與不滿。這樣的情形又可能激起**下層民眾**要求新制定或經過修改的憲法納入更大的權利。

同理，由於西方為主的帝國擴張規模迅速增長，使得部分西方以外的政權為防範帝國威脅而著手實驗自己獨特的防禦性憲法。這種趨勢早在一八一〇年代就已出現於世界上的部分區域，而且這類政權也未必會把西方的政治與法律觀念視為靈丹妙藥而照單全收。在西方勢力日益強大的壓迫下，我們將會看到這些西方以外的政權與原住民藉由採納因地制宜的成文憲法，調整與強化自身政府與防衛體系，進而得以在書面上宣揚自己具備自主性與現代性而不應受到西方帝國兼併。他們也因此有機會針對何謂國家、何謂民族，以及怎麼樣才算是現代化提出深具自身特色的不同解讀。

因此，成文憲法在一七五〇年以後愈來愈廣為流通的現象，不該被理解為僅是自由主義與民族主義從大西洋世界無可阻擋地向外擴散的結果。借用史家塞巴斯蒂安·康拉德（Sebastian Conrad）對於啟蒙時代所提出的解讀（啟蒙時代也是本書敘事的一部分），「憲法全球化」的現象其實是「許多不同行為者所造成」。這些行為者往往受到「地緣政治與權力分布不均」的影響，他們的想法與行為也經常是「由高度期望與烏托邦式承諾」來維繫。但除此之外，這些成文憲法的寫作者與擁護者在某種程度上也幾乎都會「受到外部威脅與戰爭暴力」的影響。[10]

因此，仔細檢視不同時間與地點的各部憲法，細究其條文與用字遣詞，就成了一件極為重要的事。唯有如此，我們才能夠揭露、辨識及剖析其中涉及的不同願景與觀念。本書將會大量引用各種憲法條文，這些憲法原本都以不同語言寫成，也分別源自六大洲的不同地區。

我也會特地檢視部分作者與倡議人士的觀念、性格與行為。這些人（在一九一四年前幾乎全是男性）不僅得關注槍炮與船艦（也就是戰爭與暴力），也需要懂得審慎運用筆墨。

由於憲法制定與戰爭暴力如此密不可分，因此這些思想家們也就不必然是你我所想像的模樣。本書無疑囊括了君主、政治人物、律師與政治理論家等常見人物，但還包含了陸海軍軍官、帝國官員與遭奴役者、銀行家與神職人員、醫生、知識分子與記者，以及各式各樣的文化人。我希望能夠追蹤及分析他們的態度與策略如何隨著時空環境不同而變化，所以我不會僅討論那些官方或成功的憲法制定者，也會檢視那些嘗試寫下這類文本的非官方人士。這類民間私人為數眾多，他們出版與傳布憲法的原因或出於焦慮，或希望藉此推進特定的政治、智識與社會進程，甚或只是因為著迷於寫作及文字。

過去我們看待憲法，經常將其視為一種獨立於其他文類的創作，是不同於文學的文本。但我想在此強調的是，本書中的許多憲法起草者、思想家與擁護者，其實也同樣從事其他文學與文化活動，例如俄國的凱薩琳大帝、加爾各答的拉摩罕·洛伊（Rammohan Roy）、委內瑞拉與智利的安德烈斯·貝約（Andrés Bello）、日本的伊藤博文、大溪地的波馬雷二世（Pomare II），以及獅子山的阿非卡努·霍爾頓（Africanus Horton）。還有本書開頭提到的康有為，他就是一位書法愛好者暨憲法研究者，既專精於書法，也一心想要書寫憲法。[11]

一七五〇年之後的這段時期，除了在戰爭與帝國暴力日趨高漲的壓力下使成文憲法出現重大進展之外，同時也出現了許多相關現象，包括世界各地的識字率加速增長、印刷品與印刷技術大量傳播、報紙數量與發行地點大為增加、許多新式書寫語言接連出現、翻譯文本愈來愈常見，以及小說愈來愈廣受喜愛。畢竟，憲法就像小說一樣，也是在創造與講述某個地方與某一群人的故事。不論在當時還是現在，成文憲法都不僅是一紙文件，也不只涉及法律和政治。我們需要重新探索與評估憲法的傳播，從跨國界的角度予以重新解讀。

＊＊＊

沒有任何一本書，也絕對沒有任何一名作者，能夠完整探討十八世紀到一次大戰之間所有的憲法創建、憲政辯論與影響。這些事件的牽連範圍非比尋常，不但橫跨海洋與陸地邊界，而且直到今日都還是持續形塑著國界、政治與思想模式。這些發展有許多不同的歷史可以撰寫，而且這些歷史也應該受到撰寫。我自己的寫作策略，是聚焦於新憲法與各種戰爭之間反覆交織而成的一系列重要主題與重大危機。本書當中的每一章，皆是圍繞著這些重大主題與引爆點，並且大致上依照時間順序排列。每一章都始於一個特定地點及憲法制定事件，接著再探討此一主題在世界其他地區造成的廣泛影響。

最後，我原本就是以局外人的身分接觸這項題目，畢竟我的誕生地英國是全世界極少數至今仍然沒有成文憲法的國家，連同紐西蘭與以色列。我在二十世紀末搬到美國生活及工作，而由於這個國家深深崇拜自己的成文憲法，因此搬遷到這裡對我來說其實是相當吸引人的經驗，不只是在政治方面。這份經驗也激起了我的好奇心：我來自一個沒有成文憲法的國家，因此這些文件在我眼中顯得極為奇異。我雖然覺得自己是外人，卻還是想要瞭解得更多，我想要知道歷史學家為什麼沒有以更具野心也更多樣化的全球視角來探究這些文件。本書即是這些早期好奇心與問題意識的結晶。

在寫作本書的過程中，我並沒有成為這類憲法的忠實信徒，而比較像是個率直的朋友。成文憲法是易於犯錯的人類在紙上創造出來的脆弱作品。不論存在於何處，成文憲法運作的良好程度都取決於外在條件，亦即政治人物、法院及人民是否有能力與意願持續投注長久的思考，並在必要的時候加以修改，以確保其理念付諸實現。我也必須強調，這些憲法並非純淨無瑕，而且從來都不是。我們接下來將會清楚看到，成文憲法的初衷並不僅限於節制權力，也促成各種不同的權力得以產生。

我相信成文憲法仍舊有助於實現多種正面目的，我也相信促成憲法演變與擴散的那股力量，至今還在影響世界各地的政治理念與政治體制。然而，我同時也相信**某些**當年曾經協助憲法傳播、發揮作用與變得不可或缺的機制，如今已逐漸弱化並承受愈來愈大的壓力，但這點就留待本書末尾再談。現在，讓我們先展開本書的故事，回到十八世紀的地中海世界。

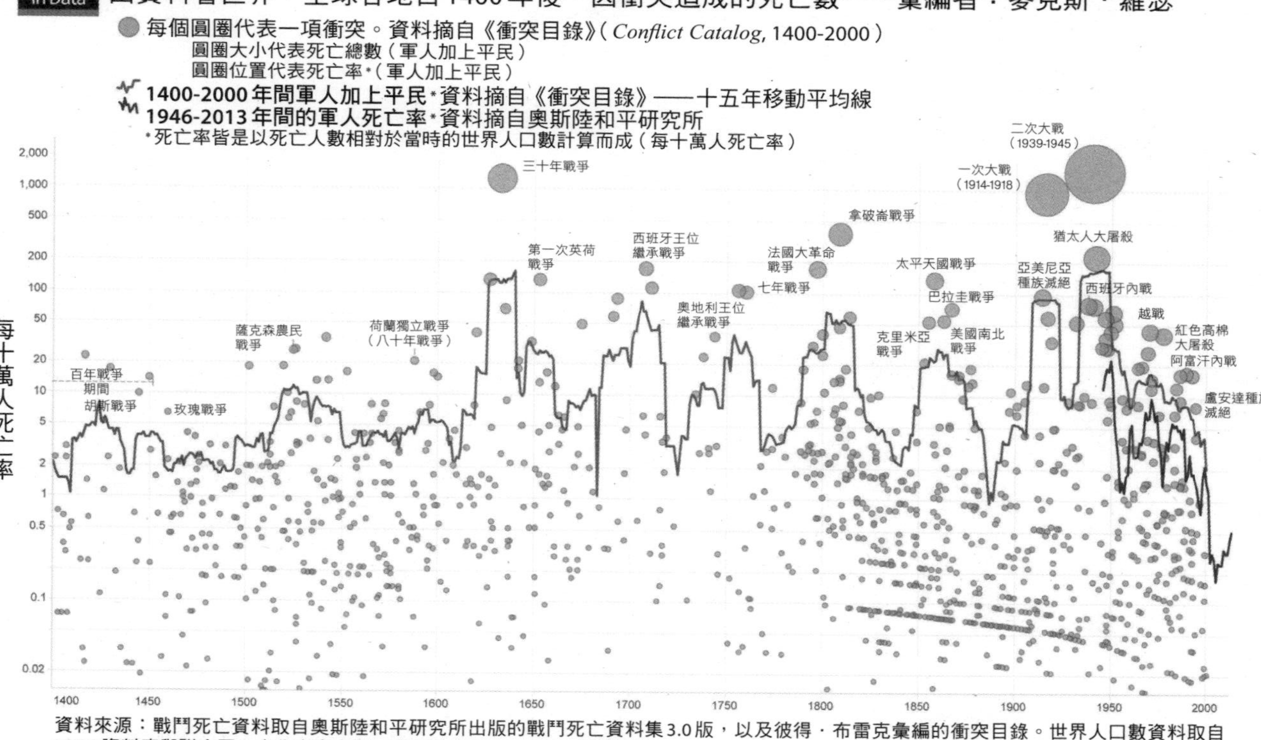

資料來源：戰鬥死亡資料取自奧斯陸和平研究所出版的戰鬥死亡資料集3.0版，以及彼得．布雷克彙編的衝突目錄。世界人口數資料取自HYDE資料庫與聯合國。由作者麥克斯．羅瑟依據CC BY-NC-SA模式授權。

值得注意的是，高度作戰傷亡現象在1700年之後的出現頻率愈來愈高。

第一部

從歐洲之內到歐洲之外

Into and Out of Europe

國家完全有權自行建構憲法，並且依其意願維繫、完善及規範一切與政府有關的事物，無人有正當理由可以阻止。

第一章

戰爭的多重軌跡

The Multiple Trajectories of War

科西嘉

小地方有時候也會出現非常重要的歷史事件。一七五五年四月十六日這天，帕斯夸萊・保利（Pasquale Paoli）登上科西嘉這座地中海島嶼。他將會短暫成為名人，出現在書籍、信件、報紙、詩作、藝術品、傳單及歌曲當中，是一位集「士兵與立法者」於一身，能使劍又能動筆的模範人物。一名英國記者將會把他比擬為「一顆自由行星，在運轉過程中溫暖了每一條靈魂」。大西洋兩岸的仰慕者將會把他比喻為伊巴密濃達（Epaminondas），也就是把古希臘城邦底比斯從斯巴達高壓統治下解放出來的那位傳奇將領。一七六八年，身懷魅力、聰慧與野心於一身的蘇格蘭人鮑斯威爾（James Boswell）出版了《科西嘉紀實》（*An Account of Corsica*），而這本譯成多國語言的暢銷書將會進一步散播「保利此人非比尋常」的概念。即便是當時荷蘭畫家筆下一幅帶有醜化意味的肖像畫，也把保利呈現為一名令人望而生畏的人物：身材高大魁梧，眼神充滿警覺，寬面大嘴，下巴帶有美人溝，腰帶插著兩把手槍。然而，一度環繞著保利的這種英雄崇拜不但遮蔽了他的本性，也掩蓋了其所作所為帶來的真正影響。[1]

保利出生於科西嘉，他在乘船返鄉的幾個月之前曾提筆寫到自己，不是聲稱自己身強力壯、背負著堅定無疑的使命，而是把自己描述為軟弱又猶疑不定。他在一封信裡堅稱自己太過體弱多病，無法從事武裝作戰，「在那方面絲毫無法勝任」。話雖如此，保利其實接受過

一名荷蘭畫家在1768年繪製的帕斯夸萊・保利肖像。

正規軍事訓練，也擁有武裝抗爭的家族背景。早在一七二八年，他的父親賈欽托（Giacinto Paoli）就加入了科西嘉一場武裝叛變，反抗長久以來統治科西嘉但已漸趨式微的地中海霸權熱那亞共和國，後來更成為反抗軍的領袖之一。因此，賈欽托在一七三九年被迫逃往義大利半島南方的拿波里王國，並且帶著他當時十四歲的兒子同行。如同許多逃到那裡避難的科西嘉年輕人，保利也為了謀求生計而加入拿波里軍隊。不過，比起在沉悶的駐軍城鎮執勤及就讀炮兵學校，保利似乎更喜歡參與共濟會的活動。他熱愛閱讀，幾次嘗試在拿波里城嶄新設立的大學裡獲取進一步教育。[2]

保利返回科西嘉的決定，是多項動機共同促成的結果，而有志難伸無疑是其中之一。一七五五年，保利年滿三十歲，卻預期自己往後幾年在拿波里軍隊裡不會再有晉升機會。相較之下，他的故鄉則是提供了光明的前景：他的姓氏在那裡頗有地位，更由於某些遠遠超出於科西嘉本身的原因，當地又再度重燃反抗熱那亞統治的浪潮。保利不認為自己的性情和身體條件適合打仗，但他具備軍事技巧與炮兵技術，也有頗受過部分訓練的聰明腦袋。除此之外，還有一件事情說服了他拋卻疑慮返鄉：他設想了「一套我想要實踐的治理計畫」。[3]

到了一七五五年七月，保利已獲選為科西嘉的政治與經濟總指揮官，實際上就是科西嘉的最高統帥暨行政首長。四個月後，在島嶼中心一片花崗岩高地上的築防城鎮科爾泰（Corte）裡，他利用自己精熟的義大利文起草了一部十頁的憲法——而且明確使用了「憲法」

（costituzione）一詞。科西嘉在一七六〇年以前似乎沒有印刷機，所以他沒有辦法發表這部文本——科爾泰鎮甚至連文具商都沒有。為了取得寫下他這些草案條文所需的空白紙張，保利不得不重複使用舊信件的信紙，用剃刀刮掉原本已寫在上面的墨水字跡。因此，這部脆弱憲法的原始文件早已失傳，只有若干殘缺的早期抄本存留了下來，讓我們得以稍微知曉他的計畫有多麼大膽。

保利的憲法前言如下：

> 科西嘉全體國民，身為自己的合法主人，依據【保利】將軍在科爾泰市【訂立】之標準，而於一七五五年十一月十六、十七、十八日召開國民議會。在重新奪回自由之後，由於盼望藉著將政府治理活動轉變為一部適於確保國家福祉的憲法，而為政府賦予恆久存續的形式，【國民議會】因此須布命令……[4]

這段零碎的文字當中含有若干激進的政治轉變與抱負。從此以後，科西嘉將捨棄過去那種偶爾召開的「大會」（consulte），改而成立一個有如國會的新組織，稱為「國民議會」。保利的文本規定該組織必須每年召集開會，而國民議會也確實遵循規定每年召開，直到一七六九年遭法國併吞為止。這座島嶼將擺脫數百年來臣屬於熱那亞的狀態，恢復獨立地位。如同保利筆下所言，科西嘉人「重新奪回」了他們的自由。保利堅稱（而不只是主張）科西嘉人將會重獲自然權利，並且再度成為「自己的合法主人」。此外，這項新命令還將以一份書面文本作為基石並予以頌揚，這份文本即是一部憲法。

這部憲法為保利賦予龐大的權力。他不但被封為科西嘉的終生將軍，也成了國務院的領袖（國務院由三個部門構成，分別負責政治、軍事與經濟事務）。只有保利能夠決定科西嘉國會每年開會的時間與地點。向國會與國務院提出的請願書，也都必須先經過他同意。外交方向同樣由他定奪，戰爭或和平的最終決定權也掌握在他手上。不過，這部憲法沒有賦予保利在國會的席次。就這個層面來說，至少在脆弱的書面上，這位科西嘉行政首長其實是被排除於立法機構之外。保利也如同每一位科西嘉重要官員，每年必須針對自己的作為向國會提出「詳細報告」。依據憲法的指示，他在提出報告之後即必須「恭候人民的裁決」。

之所以如此，原因是科西嘉國會除了具備課稅與立法的職責，也擁有廣泛的代表性。保利的憲法對於民主選舉幾無著墨，但在實務上，根據一七六六年以來的法律規定，島上所有二十五歲以上的男性居民似乎都有權競選國會席次及投票選舉國會議員。[5]科西嘉的民主普及程度，或許已領先十八世紀中葉的世界其他地區。即便是英國在北美洲的殖民地，雖有大量的廉價土地使得墾殖人口易於獲得投票權，這個時期卻也只有百分之七十左右的成年白人男性能夠投票，且實際上會去投票的人又更少。關鍵問題在於，這種政治技術上的嶄新措施與轉變，居然會發生在科西嘉這座地中海西部的小島上，這究竟帶有什麼意義？為什麼是科西嘉？又為什麼是在此時此刻？

更深一層的原因

過往針對這些問題的答案，經常聚焦於保利這個人身上，聚焦於他毫無疑問的魅力、領導天賦與政治理念。只不過，這些論據大都零散且模糊不清。他在拿波里成長的那段時期，確實正逢島上的古老大學成為啟蒙時代政治、經濟與法律思想的重要培育中心。然而，這位生活艱辛、四處奔波且薪資低落的陸軍初級軍官，到底能夠把多少時間投注於學術研習與智識交流上，恐怕很難說得清楚。此外，儘管許多研究都曾對保利進行分析，我們還是不知道保利有多麼受益於法國政治哲學家孟德斯鳩及其巨作《法意》（*The Spirit of Laws*, 1748）。我們只知道保利在一七五五年三月訂購了這本書，但這已經是他為科西嘉設計第一套政府架構六個月**之後**的事情。

保利對於政治憲法不斷增長的興趣，影響最大的因素似乎是他早期對於古希臘羅馬經典作品的接觸。我們知道他在父親賈欽托的鼓勵下閱讀過蒂托・李維（Livy）、普魯塔克（Plutarch）、賀拉斯（Horace）與波利比烏斯（Polybius）的著作，還有許多講述古代歷史的書籍，而他立志成為立法者的抱負也是出自父親的培養。[6]一七三五年，在保利**自行**起草第一部憲法的二十年前，他父親曾與一個名叫柯斯塔（Sébastien Costa）的律師共同為科西嘉規劃出一套憲政提案。這些提案並未付諸施行，但保利父親所從事的這些早期計畫仍具有相當大的意義：既強調軍人與價值觀的重要性，也堅信書寫於紙張上的文字具有至高的益處。[7]

柯斯塔與賈欽托想要改革科西嘉的戰爭部，改由六名「該王國最英勇的士兵」擔任參謀。他們還想舉辦選舉，以從島上各省各自選出一名中將，負責挑選地方民兵團的軍官。此外，賈欽托和柯斯塔也打算把島上既有的外來政治文本與法律全部放火燒掉。他們主張，如果要改造島上的治理，就必須以儀式性的做法澈底消除十三世紀以來熱那亞掌控科西嘉所遺留的權力文字，並且取代為新的文本：

> 我們將要廢止……熱那亞人訂定的所有法律和規定，須布命令要求科西嘉全體人民將家裡的這類法律和規定抄本交給國務大臣，並將其在當眾燃起的篝火中全部燒毀，象徵科西嘉人自熱那亞人中分離，也象徵科西嘉對熱那亞的永久脫離。[8]

雖然這些提議後來未能實現，我們仍能從中看出保利的一七五五年憲法曾經有過先例。他父親賈欽托在保利還是孩子的時候，就曾經草擬過計畫要追求一個獨立且經過重組的科西嘉；除此之外，也曾有其他方案致力於改變科西嘉的政體。科西嘉為何會出現這一系列書面計畫？這類憲法提案又為何如此迫切？原因不僅在於科西嘉持續遭到熱那亞壓制，也在於這座島嶼其實易於遭受外部強大壓力的影響。

科西嘉是個貧窮之鄉，礦藏極少，耕地也相當有限，島上人口在一七五〇年代時還不到十二萬人，且絕大多數都不識字。該島由高聳的山脈從中央分隔，全島劃分為數百個半自治的市鎮，深受管轄範圍的爭執與宗族戰爭所苦。這些內部分裂在一定程度上解釋了保利的一七五五年憲法為什麼有一大部分都投注於中央集權及改善國內秩序。保利一派正經地指出，若有人用棍子毆打別人頭部，就必須入獄監禁至少十五天。至於那些替血親復仇而殺人的犯人：

> 不但要被判處蓄意殺人的罪名，其住宅也將立刻拆毀，並於原地豎立一根惡名紀念柱，標明犯罪者的姓名及罪行。[9]

部分是為了根除這類混亂狀況，保利採取他父親先前的做法，在各個層面上皆樹立帶有軍事化色彩的權威。他的一七五五年憲法要求科西嘉的每個市鎮都必須設有一名軍事專員，每個教區也必須設有一名守衛長與一名副手。這些官員由「狂熱愛國分子」擔任，負責因應內部動盪與外患進犯，一旦遭遇狀況就必須召集地方上的男性人口，「未報到者處以罰款二十索爾多」（譯注：舊義大利銀幣），再將他們組織起來，「以武力」鎮壓抗爭。保利絲毫不覺得這些條文與他這部憲法支持男性大眾政治參與的態度有任何牴觸，反倒認為恰恰相反。他提出的理由也反映了這點：「每一名科西嘉人都必須擁有若干政治權利，」他主張道，原因是「他們極度珍視的投票權如果終究只是個可笑的謊言，**那麼他們怎麼可能會有興趣捍衛自己的國家？**」[10] ❷ 對保利而言，戰爭、揮之不去的武裝暴力威脅，以及擴大男性民主參與的書面條文，這一切都必然密不可分。

這項武裝公民的決心，部分來自保利對於古代經典的熱愛。但也是針對科西嘉面臨特定危險所做出的回應：那種危險不只來自內部，也來自外部。即便在保利於科西嘉島上的權勢臻於巔峰之際，熱那亞的陸軍與海軍也還是在海岸線上伺機而動。更大的外來挑戰在於，弱小的科西嘉其實處於兵家必爭的戰略位置上。這座島嶼位於歐洲各大海權國家激烈競爭的地中海西部，距離法國更不到一百海浬。如同鮑斯威爾在一七六五年為了找尋書寫題材而造訪這座島嶼時所注意到的，科西嘉擁有不少天然港灣，但卻缺乏必要的經濟資源與技術勞力，以致於無法打造一支海軍防備來自海上的威脅。[11]

因此，保利會在一七五五年改革科西嘉政府，為其賦予「恆久存續的基礎」，相當程度是因為科西嘉正面臨到雙重危險。這座島嶼內部混亂失序，外部又受制於熱那亞，還可能會遭受其他海上強權的侵略。保利起草科西嘉憲法的初次嘗試（他後來在一七九三年又嘗試了一次），會出現在後來被稱為「七年戰爭」（美國人稱之為「法印戰爭」）的這起事件的初期階段，絲毫不是偶然。

七年戰爭爆發於十八世紀中葉，這場規模蔓延極廣且匯集不同大陸上眾多鬥爭的巨大衝突，促使保利集中了心神。他也從這場規模龐大的衝突中受益，至少在一段時間裡是如此。[12] 一七二〇年代以來，科西嘉對於熱那亞統治的抵抗就逐漸增強，但這些地方性的抗爭都一再屈服於法國的軍事干預：與其讓科西嘉受到其他更難對付的外國強權接管，法國寧可由一個衰頹中的熱納亞共和國掌握這座島嶼的名義控制權。一七三九年，由馬耶布瓦侯爵（marquis de Maillebois）率領的一支法國軍隊在短短幾週內擊潰了科西嘉反抗勢力，迫使賈欽托與他的兒子流亡海外。法軍後來又在一七四〇年代再度出兵干預科西嘉。值得一提的是，當保利在一七五五年登上科西嘉島重啟獨立運動的時候，這回法國**並沒有**出手干預。法國雖然在隔年派出少數部隊到科西嘉，但他們卻只負責守衛海岸線，大體上刻意不介入發

❷ 編注：本書各類引文當中所出現的加粗強調字體，皆為作者所加。後續不再詳述。

生於科西嘉內部的政治革命。

法國之所以會有這種不尋常的自制表現，原因明顯可見。自從一七五〇年代中期開始，法國的統治者就必須把大部分的注意力及陸海軍兵力投注於對抗英國及其盟友，而且不只要注意歐洲大陸，還得分神到亞洲部分地區、西非沿海、加勒比海地區及北美洲。由於七年戰爭（邱吉爾將這場戰爭適切地稱為「第一場世界大戰」）高度吸引了法國的注意力，所以保利才得以獲得那段短暫的機會，替他那幾年的政治實驗爭取到重要的時間。[13]

對於保利及科西嘉而言（後來許多地方的民族也是如此），促成成文憲法這項政治創新出現的主因，就是戰爭：戰爭的潛在威脅及戰爭的實際爆發。這類武裝衝突的爆發及人們對於武裝衝突的恐懼，之所以對成文憲法的誕生愈來愈有影響力，是因為戰爭的本質與要求已出現了改變。而我們接下來就必須瞭解改變背後的原因。

規模更大且成本更加昂貴

戰爭向來都是造就國家與帝國財富的一大力量。如同美國社會學家查爾斯．蒂利

（Charles Tilly）說過的名言，國家製造戰爭，而戰爭又經常回過頭來製造並強化（同時也摧毀）國家。但到了十八世紀中葉，戰爭已開始衝擊世界上許多區域，帶來愈來愈劇烈的改變。這些劇變並非源自於新科技的出現，尤其是如果我們只看陸上衝突的話：因為早自許久以前，火藥武器就已先改變了大規模衝突的樣貌，不只歐美，也改變了中國、朝鮮、日本、越南、爪哇、印度次大陸、鄂圖曼帝國及西非的戰爭。[14]戰爭的重要性會在十八世紀中葉顯著提升，**主要**也不是來自於軍隊規模的增加——儘管世界上部分地區的軍人數量確實明顯增加。劇變源自於這個時期一項與過往都不同的變化，也就是許多大型衝突的地理範圍，影響的幅度與速度都遠比先前更大，導致在人力、金錢與器械方面的需求也跟著水漲船高。

其中一個極端的案例，就是讓保利得以在科西嘉島上實施短暫憲政實驗的七年戰爭。因為這場戰爭，無數致命的戰鬥在歐洲大陸上展開。一七五六至一七六三年間，強大的日耳曼國家普魯士估計就損失了五十萬名軍人與平民，而其戰前人口也不過只有四百五十萬。然而，早在歐洲人開始遭遇這場衝突所帶來的嚴重毀傷、死亡及生態浩劫之前，亞洲與北美洲的部分地區就已經先受到英國與法國之間的惡鬥較勁（也就是這場衝突的其中一項主要肇因）所影響。以今天的泰米爾那都（Tamil Nadu）這片印度東南部的區域為例，此地早在一七五四年就已經是英法兩國「長年的戰場」。雙方部隊及其各自的南亞盟友在此征伐不休，據報「方圓數英里內幾乎看不到一棵仍然矗立的樹木」。[15]

考慮到七年戰爭的範圍橫跨了不同大陸，可見戰爭並非全然發生於陸地上。相對於十七世紀期間大多數涉及多個強權的大規模衝突（例如三十年戰爭），這場規模**更加龐大**的戰爭橫跨了多個海域與大洋。七年戰爭期間爆發的六場最大海戰當中，有三場不是發生在歐洲水域，而是在印度洋上。這場傘狀戰爭也目睹了數以萬計的歐洲士兵以成本高昂的方式被運送到大西洋彼岸，此一數字也遠遠大於先前的戰爭。這些歐洲士兵、美洲殖民者與美洲原住民戰士的所作所為，改變了北美洲從今天的加拿大至佛羅里達這整塊區域的政治疆界。七年戰爭除了摧殘北美，也嚴重影響印度次大陸，橫掃了加勒比海的各個區域，並且一路延伸至南美洲沿海。這場戰爭觸及西非的塞內加爾，在最後階段更燒到了位在南海與太平洋之間的菲律賓馬尼拉。[16]

此處必須強調，戰爭的地理範圍與破壞程度在十八世紀中葉的明顯擴增，不單純只是西方侵略野心所造成的結果。在這段時期，有些亞洲強權顯然也在進行長距離戰爭。納迪爾沙（Nādir Shāh Afshār）這位牧人出身但出生於一個著名家族的波斯統治者，從一七二〇年代晚期開始迅速演變為傑出的人員招募者及冷酷無情的戰術家。他對高加索、美索不達米亞、今天的土耳其、阿富汗與印度北部發動了一連串猛烈的攻擊。納迪爾沙在一七四七年遭刺，就在他準備進一步深入東亞的前夕。不過，遠征行動仍舊由他昔日的部將杜蘭尼（Ahmad Shāh Durrānī）持續進行。到了一七五七年，杜蘭尼已兼併了旁遮普、喀什米爾與拉合爾，一路上劫掠聖城，遂行規模駭人的大屠殺。據說他的軍隊殺人如麻，導致堆積如山的腐屍堵住了恆河支流亞穆納河（Yamuna River）。[17] 除此之外，另一個歷史更加悠久且更加強大的亞洲強權，也在這個時期從事著野心勃勃的軍事征伐。

清帝國自從在一六四〇年代征服了中國之後，就一直想要強化其中亞邊界，因此對準噶爾汗國發動攻擊。準噶爾汗國是西部蒙古人建立的一個游牧帝國，疆域包括今天的新疆、內外蒙古，以及西藏與哈薩克的部分地區。如同史學家濮德培（Peter Purdue）描述的，在很長一段時間裡，清朝統治者一直受限於運補上的困難，亦即難以在陸路距離如此遙遠的長期戰役中為龐大軍隊提供充足的後勤補給。然而，這個僵局在十八世紀中葉清朝第六位皇帝乾隆在位期間，出現了重大突破。[18]

乾隆皇帝是一位聰明且心思細密之人，他會寫詩及政治散文，也贊助多種不同風格的藝術創作——但他同時也熱衷征伐，發動一連串的戰爭。他下令開闢一條通往新疆的補給路線，沿途興建一系列的軍火庫。有了這些準備工作，他因此得以在一七五〇年代派遣三支大軍各率五萬兵力進入準噶爾汗國的領土，展開一場持久戰。這些清軍部隊橫跨的陸路距離，比起拿破崙的軍隊在一八一二年遠征莫斯科所跨越的距離還長。他們最後終於擊敗了準噶爾人，把敵人的男童與壯丁幾乎屠殺一空，女人則是被當成戰利品或是同樣慘遭殺害。準噶爾蒙古帝國就此在地圖上遭到抹除。如同乾隆在一七五九年十二月宣稱，那座帝國已遭到消滅。

因此，若我們從長距離侵略戰爭的興起這一角度來看，就會發現世界在十八世紀中葉的幾十年間出現了某種「大合流」。[19]東南亞與中亞強權對於印度北部的入侵，不論殘暴程度與涵蓋範圍都在這個時期大幅提升；與此同時，西方強權也在一七五〇年代發動了比先前更長距離的戰爭。清帝國也是如此。

然而，部分西方與亞洲強權雖然在十八世紀中葉出現了軍事遠征上的合流現象，但雙方同時也存在著某些重要分流。舉例而言，這段時期大多數西方強權（但不是全部）都採行了各種各樣的混合戰爭。在今天，「混合戰爭」（hybrid warfare）一詞通常指的是在衝突當中同時部署多種權力工具與毀滅

陸上征服：乾隆的騎兵部隊在1750年代征戰中亞。

工具，好比在正規軍隊之外同時部署非正規部隊，並且採取恐怖行動、網路戰、假訊息戰役等等。[20]但在本書當中，我對於混合戰爭一詞的定義比較特定，指的是經過精心策劃且結合海戰與陸戰的戰爭方式。到了十八世紀，這種形態的混合戰爭已愈來愈成為許多西方強權所偏好的侵略模式。相較之下，這個階段的大多數非西方強權仍然超乎比例地以陸戰為主。這種情形絕非自古皆然。十五世紀時的中國明朝，不論是在海上的勢力範圍還是在航海上的投資，都超越任何西方強權；此外，清朝的海軍在十七世紀晚期也仍然打贏了不少海戰。

不過，乾隆時期的清帝國雖然持續固守海疆，並且針對特定地區進行海外貿易，但**皇帝的**權力基礎卻絕大都是奠基於掌控廣大農業區域及只能在陸地上征戰的龐大步兵與騎兵部隊。有些中國學者指出，到了一八〇〇年，在清政府的檔案及其高階官僚的認知當中，早就已經不存在明朝海上實力及其運作方式的痕跡。[21]清帝國的戰爭已只涉及武裝士兵、無數的馬匹及陸地。

相較之下，十八世紀大多數富裕的歐洲強權**除了**在陸地上作戰之外，也從事愈來愈多的海戰，而這項事實帶來了廣泛持久與看似相互牴觸的複雜後果。這種混合形態的戰爭有著龐大的作戰規模、涉及遙遠的距離，而且戰場包括陸上與水上，其所帶來的成本、挑戰與要求，在許多面向上都有助於人們嘗試各種憲政制度上的變革與發明。

反覆投入混合戰爭所需要的龐大財政成本，即是催生憲政變革的原因之一。到了一六五

○年，西歐與東歐大部分地區的戰艦已普遍不再是從商船改裝，而是改由國家資助特別打造而成。在漫長十八世紀期間，❸戰艦尺寸更是愈來愈大、數量愈來愈多、構造愈來愈複雜，造價也愈來愈昂貴。在一六七○年，一艘船只要擁有三十門炮，就足以稱得上是「戰列艦」，也就是歐洲各國海軍當中最令人害怕也最有威望的戰艦。然而，到了七年戰爭的時候，這類戰艦已動輒配備六十門炮，有些船隻甚至還能搭載更多火炮。[22]英國海軍名將納爾遜（Horatio Nelson）在一八○五年的特拉法加海戰當中搭乘的旗艦勝利號，即是在七年戰爭期間下令建造，且設計成可以裝載至少一百門炮。

建造、操作及維護這些海上巨獸的成本高得令人咋舌。為了建造一艘七十四門火炮的戰艦（當時這還算不上火力最強大的船隻），造船廠可能需要使用將近三千棵成齡的橡樹，而且高品質的木材還只是其中一項必要原料而已。像這樣的大船輕易即可用上長達二十英里以上的麻繩、面積達幾英畝的帆布；而為了製造鐵釘與炮彈，還得用上大量的鐵，船身也得用上長達好幾碼的銅皮。建造完成之後，又需要有無窮無盡的補給品。不僅如此，建造這樣的船隻也需要特殊的場地與專業工匠，後續還需要數以百計的人員操作航行，更需要有海軍基地加以維護。儘管如此，法國單是在一七八○年代就建造了將近五十艘這種昂貴至極的七十四門炮巨艦。[23]

如同法國這項投資的規模所顯示的，巨型海軍從來就不是單一國家的專利。當然，從十八世紀到十九世紀下半葉，通常只有以歐洲強權為主的一小群國家才得以擁有這種程度的海上火力，且當時咸認英國皇家海軍的規模也不大可能受到其他強權超越。不過，在戰爭的地理範圍急速擴張的情況下，**所有**臨海的國家都愈來愈常面臨必須建置海軍的壓力：不必然是為了從事大規模海戰，而是為了捍衛海岸線及保護商船隊。這段時期的某些時刻，英國擴展自身海上實力的速度確實受到了競爭者超越。舉例而言，到了一七九〇年，英國海軍的規模雖然還是遙遙領先對手，但船隻數目卻只比一七五〇年多出二十一艘。相較之下，法國與西班牙的艦隊數量都各自在同一時期增長了將近一倍，而且他們同時也都還握有龐大的陸軍。[24]

單有海上實力並不足夠。由於這時期戰爭的重點愈來愈落在混合戰爭（海上的船隻增加，陸地上的兵員也增加），英國勢必無法繼續單純仰賴優越的海軍，而必須要強化陸軍。英國也確實採取了這樣的改革。一七四〇至四八年的奧地利王位繼承戰爭期間，英國陸軍每年的服役人員約有六萬兩千人；到了在七年戰爭期間，這個數字已上升至九萬三千。及至一七七五至八三年間的美國獨立戰爭，英國不但擁有兩百二十艘戰列艦，而且每年還部署了

❸ 編注：在英國史學界的用法中，「漫長的十八世紀」多半始於斯圖亞特王朝復辟的一六六〇年，或是光榮革命的一六八八年，終於拿破崙戰爭結束的一八一五年。

超過十萬八千人的陸上部隊。[25]

因此就整體而言，「海上戰爭在這段時期的變化幅度遠小於陸上戰爭」這句話並不成立，儘管海戰的重要性確實不曾壓倒陸戰。[26] 重點是，到了一七五〇年代，富有野心的西方強權都比先前更積極地相信自己必須同時握有龐大的陸軍和可觀的海軍（後來就連某些西方以外的強權也這麼認為）。

這項發展在全球造成了極為巨大且嚴重的後果，而且如前述所說具有互相矛盾的性質。在廣被認知的主流論述中，**部分**歐洲強權建立更多陸上部隊與海上戰艦的做法，使這些國家對於世界上那些無力或無意採取同樣做法的地區造成更大的威脅。白手起家的海達·阿里（Haidar Ali）是印度南部邁索爾（Mysore）的統治者，據說他曾在一七七〇年代對來犯的英國部隊宣稱：「我能夠在陸地上打敗他們。」而海達也確實好幾次做到了這一點。根據各方估計，海達擁有約十萬至二十萬的兵力，這些武裝精良且資金充足的軍隊曾迫使對印度蠶食鯨吞的英國東印度公司在一七六〇年代晚期求和，後來更在一七八〇年的波利魯爾之戰（Battle of Pollilur）中賞給東印度公司一場羞辱性的大敗。另一方面，海達與他的兒子（亦即權勢強大且頭腦聰穎的邁索爾繼任統治者蒂普蘇丹，Tipu Sultan）也嘗試建立一支海軍艦隊。但也如同當時的其他印度統治者，邁索爾的這兩位君主缺乏必要的財政組織、資源及固定廠房，因此無法發起及維繫全面性的混合戰爭。如同海達·阿里自己所承認的，他在陸地上雖然擁有如此令人望之生畏的軍事實力，卻無法「吞噬海洋」。[27]

這並不是要主張另一個版本的「西方崛起論」。的確，國家經營的大型海軍及過度膨脹的陸軍，確實讓一小部分的西方國家（至少一時之間是如此）能夠跨越陸地與海洋，把權勢、人員、資訊和商品蠻橫地投射於其他地區，而且還是以愈來愈駭人的規模為之。不過，我們偶爾會忽略這項說法背後有著另一個面向。這些反覆從事及維繫大規模混合戰爭的西方強權，不只是在進行**更多的**戰爭，而是在積極發動**本質上已有所改變**的戰爭，並且為了供應這種衝突形態所需的大量人員與器械而承受了極端的壓力。[28] 這些重重壓力到了十八世紀中葉再也無法為人忽視，不但接連促成政治新觀念的出現，也引發了一系列重大的憲政動盪與重組。

混合戰爭與革命

最明顯可見的是，混合程度愈來愈高的戰爭形態所帶來的壓力與刺激，促成了一系列革命衝突，而每一場這樣的衝突都擴展了成文憲法的設計與傳播範圍，也拓展了憲法所涉及的觀念。在十八世紀與十九世紀初，英國、法國與西班牙等全球三大混合戰爭的實踐者，都深受一連串的革命衝突摧殘，但方式各自不同。就英國而言，最大的危機不是發生在國內，而是在該國一個最古老也最容易引起強烈情緒的偏遠殖民地：北美大陸。

出於某些原因，英國史學者經常以自滿的態度描述該國從十七世紀中葉以來的歷史，描述英國擁有愈來愈強大的國家能力得以增稅、借取國債，以及利用其國會為這些索求賦予合法性。然而，從事規模與範圍都日漸增長的混合戰爭，仍然對英國財政造成了重大損害。在奧地利王位繼承戰爭期間，英國的年度支出早已比先前較為和平的那十年間高出了三分之二。這些增加的支出有超過百分之四十都投入於皇家海軍，剩下更高的比例則是投入陸軍。傳統上重海輕陸的英國，現在卻為了迎合混合戰爭的需求而開始擴張陸軍。七年戰爭的戰爭支出又更高，既是因為這場戰爭涉及的跨洲戰鬥規模達到史無前例的程度，也是出於英國戰勝後獲得規模龐大的殖民地。

在七年戰爭之前，英國政府原本不覺得有必要在其海外殖民地設置恆久軍事基地（一如以往，愛爾蘭乃是例外）。不過，在這場戰爭期間派遣了前所未有的兩萬名士兵到北美參戰之後，倫敦當局在戰爭於一七六三年正式結束之時做出了一項影響重大的決定：將一萬名正規軍派去其跨大西洋兩岸的帝國各地，作為和平時期的駐軍。在這些士兵當中，約有七千五百人派駐於英屬美洲，其範圍在這時是北自哈德遜灣，南達佛羅里達礁島群，再由東部的大西洋岸往西延伸至密西西比河。[29]

事實證明，這支人數明顯有限的部隊完全不足以因應這片龐大的地理範圍及各種工作。首先，這些士兵需要監控英國在魁北克剛獲取的法語區，該地人口經常對英國抱持不友善的態度。接著，部分士兵還必須控制北美東岸那些居民繁多的城鎮，壓制那裡的走私行為及日益增多的反抗活動（倫敦當局視之為煽動叛亂）。除此之外，如此少量的英軍部隊也必須管理北美西部疆界上愈來愈多謀求立足之地的墾殖民與投機分子，並且安撫及保護那些土地遭到這些新進人口侵奪而憤怒不已的原住民。可想而知，這些分身乏術的英國軍人在這三方面都失敗得一塌糊塗。一名曾任英國殖民地總督的官員回顧北美洲在七年戰爭之後發生的事件後這麼寫道：「英國在這場史上最輝煌也最成功的戰爭中獲得了什麼？」答案是一塊「我們……沒有能力維繫、捍衛或者治理的帝國疆域」。[30]

如同許許多多書籍所記載的，七年戰爭後派駐於北美洲的英國軍人（其中有些實際上出生在美洲）意外促成了當地的政治啟蒙和分裂帝國的工作。許多當地平民在不無道理的情況下認為這些軍人代表著英帝國更為強勢卻也更具侵擾性的權威。於是，先前傾向於各行其是的美洲各殖民地，如今都一致反對這種權威及倫敦當局為了支付這些人員的薪餉而課徵的稅收，結果因此產生了同仇敵愾的情感連結，開始互相合作。

這些新出現的帝國軍人也激起了其他反對。對美洲的白人殖民者來說，他們在七年戰爭期間是首次見到英軍出現在自家居住地。戰爭結束後，這些殖民者又看見更多身穿紅衣的英軍士兵來到此地，而且還從事著令人厭惡的行徑。一七七〇年三月，在波士頓這座約有一萬六千人口的東岸大型聚落，有五名殖民者因參與暴動遭到殺害，結果善於和英國唱反調的美洲人士就立刻狡猾地將這起事件稱為「波士頓大屠殺」。這件事情的重點在於，波士頓當地富有影響力的美洲殖民者（一如大西洋彼岸受過教育的英國人）都因為其對歷史與政治思想的涉略，而把軍人攻擊平民之事視為暴政的代表——在此一事件裡開槍的凶手，即是身穿英軍制服的士兵。[31]

由於美洲人對於課稅的反抗愈演愈烈，對於駐紮此地英國武裝人員（儘管人數極為有限）的質疑聲浪也節節升高，因此在大西洋彼岸激起了「殖民地不知感恩」的埋怨情緒。英國每年需要花費四十萬英鎊左右的支出，才能維繫美洲殖民地的軍隊，這一數字將近國家預算的百分之四。再加上七年戰爭後沉重的償債支出，這些額外的稅負重擔有助於解釋要求政治變革的呼聲（還有對於憲法議題愈來愈高的興趣），為什麼也會出現在一七六〇年代的倫敦等英國城鎮，以及國會的政治人物又為什麼那麼頑固地堅持要從美洲殖民者身上榨取更多金錢，以便至少支應他們一部分的支出。[32]

英國內閣大臣查爾斯・湯森（Charles Townshend）在一七六五年憤怒地指出，美洲殖民地如果期望「我們的艦隊」為他們提供保護，那麼就「必須為政府的收入出力」——他這番話再度印證了要同時維持史無前例的海軍與龐大陸軍所帶來的沉重壓力。[33]就當時而言，七年戰爭後的財政壓力迫使英國縮減皇家海軍的規模與維修等級。這點幾乎解釋了英國何以在一七七五年後再度爆發的跨洲戰爭初期表現如此拙劣——這一次的戰爭對手，乃是該國大多數的美洲大陸殖民地。在這場衝突於一七八三年結束之前，這些美洲殖民地已有十二個施行了自己的成文州憲法。當然，新成立的美利堅合眾國在這場戰爭中獲得的勝利，也使其在一七八七年起草一部適用全國且影響深遠的憲法。[34]

對於法國而言，參與七年戰爭也是一個引爆點，只是背後的原因並不相同。一如在倫敦，巴黎與馬賽的政治人物在一七六三年之後也必須面對近乎破產的國家財政。只不過，英國的挑戰是要學習如何治理這場戰爭中獲得的過多新疆域，還有如何調適及支應相關花費；法國在戰後則必須因應慘敗及喪失大部分海外殖民地所帶來的震驚與恥辱。法國政府在這場衝突當中投注的金錢，比起先前參與奧地利王位繼承戰爭時多出一倍。因此，到了一七六〇年代，法王路易十五的歲入已有一半以上必須用於償債。儘管如此，恢復國威的決心卻又導致法國推行大量成本高昂的軍事改革計畫。[35]

由於法國在歐洲內外喪失大量殖民地，該國於是在一七六八年派遣兩萬五千名官兵登上科西嘉，以武力壓制了島上脆弱的自治政府與保利的政治實驗，進而兼併了這座島嶼。一七六三年之後，法國開始大手筆投資混合戰爭機器，其一級戰艦的數目在二十年內增加了不只一倍。法國也裁撤了數以千計的陸軍軍官，將他們視為七年戰爭戰敗的戰犯，再訓練新人取而代之。大筆金錢投注於一批新興軍事貴族及一間間新成立的軍事學院，[36]其中就包括法國香檳區布里昂（Brienne）的一所軍事學校。一七七九年，一個瘦骨嶙峋又悶悶不樂的科西嘉青年來到這裡學習戰爭技藝，他的名字就叫做拿破崙。

這些對混合戰爭器械與人員的投資，在法國於一七七八年與美洲革命勢力公開結盟的時候，很可能為法國帶來了優勢。不過，這項大規模軍事干預雖然確保了美國的獨立，也是促成美國得以重新制憲的重要前提，卻對法國本身造成了極為龐大的代價：超過十億里弗爾的債務。這些錢幾乎全都是透過短期貸款籌得。由於法國政府有著習慣拖欠債務的惡名，因此這些貸款的利率都高得嚇人。到了一七八七年，法國政權在財政與政治兩方面都已瀕離崩潰。史學家林恩．亨特（Lynn Hunt）對於後續發展的概述相當一針見血：

> 破產的威脅迫使【法國】政府尋求新的收入來源，而在特別召開的顯貴會議或巴黎議會未能達成此一目標之後，只好勉強召開三級會議討論課徵新稅。由於三級會議已有一百七十五年不曾舉行，因此在一七八九年五月召開的這場會議即開啟了憲政與社會革命的大門。[37]

接著，法國就在一七八九至一八一五年間出現了一連串政治劇變，這段時間法國官方也九度試圖推出一部新的成文憲法。除此之外，大革命之後的法國政府及其軍隊也致力於把成文憲法這種政治技術輸出到歐洲大陸的其他地區，從而長久改變了這些地區的觀念、期望、國界、法律實踐及政府體制。

最後，我們要說到西班牙，它經常被視為十八世紀三大混合戰爭強國中最弱的一個。然而，西班牙若能在七年戰爭剛爆發時就以自己可觀的海軍和法國艦隊聯手，那麼這場衝突的結果及後續的世界歷史很可能會有不同的發展。如果法國與西班牙能夠早早聯盟，說不定就能夠打贏戰爭，或至少在短時間內迫使英國及其他對手求和。如此一來，法國也許就能更長期保有其北美殖民地，而這點想必也會拉長英屬美洲殖民地依賴倫敦當局保護的時間，從而大幅延後這些殖民地對英國的武裝反抗。只不過，西班牙卻是直到一七六一年才以法國盟友的身分加入七年戰爭——這項遲來的舉動不但沒有什麼戰略效益，更替西班牙帶來一場昂貴的災難。

儘管如此，西班牙戰後的某些改革卻比其對手英國與法國都來得更加有效。如同法國的國王與內閣大臣，西班牙國王卡洛斯三世在戰後也努力整修自己國家的混合戰爭機器。到了他在一七八八年去世之時，如同其綽號「軍人國王」，西班牙軍隊在紙面上已共有五萬名兵員，多過英國當時的陸軍人數。卡洛斯三世投入西班牙海軍的資源又更甚於此。一名西班牙重臣埋怨，到了一八〇〇年已擁有多達兩百艘船的海軍，「得到了國庫所能提供的一切」。[38]

這些錢有一大部分來自於西班牙的美洲殖民地。為了保護這些收入來源及維繫其全球勢力，西班牙也像英國一樣在一七六三年之後施行了更全面也更直接介入殖民地的帝國政策，而且在短期成效上再次勝過英國。西班牙在美洲設置了更多的要塞據點，推行了新的地圖繪製計畫與財政計畫，派駐更多士兵與帝國總督，也與原住民簽訂了更多條約。還有新的領土擴張行動：從聖地牙哥到舊金山的太平洋海岸線上開始出現新的西班牙人聚落，西班牙在西北太平洋沿岸的勢力也變得更為強大。

如同英國和其美洲殖民地之間的關係，西班牙帝國更嚴格的政策也引發了反抗。一七六五年發生於今厄瓜多境內的基多起義（Quito Revolt），還有一七八一年發生於新格拉納達（New Granada）的平民起義（Revolt of the Comuneros），都是源自於課稅增加等來自馬德里當局的「改革」。一七八〇至八三年間，圖帕克·阿馬魯（Túpac Amaru）也是基於這個原因而發動叛亂，而這場嚴重叛亂一度危及西班牙對整個秘魯總督轄區及部分拉布拉他河總督轄區的控制。[39]

儘管如此，西班牙王室最初仍然成功壓制了這些殖民地動亂，並且得以維持自身的財政穩定。部分原因是西班牙能夠指望大批的美洲白銀，絕大多數都來自於墨西哥。流入西班牙的這些白銀在一七六〇至一八一〇年間據估價值達兩億五千萬披索（peso fuerte，西班牙貨幣單位），支應了新西班牙❹的殖民地行政支出。墨西哥白銀也資助了哈瓦那的船廠，而西班牙海軍的大部分整修工作就都是在那裡完成。除此之外，墨西哥白銀也充當了向荷蘭銀行借款的抵押品，而這些借款再用於資助西班牙一連串的海外戰爭。直到又一場龐大的混合戰爭在一七九二年後爆發，西班牙王室的地位才在伊比利半島上遭到嚴重挑戰，同時決定性地削弱其南美洲屬地對於西班牙王室的依附關係。[40]

西班牙投注高昂成本改造的戰爭機器，終究是不敵這一連串漫長衝突的壓力。該國海軍儘管數量增加，卻仍舊比不上英國的海上實力，其結果明白彰顯於一八〇五年的特拉法加海戰當中；該國擴大編制的陸軍，同樣無力抵擋三年後拿破崙軍團侵略及占領伊比利半島大片地區的行動。如同在一七七六年後的美國、一七八九年後的法國，還有一七五五年的科西嘉，這些與戰爭相關的危機所導致的結果之一，就是以筆墨進行政治創新。一八一二年，反對派議員在西班牙西南沿岸的大港加地斯（Cádiz）召開會議，並且發表了一部憲法，其抱負之遠大與影響之廣泛，在十九世紀產生的政治憲法當中堪稱數一數二。即便在此之前，阿根廷、瓜地馬拉、委內瑞拉與哥倫比亞的西班牙殖民者就都已經展開了他們各自的戰爭，也起草了他們各自的新憲法。

❹ 編注：新西班牙是指西班牙在北美洲與中美洲的殖民地總督轄區，全盛時期的疆域相當於今日美國中西部、墨西哥、加勒比海等地。

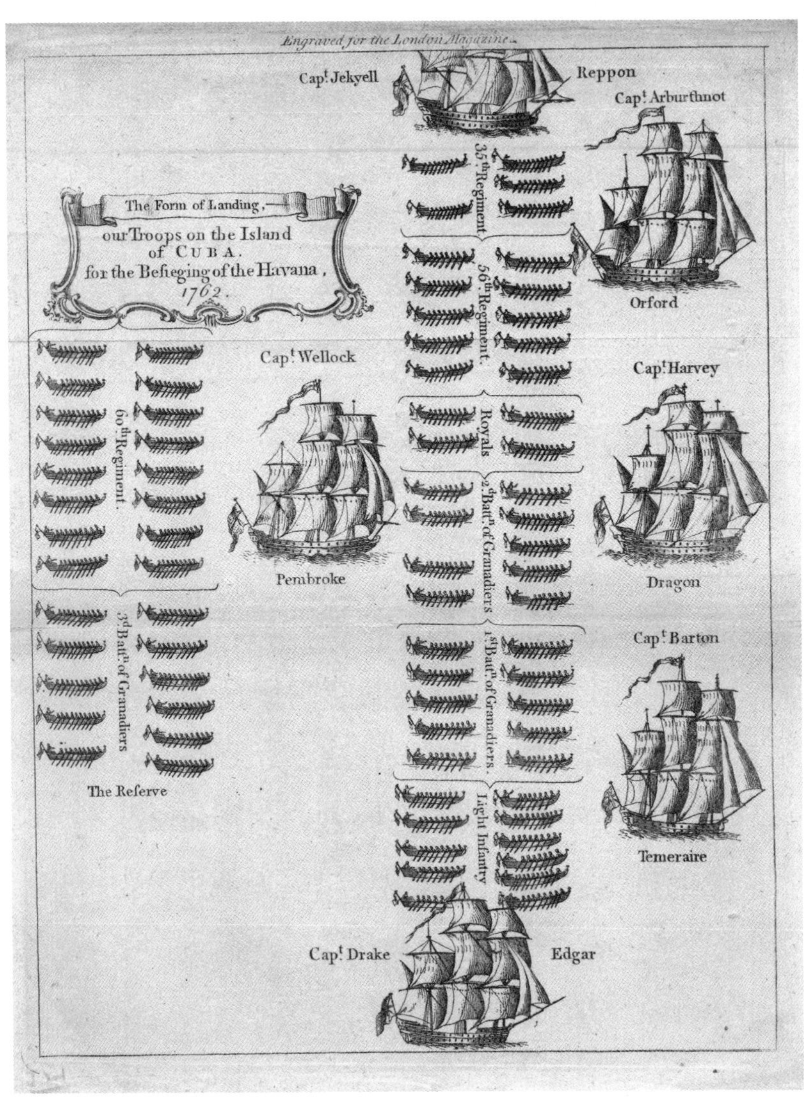

混合戰爭的樣貌：受到戰艦保護及運送的英國與美洲士兵，在1762年入侵西班牙控制的哈瓦那。

海地：證明法則存在的例外

對於愈來愈強調海陸軍混合的戰爭，英國、法國與西班牙都投注了最高昂的成本與努力，並各自碰上不同的嚴酷挑戰。對於這三個強權而言，這類長程戰爭的成本、需求與挑戰，都成了自身政治與意識形態變革的催化劑。混合戰爭的壓力激起了極端暴力，既在三大強權的領土之內，也在與三個國家有關的疆域，或者兩者皆是。在這個過程裡，傳統統治秩序的正當性遭到質疑與削弱，而嶄新的政治結構則跟著出現，也讓新成文憲法獲得更多影響與支持。

在某些人眼中，本書這樣的主張或許不盡可信。他們認為強調跨洲戰爭的衝擊（或是這類大規模與大範圍的變化），恐怕會忽略重要的基本差異，淡化個別民族、文化群體與個人所扮演的角色及貢獻。如同人類學家阿君・阿帕度萊（Arjun Appadurai）所言，有些人可能擔心聚焦於大範圍與大概念通常會「邊緣化原本就已經處於邊緣的人事物」，進而使人忽略「小範圍或地方性的行為者與生命經驗」。[41]然而，我認為沒有必要受困於這種雞生蛋、蛋生雞的爭論。強調廣大事物或概念之間的連結，並不表示（也不該表示）忽略及抹煞小範圍或地方性的特定人事物，也不表示無須仔細研究這些個別細節。在十八世紀中葉至十九世紀前數十年的這段期間，曾經爆發過四場著名的革命戰爭，而除了前述所提的英國、法國與西班牙，以下這最後一場的例子正好彰顯了我的論點。

這起事件後來被稱為「海地革命」，往往被視為一個歷史上的特例，而這點也確實有充分的理由。海地在一六五〇年代被法國侵略者稱為聖多明哥（Saint-Domingue），位於大安地列斯群島的伊斯帕紐拉島（Hispaniola）潮溼多山的西部區域（東半部由西班牙占領），並在十八世紀成長為全世界最大的咖啡產地。聖多明哥種植園所輸出的糖，產量相當於牙買加、古巴與巴西產量的總和。這個聚落無疑是法國最富裕的海外殖民地，其疆界內囚禁了將近五十萬名黑人奴隸，其中每十名成人可能就有七人是出生於非洲。當法國在一七八九年終於因為過度投入混合戰爭而引發政治危機時，大革命的餘波也擴散到了早已四分五裂的聖多明哥。

接下來發生的事情，其大致情節已在過去數十年來受到反覆重述與探究。[42]一開始，這座殖民地裡為數三萬左右的白人墾殖民受到法國大革命所激勵，開始要求他們自己的政治變革。接著，聖多明哥有些經濟較為寬裕的自由黑人發動了一場小規模抗爭，要求巴黎讓步，賦予他們民權與政治代表權。不過，真正造成轉變的是另一場規模更大的抗爭運動：一七九一年八月由約十萬名奴隸發起於這座殖民地的北部平原。這場抗爭使得聖多明哥議會（位於法蘭西角，Cap Français）的法籍主席大為感嘆：「有害我們財產的原則，已在我們之間點燃了一把火，武裝了我們的奴隸。」[43]

奴隸起義是加勒比海地區與美洲一再反覆發生的現象，只是過去大多數規模都很小，也很快就受到撲滅。然而，這起在一七九一年發生於聖多明哥的奴隸起義卻不是如此。這場鬥爭所牽涉的各方群體，都在不久之後開始動員大批黑人奴隸士兵。背負沉重壓力的法國為了撫平情勢，只得在一七九四年於帝國全境廢止奴隸制度。只是，聖多明哥並沒有因此恢復平靜。

接下來的十年之間，一連幾波極端暴力與饑荒摧殘了此地半數的黑人人口，而英國、西班牙與法國的海陸軍幾度出手干預也都以失敗收場。一八〇一年，聖多明哥發布了第一部成文憲法，宣告「永遠廢止」奴隸制度，此地才終於成功擺脫歐洲人的支配與控制。一八〇四年一月一日，當地的黑人與混血領袖歡欣鼓舞地發布正式的獨立宣言，建立了他們自己的主權政體「海地」(其國名原本為「Hayti」，而非後來的「Haiti」)。在一八二〇年以前，這裡還會再產生五部正式憲法。[44]

當時的人們就已廣泛認知到這些變化不僅劇烈，更有其創新之處。如同一名歐洲廢奴主義者在一八〇四年以略感意外的語氣所說:「【現在】有一群非洲人盤據於安地列斯群島中心，他們並未從屬於同一個地區的任何歐洲居民，也獨立於所有外國的政府。」[45]海地成為加勒比海世界第一個由黑人統治且設有憲法的主權國家，且直到去殖民化運動於一九六〇年代開始在這個區域加速發展之前都是唯一一個。一七九〇年之後發生於海地的這段歷史，還具有更加深遠的政治意義。這段歷史證明了，新憲法從歐洲部分地區先後擴散至北美洲與南美洲之後，不但在過程中不斷演變，也有可能受到各方倡議人士的運用與改造，並在絕大多數都是黑人的社會之中施行。

也就是說，這些書面政治文本的起草者，在某些情況下認為自己是非洲人，或至少具有非洲血統，而這正是一名政治上同情海地的目擊者在一八一六年著墨的重點，他寫道：「所有公共文件的書寫者……他們傳承的姓氏……全都是黑人或者有色人種。」海地獨立後的第一任領袖尚賈克．德薩林（Jean-Jacques Dessalines）是一位殘暴無情又聰穎過人的軍人暨前奴隸，而他在一八〇五年起草的憲法前言中，也以較為浮誇的用字遣詞提出了大致相同的論點：

> 面對至高無上的神，全人類在祂面前一律平等，而祂也在地表上散布了各種生物，藉著造物的多樣彰顯祂的榮耀與力量；在全體生靈面前，我們長久以來都遭到極不公正地對待，被視為棄兒……[46]

這些先前權利遭到剝奪的人，現在將要制定、寫下、付印、傳布與主張各種權利。

這確實是相當了不起的成就。值得注意的是，發生在聖多明哥（海地）的事件，其實也證明了某些趨勢與發展在世界**其他區域**所具有的重要性。首先，這些事件進一步展示了海權投射範圍與資源在十八世紀愈來愈高的重要性。只不過在海地的案例中，扮演最重要角色的不是海軍戰艦，而是歐洲另一種快速成長的越洋技術：長程奴隸船。

在實務上，這兩種船隻有不少重疊之處。如同海軍戰艦，大多數的奴隸船也配備有武裝。勤奮號是在一七三〇與四〇年代以布列塔尼的南特港作為母港的法國奴隸船，即便船型相對小巧，也配備有「八門四磅炮、五十五把滑膛槍、十八把手槍、二十把劍，以及兩門迴旋炮，狀況都極為良好」。[47] 由於奴隸船的船東與船長都想要有人能夠操作這類武器，因此他們經常招募曾經服役於海軍且有過作戰經驗的船員。

也就是說，某些歐洲國家的海軍在這個時期史無前例的擴張，與奴隸貿易的增加之間存在著至今尚未受到充分探究的密切關聯。法國就是一個鮮明的例子。在十八世紀的頭二十五年間，法國船隻估計從非洲載運了十萬名奴隸。隨著法國海軍在一七五〇年之後大幅擴張，法國俘虜到的奴隸人數也大為增加。在十八世紀的最後二十五年間，法國奴隸船運送的非洲人已來到四十萬之多。這些人絕大多數都是男性，約有七成來自於安哥拉海岸與下幾內亞沿海區域（當今的貝南、多哥及奈及利亞）的供應商。如果他們得以在前往加勒比海的五千英里航程當中存活下來，大部分都會被送到聖多明哥的北部、西部與南部海岸。[48]

發生於聖多明哥（海地）的事件，證實戰爭規模的擴張確實帶來了政治衝擊與破壞。此外，這些事件也突顯了這種情形並非西方獨有的現象：更多衝突也同樣出現在十八世紀中葉數十年間的西非大部分地區。以達荷美王國（Dahomey）為例，這座令人畏懼的王國位於當今的貝南，擁有自己的常備軍和火藥武器。一七二四年，該王國派軍侵略了阿拉達（Allada）這個一度相當強大的沿海王國，俘虜了超過八千人。達荷美本身也在一七二〇至四〇年代七度遭到約魯巴奧約帝國（Yoruba Oyo Empire）的軍隊侵略。約魯巴奧約帝國位於當今的奈及利亞，能夠部署超過五萬人的軍隊。這片廣大的區域還有其他衝突：當時的剛果王國（Kongo，疆域涵蓋今天的安哥拉、加彭與兩個剛果共和國的部分地區）日漸衰微，一場長期內戰在一七六〇至八〇年代又把暴力推升到更加激烈的地步。[49]

由於西非土地遼闊，人口分散，因此這個龐大區域的統治者往往更喜歡俘虜奴隸作為戰利品，而不是攫取額外的領土。他們有時候也會把這些戰俘賣給歐洲奴隸販子，藉以換取進口商品、槍炮、亞洲紡織品、寶螺貝殼等物品。因此，西非部分地區到了十八世紀中葉已明顯可見到愈來愈多的戰爭，可能就是為了替大西洋兩岸的奴隸市場提供更多黑人奴隸。而這也正是法國的奴隸販運活動量開始增加的時期。

部分非洲研究者因此主張，十八世紀晚期被法國奴隸販子運入聖多明哥的「奴隸」，許多可能本來都是老兵，在「遭到奴役之前曾經服役於非洲的軍隊裡」，而這些人是遭到敵對的非洲軍隊俘虜，然後才被賣給歐洲奴隸販子。史學家約翰·松頓（John Thornton）推測，這些受過軍事訓練的非洲軍人可能是一七九〇年代聖多明哥反奴隸抗爭「獲得初期成功的關鍵因素」，並且使得此處的黑人叛亂分子能夠擋住「歐洲援軍的威脅」甚至加以反擊。[50]

由於在一七九〇年代與一八〇〇年代初於聖多明哥參與戰鬥的絕大多數黑人都沒有留下任何紀錄，因此他們在西非的戰爭究竟涉入多深，或是西非的戰爭傳統是否有對他們造成影響，都永遠不可能為人所知。但我們至少清楚一點，那就是一七五〇年後高速發展的混合戰爭，不但在世界許多地區造成動亂，也是海地這場重大危機的促成因素之一。

出於投入美國獨立戰爭的財務成本與人力需求，法國不得不縮減聖多明哥的駐軍規模。負責維持聖多明哥種植園經濟及壓制奴隸的白人常備部隊減少，表示這座殖民地的民兵組織必須背負起更多維持秩序的責任。這些民兵當中有著大量的自由黑人，他們大都在一七九〇年代初期選擇加入叛亂運動。[51]

法國因為戰爭的混合程度高漲而在軍事與財政上過度擴張，這一情形又在另一個面向上深深影響了海地的情勢發展。從一七九二到一八〇一年，還有在一八〇二年之後，法國一連多個政權都無法集中心力與資源鎮壓聖多明哥的黑人反抗，原因是其陸海軍都忙著在多個大陸、國家與海洋面對各大強權及從事全面戰爭。歐洲戰事激烈程度的升高，也在個人層面上影響了發生於海地的事件。海地那些最著名的黑人指揮官，除了可能擁有參與西非戰爭的經驗，或是記得西非戰爭的傳說之外，往往還曾在積極投入混合戰爭的歐洲軍隊中服役過，進而習得了軍事經驗與技能。

舉例而言，杜桑・盧維杜爾（Toussaint Louverture）是海地最知名也最有魅力的革命戰爭領袖，他在一七七六年擺脫奴役身分而獲得自由，並且在一八〇一年促成了該國的第一部憲法。他不但待過西班牙軍團，也與法國軍隊並肩作戰過。杜桑後來回憶自己在歐洲部隊服役的這段經歷，提及自己「右臂部曾經中彈，現在子彈還卡在裡面」，也曾經被「一枚炮彈撞到頭，撞掉了我大半牙齒」。[52]

海地獨立後的第一任領袖尚賈克・德薩林，就曾任杜桑的副官，後來變成他政治上的死對頭。德薩林同樣借取了歐洲軍隊的做法，即便那些軍隊後來也成為他的敵人。德薩林可能出生於非洲，但無疑曾經是奴隸，他在一八〇二年前曾在法蘭西共和國裡擔任了八年左右的軍官。[53]至於簽署海地獨立宣言且後來控制了這個國家北部區域的亨利・克里斯托夫（Henry Christophe），也是一名可能出身自格瑞那達的自由黑人，他在更早之前就曾是法國混合戰爭機器當中的一顆螺絲釘，甚至在一七七九年於美國獨立戰爭中與法國部隊一同作戰。

亨利・克里斯托夫從來沒有像海地的其他獨立領袖那樣享有崇高的聲譽。他看起來沒有杜桑那麼高貴，下場也沒有杜桑那麼悲慘——杜桑在一八〇三年死於侏羅山脈（Jura Mountains）一座法國要塞的地牢裡。此外，他在擘畫海地獨立方面的重要性也不如德薩林，而德薩林的結局也是遭到刺殺。不過，亨利之所以相對比較不受重視，而且至今仍然缺乏一

杜桑・盧維杜爾在1801年7月宣告未來海地第一部憲法的寓言畫。

部生動的傳記，主要還是因為他最終選擇在海地打造的威權政府類型過於傳統。然而，如同發生在聖多明哥（海地）的大多數事件，這個人物的願景與事業也相當重要，而且帶有普世性的意義。

要治理這麼一群才剛獲得解放的人口，不但極度貧窮、絕大多數都不識字且相當習慣於暴力，又沒有穩固的公民社會制度可供採用，再加上遭到法國再度侵略及奴役的威脅在一八二〇年代以前都一直揮之不去——在這樣的挑戰之下，海地初期的政治領袖都必須是高度仰賴軍隊的強人。如同保利為一七五五年處境極度危殆的科西嘉所制定的憲法，海地的早期憲法也是劍拔弩張，充滿了關於軍事組織與強力統治的條文。

一八〇一年，海地頒布了第一部成文憲法，杜桑．盧維杜爾成了「總指揮官……並且擔任此一職務直到他光榮的人生結束為止」。德薩林則是在一八〇五年頒布的憲法中明白指出：「任何人」（意指男人）如果「不是……良好的士兵，就不配身為海地人」。這部憲法也將海地劃分為六個軍區，每個軍區都由一名陸軍將領指揮。一直到一八二〇年代，海地總統使用的官方信紙都還在表頭處印有大炮圖案。[54]

由此看來，亨利的強硬威權統治也是理所當然。一八〇七年，聖多明哥島北部的海地國（State of Haiti）自行宣布獨立，並在亨利的授意之下發表了一部憲法，確認了「人不可遭到剝奪的權利」，宣稱每一名海地居民都擁有「完整權利」的自由。不過，這部憲法也規定要由他擔任總指揮官，有權選擇自己的繼任者，而且強調他的繼任者必須「出自軍事將領」。一八一一年四月，亨利又發布了另外一部憲法，並在「所有公共場所」進行宣讀，搭配著「戰爭音樂的聲響」。這回亨利的改革又更進一步——只不過是朝著另一個完全不同的方向。[55] 他宣布改制為君主國，自封為海地國王亨利一世。

原本在一八〇五年由德薩林主導的憲法中，早已宣告海地將會是一個「帝國」，但這部文本同時也規定該國皇帝必須「出自選舉，而非世襲」。相較之下，亨利・克里斯托夫則追求完全的世襲統治。他的一八一一年憲法指出：「為了傳達至高權力的概念，」繼任者「只能來自……一個不斷致力追求國家榮耀與福祉的顯赫家族，由其男性合法後代擔任（女性後代必須永遠受到排除）」。當然，這個家族就是亨利自己的家族，他的配偶瑪麗露伊絲（Marie-Louise）將是海地王后，他的子女分別成為王子與公主，而他的推定繼承人維克多（Victor）則是被賦予太子的頭銜。除此之外，他還冊封了一群新貴族，包括公爵、伯爵與男爵，「由國王陛下提名及選定」，而且這群新生海地貴族中的每一個階級，都必須穿著特殊設計的袍服。這個國家將設置朝廷，成員都必須遵循正式的衣著規範，還將設置新的騎士團。這部一八一一年憲法還規定，必須在海地北部一處受亨利國王認可為「適合的場址」建造宮殿。這樣的宮殿後來一共有九座，外加許多「城堡」，全都取了像是「勝利」與「國王美景」這類名稱。[56]

我們很容易把這一切純粹視為妄自尊大的表現，或至少是一種特別厚顏無恥的發明傳統行為。但如果僅停留在這個層面，就會看不清真正重要的現象。這個時期由鐵腕將領轉變而成的統治者當中，熱切想為自己戴上王冠並掌握恆久統治權的絕對不只有亨利一個。這位海地的新君主想必清楚明白，與他幾乎同時期的拿破崙·波拿巴就在一八〇四年自立為法國皇帝，接著又身兼義大利國王。一如拿破崙，亨利也認為世襲君主不只是自我膨脹，更是獲取更廣泛國際承認與接納的手段。他也認為這是一種策略，能夠為這個長期遭到戰爭撕裂且仍受外國侵略威脅的區域恢復秩序和穩定——如同他的新憲法所言，一旦落入遭受侵略的「深淵，這個國家將會遭到其最冥頑不靈的敵人所消滅」。[57]就跟拿破崙及許多後來的統治者一樣，亨利也不認為登上王位與頒布成文憲法這兩者之間有任何矛盾。

為防有人沒有注意到亨利與拿破崙的相似之處，他底下其中一名公關人員甚至特別以書面宣稱這位海地君主實際上是「波拿巴家族的近親」。[58]然而，亨利雖然刻意借用拿破崙法國的語言、儀式、統治方法與政權合法化的技藝，這位新近自立的國王卻也審慎結交了各式各樣的盟友，就像他總是深富革命性格一樣。他不只與法國建立密切關係，也拉攏法國的頭號敵人英國，與倫敦當局的政治人物與廢奴主義者通信，還針對海地騎士團與紋章的設計諮詢紋章院，也就是英國官方的紋章學權威。

亨利更委託畫家理查·埃文斯（Richard Evans）為自己繪製一幅官方肖像——埃文斯曾

理查・埃文斯繪製的《亨利・克里斯托夫國王》(*King Henry Christophe*)，作於1816年左右。

是湯瑪斯・勞倫斯（Thomas Lawrence）的學徒暨助理，而勞倫斯則是當時英國王室與貴族的首席畫家。埃文斯為亨利所畫的肖像，顯示他身穿一件深綠色雙排扣軍禮服，左胸前別著他新成立的聖亨利軍團胸章，而他近來剛製成的王冠則是放在身旁的桌子上。他身後的背景是一團帶有威脅感的雲層，突顯這位軍人國王英勇捍衛這座因黑人挺身而出才獲取獨立的王國。[59]

這種刻意營造的君王形象，有時不免為亨利招來臭名，而且這些批評也不是全無道理。這些張揚措施與自我標榜所需的資金，正是來自於生活赤貧的海地百姓，他們在種植園裡仍被強迫付出勞力。然而，我們並不能因此就認定亨利的君主制實驗在本質上是一種反革命的行為，或是君主制與成文憲法具有根本上的矛盾。這兩種解讀十分常見，但實際上都站不住腳。

沒有證據顯示海地在一七九〇年後起義的男女大眾（不論身分是自由人還是奴隸）堅定支持共和制——若他們真是共和制的支持者，那反而才是一件怪事。這個時候的世界大部分地區，包括非洲大陸的大部分地方，都仍然受到自認為是國王或者與國王地位相等的人物所統治。變革性的成文憲法雖然大量湧現，但直到一次大戰之前，君主制度仍然是美洲以外大多數國家與帝國的預設統治模式，在有些區域甚至還持續得更久。

同樣的，亨利・克里斯托夫透過如此煞費苦心的新方法把自己轉變為君主並開創自己的王朝，也可以解讀為不是在擁護反革命，反倒是深具革命性。那個同樣也是暴發戶君主的拿破崙，至少能夠主張自己擁有低階貴族的背景，而且受過正式的陸軍軍官訓練。相較之下，亨利只是一個沒有受過教育且僅陸續當過工匠、鼓手、客棧老闆與屠夫的黑人，他能夠成為將軍，並且終究自立為一位世襲君主，倒也是一項極度大膽的舉動，而且許多與他同時代的人也認知到這一點。亨利宣稱，他想要成為「新大陸第一位加冕君主」，並且要「摧毀暴政，成為海地民族的復興者與造福者」。60

這是亨利的事蹟值得更密切注

1821年的一幅英國諷刺版畫，不但把亨利這位已故的海地國王抨擊為一名暴君，也把他比喻為不受歡迎的歐洲君主。

意的一個原因。他的觀念與行動證明了這個混合戰爭日趨普及的時代，雖然促成了一連串猛烈的革命，卻不必然與君主制度的新實驗互相牴觸，就像君主制度本身也不必然與施行重要的成文憲法互相牴觸一樣。不過，亨利在海地北部的君主統治實驗在不久之後就開始搖搖欲墜。一八二〇年十月，生病的他自知已逐漸喪失權勢，便對著心臟開槍自殺。他十六歲的兒子暨繼承人維克多王子（理查．埃文斯同樣以油彩幫他畫出一幅宏偉的肖像），則在不久之後即遭人以亂刀砍死，而且屍身還被丟到糞堆上。

然而，這一切都無損於這項事實：亨利．克里斯托夫是一名創新者，體認到有志於成為世襲君主的人能夠開創新方法來利用成文憲法。認為成文憲法不只相容於共和制度，而是也能夠與各種形式的君主制度相容，這種觀念受到愈來愈廣泛的接納，乃是此一新政治技術得以愈來愈成功的關鍵因素。

發生在海地的事件雖然有其獨特性，卻證實了我們在本章討論的其他戰爭與政治危機中所見到的現象，包括在科西嘉、在英國及其美洲殖民地、在法國，還有在西班牙及其大西洋帝國。一七五〇年之後，世界上許多地區的戰爭（尤其是混合戰爭）都帶來了全面性的震撼與影響，不但更難避免，也造就並促進了各種革命與政權更替。[61]要瞭解憲法文本的撰寫、運用與傳播為什麼引起世人愈來愈高度的興趣，就不能夠忽略這個充滿變動且陸上與海上暴力都愈來愈猛烈的時代背景。

然而，還是有些重要問題沒有解決。不斷蔓延的戰爭、戰爭本質與規模上的變化，一方面促成了重大政治與疆域的動盪，另一方面卻也推動了思想與行為實踐上的變遷。但人們回應戰爭、動盪與變化的方式，為什麼愈來愈常採取新的書面文本這種形式？要探究這個問題的答案，我們必須回到更早的過去，並且把目光投向世界其他區域。

第二章

舊歐洲與新思想

Old Europe, New Ideas

聖彼得堡

乍看之下，這幅畫似乎微不足道，特別是和俄羅斯國家隱士廬博物館（State Hermitage Museum）展示間當中的大多數畫作相比。這幅畫裱有金屬框，寬不到四吋，長不過八吋，繪畫風格頗為拙劣，畫面也過於繁複。這幅畫的內容是一間雜亂的皇家居所，柱子、紅色窗簾與鋪了天鵝絨的皇座一應俱全，右側還有一尊彼得大帝的胸像——他是俄國沙皇當中最重要的一位，既是改革者也是戰爭鼓吹者。在畫家的安排下，這尊胸像似乎以讚許的眼神望著畫面中央那名坐在鍍金書桌前方書寫的女子，而女子則從紙張上抬起頭來，以堅決的目光望向畫面之外。她就是俄國女皇凱薩琳大帝。這幅琺瑯畫繪製之時，她已將近四十歲：在這位不知名畫家筆下，臉頰塗著厚重胭脂，身材微胖，下巴輪廓也有些鬆弛。不過，她凝望著觀者的深藍色眼珠、鷹鉤鼻與細薄迷人的嘴唇仍然深深吸引眾人的目光，以至於觀者很容易忽略了她的雙手。這個時期的歐洲王室女性肖像畫，偶爾會描繪出她們指向權力象徵物，但那些物品通常會與她們隔著一段距離。然而，凱薩琳在這幅畫裡卻不是遙指，而是直接手握權力的象徵。她一手握著羽毛筆，另一手拿著她這輩子最重要的著作：《訓諭》（*Nakaz*）。

一七六五年初，在位第三年的凱薩琳開始利用大多數日子的上午撰寫這部作品，經常於四到五點間起床，連續十八個月，據說因此造成頭痛與眼睛疲勞。她把一份初稿交給顧問傳

凱薩琳大帝撰寫《訓諭》。

閱之後，於一七六七年七月把修改過後的版本交給印刷商，並且在次年春季又添加了兩節。完成之後的《訓諭》總共有二十二章與六百五十五項條文。凱薩琳雖有一名秘書協助，書中內容卻都是親自挑選及組織，更親自抄寫了最終版本。她聲稱自己之所以對這份文件投注這麼多的時間與精力，是為了替莫斯科的立法委員會提供準則與目標，把俄羅斯帝國的法律修改得更為現代化也更有系統。因此，收藏於國家隱士廬博物館的這幅畫作雖然美學價值有限，卻相當重要也相當引人注意。這是二十世紀以前極少數描繪女性積極起草一份重大法律和政治文本的畫作。[1]

凱薩琳的性別及她的生活方式，有助於解釋《訓諭》為什麼沒有受到廣泛看重與充分探究。另一項因素則與這部作品的撰寫地點有關。時至今日，全球史著作仍然經常邊緣化俄羅斯帝國，將其視為獨特甚至奇異的區域，特別是在討論政治創新與現代化議題時更是如此。凱薩琳奪取皇位的一七六二年，乃至於之後的很長一段時間，俄羅斯帝國都被視為所謂的「專制君主政體，位於光譜上趨向獨裁的那一端」。[2]其君主權力沒有任何制度上的限制，立法創制權也完全掌握在統治者手上。凱薩琳掌政期間，俄國甚至沒有本土訓練出來的執業律師。這樣的環境居然能誕生出一部創新的憲法文本，還造成超出俄羅斯帝國疆界之外的影響，不免令人難以置信。然而，《訓諭》雖然不是真正的成文憲法，卻仍是一部意義重大的文本，能夠讓人看出這種政治文類如何演變，又是如何開枝散葉。

隨著戰爭在十八世紀中葉後的衝擊愈來愈劇烈，規模也愈來愈廣泛，一系列影響深遠又充滿創意的政治革命也跟著出現。不過，如果**只聚焦於**科西嘉、美洲、法國、海地等地爆發的早期革命，或是僅片面呈現少數地點的重大時刻，恐怕就無法看見新憲法創制與傳播的歷史全貌。事實上，世界各地都受到日漸升溫的戰爭影響，出現了更具想像力的憲政倡議。一旦採取這種更精確、更細緻也更全面的觀點，許多地區就值得我們密切關注，而俄羅斯正是其中之一。七年戰爭結束後，憲法這種哲學家漢娜・鄂蘭（Hannah Arendt）所說的「持久且客觀的書面文件」，就開始受到包括俄國在內的許多歐洲君主政體青睞。[3]這種情形是怎麼發生的呢？

戰爭、紙張與啟蒙

要理解更有野心的憲法文本在十八世紀中葉日趨風行的現象，不妨把這種文本和其他新式官方文書放在一起檢視，因為它們同樣源自於愈來愈頻仍的戰爭與愈來愈激烈的國家競爭。在七年戰爭之後，獲勝的強權就匆忙針對新獲取的領土蒐集資訊，同時也計畫以征服者選定的形象重整這些區域。

因此，在英國征服了後來的加拿大這片地區之後，喬瑟夫・德巴爾（Joseph Des Barres）這位瑞士出生的軍事勘測員就展開了一項計畫，測繪紐芬蘭與紐約殖民地之間的海岸線。他在這個過程中不時受到一名富有冒險精神且前途光明的年輕英國皇家海軍軍官協助，這個軍官名叫詹姆斯・庫克（James Cook）。他們的努力成果就是一七七七年出版的《大西洋海圖》（*The Atlantic Neptune*）：整整四大冊的海圖、地圖及風景畫，目的在協助英國的海上帝國深入這些區域，至今仍因其優美仔細且又精確的描繪而被視為一件藝術作品。[4]

除了戰勝者，戰敗者也在一七六〇年代出現了大量的新書面計畫，目標是在極度昂貴的戰後債務下增加收入及改造政府。舉例而言，從牧羊人、律師一路當上帝國官僚的何塞・德加爾韋斯（José de Gálvez），在一七六五年抵達新西班牙這座位於西屬美洲最北端的總督轄區之後，就著手進行一項改革方案，汰換他與上司眼中貪汙腐敗的殖民地官員，改由馬德里當局直接任命的公務人員出任。七年戰爭之後也出現了各種法典，包括薩丁尼亞國王卡洛・埃馬努埃萊三世（Charles Emmanuel III）在一七七〇年頒布的《法律與憲法》（*Laws and Constitutions*）。[5]這項書面措施既能強化他對堡壘與軍隊的控制，也有助於在日趨猛烈的戰爭及外部壓力下鞏固及重整國家。

由於這個時期衝突規模擴大的現象遍及各大陸，因此這些大量湧現的新文書有一部分其實是產生自歐洲以外的政權。一七五〇年代，當清帝國完成對準噶爾汗國的種族滅絕戰爭之後，乾隆皇帝便下令編撰後來所謂的《皇朝通志》。約有一百五十名身在北京的學者與官員投入這項工作長達十八年，他們共同研究及草擬了超過一百二十卷的內容，涵蓋比過去更廣大的中國疆域之地理、法律制度、行政措施、自然資源，以及語言。這部著作旨在於為清帝國提供一部參考書，尤其是關於新近征服的中亞領土。[6] 如同英國擴張主義者在一七六〇年代面對孟加拉與北美洲，乾隆皇帝也希望他在中亞奪得的疆域能夠受到更清楚的解析，以便能夠適切認知與統治這些地區。

一如這個時期其他戰後正式文書，《皇朝通志》也具有宣傳與歌功頌德的功能。這部著作意在宣告乾隆皇帝對於他大幅擴張的領土的堅實掌控。這部完成後長達兩千頁且應當受到更廣泛比較研究的作品，終於在一七八七年付印，而美國憲法也正好在同一年起草於費城。

如同清朝這部龐然巨作所展現的，這個時期對於資訊蒐集、系統化整理及出版所懷有的近乎難以滿足的胃口，並不限於歐洲及其殖民地。類似的趨勢也可見於世界其他地區，尤其是那些需要處理戰爭後果的地方。然而，同樣是在一七五〇後數十年間出現官方文書大量湧現的情況，歐美地區的獨特之處**其實在於**這些文書偶爾能帶來比較明確的憲法變革，以及與啟蒙時代有關的人物對於這類文書所施加的影響力。

凱薩琳大帝的《訓諭》就是一個極端的例子。這位女皇在編纂這部作品的過程中，精心參考與編選來自其他著作的內容，並且依據自己的需要加以改寫。即便如此，她竊取啟蒙思想的規模之大還是相當引人側目。《訓諭》裡有超過兩百九十條條文（近乎全書一半）都是受到孟德斯鳩的《法意》影響，也就是帕斯夸萊・保利也曾經入手的那部暢銷著作。《訓諭》還有另外一百條左右的條文則是取自義大利法學家切薩雷・貝卡利亞（Cesare Beccaria）影響深遠的著作《論犯罪與刑罰》（*On Crimes and Punishments*, 1764），我們知道凱薩琳在該書出版一年後閱讀了其法文譯本。這位女皇還擷取了《百科全書》當中的概念與語句。《百科全書》是一部多冊彙編作品，出版於一七五一至七二年間，其主要法國發起人除了希望寫成一部參考書之外，也把這部作品當成推進啟蒙改革的「戰爭機器」（這個詞本身就具有象徵意義）。凱薩琳大肆搜刮了這部作品的內容，例如她在《訓諭》中一再堅持法律必須淺白易懂，就呼應了《百科全書》提出的這項忠告：「最佳的立法即是最平實的立法。」[7]

如同凱薩琳這種剽竊行為所顯示的，此時官方思想的靈感來源多半都是法國作者，或是以法文出版著作的個人。這有部分是因為對當時的歐美與鄂圖曼帝國大部分地區來說，法文仍是外交交流與高雅文化的主要語言。不過，啟蒙精神的法國色彩固然重要，但其所涉及的地理範圍卻也同樣關鍵。那些在一七五〇年後對歐美君主與高階政治人物影響最大的啟蒙哲人與文本，通常也是那些最關注跨洲事件、最留心於大規模衝突及其後果的人。伏爾泰就在一七五一年寫道：「我們耗盡所有的人員與金錢，在亞洲與美洲最遙遠的地區互相摧殘。」[8]

啟蒙時代的著名人物對於戰爭範圍與危險性的升高所投注的篇幅與分析頗具參考價值，因為這突顯了他們在當時就已認知到這些劇烈變化的重要性。「我抬頭望向遠方，」出生於日內瓦的哲學家暨小說家盧梭在一七五五至五六年間（正是七年戰爭開始蔓延升溫之際）寫道：

> 所見盡是大火與烈焰、荒廢的田地，以及遭到劫掠的城鎮。殘酷的人啊，你們要把那些悲慘的百姓拖到哪裡去！我聽到一陣駭人的喧鬧，騷動與尖叫不絕於耳。我走近之後，看見一幕謀殺場景，一萬人遭到屠戮，屍體堆積如山，奄奄一息的人被踐踏在馬蹄之下，那些馬兒承載著死亡及其最後苦痛的形象。[9]

在想像出這幅戰爭失控景象的十年後，曾經幻想成為法國元帥的盧梭編纂了一份手稿，叫做〈科西嘉憲法提案〉（Constitutional Proposal for Corsica）。面對動盪不斷且節節高升的衝突，他默默寫下自己對這座島嶼可以如何保有一定程度獨立與安全的提議。[10]

諸多傑出啟蒙人士所懷有的入世精神，還有他們對於全球各地權力及暴力運作所投注的關切之情，乃是他們能夠吸引高階官員的關鍵。在那個混合戰爭廣為蔓延的時代，由於統治者與政治人物必須一再思考及重構治理方式，部分啟蒙著作就被視為可能具備實用性的分析與解決方案。而這也正是那些作者的本意。如同一名史學家指出的，啟蒙時代的許多重要倡導者都刻意「在智識的大膽創新與世俗之間求取平衡，以便與受過教育的菁英與統治者建立結盟關係」，並盼望自己能夠藉此促使對方改善政府、法律和社會。[11]

啟蒙哲人之所以受到重視的另一個原因，就在於他們往往也對國家公務及軍事事務擁有第一手經驗（這些操法語的啟蒙哲人絕大多數都是男性）。瑞士法學家瓦特爾（Emer de Vattel）就是一個例子。他在奧地利王位繼承戰爭與七年戰爭期間擔任薩克森的外交官——這個日耳曼選侯領地多年來不斷抵抗鄰國普魯士的軍隊與野心。[12] 最早是在一七五八年，瓦特爾出版了《萬國律例》（*The Law of Nations*）這部了不起的著作。美國開國元勛華盛頓曾在一七八九年從紐約一間圖書館借了這本書，十年後去世之時仍然留在手邊。在這部著作裡，瓦特爾思考了武裝衝突是否不可避免，也討論應該如何有效限制戰爭的殘暴程度。他還這麼安撫他的菁英讀者（儘管所言不實），指稱歐洲軍隊在戰爭中的行為比其他地方的軍隊更為人道。瓦特爾滿意地指出：「目前歐洲大多數國家在戰爭當中展現的人道精神，再怎麼表彰也不為過。」更重要的是，他還把書裡前半段的其中一章投注於探討「國家的憲法」。他寫道：

> 國家完全有權自行建構憲法，並且依其意願維繫、完善及規範一切與政府有關的事物，無人有正當理由可以阻止。

對他來說不證自明的是，政治憲法並非自古以來不變的產物，也不是世代傳承且理所當然的存在，而是可由該社會當中的居民加以變更與改革。[13]

戰爭及戰爭帶來的需求，同樣影響了孟德斯鳩的生活。他生長於法國西南部的一個貴族家族，曾在波爾多大學修習法律。不過，他也是一名陸軍軍官的兒子，後來選擇迎娶的妻子同樣也是陸軍軍官的女兒。孟德斯鳩在一七四八年匿名出版了《法意》這部著作，獲得俄國女皇凱薩琳大帝讚揚為「每一個有頭腦的君主所必備的祈禱書」。書中一再提及當代衝突具有全面性的特質，孟德斯鳩為此寫道：「一種新的瘟疫已散播於歐洲……感染了各國國君，誘使他們保有人數過多的軍隊。」此外，如同孟德斯鳩意識到的，這種情形帶來的效果：

> ……必然蔓延，因為只要有一名國君增強了自己的部隊，其他國君自然也會跟進；如此一來，唯一造成的結果就是大眾的毀敗。每一位君主都會保有盡可能多的軍隊，彷彿自己的人民面臨了滅絕的危險一般……這種情形帶來的後果，就是賦稅的不斷提高。

他警告讀者，不久之後，「我們全都會成為士兵」。[14]

孟德斯鳩也注意到更殘暴的軍事動盪在歐美以外變得愈來愈常見。「亞洲發生了重大革命。」他指出，而且書中一再提及中國與日本，不但各以一章篇幅加以探討，也寫到印度、鄂圖曼帝國與當今的印尼。偶爾與他合作的達朗貝爾（Jean-Baptiste le Rond d'Alembert，一名炮兵軍官的私生子）寫道，孟德斯鳩認為世界各地的人「自從進入社會開始」，就必然會受到「『征服』這種共同渴求與盼望」所驅使。因此，我們才會必須要有新的法律和制度，作為「一種鎖鏈……藉以中止或遏制這種現象帶來的衝擊」。15

這就是許多重要啟蒙哲人向歐洲君主及有志於政治改革之人所提出的改革誘因：如今的時代在陸上與海上都出現大量昂貴且極具破壞性的軍事暴力，因此明白事理的創新立法者也許可以出面干預，藉以包紮社會傷口、重建秩序、改造他們的國家，**並且在這個過程中提高自己的聲譽**。「我如果是國君或者立法者，」盧梭經過細思之後敦促道：「絕對不會浪費時間空談必須要做的事情，而是會直接著手進行。」16

經常有人說，社會運動家與胸懷抱負的統治者大可奉摩西為榜樣。摩西是戒律的揭示者與紀錄者，領導他的人民度過戰爭的險境，也是一名充滿魅力的人物，可見於舊約聖經與古蘭經記載。法文的《百科全書》以讚許的語氣提到他將近六百五十次。除了被大肆頌揚的摩西，十八世紀中葉的著作也愈來愈常提及其他真實與傳說中的立法者，例如雷克格斯（Lycurgus）這位半神話性的古斯巴達立法者、查理曼、穆罕默德、孔子與盎格魯撒克遜國王阿佛列大帝（King Alfred），而且不只是在政治、哲學與學術寫作當中，也出現在藝術、建築設計及雕刻。[17] 救世立法者在這個時期受到愈來愈多人崇拜的現象，甚至也被寫進小說：例如梅西耶（Louis-Sébastien Mercier）的烏托邦暢銷小說《西元二四四〇年》（*L'An 2440*, 1770）。

梅西耶自己也與武裝暴力有所關聯。他父親是一名巴黎工匠，藉著磨光劍刃為聰慧的兒

威廉・布雷克（William Blake），《摩西受戒》（*Moses Receiving the Law*），作於1780年左右。

子賺取學費。在這本小說裡，梅西耶想像了一個二十五世紀的墨西哥，由一位黑人「新大陸復仇者」消除了殖民暴力。這位英雄成功打敗了歐洲掠奪者，但真正關鍵的情節是梅西耶接下來的描寫：「這位偉人，這個知名的立法者，這名受到大自然灌注其所有力量的黑人」如何在事後「放下刀劍」，決心「向各國展示神聖的法典」，進而設計出一部聯邦憲法，成為了其他統治者的模範。[18]

不過，召喚過往的英勇立法者及替遙遠未來想像這樣的人物，明顯還是不夠。有些啟蒙運動的代言人主張，要在當下獲取真正且理性的改革，就必須要由實際上握有權力的人積極採取行動。法學家貝卡利亞在《論犯罪與刑罰》當中敦促道：「現在要是首度頒布法律，人類該會有多麼開心。我們將會看到歐洲的王位上都坐著仁慈的君主……是人民之父，是受到加冕的公民，他們的權威提高增添了臣民的福祉。」[19]

對立法者崇拜風潮這種現象反應最積極，且致力推廣自己創新法律及憲法文本的統治者，都有一些共同的特質。他們通常對於自己個人的啟蒙文化引以為傲，本身也經常是作家，並且對於語言的使用和運作頗感興趣。他們或多或少都具有新教徒背景，而且統治疆域幾乎都捲入了十八世紀中葉的戰爭當中，因此留下許多問題與失序現象。這又把本書討論的對象帶回到了俄國的凱薩琳大帝身上。

一位書寫的女性

前文所述的共同特質，包括對於啟蒙思想深感興趣、愛好語言與寫作、新教徒成長背景、懂得自己必須回應戰爭升級所帶來的震撼與苦難等等，全部都界定了凱薩琳大帝這名女子。戰爭確實圍繞著凱薩琳的一生，影響了她職業生涯當中大多數的重要階段。她以安哈特采爾布斯特的索菲亞公主（Princess Sophie of Anhalt-Zerbst）這個身分在一七二九年出生於斯德丁（Stetting），也就是當今波蘭的斯塞新（Szczecin）。不論在當時還是現在，這裡都是一座駐軍城鎮暨波羅的海大港，城中到處可見防禦工事、閱兵場和軍人。這裡也是普魯士在一七〇〇至一七二一年間的大北方戰爭（Great Northern War）後從瑞典手上奪得的戰利品之一。索菲亞公主的父親是一位小國統治者，是路德宗新教徒，也是在這裡掌管一支軍團的普魯士高階軍官。[20]

對她而言，一切都在一七四四年開始改變。膝下無子的俄國女皇伊莉莎白選上十四歲的索菲亞作為她的外甥暨繼承人彼得的婚配對象。索菲亞被帶到聖彼得堡，正式轉為東正教信徒，改名為凱薩琳（Catherine Alekseevna），並且學得一口堪稱流利的俄語。他們在一七四五年成婚，但這場婚姻對於她的新婚夫婿而言卻是一場災難，對夫妻雙方來說也是一項醜聞。一七六二年一月，伊莉莎白女皇去世，由她丈夫接任俄國皇位成為彼得三世，此時凱薩琳已生下至少兩個非婚生子女，而且似乎不是與同一人所生。與此同時，凱薩琳也在打造自己的政治網絡與政治計畫。

新政權上路才六個月，凱薩琳就帶著一萬兩千人以上的部隊與炮兵前往她丈夫的宅邸，位於聖彼得堡外圍由眾多宮殿建築與法式園林構成的彼得霍夫宮（Peterhof）。凱薩琳後來為了紀念這場政變而委製的一幅畫作，描繪她披散著一頭深色長髮，騎在一匹刻意邁開大步的白馬上。她舉著長劍，為了此一場合而身穿普列奧布拉任斯基近衛軍（Preobrazhensky Guards）的深綠色制服外套與馬褲。[21]除了藉由這項武裝干預舉動逼迫彼得三世退位之外，凱薩琳可能也與他在不久之後遭人勒斃脫不了關係。她許多權高勢大的支持者都以為她會滿足於只擔任攝政者的角色，代表她那位疑似婚生的長子保羅統治國家，直到他年滿十七歲為止。沒想到凱薩琳卻把俄國皇位據為己有。

不難理解，這些事件都有助於形塑凱薩琳與眾不同的名聲。然而，她後來的部分行為卻具有更重要的代表性。如同許多在重要政治與法律文本起草過程中扮演首要角色的人物，凱薩琳在這方面同樣背負了高度的壓力，並且籠罩著戰爭與危險的陰影。她決心寫出《訓諭》一事，當然源於她自己的天賦與性情，尤其是她如饑似渴地閱讀特定啟蒙作者的著作，還有她對於寫作的喜好。不過，這些個性上的特質並不是她的行為根源。她之所以對憲政計畫投注大量的心思與時間，是因為她想要（也必須要）支撐且重塑俄羅斯帝國及她自己的地位。

凱薩琳騎馬肖像畫，由維吉利烏斯·埃里克森（Vigilius Eriksen）作於1764年。

凱薩琳面臨的政治威脅，有部分是針對她個人。她在一七六二年的政變及後續事件都受到廣泛報導，不只在歐洲如此，甚至傳播至美洲、鄂圖曼帝國乃至中國。因此，她雖然在自己周圍安排了一群歌功頌德的擁護者，卻也從一開始就有不少較為負面的評論，包括圖像與文字的評論。在俄國以外，數以百計的諷刺版畫當中都能見到這位女皇的身影，其中許多都極為尖酸刻薄，並且聚焦於她的性別。外國外交官有時也會在官方通信中無禮地諷刺這位女皇。在俄國國內，她也是許多粗鄙下流圖畫的主角，其中有些作品似乎還出自她底下的朝臣。[22]由於凱薩琳是一位女性統治者，而且在彼得三世死亡之後雖然名義上單身，在性生活方面的活躍卻是廣為人知，這些事實無疑促成且影響了她所受到的這種近乎執迷的關注。在政變都過了數十年之後，一名俄國將軍還是忍不住記下，自己在一七九六年於病榻前探望臨死之際的凱薩琳時如何瞥見了「女皇的光屁股」。[23]同樣令人沮喪但又頗具重要性的一點是，凱薩琳雖與當時其他的強大領袖一樣，經常由畫家描繪她騎在馬上的英姿，卻只有她遭到謠傳曾與這種動物性交。直到現在，史學家在探究她的心智之時，有時候也還是會分心猜測她用自己的身體做了哪些事情。

但相較於個人層面，凱薩琳在政治上最易遭受攻擊的弱點，卻是她身為外國出生的暴力篡位者，因此對於俄國皇位沒有任何血統上的聲稱權。一名外國批評者指控凱薩琳為「殺人沙皇」，是個犯下殺夫罪的女人，她的陰謀詭計掀起了「俄國革命」。[24]在她統治期間，尤其

這是1792年的一幅法國諷刺畫。袒露乳房且凶猛好鬥的凱薩琳使得其他（男性）君主相形見絀，但他們還是抬頭偷窺她的裙底風光。

是初期階段，總是存在著這樣的風險：可能會再發生另一場政變，可能會有另一個篡位者取而代之，宮內也可能潛伏著刺客。

除此之外，如同許多與她同時代的統治者，凱薩琳在戰爭方面也面臨了艱鉅挑戰。這時的俄國海軍只有不到二十艘船，許多都已相當老舊，所以在一七五〇年代乃至六〇年代初期根本無力從事混合戰爭。不過，俄國陸軍則是在歐洲大陸上極為活躍，只是也為此付出高昂的成本。凱薩琳在一七六二年奪下皇位之時，看起來並沒有什麼機會能夠在未來獲得軍事征伐與領土擴張方面的成功。她的軍隊已經有幾個月不曾發薪，而且俄國人口密度又是歐洲各國最低，因此在招募人員與徵集稅收方面明顯出現困難。凱薩琳剛即位時的收入只有法國國王的五分之一，更不用說法國國王統治的疆域遠比她小得多。到了一七七一年，她還是毅然展開了又一場戰爭，這次的對手是鄂圖曼帝國——這時她的收入與支出之間的落差已膨脹到八百萬盧布。[25]

凱薩琳與俄國一樣，同時帶有顯著的弱點及高度的野心。她好戰，異常勤奮，性格強悍，又極為能幹；但她同時也是女性篡位者，地位與行為都不免遭人質疑。至於她所盜取的這座帝國，則是疆域龐大但供給不足，後代的一名俄國詩人稱之為「強大但貧窮」。[26]這些情形影響了《訓諭》的寫作過程與內容。這部文本雖然不是憲法，卻與後來**的確**是憲法的其他文本帶有相同的性質與技術。尤其是《訓諭》也是在內憂外患的陰影下寫成，並且希望在國內造就更高的支持與團結，同時在國外促成正面的宣傳。

《訓諭》的前言開場，就意在讓人留下深刻印象且掃除各種疑慮和反對聲浪。凱薩琳宣告俄國是「歐洲強權」——此舉不但是依循彼得大帝的傳統，而且她也一再提及這位沙皇，彷彿他真是自己的血親祖先。儘管俄國無疑是歐洲國家，其龐大的地理疆域卻也代表這個國家只能從世界的角度加以理解。俄國「在全球陸地上涵蓋了三十二度的緯度與一百六十五度的經度」，凱薩琳吹噓道。她接著指出，這片龐大的領土決定了俄國的政府形式：「元首握有絕對的權力，因為唯有一名獲賦予絕對權力的人物，才能夠統治如此龐大的帝國。」[27]

不過，這個手握絕對權力的政府不是要剝奪俄國人民的「先天自由」。相反的，該政府的基本目標是人民的「幸福」，以及「公民、國家與元首的光榮」（凱薩琳把「公民」排第一位，這點絕對是刻意為之）。實際上，到了《訓諭》第二章的結尾，凱薩琳已捨棄了絕對權力乃至專制主義的指涉，反而聚焦於「**君主制**政府」在俄國建構「自由感」的能力。[28]

這項自由的核心特質是一種平等：「公民的平等，在於他們全都受相同的法律管轄。」因此，俄國的法律必須「以淺白簡單的語言」重新書寫，好讓所有人都能夠理解。凱薩琳主張未來的法典必須易於取得且價格低廉，「以如同字母表那般便宜的價格」印刷販售。凱薩琳是平民教育的支持者（至少在理論上是如此），因此極力主張俄國的每一間教室都應該擺放一本《訓諭》及她預期將由此衍生而出的法典，而且要連同聖經一起朗讀給兒童聆聽。（關於政府與法律的文本有可能藉著與聖經或其他核心宗教典籍一同受到研讀與讚頌而獲得半神聖地位的這種概念，受到後來許多立憲主義者的鼓吹。）凱薩琳在《訓諭》裡接著指出，俄國也必須擴張大眾福利，因為國家不只是一片領土而已。她堅稱國家應該要是一個「社群」，這位女皇提議：「政治擁抱全體人民。」以當時的背景來看，她能夠提出這樣的主張實在是相當了不起。[29]

所以對凱薩琳來說，只是賦予俄國人民一套一體適用的法律並不足夠，還需要探究其他相關的配套計畫。她寫道，對於「這麼一座帝國而言，統治範圍既然及於如此多樣化的人民」，宗教寬容度的提高必然不可或缺。她也堅稱未來任何出版審查的行為都必須謹慎節制，以免「摧毀人類心智這項贈禮，以及減損寫作的意願」。她甚至在字裡行間隱含了對於社會福利制度的贊同。法國憲法的作者在一七九三年宣稱公共救濟是一項「神聖義務」，而且社會有責任「撫養不幸的公民」，但凱薩琳早在超過二十五年前就在她的《訓諭》裡針對社會經濟不平等提出了這項處方：

施捨街道上的窮人不能被視為是政府善盡義務的成就。政府必須為所有的公民提供充分的給養、食物、適當的衣著，以及無害健康的生活方式。[30]

她堅稱這一切改革都將有助於造就更強大也更美好的俄國，但為了要達成這個目標，俄國還需要更進一步的改變。政府的稅收必須要增加，因為稅是「每個公民為了維繫自身福祉而繳交的貢金」。要做到這一點，就必須以明確的計畫擴張製造業與貿易，因為這些事業能夠助長國家收入。「只要有貿易活動，就有海關與關稅。」人口也必須增加，凱薩琳堅持俄國絕對不能引進可能會造成「工作人數減少」的機器。至關重要的是發展農業，因為男男女女一旦肚皮飽足，才能孕育出人數更多的家庭——至少她是這麼認為。凱薩琳充滿嚮往地寫道：「有些民族征服了其他【疆域】之後，就會與被征服的民族通婚。這樣即可達成兩大目標：與被征服的民族建立緊密關係，以及增加自身民族的人口。」增加俄國的人力資源（也就是未來的工作人口、納稅人乃至士兵），即是她後來併吞克里米亞的部分原因，也是她為什麼會在一七七二年後侵略波蘭並且逐步瓜分其領土，並藉此獲得七百萬左右的額外臣民。[31]

從這邊就可以看出，凱薩琳的啟蒙思想也有其殘暴的一面。因此，歷來評論者對於《訓諭》的重要性與意義總是意見分歧，也對該把這位女皇定位在政治光譜上的什麼地方莫衷一是。當時一名在一七六七年派駐於聖彼得堡的外國外交官就認為，女皇的倡議等於是「一位專制君主……自願把支配權轉移到人民手上」。[32]這項評論對她的讚揚實在堪稱荒謬。除了正面評價，當時與後來也有另外一些人對《訓諭》嗤之以鼻，認為那只不過是一個虛榮的獨裁者裝模作樣地誇示自己的啟蒙思想，而這種觀點同樣也誤讀及誤解了這部文本的重要性。

真正深刻的批判來自於狄德羅，他是法國啟蒙運動最激進的鼓吹者之一。狄德羅認識凱薩琳，曾經一度與她通信。他對《訓諭》的批評是：「一部良好法典的第一句話應該要束縛元首。」[33]而這正是《訓諭》刻意忽略的一點。凱薩琳起草及宣傳這部文本並不是要創造君主立憲政體，頂多只是提出一個合法君主政體的概念，由她這位元首為不同種類的臣民勤奮草擬仁慈的法律。或許她自己也會遵守這些法律，但還是擁有改變法律的自由。

凱薩琳連同普魯士與奧地利的君主，共同完成對於波蘭的殖民與瓜分。這幅版畫作於1794年。

然而，《訓諭》雖然有其局限，卻仍是一部相當了不起的文本，文本內容的意義遠遠不僅限於俄國。凱薩琳為了發展與推廣《訓諭》而發明的技術，尤其創新與具有影響力。在一七六七年八月為了討論《訓諭》而召集於莫斯科的立法委員會，雖與後來那些影響深遠的制憲大會不同，但在某些面向上卻也是那些大會的前身，甚至有過之而無不及。如同一七八七年召開於費城以起草美國憲法的會議，莫斯科的這場委員會也從迅速擴張的陸上帝國中匯聚了各地代表。不可否認，該委員會選任的五百六十四名俄國代表所擁有的權力和能動性遠小於美國的開國元勛，而且最終達到的成果也小得多。不過，莫斯科會議上這些代表在社會、經濟、宗教與族裔背景方面的多元性則是勝過費城會議。[34] 他們約有百分之三十是貴族，但也有一些代表來自更低許多的社會階層。舉例而言，一名男性只要擁有住宅或工作，就符合被選為俄國登記城鎮代表的資格。女性在莫斯科委員會裡也獲得一定程度的承認，而這是在同樣發生革命的美國、法國、海地或者西屬美洲都沒有出現過的情形。在一七六七年成為委員會成員的人士當中，也包括了能夠委派別人代理投票的女性地主。

正如一七八七年費城會議的代表不會想到剛成立的美國其實有著為數七十萬左右的奴隸人口，一七六七年聚集於莫斯科的代表也沒有為俄國的奴隸人口投以任何關注，即便農奴占了其農民階級約百分之五十的人口。凱薩琳原本打算利用《訓諭》改善這些人的處境，促使他們逐步獲得解放，從而將農奴轉變為「新公民」。不過，由於遭到地主階級反對，再加上她自己也擔心得罪貴族，於是這些解放計畫也就無疾而終。[35]

即便如此，俄國所謂的「國家農民」還是在立法委員會當中獲得席次，占了超過百分之十的代表人數。此外，與一七八七年費城代表形成鮮明對比的是，莫斯科代表不全都是白人，也不全都是基督徒。俄羅斯帝國裡的非俄羅斯人（許多是穆斯林）在七年戰爭期間被大量徵召入伍，於是在立法委員會得到了些許回報，被分配到五十四個席次。「東正教信徒與異教徒及穆斯林並肩而坐，」凱薩琳在一七六七年十二月得意洋洋地針對委員會會議寫道：「而且這三者都心平氣和地聽著無宗教信仰者發言，這四群人也經常共同討論，好讓他們的意見能夠被相互接納。」[36]

值得再度強調的是，這個委員會只是個諮詢組織，而不是立憲大會，也從來都不是。不過，這仍是一個成員由選舉產生的會議，代表們明顯來自多個族裔，且是為了討論一部著名文本才聚集於此。至少就形式上而言，所有的代表一律平等。不論社會階級、宗教、族裔或者出身地，每個人都被稱為「代表先生」，並會領到一份薪水，默認其中有些人毫不富裕的事實。如同一七八九年在法國大革命爆發之際的三級會議成員，一七六七年的每一位俄國代表都受到指示，要針對自己所屬地區特有的不滿與要求提出一份書面陳述。又如同一七八七年的美國立憲者，這些莫斯科代表也被鼓勵把自己的審議視為一項受到全世界與後代仰慕的行為。他們的開會過程留下了每日紀錄，以便「後人能夠對這起重要事件握有一份真實的紀錄，從而能夠判斷這個世紀的思想氛圍」。至於《訓諭》本身，人們則以後來看待許多**正式**憲法文本的相同態度看待這份文件，亦即視其為一部必須受到珍惜與敬重的神聖文本。依據凱薩琳的指示，《訓諭》的一部原始抄本被存放在一只銀製里札內。「里札」（riza）是一種精緻的金屬匣盒，通常用於保護及珍藏俄國東正教宗教圖像。[37]

但到頭來，立法委員會及其成果並未能長久存續。這場會議遭到俄國與土耳其爆發於一七六八年的戰爭邊緣化，儘管部分委員會小組在一七七〇年代仍然持續開會。而到了那個時候，《訓諭》的影響力已擴散至俄羅斯帝國的國界之外，也超出了凱薩琳原本的用意和期待。

打從一開始，凱薩琳就特地向其他君主及精心挑選的若干外國知識分子與記者送上這部作品的抄本。由於她在一七七〇年再度面對戰爭壓力，於是開始以更全面的方式向國外宣傳《訓諭》及其內容。那一年，凱薩琳委製了一部雕花裝飾的新版本，新版中不僅收錄了俄文和德文的內容（亦即她習得的語言還有母語），也收錄了拉丁文與法文譯本（這兩者是歐美學術與外交的既定語言）。《訓諭》還有另一款半商業、半贊助的版本，那是俄國駐倫敦大使館官員塔蒂謝夫（Michael Tatischeff）在一七六八年翻譯的英文譯本，並受到英國雜誌評論及部分美洲殖民地的報紙摘錄。另外還有德文與法文譯本，以及希臘、義大利、拉脫維亞、羅馬尼亞、瑞士與荷蘭的版本。到了一八〇〇年，《訓諭》總計已出現過至少二十六種版本，譯成十種不同語言，而且大量摘錄於多個國家的報紙與雜誌當中。[38]

這些譯本不僅是在替凱薩琳的倡議進行跨國界宣傳，有時也意圖放大其中的激進平等主義色彩。《訓諭》原本不是一項追求**個人政治權利**的計畫，也沒有提議對行政權力做出大幅度的約束。結果有些譯本卻呈現出這樣的印象，或是進行這樣子的解讀——難怪有一部早期的法文譯本遭到官方禁止。凱薩琳在法國哲學家當中最諂媚的崇拜者伏爾泰，就曾經針對此一情形寄給她一份措辭審慎的解釋：

> 實際上發生的情形如下：一名荷蘭出版商推出了這部《指示》【即《訓諭》】。本書理當歸屬於全世界所有的國王與法庭，而他寄送了兩千本到巴黎。結果本書被提交給某個卑鄙無禮的文字審查員檢查……他向大臣稟報說這是一本危險的書，一本思想先進的書；於是這批書沒有再經過進一步檢查就被退回荷蘭。

法國是當時西歐最重要的專制國家，結果《訓諭》卻在此地被視為一部危險又先進的禁書。這使得該書在某些圈子裡聲名大噪，成了劇烈政治變革的宣言。「這本書在巴黎的銷售量遭到壓抑的真正原因，」一名英國記者懷著理所當然的英國至上主義憤怒寫道：「似乎是為了防止書中真實強烈的自由精神感染法國的空氣。」[39]

《訓諭》在不同語言版本和地理疆界中出現的解讀差異，有一部分是源自於翻譯活動當中不可避免的摩擦與轉譯，但這種情形在此一案例中尤其明顯。譯者要把俄文原文翻譯成其他語言，本來就必須考量當時語言不夠精確且缺乏適當辭典的現實，但有些譯者其實是在《訓諭》譯本中趁機安插了自己的政治觀念與抱負。例如一七七一年譯出第一本希臘文譯本的佛格里斯（Eugenios Voulgaris），就是一位極為博學的禁慾修士，也是啟蒙運動的重要參與者，曾經翻譯洛克的著作，而這點勢必反映在他對於《訓諭》的翻譯與解釋之中。[40]駐英外交官塔蒂謝夫則是與當時還年輕但已滿懷質疑的政治暨法律改革者邊沁結識，進而在自己的英文譯本裡刻意做出了大量更改。以塔蒂謝夫對於「憲法」(constitution）一詞的使用為例，這個詞在俄文裡的對應字眼是「konstitutsya」，但該詞其實直到十九世紀初才出現，而且在俄國保守人士之間直到一八六〇年代都對這個詞懷有異議。但在塔蒂謝夫的《訓諭》英文譯本裡，凱薩琳卻使用了英文的「憲法」一詞，而且還是用來宣稱她本人似乎從來無意提出的主張。塔蒂謝夫譯筆之下的凱薩琳如是宣稱：「一個國家的改變可以有兩種不同方式，一種是該國的憲法發揮了**修補**效果，另一種則是**同樣的**那部憲法帶來了腐化影響。」[41]

凱薩琳的《訓諭》跨越地理疆界及語言藩籬的程度，以及這部文本在此過程中發生的轉變及受到的重新詮釋，再度預示了日後的歷史發展。新的成文憲法之所以會逐漸產生愈來愈廣大的政治與文化影響，原因之一就是那些憲法極少只在其起源地受到閱讀與傳播。這些憲法文本由文字構成，非常適合印刷複製，因此輕易就傳播到其他地理疆域及其他語言。

隨著這些文本跨越領土和語言疆界，讀者與政治行為者對其理解與使用方式也就一再更改演變。

男性君主們的創新

一七五〇年後日漸升高的戰爭壓力，並不總是帶來嚴重的革命危機，而是能在世界上部分地區促成改革及重新呈現國家政府的嘗試，而這種嘗試偶爾是藉由發布一份重要的新文本為之。這些倡議不該被貼上「開明專制」這種過於簡化的標籤。如同凱薩琳的《訓諭》所顯示，這些嘗試也可能涉及對於權利的討論，以及新形態政治傳播的實驗。孟德斯鳩在《法意》裡推論：「一般而言，稅負可以和臣民的自由程度等比例提高。」[42]也就是說，國家能藉由實施及提升政治權利來增加國家收入，進而強化作戰實力——這一點受到部分掌權者的充分注意。在戰爭要求愈來愈嚴苛的時代，有效運用創新國家文本凝聚全體臣民的向心力，確保他們進入軍隊服役及繳交租稅，再為他們提供自由與照養方面的保證作為回報，這在某些歐洲君主眼中看來是相當踏實的辦法，值得一試。

在提出這類抱負遠大的政治與法律文件方面，最具進取精神的經常是那些近似於凱薩琳大帝的統治者——出身自新教背景，受到啟蒙思想吸引，而且不安全感與侵略特性兼具。普魯士的腓特烈二世就是一個好例子。他在一七四〇年繼承了這個不斷擴張的北方日耳曼王國，連同一支紀律嚴明的八萬人部隊，由他那個堅持不懈且殘酷無情的父親腓特烈威廉一世打造而成。腓特烈二世在繼位那年進軍西利西亞（Silesia）這個在當今分屬波蘭、捷克共和國與德國的中歐區域，導致奧地利王位繼承戰爭爆發。他不以此自滿，在一七五六年又侵略薩克森，導致七年戰爭的戰火在歐洲進一步延燒。[43]

不過，腓特烈二世雖然侵略成性，這樣的個性卻是來自於他對自身領土潛在弱點所懷有的認知。普魯士由幾個不相連的疆域構成，而受到分隔的領土總是擔心會遭到好戰的敵國入侵與瓜分，無論是俄國、瑞典、奧地利、波蘭或薩克森，或是其中幾個國家乃至所有國家的聯盟。腓特烈二世在七年戰爭的開端曾經寫下一段著名的文字：「我有如一名旅人，發現自己遭到一群無賴包圍，那些無賴正計畫著要殺害我並瓜分我的財物。」[44]

如同俄國的凱薩琳，這種混雜侵略性與不安全感的特質促使腓特烈二世探索不同的政治措施，以便強化普魯士的團結與政治一體感。腓特烈尤其希望男性能做好準備，因為他們是未來的士兵，也是最重要的納稅人。再次如同凱薩琳，腓特烈對於新形態政治傳播的追求也結合了他自己明確的啟蒙思想傾向及對於書面文字的愛好。「他善戰也善寫。」凱薩琳曾經滿懷羨慕地指出。[45]儘管事實並非如此，但這位國王除了率領軍隊涉入二十場不同的戰役之外，確實也撰寫詩作、哲學短文、探討政府的論文及歷史著作，包括在一七六三年針對七年戰爭寫下一份選擇性的記述。除此之外，腓特烈還替某些實驗性書寫打下了基礎。

腓特烈在執政的頭十年裡，委託了馮柯塞基（Samuel von Cocceji）這名法學家暨高階官員規劃改革措施，好讓普魯士的法律能夠變得更有效率也更簡單易懂，而可望藉此產生一部新的日耳曼法典。這麼一部新法典的大綱發布於一七五一年，而且如同凱薩琳後來對於《訓諭》採取的做法，腓特烈也下令將這份文本譯成多種語言。這份大綱雖然從未真正施行，卻還是為後來普魯士法律的法典化提供了基礎，而此一法典化又演變成一部勉強可以算得上是成文憲法的作品。然而，這部後來人稱《腓特烈法典》（*Frederician Code*）的文本，卻不只是關於法律的運作，而是像《訓諭》一樣可以受到多種不同的解讀。「人類先天獲得的第一種狀態，是自由的狀態；因為所有人先天就是自由的。」《腓特烈法典》的英文譯本在一開頭這麼寫道，這部譯本在一七六一年出版於愛丁堡，立刻就被傑佛遜買下而收藏在他位於蒙蒂塞洛（Monticello）的圖書室。「人的第二種狀態，」這部譯本接著指出：「則是公民的狀態。」[46]

只不過，如果我們要討論歐洲統治者在美國獨立戰爭之前對新式政治文本與政治技術的實驗，更著名的例子也許是瑞典國君古斯塔夫三世（Gustaf III）。就某些方面而言，古斯塔夫也跟前面所舉的例子一樣。就像俄國的凱薩琳與普魯士的腓特烈，他同樣有路德宗的背景，也和他們一樣積極參與啟蒙文化。他在走訪巴黎及其知識分子的沙龍而結識了盧梭、艾爾維修（Helvétius）等哲學家之後，於一七八六年創立瑞典學院。曾為古斯塔夫擔任家庭教師，而且與他在政治上密切合作的舍費爾（Carl Fredrik Scheffer），也同樣是啟蒙時代的代表人物。他相當熟悉孟德斯鳩的著作，也和許多法國改革者通信，包括重農主義者皮埃爾・杜邦（Pierre Samuel du Pont de Nemours）——他是美國杜邦公司創辦家族的祖先，後來擔任了法國國民制憲議會的主席。至於古斯塔夫本人，他也像凱薩琳與腓特烈一樣，一方面充滿侵略野心，另一方面也很清楚自己是在嚴苛的挑戰下行事，尤其是規模愈來愈大的戰爭所帶來的挑戰。不過，對於瑞典與古斯塔夫而言，戰爭的挑戰卻是以一種特別漫長與陰魂不散的形態出現。47

在今天，我們理所當然地把瑞典視為一個特別和平的文明國家，但其實在近代早期，瑞典卻有著與現在非常不同的名聲。自從一五五〇年代開始，瑞典統治者就發動了一連串的對外重大衝突。剛開始，這一系列的武裝鬥爭讓瑞典得以發展成歐洲的一大陸上帝國，領土涵蓋大部分的波羅的海地區，在西非與美洲也擁有殖民地和聚落。只是瑞典卻在一七〇〇至一七二一年間的大北方戰爭中對上了俄國、波蘭、丹麥挪威聯合王國與幾個日耳曼邦國，甚至也包括鄂圖曼帝國的間歇性干預。瑞典最終因為高傷亡率、龐大債務及多次戰敗導致國力嚴重衰弱，被迫捨棄大片領土。更糟的是，瑞典國王卡爾十二世（Karl XII）在一七一八年死於一枚敵軍子彈之下（或者也有可能是來自他手下那些疲憊的士兵），而且身後沒有留下繼承人。[48]

這起突發事件迫使瑞典王室做出可觀的政治讓步。如同當時一名史事紀錄者所言：「瑞典人在持續不斷的戰爭之下疲憊不已，財庫也幾乎為之耗竭……因此決心擺脫絕對王權的枷鎖。」[49]也就是說，瑞典提早示範了極端戰爭在十八世紀愈來愈常促成高度政治變革的傾向。一七一九年與一七二〇年，瑞典王室兩度被迫接受「政府約法」（Instruments of Government），兩部約法中都有實際上等同於成文憲法所訂立的條件。這些文件廢除了大部分一六八〇年代以來一度興盛的瑞典專制制度。這些政府約法也要求該國君主仿效十七世紀初期的常見做法，與樞密院及瑞典國會分享權力。

這是一項重大改變，尤其是瑞典國會由四個不同階級組成，包括貴族、教士與公民，以及歐洲大國國會裡絕無僅有的農民階級。瑞典國會如果要通過決議，這四個階級都各有一票，而且由簡單多數制決定結果。如此一來，只要其中的三個非貴族階級（也就是農民、教士與公民）聯合起來，瑞典的貴族就有可能在表決當中敗下陣來。這一切都有助於解釋為什麼十八世紀中葉有些外國觀察者把「對於民主的愛好」視為這個國家的一項「流行病」，尤其是隨著教育程度提高與印刷術普及，瑞典國會裡的非貴族階級與一般百姓在政治方面的知覺與要求更是愈來愈高。[50]這一切也有助於解釋為什麼古斯塔夫三世會決心做出改變。

古斯塔夫三世是個難以界定的人，不論在當時還是現在都是如此。比起我們在目前為止檢視過的另外兩名君主，他所屬的世代比較年輕。他在一七七一年即位之時才二十五歲上下，而當時普魯士的腓特烈（他的舅舅）已年近六十，俄國的凱薩琳大帝（他的表親）也已四十出頭。古斯塔夫頭腦聰穎，相貌高雅卻喜怒無常，說話、寫作與部分行為都充滿了模稜兩可的特質。娶了一位丹麥公主為妻的他，婚姻生活並不美滿，而且還遭到部分政治對手指控為同性戀，但他很有可能是個無性戀者：對於人與人之間任何類型的親密接觸所懷有的興趣，都比不上設計新的政治與文化改革方案，或是製造印象及探究思想。他在一七七六年聽聞美國獨立宣言的消息時，那副輕鬆又帶點疑惑的反應，正是他性格的典型表現。據說他當時說了這句話：「看到一個國家把自己創造出來，這麼一齣戲還真是有趣。」[51]古斯塔夫話中對於戲劇和表演的強調頗值得推敲，或許他在政治上也渴望創造並搬演一齣戲。

一七七二年八月，古斯塔夫試圖在瑞典重新伸張國王的權威，因而採取了類似軍事政變的舉措。不過，這項行動幾乎沒有涉及暴力，而且當時似乎廣受支持。這次政變行動也伴隨著激進甚或是民主的語言與倡議。古斯塔夫利用這場政變推出一部新的瑞典憲法，名為《政府體制》（Form of Government），由他在舍費爾的協助下匆匆起草而成。這部文本保留了一七一九與二〇年政府約法當中的部分語言與條文，但把權力平衡傾向國王的主動權這一端。瑞典國會將保有大部分的課稅權，而且法律也還是需要由國會與國王共同制定。不過，法律的執行權卻是由古斯塔夫獨占，在樞密院的協助下遂行統治。此外，只有國王能夠任命樞密院的成員，而且他們不能通過違抗他的決議，唯一的例外是在涉及條約與結盟的事務上可以在全體一致的情況下對國王提出反對。[52]

如同這項條文顯示的，一七七二年的《政府體制》顯然刻意注重於外交關係與戰爭。古斯塔夫公開替他的政變辯護，說他想要把瑞典從一群腐敗的老邁貴族菁英手中拯救出來，因為他們正在傷害這個國家，也在七年戰爭中辜負了瑞典。那場衝突導致瑞典損失三萬人，戰爭支出也相當於瑞典既有的國債。這些軍事與財務上的失敗，再加上瑞典先前也參與過其他災難性的大規模戰爭，有助於解釋古斯塔夫主張在政治與國家事務上重新出發的承諾為什麼在一開始頗具吸引力。[53]

然而，古斯塔夫私底下卻渴求更多的戰爭，只不過這一次是成功的混合戰爭。他想要增強瑞典海軍，並在一七八〇年代初期達到了這項目標。他也想要逆轉瑞典疆域縮減的趨勢，因而進軍挪威與俄國。到了他在位末期，他已計畫要占領聖彼得堡。這座城市有一部分是在十八世紀初期建造而成，建造工人是在大北方戰爭期間遭到俘虜的兩萬五千名瑞典人，所以看起來像是個理想的報復攻擊目標。

一七七二年的瑞典憲法隻字未提這類侵略擴張的尚武計畫，儘管古斯塔夫確實低調地在

FORM
OF
GOVERNMENT
ENACTED
BY
HIS MAJESTY THE KING
AND
THE STATES OF SWEDEN
AT STOCKHOLM AUG. THE 21
1772.

STOCKHOLM,
PRINTED by the KING'S PRINTER, H. FOUGT,
1772.

古斯塔夫三世的1772年瑞典憲法，此圖所示為其中一部受到出版的譯本。

其中納入條文強調自己的軍事權力。他保留了先前政府約法當中的部分條文，禁止君主在沒有獲得瑞典國會的「自由意志與同意」下逕行招募兵員與籌措資金。但他也添加一項新條文，規定瑞典如果遭遇攻擊，「國王陛下有權採取為了保護國土與國民利益所需的一切措施」。除此之外，他還進一步增加另一項條文，堅持「所有陸上與海上軍力的統帥權」都獨屬於他，「一如古時候王國最為光輝榮耀的美好時代慣例」。54

不過，這部憲法最大幅度的創新，卻來自於這部文本所使用的語言。俄國的凱薩琳大帝在著作中可以直截了當地提及「公民」一詞，儘管她使用這個詞似乎更是為了其修辭效果，而沒有暗示任何政治與法律權利。普魯士的腓特烈大帝有時較此更進一步，在他的私下書寫當中，有時並不吝於把自己的普魯士臣民稱為「公民**同胞**」。不過，更年輕世代的古斯塔夫又更有過之，他在自己的新憲法印刷文字中公開宣稱自己也是一個公民。他在這部文本中寫道，他「最大的榮耀」就是「在真正自由的人民當中身為**第一公民**」——而且他也確保這句話受到廣泛報導。55

一七七二年八月二十一日政變之後，古斯塔夫在斯德哥爾摩王宮的國家大廳向瑞典國會的成員發表演說，誇稱自己「在沒有傷及任何一個公民的情況下拯救了我的母國和我自己……我承諾治理一群自由的人民」。這項演說的講稿隨後以哥德體印刷——這是瑞典小學課本與宗教出版品常用的字體，也就是說該國大體上都識字的人口對於這種字體相當熟悉。

為了進一步確保他的話語能夠獲得大眾認知，古斯塔夫下令這份講稿必須張貼在瑞典的教堂裡向會眾宣讀，因為瑞典教堂的公開禮拜是強制參加的活動。自此之後，古斯塔夫便經常在演說當中自稱為「身為國王，身為公民」，刻意把國王與公民這兩個字眼連結在一起。不僅如此，他對公民兩字的強調，以及他對提及平等與自由的熱愛（他的憲法把這兩者稱為「人類最高貴的權利」），其實不純粹只是政治作秀而已。56

一七七二年的《政府體制》規定，這部文本必須被視為「不變的神聖基本法」，在原本的瑞典文當中稱為「不可變更的法律」。不同於一般要求人民立誓效忠國王，瑞典所有成年男性也必須立誓效忠這部成文印刷憲法。至關重要的是，古斯塔夫本人同樣也得立誓效忠這部新憲法。他在八月二十一日於王宮發表的那場演說中指出，這部憲法是「一套法律，不但對各位具有約束力，對我自己也有約束力」。這部憲法也明白指出，這樣的約束力同樣適用於國王手下的官員及後續的王位繼承者：

> 寡人在此宣告並且確立這部《政府體制》為一套固定不變的神聖基本法。此外，寡人為了我們及我們不論已經誕生與否的後代，規定自己必須實踐且遵守這套法律的字面內容。如果有人試圖引誘寡人偏離其規定，寡人將視之為國家的敵人。57

這些條文堪稱展現了政治與法律上的重大突破。過去總是認為，把成文憲法視為「最高基本法……為其所建立的政府機構賦予權力，同時也限制其權力」的這種概念，源自於一七七六至八七年間新創立的美國。[58]但實際上，這類觀念其實更早以前就已經在若干歐洲君主政體中開始流傳與實驗。一七七二年的瑞典就是一個重要的例子。

部分歐洲君主在七年戰爭結束後推動的這些書面倡議，有助於解釋「憲法」(constitution)這個字的使用與理解為什麼在美國獨立**之前**就已經處於不斷變動的狀態。在歐洲的幾個語言裡，「constitution」一詞及其同義詞在傳統上都是用於指稱國家的組織與政府，也可用於描述事物的根本組成，例如人體的組成。到了一七六〇年代晚期，這類傳統用法已開始受到挑戰，不只是專供少數人閱讀的學術文本，在比較通俗的書寫當中也是如此。一七七一年，就連英國記者也開始覺得「把政治架構比擬為人體系統」的說法老套過時，根本毫無道理。「人體……從出生到死亡都由相同的元素構成，」這名記者論道，相較之下，「政府體制則是有可能出現突然且全然的改變。」這位不知名的記者認定政治社群「不是出於自然，而是由人力建構而成」。因此，政治社群可以被創建，也可以受到改造。[59]

七年戰爭後的王室政治文書確實深具意義，但其局限也相當重要。儘管普魯士的腓特烈與俄國的凱薩琳發展出來的政治傳播與宣傳技術(尤其是凱薩琳)，都獲得後來的成文憲法擁護者所借用及精進，但這兩位君主卻都不曾制定出成文憲法。一七七六年之前，君主極少願意設計及宣傳可能會大幅限縮自身權威的文本。如同狄德羅對凱薩琳大帝及她的《訓諭》所評論的：「你【其中】會看到一些文句，只見她在自己沒有知覺到的情況下再度舉起了她在一開頭所放下的權杖。」[60]

古斯塔夫三世的《政府體制》規定國王與人民都「受到法律約束，而且雙方也共同受到法律保護」，這點接近於對行政權設立限制。然而，儘管這位瑞典國王的部分語言與行為相當激進，甚至帶有部分的民主色彩，但他的一七七二年憲法在實際上卻沒有阻止他在當政後期霸占更多權力。這點有助於解釋古斯塔夫在頒布這部憲法二十年後的一七九二年，為什麼會在斯德哥爾摩的王家歌劇院一場化裝舞會上遭受致命傷。以子彈與彎曲鐵釘對他開槍的刺客，主要是對他向俄國發動戰爭感到憤怒的瑞典貴族與陸軍人士，但有些人則是對他在憲法方面的擺弄感到不安。「偽善的先生，你好。」他們這麼對他說，然後就下了殺手。[61]

這些王室改革嘗試雖然重要，但除了存在各種限制之外，也在相當程度上是由上而下的措施。然而在一七五〇年之後，大西洋兩岸對於探究新形態政治文件愈來愈感興趣的現象也明顯可見於更廣大的社會群體。這種情形也不難理解，因為愈來愈猛烈的戰爭，連同啟蒙思想，固然誘使某些歐洲統治者與官員認為自己有義務設計並發表新的書面文本，藉以重整國家及同人民交流，但這類戰爭同樣也造成更多自下而上的批評與權利主張，以及更廣泛的政治意識。

面臨著必須繳稅資助愈來愈昂貴的戰爭，目睹自己的生活、工作、財產與事業遭到反覆發生的武裝衝突所打亂，被迫踏上戰場，或是被迫把自己的家人送上戰場，而且可能再也看不到他們回來——這種種狀況可能也使這些男男女女受到新的政治法律和文本吸引，因為這些法律和文本有可能在某些方面提高他們的影響力，並且約束其政治領主。美國獨立戰爭之前就已經存在這種較為大眾化的憲法運動，其中一個重要例子就發生在另一個很早即受到啟蒙思想影響且同樣投注大量戰爭資源的歐洲新教徒國家，也就是英國。

憲章擁護者湯瑪斯．潘恩

在許多面向上，湯瑪斯．潘恩（Thomas Paine）都與我們先前檢視的人物截然不同：他和那些人所代表的政治體制與社會層級都極為疏離。儘管如此，那些頭戴王冠的君王和潘恩之間還是有些共同之處，雖然他們雙方對於這樣的說法想必都會大感憤怒。戰爭迫使某些十八世紀中葉的歐洲君主採取更有創意的政治書寫，而混合戰爭加速發展的腳步也形塑了這名與眾不同的男子在人生與職涯上的發展，影響了他的事業，以及他後來寫作的主題與論點。

我們必須把潘恩與戰爭的緊密關係銘記在心，因為他對於傳記作家而言向來是個充滿挑戰性的人物。[62]他在一七三七年出生於諾福克郡的塞特福德（Thetford）這座英格蘭市場城鎮，出身自低微且關係不睦的鄉野家庭。他父親是一名信奉貴格會的佃農，也製作用於女性束腹的鯨骨支撐條，母親則是一名社會地位稍高的聖公會信徒。潘恩自己在十二歲那年被帶離學校，而我們並不清楚他後續接觸了什麼性質及範圍多廣的讀物與智識影響。他從來不曾定下來過，不論是工作、妻子，還是居住的城鎮與國家，都是一個換過一個，而且也一再發生與盟友爭吵而導致反目成仇的情形，許多他個人與家族書信都因此佚失不見，尤其是他人生早期階段的書信。也是因為這樣，人們經常不那麼看重他在自己母國所度過的時光。然而，潘恩在一七七四年十月啟程前往美洲的時候已經三十七歲。這時候的他，人生已經過了一大半，而且他有些最重要的想法、見地與執迷也已然確立——確立在英國愈來愈高度涉入混合戰爭形塑的基礎之上。[63]

潘恩第一次短暫離開英國，就是以作戰水兵的身分——他後來將其形容為「一種移民境外的方式」。那是他在七年戰爭初期加入「普魯士國王」這艘私掠船（其船名來自與英國結盟的腓特烈大帝），四處騷擾法國商船。不過，他對戰爭陰影的直接接觸卻不僅限於此。潘恩為時最長的有薪工作是擔任貨物稅收稅官。他曾經兩度擔任這個職務，第一次是在一七六一到六五年，第二次在一七六八至七四年。貨物稅是英國政府為其連串衝突支應開銷

湯瑪斯・潘恩：依據1779年一幅佚失的肖像畫製作而成的雕版畫。

的主要財源，針對日常消費物品課徵，包括肥皂、鹽、啤酒、紙、煤、皮革、蠟燭等等，而且負責徵收這項稅金的收稅官人數愈來愈多，因為混合戰爭的發生次數、地理範圍與成本都節節上升。貨物稅收稅官在一六九〇年原有一千兩百人左右，到了一七七〇年人數已增加至超過四千人。潘恩也就是這時候擔任貨物稅收稅官，地點就在薩塞克斯郡的雷威斯（Lewes）這座新教徒居民占多數的市場城鎮。[64]

為了謀生而徵收這種「不僅以富人為對象，而是對大多數消費者荷包都造成影響」的稅，深深影響了潘恩的政治觀。這段經驗激發他想出一套論述，後來出現在他大部分重要著作之中：君主先天即好戰成癮，但支付代價的卻是絕大多數的平民百姓。如同孟德斯鳩與瓦特爾，潘恩自己的人生與職業生涯（在較為平實的層面上）也使他理解到戰爭如何變得愈來愈盛行：「歐洲充斥太多王國，以致難以長久保持和平。」潘恩埋怨地寫道。[65]

擔任過作戰水兵的經歷，也使潘恩明白了另一件事：衝突的地理範圍與耗費之所以愈趨擴大，主要是因為歐洲大國之間愈來愈激烈的海軍競賽與陸上衝突。「現存海軍」應該縮減十倍，他在一七九〇年代提議指出：

> 人只要願意發揮理性個體該有的思考能力，那麼在排除所有道德省思的情況下，一定會發現這種做法實在是荒謬愚蠢至極：也就是投注經費建造海軍，為其補充兵

員，然後把船艦開到海上，看看誰能夠最快把對方擊沉。

他認為，這種「戰爭與開銷的恆久體系」唯一的受益者，就是君主及其政治與社會幫凶。儘管如此，潘恩卻逐漸認知到日益加劇的混合戰爭所帶來的沉重負擔也可能有效促成動亂與變革，激起有益的憤怒與政治運動，進一步推升激進平等的思想。「政府的巨大開支令人民有感，進而引起眾人思考，」他後來寫道：「而遮掩的面紗一旦被撕開，就再也無法縫補。」[66]

有些人認為潘恩的反戰評論受到他信奉貴格會的父親影響。然而，令潘恩感到氣憤的似乎不是一般的武裝侵略，而是歐洲世襲君主的好戰成性。他宣稱「王位與繼承導致整個世界（而不只是這個或那個王國）淹沒在鮮血與灰燼當中」。[67]他尤其很早就鄙夷好戰的英國政府，因為這個政府只給他微薄的薪水，也沒有什麼休假的機會，卻要求他多年間在收稅官這個卑微的職務當中辛勤忙碌，和怒氣沖沖的貿易商及不情不願甚至極度貧困的納稅人打交道。

就潘恩政治觀的演變而言，對他影響比較大的確實不是他信奉貴格會的父親，而是他的母親法蘭西絲。法蘭西絲的背景相當重要。她父親寇克（Thomas Cocke）是一名在塞特福德擔任鎮書記的律師，工作之一就是管理塞特福德的各項憲章，其中許多都可追溯到中世紀時期。這些憲章規定該鎮的地方政府與邊界，也涉及學校、教堂、慈善組織、土地權利等更多事物。因此，潘恩想必從小就藉由這些憲章而懂得政治文書的用處。

他後來寫道：「憲章應該被理解為一種莊嚴義務的約束，由全體共同訂立，用於支持每一個成員的權利。」潘恩後來會對成文憲法如此感興趣與大力提倡，也是出於此一涉及憲章的家族背景。他在《人的權利》(*The Rights of Man*, 1791)這部傑出論著的第一部分斷言：「憲法不只空有名義，更具有實質上的效果，」而且這種政治實體「不是一種理想，而是真實的存在；因此一個地方如果無法產生出實體可見的憲法，憲法在那個地方就不存在」。他寫下這段話無疑有一部分是出自他對美國革命憲法的直接經驗，也有一部分是出自他對法國大革命的興奮之情。不過，他堅持憲法必須要有真實可見且具體的形式，也是源自他早年對於憲章的熟悉。這些文件幾乎從一開始就讓他感受到這類治理工具不可或缺的物質性。68

潘恩對憲章、權力、權利與法律的書面大綱所懷有的興趣，印證了他完全是屬於他那個時代的人物，也是屬於他出生國的人物。他雖然對英國愈來愈疏離，卻還是受到他少年與青年時期在英國發展出來的政治思想所影響。如同歐洲的某些君主國，戰爭愈來愈擴大的要求也在英國重新喚起眾人對於認同與權利的重要文本的興趣。然而，英國國王缺乏許多歐洲君主的那種專制權力與行事自由。在一七二七至六〇年間統治英國的喬治二世，以及他的年輕繼任者喬治三世，都不可能像俄國的凱薩琳大帝提出《訓諭》或者瑞典的古斯塔夫三世提出一七七二年憲法那樣，主動起草並宣傳一部重大政治與法律文本。因此這類對重要法律文本愈來愈高度的興趣，在英國經常都是聚焦於一份存在已久的古老文件，也就是起草於一二一五年的《大憲章》。

英國人重新崇拜《大憲章》這部宣揚自由的文本（至少這是部分人士對於該文本的想像），其實並不是想要宣揚古憲政主義，而是有著更晚近也更不穩定的原因。在一七五三年成立於倫敦的大英博物館，其早年的展出就呈現了《大憲章》所受到的這種重新發現與重新想像。這座博物館大部分的歷史手稿都珍藏在庫房裡，但《大憲章》的其中一份原始抄本卻在七年戰爭期間受到醒目的展示。館方為這份手稿製作了一個特殊玻璃櫃，上面有個標牌寫著：「我們自由的堡壘。」要理解這項展出究竟有多重要，只需想想這一點：英國之所以創立大英博物館，是要其扮演起國家的大學這一角色，對於所有願意自我精進且熱切於觀看與學習的英國人敞開大門（至少理論上是如此）。[69]

當時尚未成名的牛津大學法學家威廉．布萊克斯通，對於《大憲章》重新受到重視一事也有所貢獻。他在七年戰爭臻於高峰的一七五九年出版了《探究大憲章》（*The Great Chater*）這部著作，仔細檢視了這部文本的各個手抄版本。布萊克斯通在書中所採取的寫作風格平易近人，使其吸引的讀者不僅限於古文物研究者及其他學者。他的出版商在第一版的書末附上一幅版畫，畫面內容顯示一片林木茂密的英國景色，安然受到一部飄浮在空中的《大憲章》所保護。這幅畫完全沒有提到英國國會或英國國王，只是單純頌揚一份文書，一份支配一切的重要憲法文本。[70]

紀念版畫，內容描繪倫敦激進分子亞瑟・彼得莫爾（Arthur Beardmore）在1762年以煽動性誹謗罪名被捕之前教導兒子閱讀《大憲章》的情景。

換句話說，一七五〇年代的英國人已經重新認定《大憲章》不只是歷史的遺物，也不只是遙遠過往的「重大文件」的其中一部，而是更常視其為**最重要**的歷史文件，是維繫英國存續的基礎文本，宛如英國的憲法。這類主張有時更是明確異常：一份不知名作者的小冊子曾與布萊克斯通的《探究大憲章》同在一七五九年出版於倫敦，其標題為《論述大不列顛的憲法與當前狀態》（*Account of the constitution and present state of Great Britain*）。這本小冊子的扉頁插圖就顯示了一位代表英國的女子對著幾個專注聆聽的「年輕人」提供建議。這幅圖的說明文字告訴讀者，在她面前的是一座「自由聖壇，上面擺著《大憲章》，**代表了英國憲法**」。71

因此，一如俄國、普魯士、瑞典等若干歐洲國家，戰爭日趨增加所帶來的經驗與壓力在英國也伴隨了對於憲法與法律文本愈來愈高度的興趣。然而，兩者還是有著一項極為重要的區別。在歐洲大陸，這種對於新式憲法文書的崇拜與倡議往往來自於負有責任心的君主。而在英國，儘管憲法文本同樣在一七五〇年之後明顯受到愈來愈高的重視，但由於王權所受的限制，這類發展比較不是由上而下，而是由下而上，而且也比較多樣化。

的確，喬治三世與他的部分貴族同儕在一七六〇年代刻意選擇在肖像畫裡呈現出自己身旁擺著一本《大憲章》，利用這種象徵手法主張這部文本支持既有的政治與社會秩序。只不過在這十年間及後續的時期，《大憲章》也廣泛受到英國與愛爾蘭的激進人士與改革者所提

《大憲章》在1759年被呈現為英國的憲法。

及，藉此正當化及推進改革要求，而且是當時的人就已認知到這種趨勢。一七六六年，一名蘇格蘭保守派人士埋怨：「有些人實在過於輕率，居然宣稱這部憲章裡所含的一切內容都帶有神聖性與本質性，因此完全不可廢除，就連國會也不行。」如同這名人士所察覺到的，《大憲章》在某些圈子裡已被重新界定為一種根本大法：這部文本甚至可以阻擋英國國會做出的決議。那名蘇格蘭人抱怨道，英國的「尋常百姓」受到鼓勵，並「在《大憲章》裡發現……那些古代愛國者從來不曾夢想過的各種自由」。[72]

因此，除了承繼母親家族對於憲章的興趣，潘恩對憲政運動的關注也受到他成長期間英國政治辯論的影響。我們知道他曾在一七六〇與七〇年代初期加入激進政治社團，是一位活躍且踴躍發聲的參與者。他在倫敦與雷威斯兩地參加辯論，其中雷威斯就以眾多且粗暴的選民出名。這點有助於解釋潘恩在憲章上的立場為何那麼具有前瞻性。「我不喜歡引用那些昔日傲慢所留下的老舊遺物，」他後來在一七八〇年針對維吉尼亞州的殖民地憲章寫道：「但是……我們畢竟需要有個起點……任何能夠得到贊同的統治總是比沒有來得好。」[73] 古物研究及老舊的文件本身並不是潘恩關注的對象，但他很早就認為人們有可能從古老的自由文本當中打造出所需的新觀念，進而在未來成就更好的改革。

這些演變中的觀點，這些關於憲章及其重要性的論點，形塑了潘恩第一本大為暢銷的著作：《常識》(*Common Sense*)。這本書在他抵達美洲不到十八個月後的一七七六年一月出版於費城，很快就陸續出了多個版本：單是在美國境內就賣出了多達七萬五千本，甚至可能還更多。廣為人知的是，《常識》呼籲美洲殖民地居民與英國及喬治三世澈底斷絕關係，並成為一個獨立的共和國。這本書也主張制定成文憲法——更精確來說（同時也不出預料），潘恩建議由十三個殖民地各自推派兩名代表組成美洲議會，立刻著手構思一部新的「政府憲章」：

> 商議成員一旦齊聚一堂，他們該做的工作就是建構一部《大陸憲章》，或者《聯合殖民地憲章》（名稱呼應英格蘭的《大憲章》），同時確立國會成員或是大會成員的人數與選擇方式，訂定開會時間，並且針對他們的職務與管轄權劃定界線。[74]

在潘恩看來，在大西洋此端的美洲，不會有一個君主般的人物由上而下地鄭重制定法律與政府形式。他預測（白人）美洲人民將會共同打造自己的政府形式與規則。《常識》的讀者規模及短期影響力雖曾受到質疑，但顯然這部著作中大膽且強而有力的樂觀心態，連同其簡易明晰的語言、高明的論述與清楚可見的猛烈怒火，消解了許多美洲讀者對於大英帝國和其君主的效忠之心。這正是潘恩還有他的費城盟友班傑明·拉什（Benjamin Rush）等人所盼望的結果。

儘管如此，潘恩的反傳統傾向在這個階段仍然有其限制。《常識》早期版本的扉頁都沒有列出作者姓名，而是註明這部論著「由一名英國人寫成」。這個寫法不僅是一種策略手段，因為某種程度上來說潘恩**確實**在撰寫這本著作時採用英國人的思考方式，只不過他這個英國人積極涉入了七年戰爭與戰後的激進政治，也涉入對於古老憲章的研究與重新想像。一七七六年稍晚出版的另一本匿名小冊子，看似也是出自潘恩的手筆，就展現了他這種執迷。這本小冊子的作者抱怨，「憲法」一詞經常「被人掛在嘴邊」，卻極少受到明確定義。這位作者堅稱憲法的意義相當直截了當，並寫道憲法基本上必須被視為一種「書面憲章」。[75]

到了一七七六年，潘恩仍然擁護憲章，這也是他為什麼屬於這一章。如同十八世紀中葉許多來自不同社會階層的歐洲人，他也以更仔細也更迫切且具有創意的眼光檢視這些具有吸引力的政治與法律文書，部分原因也是因為戰爭前所未有的猛烈程度所造成的壓力與代價。跨越大洋的潘恩，也將大西洋一端的思想與政治技術帶到另一端。抵達美洲雖然令他深感著迷與解放，他卻還是仰賴並利用了他在英國時所抱持的論點與立場。

同樣跨越大西洋的，還包括某些歐洲君主的戰後文書與文中所出現的觀念與技術。俄國的凱薩琳大帝不遺餘力地確保她的《訓諭》能夠在多個國家和語言當中受到閱讀，希望藉此為她這個充滿爭議的政權增添正當性。出生於麻薩諸塞，自立自強而成為美國開國元勛的富蘭克林，和自立自強的俄國女皇凱薩琳截然不同。但一如凱薩琳，富蘭克林也是啟蒙時代的人物，對於文字深深著迷，也和她一樣善於公關宣傳與深諳宣傳的政治價值。

富蘭克林在獨立戰爭期間發揮創意，安排人手將美國憲法文件譯成不同語言，傳播於國界之外，以便藉由這些文本爭取外國對這個仍具爭議的政體給予支持與尊重，就像凱薩琳試圖藉由《訓諭》達成的效果一樣。其他美國革命人士則是紛紛採用了改革的語言及意象，這類宣傳先前多半用於歐洲君主身上。如同部分歐洲君王，喬治·華盛頓後來也被他的仰慕者與宣傳者比擬為摩西，在戰爭中領導人民，將人民從奴役當中解放出來，而且還是一位重要的法律制定者。[76]

潘恩本人在政治與文書方面較為激進的觀點也受到廣泛傳播。他不是受縛於某一片領土及統治工作的君主，因此可以自由遷徙，更直接地傳達自己的理念。一七七四年十一月三十日，他在費城這座英屬美洲最大也最富庶的城市上岸。六個月後，另一場血腥的混合戰爭爆發，這一次交戰的雙方是英國和其大部分的美洲大陸殖民地。潘恩對於此一消息欣喜不已，立刻就認知到這場戰爭的重要性。「藉著把雙方爭議從論述轉變為武裝對抗，」他振奮地寫道：「一個新的政治時代就此展開，一種新的思考方式已然出現。」[77]就成文憲法而言，發生於美洲的這個政治新時代其實沒有那麼創新，但確實對先前的發展造成了巨大改變。

第二部
從戰爭到革命

Out of War, Into Revolutions

憲法是一面能夠凝聚人心的旗幟，是政府的支柱，也是維繫社會團結與秩序的紐帶。

第三章

印刷的力量

The Force of Print

費城

一七八七年五月二十五日，湊齊法定人數之後，這群人接著閉門開會。會議場所就位於費城栗樹街（Chestnut Street）的賓州議會大廈——這幢紅磚建築周圍滿是武裝警衛。這年夏季的潮溼一如往常，而大多數與會代表又身穿多層緊身的陸軍制服或正式禮服。儘管如此，議會大廈的窗戶卻全部緊閉，還拉上厚重的窗簾。綠色牆面的會議廳擺滿了小桌，正面對著一座低矮的講臺。觀眾一律禁止入場，記者也不准對這場進行中的會議發布報導。會議代表總計五十五人（儘管出席人數不時增減），他們也受到指示不得向外人提供消息。這份命令指出：「議會裡的一切發言都不得在沒有獲得許可的情況下付印，或是以其他方式發表與對外傳達。」就連個人私下筆記的行為，有時也不被許可。維吉尼亞州的其中一位代表，就是身高只有約莫一百六十公分的詹姆斯．麥迪遜（James Madison）。但就連聰明絕頂的他，也得小心翼翼地記錄每天會議進程與發言內容。麥迪遜對於費城制憲大會的記述後來經過多次改寫，一直到他死後四年的一八四〇年才終於獲得出版。[1]

費城會議經過精心計畫且極度保密，群聚於此的代表們因而得以實現原定計畫之外的目標。他們本來只是要修訂《邦聯條例》（Articles of Confederation）——正是這份官方文件規範了北美十三州於獨立戰爭期間與戰後進行合作——結果與會代表們實際上的所作所為卻遠遠不止於如此：不僅是修訂既有文獻，更要成就一部新文件，只是過程中仍不免經歷激烈而漫長的論辯。一七八七年九月八日，眾人終於能將成果呈予「文體委員會」（其名稱本身就顯示了該委員會的工作聚焦於寫下的文字）。九天後，一部長約四千五百字的美國憲法完稿正式以紅色與黑色墨水抄寫於四張長寬各約兩英尺的羊皮紙上。

二次大戰之前，這份手稿大體上都被藏了起來，偶爾甚至遭遺忘放置在何處，遲至非常晚近才成為經典文物。[2]這份文件目前供奉於華府國家檔案館的圓形大廳，每年吸引數百萬名遊客參觀。這份正式抄寫於羊皮紙上的文本固然重要，但若考慮到對國內的衝擊與對國外的影響，真正值得注意的其實是一七八七年九月十七日發生在費城的另一件事。那天，兩名印刷商收到了一份憲法草稿抄本，一人是愛爾蘭裔的鄧拉普（John Dunlap），另一人是土生土長的費城人克雷普爾（David C. Claypoole）。

他們兩人都是革命軍的退伍軍人，共同經營美國第一份獲致商業成功的日報：《賓州報暨每日廣告刊》（*The Pennsylvania Packet, and Daily Advertiser*）。九月十九日星期三，鄧拉普與克雷普爾因為預先探得消息，而在報紙頭版完整刊登了憲法草稿的內容。到了十月底，這份文本已出現在超過七十份美國報紙上。截至當年年底，該文本已至少印刷了兩百次。[3]與此同時，這部憲法的摘錄內容也紛紛出現在距離美國遙遠的其他國家與殖民地的新聞出版品、宣傳冊、書籍、雜誌與報紙上。

The Pennſylvania Packet, *and Daily Advertiſer.*

[Price Four-Pence.] WEDNESDAY, September 19, 1787. [No. 2690.]

WE, the People of the United States, in order to form a more perfect Union, eſtabliſh Juſtice, inſure domeſtic Tranquility, provide for the common Defence, promote the General Welfare, and ſecure the Bleſſings of Liberty to Ourſelves and our Poſterity. do ordain and eſtabliſh this Conſtitution for the United States of America.

ARTICLE I.

美國憲法草稿首度刊登於報紙上，1787年9月19日。

發生在費城的這些歷史事件及後續發展，是新興憲法當中最廣為人知的一段。然而，要確立這些事件的普世重要性卻沒有那麼容易：儘管美國憲法受到大量的分析與解讀，但這部憲法卻早已與美國國家獨特性與優越性的敘事密不可分。如同年邁的麥迪遜在一八三〇年代所言，美國「有效證明了先前以為不可能的事物」，無論是這部憲法的制定過程、內容或影響力，都是在闡述美國本質上如何的**不同**。[4]

若從地方的角度來看，美國無疑不同於世界其他地方，而且打從一開始就是如此：畢竟美洲殖民地的居民早在一七七五年以前，就住在離名義宗主國英國超過三千英里的土地上，並因此發展出獨特的自主性與政治抱負。這些居民的殖民地議會表現出高度的自信，並擁有異常普及的投票權利與識字能力。然而，這部起草於費城的美國憲法，並不全然是當地特有發展與居民特質的產物。

首先，美國人對憲法的思考與反應其實援引了獨立前的**英國**憲章傳統，那些憲章劃定了美洲殖民地的邊界，制定了政府的基本架構。殖民地憲章大都以當時在位國王的名義發布，也有少數是由新近抵達美洲的英國人倡議而成，例如一七〇一年的《德拉瓦憲章》與一六八二年的《賓夕法尼亞施政大綱》，就都是出自英荷混血的殖民者佩恩（William Penn）的倡議。但無論發布者為何，這些付印與流通的殖民地憲章**全都**是在告訴殖民地居民，他們有著來自大西洋彼岸的連結與影響。這些憲章也提供了先例，示範政府體制與原則如何能夠以文字單獨書寫在一份文件裡。如同一名史學家在許久以前指出的：美洲人「不需要絞盡腦汁，不需要大膽跳躍」，就得以從這些殖民地憲章裡生出「以一部恆常成文憲法限制政府日常行為的概念」。5

英國的激進分子曾在一七六〇年代重新想像《大憲章》，並將其變為對抗王室的武器。同樣的，這段時期也有一些美洲異議人士為了反抗英國統治而積極利用殖民地憲章。畫家科普利（John Singleton Copley）為塞繆爾．亞當斯（Samuel Adams）這位出身波士頓釀酒師之子的政治活躍人士所繪製的肖像畫，就強調了這一點。在科普利的筆下，亞當斯頑強的狂熱明顯可見於他身上那件素色羊毛套裝與臉上的冷峻表情，同時伸出食指指向《麻薩諸塞憲章》——這份憲章在一六九一年由威廉三世與瑪麗二世這兩位共治的英國君主蓋章通過。不過，科普利這幅畫作的目的可不在於頌揚這份殖民地憲章，而是要紀念亞當斯如何利用一份老舊文件達成質疑英國統治手段的新穎政治目的：一七七〇年發生駐守波士頓的英軍「屠殺」當地抗議民眾的事件之後，亞當斯就援引這份文件要求當時的英國國王喬治三世必須撤離手下士兵。

古老憲章於一七六〇年代受到全新運用的現象，顯示美洲的憲法變化有時也反映歐洲的政治發展，而且不只限於大西洋彼岸的英語系國家。一七八七年在費城起草的憲法，確實為反抗殖民強權的新興政體賦予了正式地位與共和國體制，但此事並非沒有前例。如同先前幾

科普利所畫的亞當斯與《麻薩諸塞憲章》。

章所示，帕斯夸萊．保利在一七五五年的科西嘉就嘗試過這種做法：他不但反抗熱那亞統治，也在此一過程中草擬了一份他明確稱之為「憲法」的文件。史學家戈登．伍德（Gordon S. Wood）曾說，美國人在一七七六年之後對於「憲法慣例採取了獨特的運用方式」，[6]但這些美國慣例當中所採用的某些技術，以及這些技術的某些功能，都早已在俄國凱薩琳大帝的著名文本《訓諭》當中出現過，或在一七六七到六八年舉行的莫斯科立法委員會裡嘗試過。同樣的，把成文憲法視為國家的根本大法，一方面限制政府，同時也為其賦予權力，這種觀念也不是由自力立國的美國所發明。早在一七七二年，瑞典的古斯塔夫三世就曾藉由**他的**成文憲法《政府體制》實驗過這類概念。

這並不表示一七五〇年後歐洲的種種憲政倡議直接影響了美國憲法（儘管保利在科西嘉的事蹟在美洲殖民地確實廣為人知）。重點是就憲法而言（其他許多面向亦然），遼闊的大西洋顯然並未構成概念傳播的阻礙。在這座大洋的兩端，政治實驗與書寫的數量和創意都在十八世紀中葉開始迅速提高，原因是兩岸都面臨某些大致相似的刺激與挑戰。如同歐洲大部分地區，美洲的知識分子與社會運動人士都深受啟蒙概念吸引，希望能將政府、法律和權利概念加以改革與制度化。美洲也和歐洲大部分地區一樣，將啟蒙觀念付諸實行的必要性也因為戰爭日益升高的壓力與要求而更加迫切。

一如幾乎所有的革命衝突，一七七五年爆發於北美十三州殖民地的戰爭在某種程度上也是一場內戰，交戰雙方分別是當地的分離主義者與效忠英國的人士。這場獨立戰爭也涉及奴隸反抗，有數以萬計的黑人奴隸逃離他們的主人，其中一部分轉而依附英國人。在若干面向上，這場戰爭同時也是一場競逐帝國統治的戰爭，一方面是英國試圖壓制其原本殖民地的居民，另一方面則是美國革命軍入侵加拿大，企圖以武力將這片區域納入他們新成立的共和國。這場戰爭還涉及了多個原住民族與白人領導的軍隊和強盜之間頻繁的猛烈衝突。[7]

這場戰爭更是當時世界上最大的一場混合戰爭，其海上與陸上的戰鬥規模都堪稱空前。一七七六年七月在紐約登陸的英國遠征軍最終涵蓋了半數的皇家海軍及三分之二的英國陸軍。英軍於一七八一年約克鎮之役敗北，同樣也是敗於一場混合戰爭，對手是法國與美國的一萬六千名陸上聯軍及一支擁有一萬九千名水兵的法國艦隊。

這場多頭並進的獨立戰爭從一開始，就對憲法產生了重大影響。一七七六年的《獨立宣言》本質上相當於一篇戰爭宣言，而這是經過刻意設計的結果。《獨立宣言》正是為了展現美國人就像其他「世上強權」一樣，如今也擁有了提出這種最後通牒的權利。在該宣言當中，英王喬治三世成了一位特別邪惡的混合戰爭擁護者。《獨立宣言》的諸位起草人宣稱：

> 【喬治三世】劫掠我們的海洋，蹂躪我們的海岸，燒毀我們的城鎮，並且摧毀了我們同胞的生活。他在此時正派遣大批外國傭兵前來完成死神的工作。[8]

一七七六年開始出現的美國各州憲法，也與戰爭有著緊密關係，特別是那些飽受戰爭摧殘的州。舉例而言，一七七七年紐約州憲法的內容就一再以沮喪的語氣提及衝突帶來的壓力與不確定性：「在當前這場戰爭結束後盡速為之」，或「在當前這場戰爭期間」。[9]戰爭不僅出現在這些州憲法的文字，更深刻形塑了各州憲法的實質內容。這些文本限制州長的權力，強調人權條款、祕密投票及降低選民的財產資格限制，固然受到許多觀念及不同當地條件的影響。然而，美國人的政治參與之所以能在一七七六年後出現大幅進展，都是因為面臨了極端的外來軍事與意識形態壓力，才企圖藉此吸引及鞏固當地民眾對於革命行動的支持。

州憲法也被用來向國外推廣及宣傳革命理念。一七七六年後，各州憲法與《獨立宣言》都經常受到海外翻印與流傳，尤其是在法國，因為新成立的美國如果要能夠抵禦英國發動的長期混合戰爭，就不能沒有法國的財務與武力協助。[10]

為了更深入檢視一七八七年起草於費城的憲法及後續其他憲法，我們可以藉助於在美國獨立戰爭中發揮舉足輕重作用的印刷術。印刷術是一道珍貴的窗口。觀察費城代表在一七八七到八八年持續利用印刷術的做法，有助於我們理解制憲代表們的挑戰有多麼艱鉅。探究這部憲法與印刷術的緊密關聯，也有助於解釋美國憲法為什麼能夠深入人心並且長久存續，而不像先前其他類似文本一樣不久即遭人遺忘。若用更寬闊的視野檢視印刷術的運作，我們還能理解這部政治文本對世界其他地區的長期影響與若干限制。

武力、會議代表與印刷文字

一七八七年費城會議召開的歷史背景，正是程度與規模都相當劇烈的美國獨立戰爭，這點也有助於解釋眾人為何最初對於這份憲法意見分歧且缺乏信心。美國的支持者對這部憲法及其未來前景一方面感到自豪及歡欣雀躍，也堅定了他們意識形態上的信念；但他們同時也心懷焦慮及深沉的不安全感，這點可以從參與這場會議的人員採取極端保密措施中看得出來。

讓我們先來看一個著名例子。詹姆斯．麥迪遜及出生於加勒比海地區的亞歷山大．漢彌爾頓（Alexander Hamilton）這兩位會議上最令人敬畏的代表，連同美國外交官約翰．傑伊（John Jay，後來成為美國第一位首席大法官），共同寫下了七十七篇支持批准憲法的著名文章。三人最初以「普布利烏斯」（Publius）為筆名發表這些文章，在一七八七年十月至一七八八年五月之間刊登於紐約的新聞媒體上，後來才被人連同其他文章集結起來，出版成

《聯邦黨人文集》（*The Federalist Papers*）。在今天，這些文章最著名的大概是漢彌爾頓在一開頭寫下的那段文字。他亢奮不已的誇耀：

> 人類社會是否真有能力藉由省思與選擇而建立良善政府，還是人類永遠注定只能仰賴意外與強制力為他們帶來政治憲法？這個重要的問題……應該交由這個國家【美國】的人民決定。[11]

事實證明這類主張極具說服力，而且不只吸引到美國的讀者。一七九〇年代，英國激進女權主義者瑪麗．沃斯通克拉夫特（Mary Wollstonecraft）雖然獨自身在危險的巴黎，身邊只有她那個不可靠的美國情人吉爾伯特．伊姆利（Gilbert Imlay）陪伴，但一想到美國新出現的憲法政治，還是令她頗感振奮。她欣喜鼓舞地寫下，那個國家證明了「出於偶然且必須不斷修補的憲法」並非無可避免。美國人證明了政府體制有可能「在理性的基礎上」從無到有打造而成。[12]

然而，在歡欣鼓舞強調美國的全新開始與政治自由的背後，其實藏有深沉的焦慮情緒。漢彌爾頓與他的政治盟友所寫的《聯邦黨人文集》中，前十篇裡有九篇都是聚焦於武裝部隊帶來的威脅與限制：其中四篇的標題是〈來自外國武力與影響力的危險〉，另外三篇探討〈州際紛爭帶來的危險〉，還有兩篇則是探究「國內黨派與暴動」。類似的恐懼和不安也出現在他們後續的文章裡，例如《聯邦黨人文集》第二十一至三十六篇，就擔憂美國難以負擔抵禦未來的混合戰爭所需的陸軍和海軍，因為現在「航海技術的進步……在極大程度上已把相距遙遠的國家變成了近鄰」。[13]

漢彌爾頓與他的合作夥伴採取這種方式寫作，有部分是一種刻意為之的策略。他們希望嚇唬他們的美國讀者起身行動，施壓當地代表批准憲法草稿。不過，這種手法背後也潛藏著真正的擔憂。漢彌爾頓就經常在當時的私人通信中，坦承自己懷有深切的不安，總是「習於把這個國家的狀態視為充滿困難且滿布危險」。[14]他不是費城代表當中唯一懷有這種感受的人。

等到日後美國及其憲法看起來已經安然紮根，一七八七年費城會議的代表就被後人重新想像為一群「齊聚一堂的神人」（套用傑佛遜的話）。人們把代表們想像成一群受過法律訓練的啟蒙人士，聚在一起為幸運的美國後代子孫與滿心關注的世人做出冷靜明智且足以蔚為楷模的決定。確實，一七八七年齊聚於費城的那些代表有許多都抱持啟蒙觀念，也有許多人擁有基礎的法律背景。但同樣重要的是，他們有更高的比例接受過戰爭的洗禮，也擁有準備戰爭的經驗。[15]

這些代表的年齡平均四十幾歲，這表示他們都經歷過七年戰爭（有些人甚至曾經參與作戰），然後才在美國革命戰爭中投入追求獨立的武裝抗爭。費城代表當中有三十人在獨立戰爭裡從軍服役過，包括漢彌爾頓在內，他是炮兵中校。接觸過軍事裝備與危險作戰的經歷，也許有助於解釋漢彌爾頓為什麼早在一八〇四年與政治對手艾隆・伯爾（Aaron Burr）進行致命對決之前，就任性參與過幾場決鬥。[16]

費城代表當中有五人擔任過喬治・華盛頓的侍從官，漢彌爾頓又是其中之一。有些不那麼知名但比他更規律出席會議的代表，更是毫不掩飾地沉浸於戰爭文化裡。舉例而言，深具影響力且支持奴役制度的南卡羅萊納代表平克尼（Charles Cotesworth Pinckney），還有出生於英格蘭的北卡羅萊納代表戴維（William Richardson Davie），他們都委託畫家為自己繪製肖像畫，而且畫中形象都不是理性立法者，而是身穿充滿傲氣的華麗軍裝。

即便是在一七七六年之後繼續擔任文官的代表，在行政事務上也還是經常接觸軍事事務與戰時財政：有些是在州政府的層次上，有些是身為大陸會議前代表，也有些是兼具這兩種身分。這種情形可見於令人敬畏且基本上是自學而成的康乃狄克代表羅傑・薛曼（Roger Sherman），以及受到賓夕法尼亞指派為其中一名代表的古弗尼爾・莫里斯（Gouverneur Morris）——一位富有、聰明又好色的紐約商人暨律師。更不用說一七八七年費城會議的代表全都是在一位陸軍將領的主持下開會，而那位陸軍將領不是別人，正是喬治・華盛頓。華盛頓起初原本無意參加這場會議，而且不只是因為他位於維吉尼亞州維農山的莊園需要照料，也是因為他已和辛辛那堤學會（Society of Cincinnati）有約在先。該學會是一個菁英組織，只有在美洲大陸軍或海軍服役過至少三年的軍官才能夠加入。

費城代表們又深又廣的軍事經驗影響了他們在會議上的優先要務與觀點，形塑了他們的想法與行為，也影響了他們寫下及付印的內容。畢竟，戰爭有可能還沒結束。美國現在看似已經是個獨立而統一的國家，實際上卻仍是由多個半自主且經常不肯合作的州所組成。這也是為什麼費城那棟議會大廈的綠色會議廳會擺出各自分開的小桌，好讓來自不同州的代表能有自己的空間進行謀劃與商議。這些持續存在的國內裂痕，使得未來再度遭受外部強權攻擊的可能性更加令人擔憂。不論是在一七八七年還是許久之後，再度遭受侵略的可能性都不容低估。畢竟，無論是持續在上加拿大與下加拿大地區握有駐軍的英國，還是占據了佛羅里達與路易斯安那的西班牙，甚或是從阿拉斯加聚落往南移動的俄國，只要抱持擴張主義的歐洲國家還在，說不定就會在未來對美國發動侵略，進而造成難以駕馭的美國各州脫離國家或者陷入不穩定的動盪。

費城代表對於建構自己的陸上共和制帝國深感興奮，但有些人卻也擔心該怎麼管制及約束那些越過阿帕拉契山脈西部地區且迅速擴散的墾殖社區（英國的帝國主義者在一七七六年之前也曾有過類似擔憂）。「在我們的西方形成了許多聚落，」古弗尼爾．莫里斯提出嚇人的警告：「那些聚落的居民除了自己以外並不承認任何權威，只接受刀劍的仲裁。」[17]這些躁動

陸軍將領暨立法者：安東尼奧·卡諾瓦（Antonio Canova）在1818年為一尊喬治·華盛頓雕像所製作的模型。

不安的邊疆人口所掌握的土地，在地圖上看來占了美國領土的一半，而他們要是在未來尋求建立自己的國家，那又該怎麼辦？

因此，費城代表面對的挑戰在某種程度上其實與十八世紀中葉的許多歐洲與亞洲政權相當類似。如同那些歐亞政權，費城代表及其支持者也必須籌劃怎麼從龐大戰事造成的壓力與破壞當中復原。他們也同時必須設法促成公民團結及財政和軍事方面的整備，以防未來發生武裝衝突。畢竟，就算他們不主動挑起衝突，衝突還是有可能會發生。約翰．傑伊警告：「整體看來，國家只要發現自己能從戰爭中獲益，就必然會發動戰爭。」他也承認混合戰爭在海洋上愈來愈高的重要性，擔憂美國持續處於分裂且內部又意見分歧，那麼「我們怎麼可能擁有艦隊？」美國又怎麼可能負擔得起這些艦隊的成本？[18]

獨立戰爭造成的一項直接後果，就是在《邦聯條例》之下，國會無權徵稅償還戰爭借款或為新貸款提供擔保，而只能仰賴各州的財政稅收。事實證明這套體制極度不足。一七八五年，美國不得不停止支付法國一筆貸款的利息，接著又不得不拖欠這筆貸款。次年的一七八六年，美國的領導者未能從各州取得足夠資金，以致無法向負責在麻州與佛蒙特州鎮壓抗稅與分離主義造反行動的部隊提供足夠的薪餉。美國「正在實際上沒有軍隊的情況下進行政治實驗」，一名在一七八七年成為費城代表的前革命軍將領警告。他認為這項實驗恐怕「很快就會落入無政府狀態」。[19]

如同愈來愈多的史學家所主張，這些壓力和焦慮使費城代表（絕大多數都與戰爭脫不了關係）起草的憲法在當時並未被視為一份「自由民主社會的藍圖」或充滿自信的建國行為，而是一份出於嚴峻需求而不得不為的必要手段，藉以打造出更有效率也更能防衛外侮的聯邦。「我認為成立聯邦只有少數幾個目的，」羅傑．薛曼在一七八七年六月直率地向其他代表指出：

一、抵禦外來危險。二、【抵禦】內部爭端及訴諸武力的行為。三、與外國簽訂合約。四、規範外國貿易活動及從中獲取收入……單是這些目的，也許再加上其他幾項比較不重要的目的，就足以為建立一個各州同盟國賦予必要性。20

然而，就像大多數時候的政治行為者，大多數費城代表也在審慎倡議與潛伏焦慮之餘加入了一定程度的希望與理想主義，所以美國憲法草案的前言才會在最後一刻受到修改。主要修改者似乎是古弗尼爾．莫里斯這個紐約人，當時二十五歲的莫里斯，是會議上數一數二年輕的代表。憲法草案的開頭原本應該是：「我們各州人民，來自新罕布夏、麻薩諸塞、羅德島……」等等，依序列出大西洋沿岸的美國各州。不過莫里斯在最後一刻把這句話改為：「我們合眾國的人民……」，一方面是為了激勵人心，另一方面也有策略性的考量，理由也與不安感有關。

與其把注意力導向各自分立且紛爭頻頻的各州，莫里斯的文字調整召喚了一個當時實際上還不存在的統一美國。如同政治憲法的措辭所經常帶有的效果，這句話也傳達了團結與秩序這種閃耀誘人的印象。莫里斯的修改也有助於平衡這段前言原本過於務實的特性，調和了其中過分嚴肅的基調，主張必須成立「一個更完美的聯邦，確保正義與國內平靜，【以及】促成共同防衛」。頗具象徵意義的是，這些事項皆是列在「獲取自由福祉」的盼望之前。21

另一項重點是，莫里斯這段鼓舞人心的新文字使人不再把注意力集中於神秘的費城代表身上，被突顯的反而是「我們合眾國的人民」，並藉著這般有力的假象將人民拉抬為美國憲法根本上的主人，乃至於發起者。鄧拉普與克雷普爾把憲法草案刊登在《賓州報》頭版時，也刻意鼓勵這樣的解讀，以超大黑體字印出「We」（我們）當中的「W」，從而把讀者的注意力吸引到開頭這句引人注目的主張與承諾。

如同這項印刷手法所顯示的，印刷的技術與可能性在美國憲法發揮的效果遠勝於先前的其他成文憲法。印刷不只用於記錄及傳達當下發生的事情，更是驅動那些事件發生的關鍵力量。當然，利用印刷術促進憲法倡議不是什麼新鮮事。早在一七六〇年代，凱薩琳大帝就已深深明白印刷的力量與優勢，所以才會為她的《訓諭》印製了多部版本與譯本。只不過當時的俄國並沒有報紙或地方媒體可以幫助她，畢竟國內人口也只有不到百分之十擁有識字能力。

相較之下，美洲大多數的白人及部分的自由黑人則是早已相當熟悉各式各樣的印刷品。單是美洲報紙的數量，在一七六〇至一七七五年間就增加了一倍，到了一七九〇年又再次翻倍。到了十八世紀，成年美洲白人已有八成具備識字能力——此一識字率比世界各地都高，大概僅遜於斯堪的那維亞半島的部分地區。[22]費城代表及其支持者得以在相當程度上把識字能力與印刷術視為理所當然，而這點也形塑了他們採取的策略。這一現象甚至可能影響了憲法本身。

文學學者莫瑞蒂（Franco Moretti）曾經指出，西方小說在受歡迎程度及跨洲影響力上之所以能夠取代更古老的中國小說，就是因為到了十八世紀時，前者的篇幅通常比較短，比較容易以印刷複製，因此受到相對比較廣泛的閱讀。[23]不管這項論點是否屬實，美國憲法引人注目的簡短篇幅（最終版本只有七項條文）看起來確實有可能是這部憲法獲得成功及廣泛流傳的因素之一——而這其實也是憲法作者們相當熟悉商業印刷的結果。費城代表不僅積極以各種方式運用印刷，許多人更以印刷的方式**思考**，並且相當清楚印刷在不同溝通形式當中所具有的可能性。

從這個角度來看，他們的行為非常合乎美國革命的先例。先前的《獨立宣言》也是一份短得驚人的文件，總共只有一千三百三十七個英文字詞。這份文件因此很容易以價格低廉的報紙翻印（其內容只要一面報紙即可印完），因而可以釘在住宅、商店與酒館牆壁上。由於篇幅如此簡短，要對聽眾完整唸出整篇《獨立宣言》也不必花太多力氣，華盛頓的部隊就曾「各自在空曠廣場上接受校閱時」特別列隊聆聽。[24]

一如《獨立宣言》，費城代表利用印刷的做法也不僅是出於本能，更多是不可或缺。在一七八七年九月的憲法完稿當中，最後一項條文規定這部憲法若要生效，就必須獲得美國十三州中的至少九個州批准，而且每個州都必須為此舉行批准會議。對這部祕密起草且富有爭議的憲法來說，要獲得大多數的州批准實是一項艱鉅挑戰，但美國印刷業的地理分布卻使這項挑戰變得相對容易。美國大部分的白人勞動人口都是居住在鄉下地區的農民，接觸資訊的管道有限，但美國的報紙卻是集中在城鎮裡，而批准會議也正是在城鎮舉行。而且當時經營報紙、郵務與印刷廠的人士也像費城的鄧拉普與克雷普爾一樣，看起來都是這部憲法草案的支持者，而他們也確實採取了相應的行為與謀略。儘管如此，我們今天已知道這些批准案正反雙方的票數其實非常接近。[25]

就連麻薩諸塞州這個抵抗大英帝國的意識形態重鎮，其批准會議卻也僅以一百八十七對一百六十八票批准憲法草案。維吉尼亞與紐約這兩個龐大富裕且居於關鍵地位的州，通過批准的票數差距又更小。由於憲法直到一七八八年九月才終於確定獲得批准，因此在長達好幾個月無法確定結果為何的時間裡，積極的憲法擁護者們就把大量的精力、心思與金錢投注於傳播憲法草稿，同時也針對其效力與意義進行辯論。這些文章的影響範圍遠遠超過美國以外，而這其實也是倡議者的本來用意。

值得再次強調的是，在獨立戰爭期間，這個新共和國最重要的政治文件都在海外流傳。在國外刻意傳播這些文件的印刷副本與譯本，包括《獨立宣言》、各州憲法及其他充滿實驗性與遠大抱負的文件，目的是要說服歐洲各國政府相信這個美洲新興政體確實值得正視，其政治實驗富含啟蒙精神，反抗英國的決心也堅定不移，因此其所提出的各項要求，包括戰爭借款、貿易不中斷及軍事援助，都應當受到認真看待。從一七八七年開始，類似的印刷策略也用於在海外宣傳美國憲法。[26]

美國外交官與領事一旦抵達別國首都，就會把這些文件發送給當地的統治者及重要人物。許多美國海外商人及愛國旅人也會採取類似做法，例如出生於蘇格蘭的約翰·保羅·瓊斯（John Paul Jones）。瓊斯曾是奴隸販子，後來在獨立戰爭期間成為成功的私掠船長。當他在一七八八年為了尋求工作而到聖彼得堡向凱薩琳大帝大獻殷勤，就不忘為她呈上一部美國憲法。美國的外交通信也經常會附上這部憲法，好比華盛頓寫信向令人敬畏的摩洛哥蘇丹西迪·穆罕默德（Sidi Muhammad）告知美國憲法獲得批准時，就特地加上這句話：「我很榮幸得以在信中附上這部憲法。」[27]

前述這些做法背後的動機，是認為特定外國地區的有錢有勢者將會對這部新憲法的文字與理念感到驚豔，並因此認定美國現在擁有一個遠比以前更有效的中央政府。美國人希望這項事實的廣為宣傳將有助於嚇阻外來侵略，同時讓海外商人與潛在投資者能夠因此打消投資疑慮。美國憲法在海外的這些官方與半官方傳播行為，同時也受到外國印刷媒體非正式報導的幫助，而且後者的數量更是遠遠勝過前者。

就這方面而言，美國倒是受益於其所極力抗拒的大英帝國。美國印刷商與出版社和他們在愛爾蘭與英國的同行長期有著密切交情，也由於這些存在已久的貿易與職業關係，更因為雙方語言相通，因此發行於美國的報紙、宣傳冊與書籍都經常流傳至大西洋彼岸。《賓州報》披露美國憲法草案不過五週，倫敦報紙就已跟進刊登。此外，由於倫敦是全世界最大的港口，擁有全世界最大的商船隊，因此這些從美國流入的資訊又經由這裡迅速流傳到別處，不只傳播到歐洲其他地區，也散布到南亞與東亞、西非與南美、加勒比海地區，最終更及於遙遠太平洋世界的部分區塊。就連加拿大人也不是透過陸路通訊才得知美國新憲法的細節，而是從倫敦橫越大西洋而來的印刷報導。[28]

不過，究竟是哪些讀者在接受持續不斷的印刷資訊轟炸呢？這麼多有關美國憲法的出版品，對於世界各地的男男女女又造成了什麼樣的影響？

閱讀與借用

這些出版品在某些地方確實立即造成極為可觀的效果，而且影響深遠。這段發生在美國的故事，美國的革命及革命人物的理念，以及美國戰勝一個貪婪帝國與隨之出現的書面政治與法律創新（更重要的是這個艱辛成立的政權存活了下來），這一切都激勵了各大洲的激進分子與改革人士，使他們覺得未來充滿可能性。

原本在一七七六年以前，人們對「憲法」一詞的理解就已開始出現變化，如今這項變化更受到了新的美國政治文本證實及加速。主張政治憲法可以（甚至應該）書寫成單獨一份易於印刷的文件這種論點，在這時已變得更加普遍。我們也能從反對者的反應看出此一變化。一七八〇年代以來，有些截然不同的日耳曼邦國與英國保守主義者都開始嘲諷成文憲法的概念，蔑稱其為「紙面憲法」。用詞的選擇頗具代表性，畢竟紙張正是印刷機運作不可或缺的原料。[29]

美國人積極利用印刷推廣及鞏固他們的憲法，這種策略也受到當時許多人的熱切仿效。這點有助於解釋出版自由（印刷必須對所有人開放）的條文為什麼會在十八世紀晚期後制定的憲法中占有如此醒目的地位。只要解析世界各地在一七七六至一八五〇年間發布的憲法，即可證明這一點（參見下表1）。

也就是說，在美國發布《獨立宣言》的一七七六年至十九世紀中葉的這段期間，各國和各大陸上先後出現了幾百部憲法文本，而且在這些文本當中，攸關印刷的出版自由條文比宗教自由或人民主權的條文還要多，也遠多於言論自由與集會自由的條文。從這些文本可以看出，這個時代的憲法制定者認為取用印刷的權利比幾乎任何權利都更具有迫切重要性。這不只是因為部分立憲者深信公民需要受到良好的教導，更是因為在當時的認知裡，憲法這種新式政治技術如果要在國內外有效發揮功能，印刷乃是一項不可或缺的元素。

同樣充分理解到印刷效益的，還包括杜桑．盧維杜爾這位使海地成為黑人統治的勇猛戰士。一七九九年底，拿破崙為法國頒布了一部新憲法（這部憲法當然也被印刷出版），該法規定該國殖民地從此以後將受到「特別法」支配。這項規定在加勒比海地區被視為重啟奴役制度的威脅，這一情形也確實發生在法屬馬丁尼克與瓜地洛普島。而在當時正式名稱仍是聖多明哥的海地，杜桑的回應卻是在一八〇一年頒布他自己的憲法。他不理會自己法

表1：在一七七六至一八五〇年間的憲法中提及的權利[30]

出版自由　560	言論自由　196
宗教自由　534	集會自由　172
人身自由　492	貿易自由　169
人民主權　477	遷徙自由　68
請願自由　408	（單位：條）

國顧問的建議，刻意將這部文本付印。杜桑不只是頒布一部憲法，還將其付印，因此得以廣泛宣傳憲法中的這項規定：聖多明哥的所有前黑人奴隸從此成為公民，**因此依照定義即是自由人**。他這項行為促使拿破崙對聖多明哥發動一場大規模的海軍和陸軍攻擊，從而摧毀了杜桑政權，但終究也加速了法國權力在那個區域的瓦解及獨立海地的出現。[31]

杜桑在海地的政治後繼者也懂得印刷的價值。他們也採取美國革命人士所用過的其他手法，例如在一八〇四年一月一日發布自己的獨立宣言。[32]不過，他們雖然借用了這些做法，卻沒有在政治制度上更進一步模仿美國。如同第一章所述，新成立的海地是個相當威權且軍國主義的國家。那些**同時**效仿美國憲法技術**及**美國政治體制的國家，比較常見於南美洲，而這種現象有其充分的理由。

南美洲大陸經歷過一八一〇與二〇年代的多場革命戰爭之後，部分南美人基於地理上的鄰近因素而把美國視為最佳也最顯著的政治模範。其他因素也促成了這樣的想法。除了在一八八九年以前都是君主國的巴西以外，出現於南美洲的十個獨立國家都選擇像美國一樣成為共和國（儘管過程中多少碰上阻礙）。這些新興南美政體也都像美國一樣，是對歐洲帝國發動革命戰爭獲勝後的新產物，而他們對此也富有自覺。所以，當一七八九年一名法國憲法制定者對於自己這個「古老民族」竟然想效法美國「這個剛誕生於宇宙間的新民族」所採取的政治藍圖而深感驚恐時，這種新穎性卻反倒吸引了部分南美人士更看重他們這個北方鄰居所提出的政治方案。[33]

於是，有些南美國家欣然借用了一七八七年美國憲法當中的條文及技術。他們借用總統制的理念，但更重要的是複製了美國的聯邦制。例如大哥倫比亞（Gran Colombia）這個在一八一九年後領土一度涵蓋當今哥倫比亞、巴拿馬、委內瑞拉與厄瓜多等國的國家，一立國就馬上宣告自己是一個聯邦共和國。即便是巴西，也終於在一八九一年捨棄君主制，並且在頒布新憲法時仿效了美國的聯邦制。

南美國家向美國學習之處，還包括美國人運用得極為有效的印刷與宣傳技巧。智利在一八一八年制定出第一部臨時憲法的作者，就竭盡全力想讓這部文件獲得批准，他在臨時憲法中指出：「這份草稿一旦付印，就必須奉命出版於全國所有都市、村莊與城鎮。」[34] 南美洲的其他社會運動人士也挪用了美國國會在一七七六年後運用嫻熟的手法，把自己的憲法文件彙編成冊，送往海外，藉以影響外國輿論與爭取支持，同時吸引未來的投資、結盟與貸款。

委內瑞拉成為第一個脫離西班牙而宣布獨立的南美洲國家之後，就在一八一一年如法炮製。一份起草於該國首都卡拉卡斯（Caracas）的新憲法，連同其他革命文本迅速被人寄送到倫敦。線裝本也於一八一二年於倫敦出版，收錄西班牙文與英文對照，以供運往海外各地。[35]

委內瑞拉這部憲法彙輯的內容相當可觀，甚至頗有動人之處，值得今天的我們進一步檢視。這份文件透露了許多事情。首先，這部文本顯示出委內瑞拉革命人士在高度軍事與政治壓力之下，選擇借用美國憲法的內容。在呼求上帝之後，他們在憲法裡寫道：「我們委內瑞拉各州的人民。」接著，這部憲法也規定要成立一個聯邦共和國，並特意命名為委內瑞拉**合眾國**（United Provinces of Venezuela）。這部憲法還規定要設置一個眾議院和一個參議院，兩院成員就和美國一樣，分別必須年滿二十五歲與三十歲。這部委內瑞拉憲法彙輯還有一個地方也在向美國模範致敬，那就是包含有一份獨立宣言。相較於美國獨立宣言反覆聚焦於喬治三世實際上及傳聞中的缺點，委內瑞拉的獨立宣言則是一再以三百這個數字強調其反帝國的論點：在西班牙人手下遭受「三百年的囚禁、艱苦與不義」、「三百年的屈從與犧牲」等。[36]

如同美國的立法者與政治人物，編纂這部委內瑞拉文本的人士也明白成文憲法不只是確立國內法律及政府的工具。藉由印刷，這些關鍵文件可以跨越領土與海洋疆界，向他人傳達新政體及其統治制度的理念與本質。一部印刷的成文憲法可以是個理想媒介，讓新成立的國家或政權向全球推廣及界定自己。

如同這本彙輯的編纂者所宣告的，他們的憲法如果沒有對外印刷輸出，委內瑞拉人「就不可能向世人鄭重宣示【他們的】……意圖」。[37]他們雖然為了該書「匆促出版」而可能出現的任何印刷錯誤表示抱歉，但他們其實精心構思了這本書的外觀與包裝，以及這本書可能對未來的外國讀者造成什麼樣的印象。該書頁面上散布著盾牌、頭盔與長矛的雕版圖樣，藉以

委內瑞拉的憲法彙輯，以西班牙文與英文印製於1812年。

提醒讀者這個新成立的委內瑞拉是經由戰爭與英勇犧牲而換來的成果。書中也一再出現大帆船張滿了帆的圖像，以這種視覺提示讓外國讀者體認到，委內瑞拉一旦達成獨立，就會出現許多商業機會。

儘管付出了這麼多的努力與謀畫，這第一個委內瑞拉共和國卻還是在一八一二年遭受西班牙軍隊的攻擊，並在內戰的摧殘之下宣告瓦解。儘管如此，那部華麗的憲法文本卻留存了下來，成為世界各國愈來愈多的憲法方案歷史檔案堆中的一部分。這些來自世界各地不斷擴增的印刷憲法，其實說明了兩項重要論點。第一，美國憲法倡議與印刷推廣的規模和技巧，促使其他地方仿效其部分政治理念與治理方法。但同樣重要的第二點是，美國經驗其實也有助於世界各地**其他**互相對立的政治制度產生出自己版本且毫不遜色的成文印刷憲法。畢竟書寫憲法、付諸印刷，然後跨洲加以宣傳，是許多國家（儘管不是全部）都做得到的事情。

不同大陸對於文本的改寫

可以確定的是，美國獨立戰爭及因應而生的許多成文憲法具有持久的重要性，它們不但改變及形塑了思想，也更進一步推動早在一七七六年前就已出現於歐洲的新式政治技術。部分是出於內容與歷史背景，部分是因為藉由印刷而廣為傳播，美國憲法更是在漫長十九世紀期間發揮了特別廣泛的影響力，遠比美國《獨立宣言》更加廣泛。後者確實在世界部分區域受到廣泛的閱讀與翻印，但在一次大戰之前，這份文本造成的影響在程度與深度上都仍不及美國憲法。

《獨立宣言》雖然充滿意識形態上的活力，卻是一份定位較為狹隘的文件。在一七七六年之後，這份文件主要只對居住在特定區域的人有吸引力：那些區域不但渴望擺脫另一個國家或帝國的統治，而且也有能力這麼做。在一九一四年之前，這類情形相對少見。連同海地在內，南美洲那些在一八一〇與二〇年代擺脫西班牙統治而獨立的共和國確實都認為獨立宣言是一項有用的工具，進而紛紛加以仿效。但美洲以外卻是另一回事。在一七九〇至一九一四年期間，只有十個美洲之外的國家選擇發表他們自己的獨立宣言。[38]

這點也不令人感到意外。畢竟在這段時期，世界上大部分的帝國與複合君主國都仍保持完好。直到一次大戰之後，獨立宣言這類憲法文本才得以獲得比較大的吸引力與影響力。這種現象在一九四五年之後變得更加明顯，特別是剩下的歐洲海洋帝國紛紛瓦解，最後還要再加上蘇聯崩解。

相較之下，美國憲法則是早在此之前就發揮了廣泛的吸引力。十九世紀的外國人如果要分析美國，那最廣為人知的著作或許就是托克維爾的《民主在美國》（*Democracy in America*, 1835-40）。值得一提的是，這本書中完全沒有提及《獨立宣言》，但托克維爾倒是以一大章的篇幅探討一七八七年的美國憲法，書中其他篇章也經常提及這部文本。[39]鑑於他自己與他讀者的興趣及優先關注事項，這樣的篇幅並不難理解。十九世紀期間，各種政體的社會運動人士都開始受到憲法實驗吸引（十九世紀後更是如此），而且這種情形不僅出現在新國家，也出現在古老的國度；不只出現在反抗帝國統治而想要獨立建國的民族國家，也出現在部分帝國裡。對於美國以外的大多數人而言，憲法看起來是美國最與自己切身相關也最誘人的文本，最值得受到仔細檢視。

不過，有一點必須先在這裡指出。一七八七年起草於費城的美國憲法所受到的關注雖然愈來愈廣，但想要制定類似文件的外國社會運動人士與憲法愛好者卻從來**不是只有**受這部憲法影響。實際上，隨著愈來愈多國家採用成文憲法，而且愈來愈多這類文本印刷出版於本國之外，對於這種新式政治技術感興趣的男男女女因此擁有愈來愈多的選擇。他們不但能夠研究或盜用美國那些受到大量翻印與翻譯的文本，也愈來愈能夠獲取其他地方的憲法資訊，並且閱讀及查閱這些文本。

到了一七九〇年代，精明的出版商就已察覺到這項趨勢，並且開始從中獲利。他們不再只是出版單一國家的憲法，而是開始將幾個不同國家的憲法彙編成冊一同出版。[40]這麼一來，對於書面如何組織國家心懷好奇的讀者及胸懷抱負的憲法制定者即可比較及對照各種不同的模式，並從中獲取如何制定權利與規則的靈感。到了二十世紀初期，有些新興國家與政權也自行資助及出版這類涵蓋多部憲法的選集。

這種狀況也發生在一九二二年的愛爾蘭自由邦，這是一個剛經過六年對抗英國的內戰而在風雨飄搖中成立的新國家。位於都柏林的自由邦政府委託出版了一部厚重的書籍，書名為《世界各國憲法選集》（*Select Constitutions of the World*）。這本書除了把該國新制定的愛爾蘭憲法醒目地安排在卷首之外，也收錄了其他十八個國家的現行憲法。如同美國在一七七六年之後忙著推廣其**自己**的憲法，都柏林的政治人物推出這部印刷品也是經過官方精心策劃的結果。藉著把他們新制定且地位尚未穩固的憲法印刷在這本書裡，和其他廣受承認的國家所施行的憲法並列在一起，再把這部彙輯送往各國首都，愛爾蘭自由邦的政治人物即是以此舉宣告自己新成立的共和國應當能和世界上每一個獨立國家平起平坐。[41]

前述這類由國家資助把世界不同地區憲法實例集結於一冊出版品的做法，雖然是發生在二十世紀的愛爾蘭，但這種官方印製彙輯的傳統其實可以追溯至十八世紀。這種知識匯聚與散播的新形式，在一七八七年的美國憲法後開始變得愈來愈常見（儘管先前在歐洲部分地區就已可見到類似跡象）。在印刷科技的快速發展下，新制定的憲法因此得以藉著先前根本無法想像的方式廣泛流傳。這一現象又造成了擷取、挪用、比較與選擇這類不斷變化的政治作為。參與起草新憲法的政治人物、律師、知識分子和軍人，連同想要想像出一部憲法的個人，都愈來愈能夠挑選不同憲法中的元素加以排列組合。他們可以研究不同國家憲法的理念、制度與法律，加以挑選，再把借用的概念和自身的想法、抱負、法律和政治慣例融合起來。

在挪威制定於一八一四年的憲法當中，就可以看到這種混合當地民情與外國影響的做法。[42]在今天仍存世的成文憲法裡，這部文本的歷史悠久程度僅次於美國憲法，而且這部憲法同樣也是軍事衝突下的產物。一八一四年，挪威與丹麥長期以來的聯盟已在拿破崙戰爭的眾多衝突與壓力之下破裂。這些衝突與壓力導致丹麥國王把自己在挪威擁有的權利轉讓給瑞典國王。一八一四年四月，在挪威奧斯陸城外三十英里左右的埃茲沃爾莊園（Eidsvoll Manor），一百一十二個人聚集於這幢新古典風格的高雅宅邸，就在二樓的一個房間裡。他們必須以極快的速度完成工作，因為他們迫切想要在國家遭到瑞典攫取之前搶先為自己的民族主權打造出一項保障。他們身邊圍繞著「成堆的報紙」，其中許多都報導了瑞典調動部隊及可能發動侵略的新聞。而後，他們在短短五週內草擬了一部新的挪威憲法。

儘管面對外國入侵這項迫在眉睫的威脅（後來瑞典部隊也確實在當年七月抵達挪威），聚集於埃茲沃爾的這群代表還是參照了不少外國文本以協助他們建構自己的憲法。甚至，這樣急迫的威脅反而使他們更熱切參考別國的憲法。如同全球史學家威廉・麥克尼爾（William McNeill）所言，借用比發明容易得多：因此在高度壓力底下，埃茲沃爾的那群代表也就瘋狂借用。[43]他們雖然意見分歧，各自懷抱互相牴觸的理念，卻仍決意要制定出一部可行的文本，並且在外來勢力顛覆政府之前將這部文本印刷發行。他們勤奮不已，大量而廣泛地閱讀，從中精心篩選，有時也抄襲仿效。

傳統上，挪威對於國外的政治資訊有一大部分都是經由丹麥首都哥本哈根得來，因為哥本哈根是一座重要的印刷中心與大學城，又和巴黎具有緊密關係。大多數挪威人能夠得知一七八七年的美國憲法，最早似乎就都是透過哥本哈根這個陸路管道。不過，挪威也常常經由海路取得外

奧斯卡·韋格蘭（Oscar Wergeland）的十九世紀晚期畫作，描繪1814年的挪威憲法制定者。這幅作品目前懸掛在挪威國會裡。

國的新聞與印刷品，尤其是來自英格蘭、蘇格蘭、愛爾蘭、荷蘭、瑞典與日耳曼地沿海商人。混合式的資訊網絡有助於解釋起草於一八一四年的挪威憲法為什麼會帶有那麼多不同地區的色彩。

人們很早就認知到這一點。一八一四年制定於埃茲沃爾的這部文本，曾經受到瑞典法學家尼爾斯．哈耶爾（Nils Höjer）這位維多利亞時代的學者仔細研究。他雖然不像當今的這類研究者得以借助電腦分析，卻還是發現並辨識出了挪威憲法所受到的各種影響：

在某些部分可以看到逐字翻譯，分別譯自一七九一、一七九三與一七九五年的法國革命憲法、美國聯邦憲法與部分州憲法、一七九一年的波蘭憲法、一七九八年的巴達維亞憲法【即荷蘭憲法】、一八〇九年的瑞典憲法，以及一八一二年的西班牙憲法。[44]

除了取材自這些不同的外國印刷資料，還有挪威知識分子、神職人員與王室官員所撰寫的意見書之外，埃茲沃爾的代表們也參考了來自英國的政治文章，以理解如何在自己的國家建立君主立憲制度。

換句話說，這些代表在瑞典軍隊進逼的情況下所打造出來的憲法，絕對不是純粹本土的發明，但也不是僅衍生自美國憲法（這部挪威文本中重複最多次的名詞之一即是「國王」）或任何一部外國憲法。如同大多數的憲法，挪威的一八一四年憲法宛如一輛拼裝車。挪威最終產出一件全新的創造物，但這項成果卻是由先前許多源自其他地方的不同材料拼湊而成。

如同大多數憲法制定者，這部挪威文本的提倡者也大量運用了印刷技術。而他們的做法展現了印刷技術如何可能與資訊傳播技術一同發展。這部新憲法的印刷本善用該國迅速發展的郵政體系，並在一八一四年於挪威的二十五間大型郵局與將近一百間郵務站當中販售。前來寄件或收取信件與包裹的男男女女，就都能夠在等待的時間裡拿起一本憲法瀏覽，或買一本回家，或寄送一本給住在偏遠地區的親友。挪威政府也鼓勵人民把這些印刷憲法的內頁割下來，張貼在自家的牆壁上，從而名副其實地使其成為人民日常生活中的一部分。不僅如此，挪威郵政當局還投注資金採購汽船，更把其中一艘船命名為「憲法號」。當這些汽船在該國漫長彎曲的海岸線上遞送郵件時，那些在岸上等待收取郵件的民眾就會看到船身上的醒目的船名字樣，進而想起憲法。[45]

除了在不同地點迎合官方憲法制定者的要求之外，各國異議人士與反抗團體也會研究與利用日趨擴張的憲法文本與憲法評論，尤其是那些正面臨外來帝國入侵的地方。墨西哥的《伊瓜拉計畫》（Plan de Iguala）就是一個例子，展示帝國統治與排斥下的各種群體如何散播及重新利用這項文件。

一八二一年二月，墨西哥軍閥暨自命為皇帝的伊圖畢德上校（Agustín de Iturbide）發布這份文件，原本的用意是要以此作為藍圖，打造一個更為獨立但可能仍然擁護歐洲王室的墨西哥。不過，這項藍圖的第十二條條文卻深深吸引了世界其他地區信奉不同政治理念的人士：「新西班牙的所有居民，**不論是歐洲人、非洲人還是印地安人**，都是這個王國的公民，而可依據各自的特點與長處從事各種職業。」[46]隨著《伊瓜拉計畫》的這項條文被翻譯與印刷傳播至墨西哥之外，愈來愈多人開始將其讀為「所有男性都將在改革之後獲得充分的政治權利，不論其宗教信仰、膚色或族裔背景」（女性則是另一回事）。

到了一八二一年秋季，《伊瓜拉計畫》的英文版已流傳於美國。該年年底，英譯本已傳播到愛爾蘭，而且這份文本被理解與使用的方式也迅速出現變化。自由派天主教報紙《康諾特日報》（*Connaught Journal*）刊登了這份計畫，並認為該文提供了值得愛爾蘭學習的歷史教訓。愛爾蘭雖然在一八〇一年因國會通過《合併法》（Act of Union）而正式併入聯合王國（英國），但該國天主教徒占多數的人口卻無法在位於倫敦的國會當中獲得直接代表權。此時只有少數的愛爾蘭天主教徒能夠投票，一八二九年之前更是完全沒有人可以參選英國國會的席次，原因是法律規定天主教信徒不具參選資格。

所以，墨西哥的《伊瓜拉計畫》才會對《康諾特日報》的老闆及其天主教徒讀者產生吸引力。「這個剛從悲慘奴役制度與絕望野蠻統治之下興起的國家，可以為我們國家帶來一項多麼有益的教訓！」身為改革分子暨仇外人士的該報編輯宣稱道：

> 貫穿於墨西哥憲法第十二條的那種和解精神，如果也能夠充溢於我們的政治家與立法者的會議上，愛爾蘭現在就不會呈現出這種悲慘絕望的樣貌——滿是致命的仇怨及每夜發生的凶殺。47

人們開始認為這部墨西哥憲法文本提供了一種模式，可以讓不同文化、階級與種族的男性獲得更多的政治承認與權利。到了一八二二年，這種對《伊瓜拉計畫》的解讀與詮釋也傳到了印度，傳到了加爾各答這座巨大的港口城市。

加爾各答是英國東印度公司的總部所在地，而這家公司在這時已稱霸了印度次大陸的大部分地區。加爾各答也是一座混合了不同文化的城市。精緻的白色豪宅坐落在泥土路旁邊，儘管城裡為數五十萬左右的平民人口大多數都非常貧窮，但仍有一小群放債人、投機客及富商，而且這一小群人也包含了不同種族。這座城裡只有一兩千個居民可以算是「英國人」，大多數這類人都和其他歐洲人及具有歐洲血統的人往來（當然也有少數例外）。不過，加爾各答最重要的地方在於，它當時已是世界上的一大印刷中心，是印度人與英國人經營的印刷廠所在地，出版的印刷品比許多歐洲首都還要多。48

在加爾各答的印刷品當中，大概有三分之一是與東印度公司及其統治體制有關。不過，這座城市的印刷資源也受到心懷不滿的歐洲人及印度社會運動人士利用，藉以批評東印度公司及其所徵收的稅，同時呼籲政治、宗教、經濟與社會方面的變革。這種藉由印刷來抵抗的方式，曾有過一個鮮明的例子，來自印度次大陸的第一份日報：《加爾各答日報》（*Calcutta Journal*）。這份報紙從一八一八年開始起起伏伏地活躍了一段時間，最終在一八二三年遭到壓制停刊。該報原是兩名跨越國界藩籬的人士合作而成，其中一人名叫白金漢（James Silk Buckingham），雖是英格蘭人，卻喜歡穿著阿拉伯與印度服裝；另一人名叫洛伊（Rammohan Roy），是來自孟加拉的庫林婆羅門這種高階種姓成員，卻喜歡穿歐洲鞋。

這兩人的出身、財富、社會階級和教育雖然徹底不同，卻同樣出類拔萃。白金漢完全白手起家，是個熱愛冒險的旅人，號稱自己熟知「歐洲、亞洲、非洲，還有……地中海、大西洋、紅海、波斯灣及印度洋」等區域。[49]他從事過的工作包括傳教士、水手、記者、作家，當然還有印刷商。雖然有時看不出來，但白金漢其實頗有原則，不但勇於發聲反對種族歧視，也是狂熱的反奴役運動人士，與美國的廢奴主義重要人士建立了密切聯繫。

最近幾年以來，洛伊受到學界愈來愈多的注意。他是一位在教育程度、財富及智識水準都遠遠高過白金漢的人物。身高一百八十公分的他有著一頭醒目的黑髮，而這頭黑髮就像他的高貴種姓出身及對女性的吸引力一樣，也令他深深自豪。不論在當時還是現在，他都因為

白金漢與他的太太在1816年身在巴格達。

致力於「改革」印度教而充滿爭議。他雖然批評東印度公司，卻也偶爾會為該公司工作及投資其股票。由於他以波斯文與孟加拉文撰寫的文章大部分都已佚失，以致我們對他的思想演變理解有限，但還是可以確定他對於語言的運作方式與多樣化深感著迷。洛伊是一名優異的語言學家，精通波斯語、梵語、阿拉伯語，以及幾種歐洲語言。他出版過許多著作，包括一本探討英語和孟加拉語文法的書。[50]

他和白金漢在一八一八年初識，一度看似幾乎每天都聚在一起，有時會在晚上同乘一輛馬車緩慢行駛在加爾各答近來剛完成的環形公路上，以便私下討論政治與新聞；有時也會和其他來自印度與歐洲的知識分子或作家共進早餐（但洛伊因為種姓的緣故，總是不肯和他們一同進食）。他們兩人也互為對方撰寫稿件。洛伊為《加爾各答日報》貢獻英文文章，並且為其排版與行銷宣傳提供建議，而白金漢則是偶爾為這位朋友暨盟友所經營的波斯文和孟加拉文報紙提供可供翻譯及刊載的材料。[51]

他們兩人都對新憲法與政治的進展很感興趣，只是程度有所差異。白金漢雖然在中晚年開始回歸傳統，成為英國國會成員，卻也依舊堅信成文憲法具有比較多的優點。他在一八四一年針對英國寫下了這段頗為準確的評價：「由於我們沒有成文憲法的指引……所以也就沒有任何固定或具體的文本可供參考。」[52]至於洛伊，除了向海外尋求靈感，也逐漸針對印度本身的古代憲法傳統發展出他自己的理論，堅稱印度曾有本土版本的憲章與政治權利。

1826年的一幅洛伊畫像，可能完成於印度。

洛伊這麼主張的用意，是要抗拒殖民者的說法。這種說法聲稱東印度公司把印度從祖傳的專制暴政當中解救了出來。洛伊身為啟蒙知識分子與自由派貴族，使他對於古老的原始印度憲法所懷有的部分思想最終藉由印刷術傳播到了英國。這類思想造成的影響，可以見於威廉・布萊克斯通原本出版於一七六五至一七七〇年間的《英格蘭法集注》（*Commentaries on the Laws of England*）這部經典著作，尤其是其在維多利亞時代早期的部分版本。到了十九世紀中葉，這套著作已向讀者保證，「賢人會議」這個聲名顯赫的盎格魯撒克遜國會，其名稱「Witenagemot」其實呼應了北印度語言當中的詞彙。此一說法暗示古英格蘭的各項自由很可能也有對應的古印度版本。[53]

白金漢與洛伊兩人都相當仰慕美國的政治成就。白金漢曾經到過美國，而洛伊則是一直希望能去，卻未及如願就在一八三三年的一場英格蘭之旅當中去世。但儘管他們熱切擁抱「這個創造、改變【及】重塑……憲法的時代」，這兩人在《加爾各答日報》中用於探討北美憲法制度的篇幅卻頗為有限。這份報紙把焦點主要放在伊比利半島與南美洲的政治變化，洛伊與白金漢也因此在一八二二年出版了獨立秘魯的第一份憲法草案的英譯本。他們還出版了大哥倫比亞建國憲法的部分內容。當然，他們也出版了墨西哥的一八二一年《伊瓜拉計畫》，而先前深深吸引天主教愛爾蘭記者的那項條文也以另一個譯本收錄於其中：

新西班牙的所有居民，不管是歐洲人、非洲人**還是印度人**，都是這個王國的公民，並且都有資格依據各自的特點與長處擔任各種職務。[54]

「Indians」一詞在加爾各答代表的意義自然與墨西哥不同，能夠被用來指涉「印度人」，❺而這正是重點所在。白金漢與洛伊都希望為印度的本土人口爭取更多的自由與法定權利。美國的成文憲法雖有各種特質，但卻對他們的這項目標沒有太大的用處——而且可以說是愈來愈無參考價值，因為到了一八一〇與二〇年代，美國已有愈來愈多州頒發了新的州憲法，明文禁止非白人人口行使政治權利。

相較於北美洲，南美洲的憲法擁護者則是密切注意極度重要的一八一二年《加地斯憲法》（Cádiz Constitution）。我們後續將會看到，這部在一八二〇年重新頒發於西班牙並題獻給洛伊的憲法，為各種族的人口提供了一定程度的政治解放與盼望。儘管程度不同，但這部憲法也如同《伊瓜拉計畫》，可以被以較為開放、更唯才是舉且無視膚色差異的方式來解讀。這也是為什麼出現於南美洲與西班牙的西班牙裔文本，會對洛伊與白金漢深具吸引力，為他們

❺譯注：此處的「印地安人」一詞的英文是「Indians」，可用於指稱印度人與美洲印地安人。當初哥倫布誤以為自己抵達的美洲是印度，因此將那裡的原住民稱為「印度人」，後來中文翻譯為了加以區辨而把美洲原住民稱為「印地安人」，但英文沒有做出這樣的區分。

希望在印度次大陸達成的目標提供了模範：他們並不打算終結英國東印度公司的統治（因為在十九世紀初期的大多數亞洲與歐洲激進人士眼中，這點看起來是根本不可能實現的事情），而是要改革該公司的治理與法律實踐，進而改變大英帝國，使得「歐洲人……與印度人不再有所區別」，所有的群體都可以「依據各自的特點與長處」而受到公平對待。

印刷的力量與局限

加爾各答的事件有助於解釋，為什麼到了一八二〇年代，有些樂觀的觀察家已覺得能夠想像一個成文憲法完全普及化的世界。「截至目前為止，革命都是個別發生，」一名歐洲激進人士在一八二〇年代初期寫道：「但現在有一種感覺瀰漫於所有的國家，我們將在幾年內看到亞洲與非洲各國要求採行代議制。」[55] 倡導新憲法的舉動在這個階段跨越國界與海洋阻隔的程度，確實令人訝異。不過，印刷技術對於這項傳播雖然始終至關緊要，但印刷和語言這兩項條件卻也阻擋了世界部分地區發展憲法。

此時傳播成文憲法的主要限制，反倒不是當時仍廣泛存在於世界上大部分地區的不識字現象。如同美國革命人士對一七七六年《獨立宣言》所理解的，民眾就算不識字，也還是多少能夠懂得憲法文本的內容含有哪些東西。不識字的人只要生活在有人識字的社會裡，通常就找得到具有這種能力的人（例如教士、律師、政治人物或軍人，或單純只是受過教育的鄰居），從而能夠向他們說明一部新憲法的概略內容與意義。然而，這類政治憲法逐漸風行的現象，卻不利於缺乏書寫語言的民族，同時也對另一類區域造成挑戰：那就是長期擁有優良官僚、宗教與學術文書傳統，但印刷機及印刷品的商業傳播卻出現得異常緩慢又不均勻的地方。鄂圖曼帝國的部分地區，以及中亞與中東的若干區域，就都是如此。

印刷術與印刷機在十九世紀初期的相對稀少，確實無礙於成文新法典的出現，也沒有遏阻思想的交流及重要政治改革文本的引進。[56]不過，在那些印刷機器尚不普及的社會裡，確實會比較難散播國內政治變革的資訊，也比較難向外國大量傳播這些消息。

班奈高．希瓦．拉奧（Benegal Shiva Rao）在一九三三年造訪倫敦時就發現了這一點。拉奧是一位印度民族主義者，後來也在印度獨立憲法的制定過程中扮演了關鍵角色。他在倫敦看到一本一九二二年在都柏林印製的《世界各國憲法選集》，立刻意識到這本書對「那些對目前發生於印度的憲政變革感興趣的人士」可能派得上用場。拉奧迅速向愛爾蘭自由邦取得許可，以便製作這本書的印度版本。但誠如同他後來所言，他原本希望能夠納入一九〇六年的波斯憲法與一九二三年的阿富汗憲法，藉此平衡原本都柏林版本所帶有的西方偏見，但他卻發現自己在倫敦難以找到這些文本的出版品。於是，當他編纂的新版《世界各國憲法選集》在一九三四年出版於印度馬德拉斯（Madras）之時，內容確實相對偏頗，完全沒有收錄伊斯蘭國家的憲法文本。[57]

然而，無論是在西方還是非西方，印刷技術是否普及其實並非影響憲法散播的最重要因素。最大的阻礙經常源自於當時的權力結構，還有掌權者的態度。

以日本與中國為例，兩國都在許久之前就已擁有廣為普及的印刷技術。早在印刷文化於十九世紀末出現重大變革之前，中國的傳統雕版印刷術就已能夠生產價格低廉的印刷品，就連部分比較富有的農民都能夠取得。因此，在中國這片廣大的區域中，成文與印刷憲法的施行並不存在難以克服的科技或技術障礙。住在澳門的一名美國商人在一八三一年就提出過這一點。他在那年發表於《廣州雜誌》（*Canton Miscellany*）的一篇文章裡精確指出，「憲法製造廠」目前已在西班牙與葡萄牙奮力運作，甚至在漢諾威與薩克森這類「小國」當中也是如此。他接著寫道，由於「中國的紙張製造廠」和這些歐洲生產商相比「無疑毫不遜色」，那麼清帝國為何沒有出現新的成文與印刷憲法？[58]

如同這名作者必然明白的，這類疑問只不過是一種自問自答式的空想。因為中國的統治者、政治人物與官僚，要一直等到十九世紀的最後三十幾年，才會開始認真著手進行憲政改革。部分原因是清帝國在此之前原本還能控制住大型戰爭造成的破壞程度。

在一八三九至四二年間的第一次鴉片戰爭當中，英國皇家海軍擊潰了清帝國的海防力量，迫使清廷割讓香港。在這場衝突之後，確實有少數中國官員與知識分子對於廣為傳播的憲法制度表現了一定程度的興趣。然而，在中國當局遭受更長期且持續的戰爭壓力，真心認為自己必須增稅及重整國家以便因應現代混合戰爭的要求之前，憲政改革的呼聲及官方對這類呼聲的回應都仍相當有限。而這類壓力直到一八五〇年代至六〇年代初的太平天國戰爭才開始出現，並在一八八四至八五年的中法戰爭及一八九四至九五年的甲午戰爭的接連敗戰下才促成改變。[59]

同樣在印刷普及的日本，成文憲法也是直到一八六八年的政治和軍事動盪之後才開始受到高層討論。這主要不是因為印刷科技或識字程度造成的障礙，而是因為日本的統治階級對於這種新式政治技術及其潛力興趣缺缺。換句話說，印刷術雖然協助促進與形塑了新憲法在各大洲的進展，但單憑印刷卻也絕對不夠。

即便在美國，印刷促成憲法倡議的能力也不免偶爾遭到政治權力考量的限制，正如一八二〇與三〇年代一連串殘暴的事件所示。此時費城代表視為理所當然的美國十三州已擴展為二十四州，而美國的登記人口也在這段時期（一七八七年至一八二〇年代）增加了兩倍。不過，被稱為印地安人的美洲原住民卻被排除於美國的官方人口統計之外，他們大部分都不必承擔繳稅的義務，也不具備美國公民身分——但他們絕大部分也不是奴隸。那麼，他們到底是什麼？一八二七年，在為數約一萬五千人且大部分都居住在喬治亞這個新興州的切羅基人（Cherokee）之中，首要的社會運動人士決定宣示他們其實是一個獨立國家，所以需要一部成文憲法。

在這些人士看來，所有先決條件都已經齊備：切羅基人的土地與人口都已遭到白人入侵者的嚴重侵蝕，但也有愈來愈多切羅基人具有基本識字能力，而且許多人都是農夫。更重要的是，他們已能夠使用印刷技術。一個名叫塞闊雅（Sequoyah）的切羅基人發明了一套書寫系統，可讓切羅基語言書寫於紙張上、交付印刷而供人閱讀（但關於塞闊雅的出身與思想，我們至今所知仍是微乎其微）。[60]塞闊雅這項發明促成了《切羅基鳳凰》（*Cherokee Phoenix*）這份報紙的誕生，它是美國第一份由印地安人經營與編輯的報紙。塞闊雅的發明也導致了另一個結果：部分切羅基領導人在一八二七年舉行一場會議，並且採行了一部「為【他們】未來的政府所制定的憲法」。這部文本立刻印製發行，每一頁都並排列出切羅基語和英語版本的條文內容。

如同其他憲法制定者，這些切羅基立法者也是剪剪貼貼，並且刻意複製美國憲法的部分內容。他們的憲法開頭寫道：「我們切羅基國人民代表聚集於大會當中」。這些人同時也以詳細的地理細節界定了「本國疆界」，而且「自此以後永不改變」：

塞闊雅與他為切羅基語發明的音節文字。

以奇克索人（Chickasaw）老原野北部的田納西河北岸為起點：沿著該河的主河道，包括河上所有的島嶼，直至海沃西河（Hiwassee River）的河口，再沿著這條河的主河道上溯，包括河上的島嶼，直到第一座位於該河畔的山丘，距離海沃西老城鎮北方約兩英里處……[61]

然而，無論是對於領土的描述，還是切羅基人宣稱自己是個有權自治的「獨特自由國家」這項主張，都沒有引起重視。位於華府的美國聯邦政府，以及喬治亞州完全由白人組成的議會，都拒絕接受這部憲法的正當性及切羅基人建國抱負的可行性。一八三〇年代，大多數切羅基人都被逐出他們在喬治亞州的土地，被迫遷居現在的奧克拉荷馬州，約有四千人死於遷徙途中。這起事件通常被後人視為一項美國特有的邊疆悲劇，但實際上卻不只是如此。

這起事件一方面再度突顯了印刷資源和積極涉入制憲這兩者之間的密切關係，但在另一方面，一八二〇與三〇年代發生於喬治亞州的這一系列事件卻也顯示，由印刷技術所促成的機會與思想，還是有可能會被手握大權者推到一旁。在一七七六年之後，美國白人愈來愈善於利用一套成文與印刷憲法所構成的網絡，協助打造、凝聚及合法化自己龐大的跨洲帝國，並且向世人宣傳這座帝國的存在。至於在美國內部利用這些工具提倡分離主義的立法與建國計畫，則是不被允許，甚至經常遭到殘暴壓制。

儘管如此，切羅基人在一八二七年推行的倡議仍舊受到其他美洲原住民群體仿效，而這件事仍然提醒了我們：如同印刷本身，憲法本質上也是極易變動，沒有人能夠掌握絕對的所有權。[62]十九世紀晚期，其他遭受西方帝國侵略威脅的民族也試圖利用成文與印刷憲法維護自己獨立自主的政治認同，有時也因此獲得了比切羅基人還要多的成果。

切羅基人在一八二〇年代的努力，以及這些努力遭到壓制一事，讓我們能夠用更寬廣的角度來看待成文憲法這件事。這類文本雖然經常被視為民族國家建構的必要工具，實際上卻也可以用來建構帝國與提升帝國的合法性。早在美國擴張主義者鎮壓切羅基人之前，世界其他區域的強權就已經先注意到了憲法的這項功能。

Miss Mary Eyre 2044 Vine
st Philadelphia

CONSTITUTION

OF THE

CHEROKEE NATION,

FORMED BY A CONVENTION OF DELEGATES FROM THE SEVERAL DISTRICTS, AT

NEW ECHOTA, JULY 1827.

We, THE REPRESENTATIVES of the people of the CHEROKEE NATION in Convention assembled, in order to establish justice, ensure tranquility, promote our common welfare, and secure to ourselves and our posterity the blessings of liberty; acknowledging with humility and gratitude the goodness of the sovereign Ruler of the Universe, in offering us an opportunity so favorable to the design, and imploring his aid and direction in its accomplishment, do ordain and establish this

1827年的切羅基國憲法，以切羅基語和英語印刷而成。

第四章

立法者大軍

Armies of Legislators

巴黎

完成美國憲法草案之後還不到一年，紐約商人古弗尼爾．莫里斯又再度遇到了這種新的政治技術，不過這回卻是在另一個地方。一七八八年十二月，他航越大西洋，希望招募有意投資美國土地與菸草的歐洲投資人。結果他抵達巴黎的時間，正好是在三級會議於一七八九年一月二十四日正式召開的幾天後。三級會議是法國許久都未召開的諮詢會議，這次召開是為了解決該國過度耽溺於混合戰爭所造成的財政危機，同時促成行政與課稅制度的重建工作。富有、精明、外貌瀟灑、精通法語且充滿自信的莫里斯，很快就投入其中。他輕易打進了法國朝廷及巴黎的部分政治沙龍，也在一七八九年五月參加了三級會議的開幕，筆記了各個代表的發言內容。他也以「其他方式」參與了這起歷史事件：身為一名毫不害臊的好色之徒（「我知道這是錯誤的行為，但就是忍不住」），他不但與妓女廝混，也追求富裕的女士。妓女會告訴他街頭上的謠言，上流婦女則會分享從丈夫口中聽來的政治流言與祕密。[1]

起初，莫里斯滿懷樂觀又自傲，認定法國已開始仿效美國的政治進程。「我在大西洋的這一側看到了和另一側極為相似的景象，」他寫道。「既有體制」已經「受到澈底撼動」，一套「新秩序」正在迅速崛起。這類興奮情緒普遍可見於大西洋世界的上流社會改革者當中，只不過莫里斯的情緒消退得異常迅速——部分原因是他和費城會議的許多代表不同，沒有太多戰爭與從事武裝暴力的經驗，因此當他在巴黎街道上目睹殺人、暴動及隨機殘暴行為等情景，就開始感到徬徨與恐懼。[2]他也對法國的憲政方案迅速偏離盎格魯美洲常態的情形深感不安。

法國的憲法就連用詞也不一樣。三級會議及其後繼機構國民議會的成員，都不是提及書寫或者起草憲法，而是**修改**憲法。[3]一七八七年的費城代表選擇把權利法案排除於憲法草案之外，也完全不談及任何近似於社會革命的概念。莫里斯自己就曾經主張新成立的美國參議院應當由「擁有龐大穩固財富的人士——也就是一群貴族」出任成員，而且任期為終身。結果國民議會卻在一七八九年八月通過《人權與公民權宣言》，宣告新法國治下的「社會差異」將「只能基於共同的福祉而存在」。[4]

其他差別也令他感到驚恐。美國憲法規定成立兩院制立法機構，美國各州大多數的早期憲法也是如此。然而，法國頒布於一七九一年九月的第一部憲法，卻採行了更為激進的一院制。這部憲法還架空了行政權，綁住法王路易十六的手腳（他在十六個月後即被送上斷頭臺），並且創立一個全國立法機構，由多達七百四十名成員組成，主要都是缺乏政治經驗的年輕人。莫里斯是強大行政權的堅定支持者，因此對這項發展大感震驚又嗤之以鼻。他認為「就算是上帝自己」，也難以在「沒有創造出新人類的情況下」讓這套法國政府體制發揮作用。[5]

莫里斯最重要的一項頓悟，發生於不久之後的一七九一年十二月八日。這時他已認定法國人「一頭栽入了災難當中」，但還是決意「盡力阻止他們」。那天他正好待在他位於黎希留路的寄宿處，那裡是當時巴黎市中心最時尚的一條街道。他決心以自己的經驗「為這個國家起草一份憲法綱要」，必然會勝過國民議會通過的憲法。他才剛開始動手，卻有個陌生人闖進了他的房間。這名不速之客是位法國人，他向一臉迷惘地莫里斯保證，自己對美國的一切「瞭若指掌」，因為他研究「這類東西……已有五十年以上」，所以最近「為美國起草了一份憲法綱要」，還要寄往美國以供喬治・華盛頓本人參閱——儘管這位仁兄熱切承認自己從來不曾到過美國。[6]

莫里斯連哄帶騙地盡速把這個人（我們從不曉得他的名字）請出自己的房間，同時也意識到這名不速之客那天真而莽撞的狂熱和他自己其實沒什麼不同。「我不禁注意到，」他語帶懊悔地在日記裡坦承：「一個法國人為美國制定憲法，就和一個美國人為法國這麼做同樣荒謬。」[7]

這或許是莫里斯在法國期間最深刻的一項洞見。他在巴黎待到一七九四年，在這段期間裡愈來愈感到擔憂與幻滅。他在陌生人闖入的那一天所寫下的那幾句話，以及發生於這場邂逅之前的幾件事情，都揭示了新憲法在兩個面向上的演變。首先，莫里斯的經驗顯示了想像及書寫憲法在這時所吸引的對象已不只是官方人士，而是包括業餘人士與非正式的實踐者。今天，我們通常認為制定憲法是專屬於律師、政治人物與公務人員的事情。不過，如同莫里斯與他那位不知名的法國訪客所顯示的，十八世紀末乃至於其後很長一段時間，憲法書寫經常是一種私人嗜好，就像書寫詩歌、劇本、報紙文章或甚至是小說一樣，是一種文學與文化創意的表現。

畢竟，創制一部憲法就像寫一本小說，是一件幾乎在什麼地方都可以做的事情。好比於一八一七年去世的珍·奧斯汀（只比莫里斯晚一年），她有幾部著名小說的部分章節就是完成於喬頓小屋（Chawton Cottage）。這棟小屋位於漢普郡溫徹斯特（Winchester）附近的一座村莊，是個兼作走廊使用的狹小室內空間，小屋前門一開就會吱嘎作響，提醒她有人來訪。同樣的，想要書寫憲法的人也不需要投資龐大的金錢與空間。任何人只要能識字，能有足夠的時間與空白的紙張，還有熱情和自信，就可以在家裡，或是像莫里斯一樣在寄宿地點，或是酒館和咖啡廳，甚至是船隻的甲板上，坐下來擘劃及書寫一部憲法。

這正是實際上發生的情況。隨著愈來愈多有關這類文本的資訊廣為流傳，也隨著政治變化的速度加快，自行創作這種文類對於個人的吸引力也大為增加。一七九〇年代，在史特拉斯堡這個法國革命運動與暴力的溫床，一份報紙甚至刊登了一份範本供DIY憲法寫作者參考——文中不但針對適當標題提出建議，還在頁面上預留空白空間讓熱衷此道者可以寫下自己的改革點子。[8]

莫里斯的那場巴黎邂逅還顯示了另外一件事情。想要草擬憲法的人（不管是以官方或私人身分為之）並不一定是為了自己的國家而寫。如同莫里斯及他那名法國不速之客，有些人也為其他地區和民族書寫及規劃憲法。

可以想見，為別人書寫憲法其實是一項嚴苛的挑戰。你如果想要為另一個國家草擬一部憲法，還想要讓自己付出的努力有機會獲得廣泛注意，那麼最好得提出一些證據，顯示你對這個國家具有一手經驗。然而，對於大多數人而言，尤其是在鐵路與汽船普及之前，除非是為了工作、經商、宗教或者家族緊急事故等因素，否則長途旅行實在是太過昂貴也太過艱苦，根本令人不敢想像。在一七九一年十二月闖入莫里斯寄宿處的那位年邁法國人，顯然對美國極為著迷，而且迫切想要在該國政府留下自己的印記。考慮到巴黎距離美國超過三千五百英里，中間還隔了一片大洋，所以不管那個人是誰，唯一能夠見到這個國家的機會，大概就只有在自己的想像裡。

另外一項更根本的障礙，則是影響力的缺乏。一個人怎麼可能有機會形塑另一個國家的政治運作？莫里斯有錢、世故又精明，但他能夠享譽大西洋兩岸，套句詹姆斯．麥迪遜的評語，不外乎是因為美國憲法的「形式與編排所帶有的光彩」就是出自他的手筆。然而，一旦到了法國，他在美國所享有的這項背景優勢就沒有太大的意義。莫里斯得以向若干革命政治人物乃至路易十六本人提出他自己的主張，卻沒能獲得半分成果。「也許他確實厚顏無恥如斯，敢把自己寫出來的東西呈現在國王面前，」一名巴黎記者嘲諷，他接著還指出，要是有人認為莫里斯的提案「會比其他人祕密出版的上百件同性質文本獲得更多注意」，那麼也就「未免荒謬」。這段話突顯了充滿熱情的業餘人士書寫憲法藍圖的嘗試，在這時已成了一股多麼熱門的趨勢。[9]

不過，對於特定類型的人士而言，無論是旅行成本高昂或是缺乏影響力，這些為外國地區書寫憲法的障礙往往沒有那麼嚇人，有時甚至能夠加以克服。在一八五〇年之前，全世界只有極少數人能夠從事長途旅行——但對士兵與水手來說，他們的狀況有時卻是恰恰相反。這些人絕大多數都是年輕力壯，經常因為工作需要而必須從事跨國與跨洲旅行。此外，軍人從事長途旅行的開銷通常都是由別人負擔，或由稅金支付，或是在旅程中藉由掠奪及強制徵用等手段獲取資金。

軍隊指揮官可能擁有更大的優勢。不論在國內還是國外，他們可能都有能力以軍事武力推翻既有政權，因此有機會以武力（或威脅要以武力）強制促成憲政秩序的改變。藉由武力建立新憲法，已證明是一種長久持續的現象，直到今天仍是如此。舉例而言，自從一九五八年以來，巴基斯坦的政府與憲法就反覆在軍方干預下受到更改，而這種情形也絕非該國所獨有。[10]還有另一種狀況也同樣引人注目，就是由單一國家或是一群國家（通常來自西方）發動武裝侵略，將自己版本的憲法強加於別的國家。同盟國的軍人、律師與官員就利用他們在二次大戰所獲得的軍事勝利，替戰敗的德國與日本創造出新的憲法。後來美國及其盟邦也試圖在二〇〇三年侵略伊拉克的行動後如法炮製，只不過這回卻沒那麼有效。

利用軍事力量在國內外地區強制施行新憲法，是這類文本得以散播的關鍵因素。戰爭方式、權力結構及思想內容在一七九〇年代之後的變與不變，都促成了武力立憲的趨勢在十八世紀晚期變得愈來愈明顯，特別是在法國大革命之後。原因之一，就是那位自稱為拿破崙・波拿巴的人物在這個時期的強勢崛起。

混合戰爭的不斷擴張

我們可以透過接下來的這一份表格（見表2），說明新式憲法技術的地理範圍與規模的變化幅度，以及這一幅度在一七九〇年後三十年間究竟有多快多顯著。

如同大部分的統計數字，此處列出的這組數字也無法呈現出事情的全貌。舉例而言，這張表沒有列出**既有**憲法在這段時期受到的修改，而其中有些修改又非常重要，特別是一七九一年的美國《權利法案》。此外，該表針對歐洲與南美洲憲法列出的總數，有許多其實只持續了很短的時間。但反過來說，如果把**所有**在這兩個地區起草但沒有真正施行的那些憲法也都計算進來，那麼總數將會比目前的數字更高。一八〇八年，塞爾維亞一場漫長的武裝起義促成了多次書寫憲法的嘗試，也是巴爾幹半島最早的相關嘗試。不過這些憲法都沒有機會實踐，也很快就遭到鄂圖曼與俄羅斯強權所撲滅。[12]

儘管如此，這些數字仍舊能看出成文憲法在整體上所出現的劇烈變化。在一七七六年之前，部分歐洲領導者頒布創新的憲法文本，是為了回應日益增加的戰爭及啟蒙思想的刺激。在這之後，則是美國對憲法的實驗最為大膽成功。成文憲法後來迅速傳播到世界其他區域，不只是因為爆發了法國大革命，更是因為接下來出現的漫長戰爭及其後果。一七九一年，法國不但實施了他們的第一部成文憲法（也就是令古弗尼爾・莫里斯這位身在巴黎的美國人深感惱火的那份），國民議會也決定要求國民警衛隊成員必須入伍服役。單是在那年六月，這項決定就幫法國陸軍額外招募了十萬名兵員。隨著法國王

表2：1776-1820年的新憲法[11]

	美國	歐洲	南美洲與海地	非洲
1776-1791	20	2	-	-
1792-1800	7	20	-	-
1801-1810	2	59	5	-
1811-1815	1	38	16	-
1816-1820	7	24	7	1（賴比瑞亞）
總計	37	143	28	1

室在一七九二年遭到推翻，新的革命政權又與奧地利、普魯士、西班牙、英國與荷蘭等一連串歐洲強權爆發衝突，這些文本在歐洲大陸的傳播速度也跟著開始明顯加快。

隨著拿破崙的崛起，這項趨勢又變得更加顯著。義大利半島曾有幾項更早的成文憲法實驗，但都只是紙面上的初步計畫，極少有再進一步發展。相較之下，拿破崙在一七九六至九七年於義大利首度發動的軍事戰役（他當時是法蘭西共和國的將軍）就造成該地頒布了四部新憲法與兩份權利宣言。拿破崙成為法國統治者之後，其兵鋒所到之處，都出現憲法推行運動的進一步加速（而且拿破崙對傳統政治秩序的破壞並不限於歐洲）。而且一如同前述表格所示，這一切影響並沒有隨著拿破崙在一八一五年滑鐵盧戰敗而消失。法國大革命與拿破崙戰爭之後，世界就紛紛染上了新式憲法技術的流行病，憲法因此持續以不同形態加速擴散至更多地方。

這些戰爭造成的政治與憲法衝擊為何如此巨大，而這種戰爭到底又是什麼樣的戰爭呢？這些問題的答案高度取決於你把目光投注於何處，又選擇聚焦於哪些對象。如果聚焦於陸上衝突及革命法國，那麼始於一七九二年的猛烈戰爭看起來就像是一種新形態的戰爭：不僅指意識形態狂熱與極端主義，也包括普通法國士兵偶爾展現出來的使命感（尤其是在這類衝突的初期階段）。[13]

法國舊制度的普通軍人極少如同傳聞一般僅是被迫上戰場的行屍走肉（其他地方的軍人

或許也是），許多人其實心志堅定且充滿動力，並非遭到脅迫而忍氣吞聲的受害者。儘管如此，**確實有些**法國革命部隊的出現極端政治化的現象，部分原因是現在已有廣泛傳播的成文與印刷憲法可以提供指引與鼓舞。以諾埃爾（Joseph-Louis-Gabriel Noël）為例，他是個自耕農，也是沉默寡言的顧家男人，來自法國東北部於布西（Ubexy）這座靜謐的小村莊。他在一七九一年八月到當地一支志願軍報名擔任步兵之後，就隨即自稱為「憲法的士兵」及命運之子，即便在寫回家的私人信件裡也是如此自稱。「我們必須接受考驗。」他在信中向家人嚴正指出。他所閱讀、目睹、聽聞，以及受到長官告知的種種，都令他深信勝利必然在握，而且不只是法國的勝利。他欣喜不已地寫道：「我們必須奮力攻擊，讓暴君背脊發涼，解放遭到奴役的民族。」[14]

這種狂熱偶爾能夠激起志願從軍的熱潮，再加上法國等地開始實施徵兵制，導致這些戰爭無論在參戰人數或社會分布都達到了史無前例的程度。在凱薩琳大帝長年的統治期間，她總共招募了一百萬名士兵。但她在一八〇一年登上俄國皇位的孫子亞歷山大一世，光是為了打敗法國及其盟友就必須投入兩百萬名士兵。亞歷山大一世最大的挑戰出現在一八一二年：那年夏天拿破崙開往俄國的大軍共有六十八萬人左右，超過半數都不是出生於法國。[15]

這些為了革命法國而戰的外國士兵，沒有幾個人比艾布德塔魯特（Abdel-Talut）來自更遙遠的地方。他原本在衣索比亞遭到俘虜，因而在開羅被賣為奴隸，後來也是在那裡被拿破崙的侵略軍隊徵召入伍，從而經歷了截然不同的艱苦與脅迫：他參與了幾場法國軍事戰役，最後在從莫斯科撤退的途中受凍而死。[16] 艾布德塔魯特這個人的軍事歷程雖然特別，但像他這樣跨越各種國界的行為，在當時卻是一種頗為普遍的經歷。由於法國大革命與拿破崙戰爭的戰鬥持續時間極長（從一七九二年到一八一五年），也由於這些衝突擴及全球許多地區，因此為數極多的男丁一再奉命跨越海洋、國家與大陸。這些長久持續的高度軍事動員也因此帶來了重大的政治後果。

然而，只要看看法國大革命與拿破崙戰爭的跨洲規模就會明白，這些衝突**其實不是**什麼新形態的戰爭，而是延續十八世紀初以來就在財政開支與地理範圍上不斷擴張的混合戰爭，只是規模更大而已。而這種大規模的混合戰爭，也不是拿破崙最擅長的戰爭方式。

這一點不大容易看出，因為我們很容易被他在陸地上各種精美又荒謬的勝仗所遮蔽。拿破崙總計打了五十場左右的勝仗，想必令他的仰慕者及歷史學家（這兩者有時不免重疊）迷醉不已。然而，陸地上雖然頻頻傳來勝利的號角聲，真正影響這場漫長戰爭走向的衝突卻是發生在海上。海洋在拿破崙戰爭中扮演了引人注目的角色，也有助於解釋一七九〇年代後新成文憲法為何愈來愈流行。

據說拿破崙原本渴望成為戰鬥水兵，而且他戰爭生涯中最具決定性的幾起事件，也都同時涉及陸軍與海軍。[17] 他在一七九八年入侵埃及時，動用了三百三十艘戰艦及運輸艦，還有五萬名以上的士兵、科學家與工人：此一人員與船隻數量，讓法國在美國獨立戰爭中投注的兵力相形失色。拿破崙侵略埃及的目標，是要讓法國在非洲與亞洲的交界處取得一個恆久的戰略位置，希望藉此彌補先前割讓殖民地予英國的損失，同時也提供一個通往印度的可能門戶。這兩項長期戰略野心及這場遠征都以失敗收場。不過，法國國內卻推出了經過精心美化的報導，描述拿破崙在埃及登陸，攻下亞歷山卓與開羅，在金字塔的陰影下作戰，然後進軍敘利亞。這使他在一七九九年十月返抵巴黎時，比先前更加被視為一位大眾英雄。[18] 這點大幅消除了他後來發動政變的阻力。

拿破崙還進行了其他重要的長程海上與海軍行動。他在一八〇〇年批准派出一支遠征隊，由尼可拉斯・博丹（Nicolas Baudin）這名海軍軍官、博物學家暨前法國東印度公司人員率領，前往不久後被稱為澳洲的地方測繪海岸線。博丹與他的船員在兩年後抵達今天澳洲南方的塔斯馬尼亞，而這場遠征隊的倖存者最後帶著二十萬件左右竊取而來的珍稀物品返回法國，包括供皇后約瑟芬的花園栽種的植物。除此之外，博丹送回國的報告與表單，更意圖方便法國日後派遣海軍攻打新南威爾斯：那是這片龐大太平洋區域中的第一座英國聚落。[19] 然而，這次遠洋計畫再一次沒有獲得任何成果。至於拿破崙的下一項越洋行動，更是一場對法國造成重大傷害的全面失敗。

一八〇一年十二月，拿破崙為了恢復統治曾是法國屯墾殖民地的聖多明哥，派遣超過五十艘船與兩萬兩千名兵員前往加勒比海地區，後來又再派出五萬五千名官兵增援。拿破崙派遣這支遠征軍的野心不僅限於奪回聖多明哥。他自認一旦奪回聖多明哥，再加上西班牙在一八〇〇年割讓給法國的龐大路易斯安那領地，他就能恢復法蘭西帝國在北美洲與加勒比海地區的勢力。拿破崙在人生接近結尾之時沉思指出，要是能夠在聖多明哥「招募兩萬五千至三萬名黑人組成一支軍隊」，那麼「我對牙買加、安地列斯群島、加拿大及美國，還怕不能予取予求」？他也滿心期盼獲得密西西比河的通行權，因為他認為從這條大河不斷飄向下游的木材，大有助於其建造一支新銳的法國艦隊。[20]

這些計畫再度以失敗收場，而且這回還遺留了深遠影響，特別是對於憲法的傳播。入侵聖多明哥的法國部隊在一八〇三年投降之後，黑人統治的自由海地便接著誕生。接下來的十五年間，這裡一共出現了五部重要憲法。法軍在海地戰敗，以及拿破崙的北美洲與加勒比海計畫相繼瓦解（儘管他直到一八一〇年都還計畫要捲土重來），還造成了另一項重大改變。[21]法國決定把尚未實地測繪的路易斯安那領地以一千五百萬美元賣給美國，結果這項巨大的土地交易產生了深遠的影響。

獲得這片尚未經過探測的龐大區域之後，美國的國土面積因此增加一倍，邊界從密西西比河一路延伸到洛磯山脈。這項地理規模與天然資源的轉變，大幅提高了美國（及其政府體制）在世界上的影響力。後來被人稱為「路易斯安那購地」的這筆交易，也讓美國墾殖者與士兵得以湧入這些地區，使得原本居住在這些地方的原住民族無法再享有相對安全而不受侵擾的生活。一段時間後，這些大量湧入的墾殖者與美國軍人又促成了十一個州的誕生，每個都有自己的成文憲法。

拿破崙原本打算把這項買賣的利潤拿來打造一支巨大的艦隊，並用來攻打英國。結果法國與西班牙共三十三艘船的海上聯軍，卻在一八〇五年底的特拉法加海戰中損失了十九艘極為昂貴的大型船艦，於是這項海上計畫也宣告流產。我們一般想到拿破崙，通常不會把他和失敗聯想在一起（特別是在他入侵莫斯科及滑鐵盧戰役之前），通常也不會把他和海洋作連結。但特拉法加海戰的失利，確實對法國的整體戰爭情勢造成了前所未有的負面影響。

由於拿破崙無法成功侵略英國，因此也無法擊敗或掌控其皇家海軍。到了一八〇五年，英國皇家海軍已擁有一百三十六艘戰列艦，而法國海軍則只有四十一艘大型戰艦，或者該說是只剩下這些船艦。[22]英國這支具有作戰能力的龐大海軍得以保持完好，並且能夠在世界各地的海洋上恣意運作，宣告拿破崙先前那些打造越洋帝國的嘗試已然失敗，而且未來也難以從事任何長程海上計畫。拿破崙雖然令人聞風喪膽，而且有很長一段時間在歐洲大陸上所向無敵，但他卻也愈來愈走不出那座大陸。

如果我們因此認為拿破崙的擴張野心只侷限在歐洲，那可就大錯特錯了。拿破崙之所以在歐洲這座「鼴鼠丘」（這是他自己的生動描述）努力奮戰，是因為他也只能在這裡打造且維繫他的短暫帝國。他打造了一座令人讚嘆的陸上歐洲帝國，全盛時期涵蓋二十九萬平方英里左右的面積及四千萬人口（但拿破崙對此卻仍然不滿足），而這正是為什麼他會對成文憲法感興趣。

他一再訴諸成文憲法，是為了穩定、妝點及合法化他在歐洲攻占的這些領土，也就是他唯一能夠贏取並且短暫保有的帝國疆域。他在部分地區強制施行政治憲法，是為了把這些地區當成人力與稅收來源，從而維繫及擴張他自己的權力及家族地位。在拿破崙的政治實驗下，憲法被當成了變革的工具，甚至是促成某種現代性的手段。

憲法之王

拿破崙發動的軍事侵略是如此眾多，對數百萬人喪生及基礎設施、文化資產與生計的大量毀壞負有或直接或間接的責任，因此人們自然懷疑他對新式憲法的重視程度。圖畫藝術家詹姆斯・吉爾雷（James Gillray）很早就以高明手法表達這種疑慮，他繪製的〈法國執政官三巨頭制定新憲法〉（The French-Consular-Triumvirate Settling the New Constitution），是法國大革命與拿破崙時代最重要也最具原創性的作品。這幅作品在一八〇〇年的第一天發表於倫敦，這時距離拿破崙在巴黎政變成功還不到兩個月，而且拿破崙才在幾個星期前剛為法國制定了一部新憲法，也是法國過去十年間施行的第四部憲法。吉爾雷的這幅畫之所以厲害，不但是因為其畫面安排與畫工，更是因為他以一幅畫達成了好幾個效果。

這幅版畫裡有四個真實人物，他們聚集在一間裝潢過度且充滿陰暗壓迫感的巴黎式房間裡。其中兩人是律師，左邊第一個是肥胖的康巴塞雷斯（Jean-Jacques-Régis Cambacérès），他後來在制定《拿破崙法典》中扮演重要角色；第二位則是勒布倫（Charles-François Lebrun），他後來在法國征服荷蘭後擔任該地總督，也是法蘭西銀行創始人。第三個人背對畫面，他是天主教教士暨政治理論家西耶斯（Emmanuel Joseph Sieyès），也是一七九一年法國憲法的首要智識先驅。但整個畫面中最搶戲的，還是吉爾雷筆下的第四個人物，也就是最右邊的拿破崙本人。他看起來比勒布倫還要削瘦饑餓，更遑論胖嘟嘟的康巴塞雷斯，他凶暴惡毒的尖頭軍靴與後者渾圓的腳踝形成強烈對比。整個畫面中只有拿破崙佩了一把劍，也只有他在標示著「新憲法」的桌上實際書寫那份文件，但他每一行都不斷寫著同一個字：「波拿巴」。

吉爾雷雖然是一個天才藝術家，但精神狀態不穩定且生活經常陷於貧困，因此其繪畫的首要目標就是要賣出去。儘管他過去的政治立場一直都十分隱晦，但卻在這件作品中採用了

詹姆斯．吉爾雷繪製的〈法國執政官三巨頭制定新憲法〉，1800年。

埃德蒙・伯克（Edmund Burke）的想法與意象——這名善辯的愛爾蘭哲學家暨國會議員，對於法國大革命及其憲法書寫與宣傳的模式很快就開始感到擔憂。

吉爾雷先是向伯克借取了嘲諷元素，並且嘲諷「可以根據新出現的意識形態而在紙上重塑國家」這樣的概念。這幅版畫透過西耶斯這號人物傳達了這一嘲諷——他是拿破崙政變的幕後操盤者，認為這場政變成功能讓他再設計另一部法國憲法。在這幅畫裡，他被描繪成一個骨瘦如柴的知識分子，乾癟的嘴唇間咬著一枝鵝毛筆，被那些更世俗的同謀推擠到了畫面後面去。西耶斯拉開一道簾幕，露出一排排的木製文件格，裡面塞滿了不同憲法的草稿。這個畫面致敬了伯克撰寫的小冊子《致一位尊貴勳爵的一封信》（*A Letter to a Noble Lord*, 1796），該著作滿是對成文憲法這種新式政治技術最尖酸刻薄的指控：

> 西耶斯有一整座的文件格，裡頭塞滿了各種現成憲法，上面有著標籤、分類與編號；不管什麼季節還是什麼奇想，都可以找到對應的憲法……有些憲法要設置長老與年輕人的議會，有些則是完全不設置議會；有些憲法規定議會代表由選民選出，有些規定由代表選出選舉人……再怎麼奇特的憲法他都能接受，哪怕其中帶有對於掠奪、壓迫、任意監禁、沒收財產、放逐、革命審判及合法化預謀殺人的熱愛。[23]

伯克刻意突顯法國新革命政權的異於常態，將其比擬為「穆罕默德的體制……一手拿著古蘭經，另一手握著利劍」。吉爾雷也把拿破崙的制憲行為連結上猖獗的武裝侵略。[24]若是看得更仔細一些，還可以看到版畫上方的三色彩帶纏繞在兩把雷筒（也就是現代霰彈槍的短管祖先），而且上面耀武揚威地寫著「Vive le constitution」（憲法萬歲）這句口號。拿破崙的帽子上滿是他各項軍事勝利的桂冠，但他腳上的軍靴卻把提倡激進式平等卻也從來不曾施行過的一七九三年法國憲法踐踏在地板上（可見吉爾雷其實也不完全認同伯克的政治立場）。在這個陰沉而憤世嫉俗的房間裡，「liberté」（自由）這個字只出現在拿破崙的劍上。至於在這些法國權力掮客圍坐的那張桌子底下，還可以看見另一幅勤奮工作的場景，只不過地點卻是在地獄裡。我們可以看到惡魔正忙著打造鎖鏈，顯然對吉爾雷來說，拿破崙與他那些制憲夥伴也是如此。

這當然是英國針對海峽對岸敵人的惡意宣傳，但也如同所有優秀的宣傳，這當中也含有一部分的真實。如同某些法國觀察者也在這個時候指出的，拿破崙對於憲法的運用與形塑**的確**是為了擴展及合法化他自己的權力。[25]這種情形就發生在法國之內。不同於先前的憲法，拿破崙在一七九九年十二月十五日頒布於法國的那部簡短憲法（也就是吉爾雷在這幅版畫裡諷刺的那部），並沒有包含任何權利宣言，而是把行政權威賦予三名執政官，實際權力則是交由第一執政官行使，也就是拿破崙自己。這部憲法是在受到操弄的公投中強硬通過：拿破崙讓法國陸軍也能加入投票，藉此確保同意票可達多數。一八〇二年，拿破崙又頒布另一部法國憲法，宣告他自己為終身第一執政官，而且有權提名自己的繼任者。接著，他又在一八〇四年藉著另一部憲法宣告自己為法國皇帝，皇位的繼承「由拿破崙・波拿巴的直系嫡出男性後裔世襲」。[26]

拿破崙無疑企圖以這種新式政治技術追求自身利益，但他確實在某種程度上認真看待憲法。如同這類文本的許多倡導者，拿破崙也熱愛文字與印刷。他在生涯中的不同階段，都曾經雇用記者、宣傳人員與聽話的回憶錄作者記錄及頌揚他的成就、為他的士兵發行報紙，也在軍事戰役上帶著印刷機同行。他個人對於文字也極為著迷，不論是身為讀者還是作者。他年輕時曾經嘗試寫作小說、詩、短篇故事及歷史；此外，如同許多白手起家的自學人士，他也把自己看到的不熟悉詞彙精心匯編成表，藉此擴展自己的個人字典。[27]

他始終相信文字的用處，相信文字帶有變革的力量。即便在他於一七九八至九九年侵略埃及的軍事行動中，也可以看到這一點。拿破崙並未在埃及成立委員會制定憲法，但他還是在當地設置一個由十四名成員組成的全國**底萬**（diwan，意為治理委員會）及多個地方上的區域性底萬，還發布不少提及自由與平等的公告，而且全都譯為阿拉伯語。他也至少考慮過書寫及頒布某種改善與管制當地的文件。他後來懷著滿腔的東方主義聲稱，自己原本希望讓埃及擺脫「那個令人厭煩的文明所造成的阻礙」，並且想像自己「【在埃及】創立一個宗教……

騎乘大象……**手中拿著一本新的古蘭經，依據我自己的需求寫成**」。他幻想自己成為新的穆罕默德：雖是一名戰士，卻也能夠提出激勵人心的話語，並且施行明智的法律。[28]

拿破崙對於憲法的興趣也受到他的出身與戰爭的影響。他在一七六九年出生於科西嘉西岸的阿雅克肖（Ajaccio），當時法國正在鞏固對這座島嶼的軍事併吞。「我出生的時候，法國人正在我們的海岸上嘔吐，」他後來回憶：「瀕死之人的哭喊、被壓迫者的呻吟、絕望者的淚水就環繞著我的搖籃。」這段話很大一部分是拿破崙個人的裝腔作勢及製造傳奇，但他起初確實不認為自己是自願成為法國的臣屬與公民，而是法國征服與殖民行動的受害者。[29]

「科西嘉的歷史，」他在青少年時期寫道：「乃是一場恆久的鬥爭，也就是一個小國……對抗企圖支配小國的強鄰。」拿破崙確實有一度相當崇拜且致力模仿帕斯夸萊・保利，也就是在一七五五年設計一部科西嘉憲法的那名戰士暨愛國者。[30]在科西嘉出生而以義大利文取名為「Napoleone di Buonaparte」的拿破崙，後來是因為他強烈的野心及精明的眼光，再加上法國大革命殘酷翦除了保皇派的陸軍軍官，才造成他軍事晉升的機會大幅增加。原本對法國感到疏離彆扭的他，搖身一變成為忠心的法國軍人，還把名字改為法文的「Napoleon Bonaparte」。

拿破崙在自我認同上的轉變，也是受到法國國民議會一七九〇年十一月通過的一項決議影響。這項決議指出，科西嘉雖然保有一定程度的自治，未來卻必須完全併入法國，接受相同的法律規範。因此，拿破崙從自己在故鄉的早期人生當中學到了兩項教訓，對他後來的憲法實踐造成影響。第一，他的科西嘉出身使他多少懂得那些遭外國軍隊征服及占領者所感到的羞辱與憤恨。第二，他也學到了軍事侵略所引發的仇恨有可能藉由立法而加以緩解，征服者能藉此安撫被征服者。他後來寫道：「勝利者必須找到方法確保被征服省分的內心順服」，而實踐方式則是改變「行政機關的組織形態」。[31]

拿破崙畢竟是律師的兒子，很早就體認到法律的重要性。他一度極為愛好盧梭的著作，以及其他啟蒙時代作家針對立法者所寫的作品。但拿破崙確實對於「長篇大論」的理論家與計畫制定者（像西耶斯這樣的人）沒有太多耐性，也常常以極度簡化的態度看待法國的成文憲法。而在法國以外，拿破崙有時卻能有較具創意的想法。如同許多帝國創建者，他也在一定程度上把帝國的偏遠據點當成他的政治實驗場，在此嘗試他絕對不願在法國境內這一帝國腹地冒險施行的點子。

我們可以在他最早創建的奇薩爾皮尼共和國（Cisalpine Republic），看見前述所說的這一現象。拿破崙在一七九七年七月成立這個國家，當時他將近二十八歲，還只是個將軍，在義大利半島上奮力推進。在奇薩爾皮尼共和國的全盛時期，其領土涵蓋了以下區域的部分地區：倫巴底、皮埃蒙特、瑞士、威尼斯、摩德納，以及所謂的教宗國北部轄地，包含羅馬涅、費拉拉與波隆那。拿破崙任命兩個委員會為其打造憲法，並且親自督導。由於他背負了軍事行動的龐大壓力，首要目標又是將該地同化進新成立的法蘭西共和帝國，因此這份憲法的許多條文都取自法國自己的一七九五年憲法。不過，這份文件卻也有超越法國自身憲法的地方。奇薩爾皮尼的人民獲得一份權利宣言與兩院制立法機關，由五人督政委員會負責督導。這個國家也至少在書面上獲得出版自由及初等教育，同時該國男丁也得接受軍事訓練。[32]

法國自從一七九一年起，就只有在國民警衛隊候選名單上登記了姓名、可供國家徵召的男性才擁有投票資格。也就是說，積極公民權明確帶有性別差異，並且和軍事服役綁在一起。奇薩爾皮尼的新憲法也有同樣規定，公民士兵必須學習「軍事操練」，每個人都必須自行配備一把槍與一個裝子彈用的皮革彈藥盒。拿破崙在他成立的另一個義大利國家利古里亞（Liguria，領土範圍以先前的熱那亞共和國為基礎），也強制施行了一部類似的憲法。他把這個國家劃分為十個軍區，並且設置了一家陸軍學院及眾多軍事學校。[33]

如同這點所示，拿破崙設計各國憲法的主要動機，是他對於額外人力與金錢從不間斷的需求。他的憲法確實帶來了改革，並且讓男性人口享有更廣泛的民主，偶爾也藉著縮減傳統社會與宗教階級色彩而讓社會變得更具現代性。但這些憲法也總是帶有控制成分，以及為了因應軍事動員與課稅需求而規劃的機制。

這些不同的願景，在奇薩爾皮尼憲法的文字當中彆扭地互相推擠。在憲法的其中一節裡，拿破崙明文揚棄法國對此地的征服權：按照這部憲法，這個新創立的義大利共和國將是

「自由而獨立」。然而，政府成員卻是由拿破崙親自任命，雖然憲法說是「僅限此次」。這部憲法也規定外國部隊不得進入本國國界內，除非是「與奇薩爾皮尼共和國友好且建立結盟關係的共和國」，其實也就是指法國侵占該國的龐大軍隊。

如同近來一位評論者所言，這類自相矛盾的規定總是為拿破崙究竟是「殘酷的暴君還是睿智的改革者」這類爭論提供了柴火。[34]這種爭論除了徒勞無益（在不同的時間與不同的地點，他有時身兼這兩者，甚至不僅如此），也使我們忘記另一件更重要的事情：軍事征服者想要藉著武裝暴力獲取領土，或是把權力集中於自己身上，這件事不管是在歐洲之內還是歐洲之外，都沒有任何新奇或令人震驚之處。拿破崙之所以引人注目，原因是他用於達成目標的手法，也就是憲法與法律措施在他的好戰帝國野心中扮演了如此重要的位置，成為其統治手段的一部分。

「我們試圖改造當地人，藉此使他們歸入我們的隊伍。」一名美國法學者在二〇〇四年大感內疚地寫道，他覺得自己國家侵略伊拉克後於該國制定憲法的行為缺乏道德正當性，同時也回想起美國在二次大戰後為德國與日本制定憲法的往事。他接著指出，美國為其他國家書寫及立法，是希望促使這些戰敗國「在全球戰爭中和我們站在同一邊，能為我們所用」。[35]拿破崙制定那些外國憲法，也正是為了改造別的國家，以促使那些國家歸入他的隊伍。只不過他在這方面的進展遠比美國更多，也比較沒有天人交戰的內心掙扎。

若細究拿破崙在私下及公開場合合理化自身行為的說詞，就會發現他和較早之前的法國大革命領袖一樣，也是採取墮落與重生的雙重語言，以前者描述他所推翻的政權，後者則用於宣稱那些從舊政權底下解放的人民，將因為這起劇變而得以繁榮發展。他在一七九七年宣告道：「奇薩爾皮尼共和國能夠向世人證明……現代義大利並未墮落。」[36] 以這種方式把舊政權描述為墮落，讓拿破崙得以把自己強力接管這些政權的行為呈現為正直且必要。在人生接近尾聲之際，最後一次遭到放逐的他，身在聖赫勒拿島這座南大西洋上的火山小島，甚至把自己比擬為「天意……為了拯救人類的不幸，而偶爾採取猛烈的手段，但不需向人類的審判負責」。[37]

這又是他一貫製造傳奇的手法，但顯然墮落與重生的語言對他來說變得愈來愈不可或缺。侵略及占領了西班牙大部分地區之後，拿破崙在一八〇八年頒布該國的第一部憲法草案之前，曾下令官員回報該國當下的「失序和混亂」狀態。他堅持這些報告的「必要性」，因為這樣「我將來有一天才能夠發表這些資訊，證明西班牙陷入了多麼墮落的狀態」，從而為他在當地的所作所為賦予正當性。「我帶著解方而來，」他不久之後在一份向西班牙人民發布的宣言裡指出：「你們的王室已經過於老舊，我的任務是要為其注入活力。」[38]

拿破崙在一八一四至一五年首度遭到流放，但即便在厄爾巴島這座位於托斯卡尼外海的地中海迷你小島上，他也覺得有必要把自己的形象塑造成民族救星，把許多民族從古老弊病與缺乏效率當中解救出來。一名敵視拿破崙的見證者提及他「試圖在眾人心目中留下印象」，聲稱厄爾巴島上的「所有階級」在一夕之間都認定拿破崙單是身在島上，就能夠為他們帶來「非凡的資源與優勢」。拿破崙向島民承諾，指稱厄爾巴島的費拉約港（Portoferraio）這個小得微不足道的首府，在未來將改名為「科斯莫波利斯」（Cosmopolis），意為世界之城。[39]

拿破崙渴望受到讚譽及肯定，而且不滿足於戰士形象，更珍視自己所塑造的立法者、解救者與改善者形象。這也使得他有時不惜對自身帝國的偏遠據點做出超過軍事與戰略考量的非必要讓步，一個例子就是西發里亞。西發里亞是他在一八〇六年的耶拿（Jena）與奧爾施泰特（Auerstädt）戰役打敗普魯士之後，於易北河以西建立的一個擁有兩百萬左右居民的從屬國。西發里亞的憲法由三名資深法學家起草，可能還經過拿破崙親自編輯，並在一八〇七年底頒布。這部憲法無疑是一份支持帝國與剝削的文件。這部憲法首度發表於《環球箴言報》（*Le Moniteur Universel*）這份拿破崙在法國的印刷媒體之一，但不是刊登在外國新聞欄，而是特地安插在標示著「國內新聞」的版面當中。[40]

這部憲法規定西發里亞必須持續資助兩萬五千名士兵，半數由當地徵召而來，另外半數則是法國人，薪資由西發里亞人支付。憲法也規定這個人造王國由拿破崙的弟弟傑羅姆．波拿巴（Jérôme Bonaparte）擔任統治者，只不過他會是一位「立憲國王」，與新設立的代議機構聯合治理。這也是歷史上第一次有統治日耳曼的君主以這種形態正式受到書面約束與規範。傑羅姆的新臣民當中，有些是過去普魯士統治下的農奴，如今都根據這部新憲法而在法律上成為自由人。由於法律之前人人平等，所以西發里亞的猶太人也和他們的法國同胞一樣獲得解放，而且擁有貴族地位的西發里亞人也不再能夠免除繳稅的義務。[41]

這些成文憲法條文一方面帶來現代化與自由化的變革，另一方面卻又有助於控制與持續征服，像這樣正反面效應同時並存的現象，也可見於拿破崙在一八〇七年起草的另一部憲法當中——這回他起草憲法的對象是華沙公國，從原本屬於普魯士的波蘭領土當中劃出，疆域面積十萬四千平方英里。據說他在不到一個小時的時間裡，就匆匆寫出了這部憲法的大綱。根據一名波蘭目擊者的紀錄，他在書寫過程中「只有偶爾」才會想到要「轉過頭來問我們是否滿意，而且認定我們的回答必然會與他的意志相符」。[42]

儘管如此，拿破崙還是認為他在波蘭創立的這個新國家就和西發里亞一樣，具有超乎尋常的價值，值得為其投注心力。不過，西發里亞除了其人力資源與稅收之外，最重要的價值乃是作為一個模範國家，向其他日耳曼地區宣傳受到拿破崙統治的好處；而華沙公國的主要用處，則是作為一個邊疆據點。在拿破崙的設想當中，華沙公國可以牽制周遭的強權：包括奧地利與殘存的普魯士，而且要是局勢不對，還可望牽制俄羅斯。華沙公國在這方面的用處，又受助於這個地區所含有的大量的、異常積極的人力。

波蘭人對於自己的國家一再遭到周遭強權瓜分，並且終於在一七九五年完全從地圖上消失而深感恥辱，於是他們當中有些人就像受到徵召參與拿破崙戰爭的部分義大利人一樣，對於有機會為法國作戰而真心欣喜。這不必然是因為他們認同法國的革命理念，或是受到固定薪資的引誘，而是因為他們希望藉著在法國人領導的軍團當中服役習得軍事技能，讓他們在未來幫助自己的故鄉爭取獨立。起初有三萬名來自華沙公國的波蘭人進入法國軍隊服役，這個數字到了一八一二年已膨脹到七萬五千人。拿破崙為了回報華沙公國，遂對該國做出重大的讓步。在該國的新憲法下，農奴制將從此畫下句點，也將保障一定程度的法律前一律平等。該國也施行一套新代議制度，單是在農民當中就為將近四萬名男性賦予了投票權。部分波蘭人甚至短暫重燃希望，以為有機會能對俄羅斯、奧地利與普魯士這三個先前瓜分他們國家的強權發動武力報復。[43]

對於自己為何接受外人強加的憲法，波蘭人（及拿破崙治下某些帝國省分的居民）**自行**建立了一套理由，而這一點相當重要。當我們討論這些拿破崙憲法（乃至於所有的憲法），很容易只從其制定者的理念與目標這個角度加以看待。但真正常見的實際情形，卻是外國入侵者強制施行的憲法極易受到必須生活在其規定之下的那些男男女女對其賦予各式各樣的不同解讀。

認為拿破崙是一名無所不知也無所不能的立法者這種**理想**，可以充分見於大衛（Jacques-

Louis David）著名的一八一二年畫作。這幅畫描繪身為皇帝的拿破崙在巴黎杜樂麗宮工作的情景。這幅畫作不是由拿破崙委託製作，但他很可能對此提供了意見。身為拿破崙堅實仰慕者的大衛，描繪了這位偉人身穿軍服的樣貌。但這幅畫和過去類似的作品有所不同：拿破崙此時的年紀才五十出頭，但他對細節掌握的能力及判斷力，連同他的健康與韌性，都已開始衰退。寒冷的天氣很容易造成他病倒，據說就連油漆氣味也是如此。[44]即便是這幅由他忠心支持者繪製的肖像畫，也畫出了這位皇帝的健康衰退跡象。他看起來頗為委頓，身材發胖，頭髮也顯得稀疏，臉上因為出汗而泛出光澤，身側也沒有佩劍（儘管還是擺在身旁觸手可及的地方）。

儘管如此，大衛還是呈現出拿破崙站在桌邊，專心致志於工作的模樣。他的周遭滿是文書，身體的一側擺著一枝鵝毛筆，另一側放著一份捲起來的手稿，是他最重大的成就《拿破崙法典》當中的一部分。如同畫裡的立鐘明白顯示的，這時是清晨將近四點十五分，蠟燭即將燒盡。這幅畫的作者想要告訴我們的是，拿破崙雖然已經年事漸高，身體也愈來愈衰弱，卻還是為了他那些形形色色的歐洲臣民而徹夜從事成果豐碩的工作，讓他們在睡夢中也能夠安然朝著管理更完善的未來邁進。這就是拿破崙立法事業的傳奇。

事實上，拿破崙為其他民族制定的立法與憲政措施，卻是如同他的戰爭一樣，不一定都有好的結果（大衛這幅巨作繪製於一八一二年，正好是法國進軍莫斯科那場災難的同一年）。

大衛繪製的《書房中的拿破崙》(*The Emperor Napoleon in His Study at the Tuileries*),1812年。

這類憲法的壽命大都相當短暫，因為是由外部強制施行，又依賴法國軍隊的在場或是威脅才能存續。他為奇薩爾皮尼共和國制定的憲法在一七九九年就遭到外國勢力推翻。即便是他的模範日耳曼王國西發里亞，也只存續了不過四年而已。如同所有的帝國創建者，拿破崙總是仰賴下屬與當地的通敵合作者，而這類人經常忽略他的憲法文本，或是只選擇性地加以施行。[45]如同華沙公國的例子，他手下的那些人也經常以相互矛盾的方式解讀這些文本。

這一事實並未減損拿破崙憲法的重要性，不管從哪個角度來看，這些憲政方案都極為重要。只不過它們也總是相當脆弱，變幻莫測，有時還會導致他本人無法預見的發展。發生在西班牙與西屬美洲的情形，就是一個非常極端的例子。

傳入西班牙且與上帝結合

一八〇七年十月，將近五萬法軍湧入伊比利半島。他們起初集中精力對付葡萄牙，導致該國王室家族及其許多支持者都不得不流亡巴西。到了一八〇八年三月，這支法國侵略軍已膨脹到十萬大軍，向西班牙大部分地區進軍，占領包括馬德里與巴塞隆納在內的各大城市。

法國大軍壓境，是為了迫使當時的西班牙國王卡洛斯四世退位。沒過多久，卡洛斯四世那令人生厭的繼任者斐迪南七世（哥雅為他繪製的肖像畫，就高明地呈現了他的愚蠢與頑固無情）也流亡到法國。拿破崙於是以自己的哥哥約瑟夫・波拿巴（Joseph Bonaparte）取代這些波旁君主，成為西班牙國王約瑟夫一世。[46]

約瑟夫曾在科西嘉學習過法律，也已經替弟弟擔任過西西里與拿波里的國王，並且頗受人民愛戴。不過，登上西班牙的王位卻是一項性質全然不同的挑戰，因為西班牙國王掌管了一個疆域涵蓋四大洲的帝國。在某種程度上，同時也為了他自己的目標設想，拿破崙對於自己新取得的西班牙領地所涵蓋的龐大地理範圍抱持了肯定與欣喜的態度，並且以富有創意的方式加以因應。

一八〇八年六月，他下令施行後來所謂的《巴約訥規約》（Bayonne Statute），實際上就是西班牙的第一部現代成文憲法。[47]這份文件由德埃斯梅納（Jean-Baptiste d'Esménard）這名曾任陸軍軍官的法國記者起草，但極大程度是由拿破崙親自規劃及修改。一小群法裔西班牙人組成的議會批准了這部憲法，而該法中的條文在某個意義上是為了美化新的拿破崙政治秩序，彰顯其與西班牙過去的延續性。西班牙將維持為一個無限君權的國家，其貴族與教士階級的成員將保有原本的特權，而且天主教也仍然會是該國的唯一國教。不過，《巴約訥規約》也帶來了轉變。根據規約的規範，馬德里將設立一個新國會，代表來自西班牙本土及該國在美洲與亞洲的殖民地。這份規約宣告：「西班牙的各王國與美洲及亞洲各省」，將從此享有「與母國相同的權利」。

在海洋帝國成立一個巨型國會，成員涵蓋來自帝國領土中各個區域的代表，這種構想本身並不新穎。在一七七六年以前，英國就曾經考慮過幾項方案，好讓美洲殖民地居民能夠在倫敦西敏的英國國會裡取得直接代表席次。只是這些方案從來不曾受到施行。就這方面而言，拿破崙向西班牙的海外人民正式提供「與母國相同的權利」，以及在大西班牙的立法機構當中享有直接代表權，其實是史無前例的做法。這同時也是又一個例子，顯示他有時確實願意在帝國邊疆區域從事激進的政治實驗。西班牙的這項措施也進一步突顯了拿破崙確實能從一個全球帝國中獲得長久的利益，這點對他深具吸引力，而他也確實一度看來有機會透過哥哥約瑟夫掌控西班牙在歐洲以外的龐大領地。不久之後，他就開始計畫要強化更頻繁的越洋通訊。[48]

然而，《巴約訥規約》雖然證明了拿破崙偶爾具有開創性的寬廣眼光，卻也是一個最為戲劇性的例子，顯示他的憲法計畫如何有可能帶來意想不到的激烈後果。由於《巴約訥規約》頒布的條文受到新聞媒體與各式公告廣為宣傳，這等於也是迫使反對新波拿巴政權的西班牙政治團體必須以同等的標準回應。這些反對派如果想要在西班牙本土號召追隨者，並且獲得南美洲克里奧人菁英的支持，❻那麼他們就必須提出一部更優秀的書面憲法，對於帝國的所有臣民具有同樣廣泛的包容性。

於是，這些反對勢力就在一八一〇年九月於大本營加地斯召開西班牙國會（加地斯位於西班牙的大西洋岸，所以國會召開期間還有英國皇家海軍的戰艦在外海保護）。國會成員不只有母國的西班牙人，也從一開始就有二十七名來自南美洲的代表，另外還有兩人來自菲律賓這個西班牙帝國最東側的據點。到了國會的辯論與各項工作完成之時，這個國會中的三百名代表已有超過百分之二十都是來自西屬美洲。就人口比例而言，這些席次為西屬美洲殖民地賦予的代表權自然遠遠不足以和母國西班牙相比，但這部在加地斯誕生且最終在一八一二年三月頒布的新憲法，顯然試圖改革西班牙帝國，使其變得更具包容性。「我的同胞，世界各地的居民，」擔任西班牙國會主席的馬約卡主教宣告道：「我們現在已恢復了我們的尊嚴與權利。」[49]

可想而知，這部加地斯憲法的制定者也從各個不同來源獲取靈感，尤其是美國憲法與一七九一年的法國憲法，以及探討英國政治制度的印刷品。不過正如同所有的憲法，這部文本也迎合當地特有的需求、觀點與慣例。這部憲法規定了一套世襲君主制，同時也削減未來的西班牙國王干預國會的權力，並且把賦稅權完全交給國會。如同拿破崙的《巴約訥規約》，

❻ 譯注：克里奧人（Creole）指的是在美洲殖民地出生的歐洲人後裔。

這部加地斯憲法也保障了出版自由及廢止西班牙宗教裁判所（出版業與宗教裁判所在傳統上都負有維繫正統天主教的責任）。

不過，由於南美洲部分地區在這個階段的反抗運動愈來愈激烈，所以加地斯的國會代表也進一步推進《巴約訥規約》中較具包容性的條文。先前施加於南美洲原住民身上的歧視性稅捐與徭役，現在都一律受到廢止。大多數信譽良好的自由成年男性都獲得承諾享有投票權，而且這項規定將適用於整個西班牙世界：

> 包括伊比利半島連同其屬

加地斯憲法內容，此處所示為1822年重新發行的版本。

> 地與鄰近島嶼……加那利群島及其他非洲屬地。包括北美洲：新西班牙與新加利西亞及猶加敦半島、瓜地馬拉……古巴島與兩個佛羅里達、聖多明各島屬於西班牙的部分，以及波多黎各島……也包括南美洲：新格拉納達、委內瑞拉、秘魯、智利、拉布拉他河各省，以及太平洋與大西洋上的所有鄰近島嶼。也及於亞洲，菲律賓群島及仰賴其政府的地區。[50]

當一本加地斯憲法終於在一八一三年初送抵菲律賓時，菲律賓的馬尼拉總督便向其居民宣布，西班牙帝國的全體居民（其實僅限全體男性，或至少相當接近於全體男性）從此以後將被視為「西班牙人，一律平等，能夠獲得他們根據自己特點與行為所贏得的任何工作與榮譽」。[51]西班牙帝國中的華人、原住民、克里奧人與麥士蒂索人，❼都將一致獲得公民身分。至少在紙面上來看，他們受到的待遇不因種族或出生地而有所不同，而是取決於他們共有的連結及對於西班牙國王的忠誠。

這部憲法也規定，在一八三〇年以前，西班牙帝國大多數自由男性的政治參與不受財產或教育方面的資格限制。之所以設定期限，是因為這樣可以給予較為貧窮的男性必要的時間

❼譯注：麥士蒂索人（mestizo）指的是歐洲人與美洲原住民生下的混血後裔。

接受教育及改善自己，從而能夠在日後實施更嚴格的資格限制後，仍有機會持續享有完整公民權。

然而，非裔人口與所有女性仍然被排除在積極公民權之外。在適用範圍上，這部憲法也還是提供了一些漏洞可鑽，只不過依舊僅限於男性。加地斯憲法承諾，非洲血統或半非洲血統人士在未來只要留下「證明有效的服務紀錄」，那麼「通往公民身分的大門」就不會完全關上。[52]而最重要的服務方式，自然就是進入西班牙軍隊服役。

考慮到實際上有多少族裔的男性獲得積極公民權，這部憲法其實是截至當時為止全世界正式制定的憲法當具包容性的一部。因此，這部文本才會對後來的洛伊（參見第三章）與他在加爾各答激進的英國與孟加拉盟友具有吸引力。不過，加地斯這部憲法固然非凡，卻仍舊存在一些基本問題。曾在西班牙率領聯軍對抗拿破崙的威靈頓公爵，就對此看得相當透徹。威靈頓公爵本名叫做亞瑟・韋爾斯利（Arthur Wellesley），是一位強悍精明的盎格魯愛爾蘭人，在政治上抱持保守立場，也是一位凶狠無情且果敢積極的軍人。他對這部憲法的評論相當直白，指稱加地斯的西班牙國會「制定那部憲法所遵循的原則，就像某些畫家繪製的圖畫一樣，僅是虛有其表」。[53]這是一部耀眼的作品，但不符現實，也不可能落實。

加地斯憲法在一八一二年頒布之時，西班牙本土的大部分地區仍然受到法軍占領，而包括當今委內瑞拉、阿根廷、哥倫比亞、智利、玻利維亞、巴拉圭與烏拉圭在內的西屬美洲大部分地區，此時也已公然反抗西班牙的殖民統治。歷史上一項著名的「假設性」問題，就是馬德里當局的改革措施有沒有可能遏阻或延後西班牙帝國的解體。不過事實證明，這其實是不可能的事情。因為加地斯憲法雖然於一八一三年在部分地區短暫施行，隔年復辟的波旁君主斐迪南七世卻隨即翻臉不認帳。自由派革命人士在一八二〇年恢復施行這部憲法，卻又在三年後遭到反撲而廢止，許多憲法支持者也都遭到殘暴鎮壓。這部憲法最後一次短暫施行，是在一八三六至三七年。

儘管一再以失敗收場，這部憲法卻深富影響力，甚至開創了新局。由於這部憲法從未受到充分施行，因此其中的理想抱負在事後看來也就沒有受到政治事務常見的爭吵與妥協所影響。這部憲法有如一盞明燈，照亮了啟蒙運動的可能性，引人想像當初可能的狀況及未來仍有可能出現的情形——而且不僅限於西班牙。加地斯憲法成了當時憲法文件中最廣為翻譯的一份：一八一四至三六年間就出現過十一款德文譯本，在一八一三至二一年間也有十二款不同的義大利文譯本。除此之外還有英文、俄文與法文譯本，可能也有阿拉伯文、孟加拉文與中文譯本。[54]

加地斯憲法之所以被廣為翻譯與具有這麼大的跨洲影響力，是因為這份文件同時具有**兩種**性質：它一方面被視為一份解放文件，由反抗拿破崙統治且希望賦予殖民地更多權利的人士所起草，另一方面卻也是一份政治改革藍圖，為若干傳統階級與價值觀保留了空間。這部憲法明確規定採行君主制，也賦予羅馬天主教崇高的地位，並由此帶來了長遠的影響。

截至一八一〇年代為止，大部分開創性的憲法文本都是出現在新教為主的社會，例如美國、瑞典與荷蘭，或是由具有新教背景的統治者所制定，例如凱薩琳大帝的《訓諭》；再不然就是這些憲法的促成人士雖是名義上的天主教徒，與羅馬教廷的關係卻不平穩，例如拿破崙本人。至於極少數全然信奉天主教且曾在早期頒布重要新式政治憲法的政體，例如一七九一年的波蘭立陶宛聯邦，則是都以不幸的結果收場。西班牙加地斯憲法的代表們則有著不同的處境，而他們制定出來的那部憲法也有著不同的命運。

一八一〇至一二年間的加地斯代表裡，有百分之三十左右都是天主教教士，他們是西班牙國會裡最大的職業群體。在憲法起草委員會裡，也有將近一半的成員是天主教教士。[55]整體而言，神職人員代表在制憲過程的這個階段握有超乎比例的影響力，原因是天主教在西班牙普遍被視為一股強大的力量（連同西班牙的正統王朝一起），仍然能夠凝聚爭議愈來愈多也愈來愈分裂的西班牙帝國。這一切都有助於確保天主教會及其使者在這部新憲法的條文與儀式中占有醒目地位。加地斯憲法施行於聖約瑟日（三月十九日），在宗教曆上原本就是一個神聖的日子，而這部憲法也規定天主教不論在當下「還是未來」都是西班牙唯一的宗教，同時禁止其他宗教。

部分新教背景評論者（例如傑佛遜）雖然仰慕西班牙的這部新憲法，卻也把這些讓天主教會獲得重要地位的條文視為某種異常的缺陷，斥責立法者落入了反動偏狹的窠臼。[56]然而，就促進成文憲法散播而言，加地斯憲法的這些宗教條文卻極為重要。藉著頒布這麼一部理直氣壯的天主教文本，加地斯代表大幅改變也擴張了成文憲法的訴求對象。由於他們的努力成果，以及這部文本後續受到的多次翻譯，成文憲法這種先前看似帶有新教或無神論色彩與革命性質的文類，就此出現了改變。現在看來，以信奉天主教為主的社會也可採納這種文本，而不必擔心這麼做可能會危及傳統的宗教關係與文化。

以這種方式安撫天主教利益，也帶來了其他好處。天主教教士能夠因應低識字率對許多地區成文憲法的挑戰。如同某些教派與信仰的神職人員，天主教教士可以向信眾宣讀憲法內容，並且闡述這些內容的好處與意義。而且教士只要願意，就能藉由**談論**這些文本為其賦予情感色彩，甚至是靈性力量，並且訴諸聽眾的想像力。[57]部分天主教教士（儘管絕非全部）所從事的這類倡導行為，也不獨見於歐洲。

以墨西哥獨立後在一八二四年頒布的第一部憲法為例，這份文件就大幅借取了加地斯憲法的內容。如同加地斯憲法，墨西哥憲法也是頒布於一個聖人紀念日，亦即聖方濟瞻禮日。如同加地斯代表，這部墨西哥文本的起草者也特地確認天主教的獨特地位，並且禁止其他宗教。在這個新近獨立的中美洲國家裡，天主教神職人員因為獲得前述令他們安心的保證，於是一致展開行動回應。一八二四年十月二十四日，墨西哥市中心十四間天主教教區教堂出席禮拜的男女老少，全都宣誓效忠於新憲法，聆聽教士宣讀與解釋這份文件裡規定的權利與義務。58

某種程度上，獨立的墨西哥會在一八二四年採行一部新憲法，其實就反映了加地斯憲法及其制定者最顯著的失敗。加地斯代表在一八一〇年齊集一堂時，都希望能藉著納入西班牙帝國的各地代表，以及在條文中擴大西班牙公民身分的涵蓋範圍，使憲法跨越種族與各洲的界線，消除帝國內部的摩擦與裂痕。結果他們提出的讓步終究不夠。再加上法軍在這部憲法於一八一二年頒布之時仍然占據西班牙，以及斐迪南七世後來愚蠢的反憲法行徑，加地斯憲法因此從來不曾推展至西班牙的海外帝國，也沒有在西班牙本土正式施行。

即便早在這些艱困狀況出現之前，拿破崙對伊比利半島的侵略就已經摧毀了原先凝聚西班牙龐大海外帝國的紐帶。西屬美洲絕大部分的克里奧人、原住民、麥士蒂索人與奴隸人口，不論有多麼痛恨西班牙帝國在當地的行政官員與收稅員，都還是對遙遠的帝國君主抱持依戀。結果拿破崙設計讓波旁君主卡洛斯四世與斐迪南七世退位，並且由自己的哥哥約瑟夫·波拿巴接替他們的王位，雖然這件事本身並沒有立刻削弱西屬美洲人口的忠誠，卻也造成效忠問題的複雜化，引發究竟誰才握有西班牙帝國主導權的討論。尤其是在法軍占領了西班牙大部分地區之後，西班牙本土傳統的媒體審查機制即逐漸停止運作，導致西屬美洲殖民地的印刷機數量大幅增加及政治出版大為盛行，新的宣言、傳單、論文及未來憲法的計畫也在此

PROYECTO

DE CONSTITUCION POLÍTICA

DE LA MONARQUÍA ESPAÑOLA

PRESENTADO A LAS CÓRTES GENERALES

Y EXTRAORDINARIAS

POR SU COMISION DE CONSTITUCION.

CADIZ: IMPRENTA REAL: 1811.

CON *SUPERIOR PERMISO.*

MÉXICO:

POR D. MANUEL ANTONIO VALDES, IMPRESOR DE CÁMARA DE S. M.

CALLE DE ZULETA, EL MISMO AÑO.

加地斯憲法草案，1811 年出版於墨西哥的版本。

大量出爐。

西屬美洲接著就發生了暴動與獨立戰爭，最終將會消耗西班牙本土將近五萬名的官兵。到了一八二〇年代中期，西班牙的大西洋帝國已縮減到只剩古巴與波多黎各。儘管如此，各地獨立之後所制定的新憲法，包括一八二六年的阿根廷憲法、一八二八年的智利與秘魯憲法，以及一八三〇年的新格拉納達、烏拉圭與委內瑞拉憲法，仍然帶有加地斯憲法的濃厚影子。

拿破崙對伊比利半島的侵略，以及他的《巴約訥規約》造成的複雜迴響，間接促使成文憲法傳播至南美洲各地，甚至讓憲法的相關知識傳到東南亞部分地區。「拿破崙，」一名墨西哥愛國分子在一八二〇年代見證道：「西屬美洲現在享有的自由與獨立必須歸功於你，正是你的利劍第一個斬斷了把這兩個世界綁縛在一起的鎖鏈。」[59]

檢視這頭怪物造成的後果

但我們也必須注意，這樣的結果從來就不是拿破崙本來的用意。他的部隊在一八〇八年進入西班牙，目標並不是要讓那些南美洲殖民地獲得解放與脫離西班牙。對於拿破崙而言，侵略伊比利半島的其中一項吸引力，正在於這麼做顯然能夠讓他利用與影響西班牙的龐大海外帝國。對於拿破崙本人及他的所作所為造成的矛盾影響，曾有一位特別的革命人士對此提出了更加精確細膩的觀察。這個人就是瑪麗・雪萊（Mary Wollstonecraft Shelley）。

瑪麗・雪萊身邊的親人中，實在有著太多激進的社運人士——她母親是女權主義者瑪麗・沃斯通克拉夫特，在一七九七年生下她之後去世；她父親是哲學家暨無政府主義者威廉・戈德溫（William Godwin），而共和主義詩人珀西・比希・雪萊（Percy Bysshe Shelley）則成了她的丈夫，同時也導致她的政治書寫經常遭到忽略。然而，瑪麗・雪萊在還是青少年的時候，就在一八一二年寫了一篇講稿，標題是〈政府對於民族性格的影響〉。這篇講稿為了得體起見而在倫敦由她同父異母的弟弟朗讀，聽眾之一即是美國前副總統艾隆・伯爾。不論伯爾這個人有著哪些缺陷，他都是一名女權支持者。[60]

瑪麗・雪萊對於戰爭的重要性也相當敏感，而這點部分是出於情勢所需。她出生那年，拿破崙正好為奇薩爾皮尼共和國制定了第一部憲法。她後來在一八一四年與丈夫私奔，跟著他在滑鐵盧戰役之前的那段平靜時期展開一場徒步之旅，穿越慘遭蹂躪的歐洲大陸。這對情侶特地投宿於一家法國飯店，「就住在拿破崙和他幾個將領曾經住過的那個房間」。[61]兩年後，他們來到日內瓦，這裡是拿破崙早期崇拜的哲學家盧梭的出生地，瑪麗本人最著名的文學作品也是在這裡寫成。

早在拿破崙掌權之前，法國革命軍就侵略日內瓦，並為當地提供了一部成文憲法。到了瑪麗．雪萊在一八一六年住在那裡的時候，日內瓦已成為瑞士的一部分。瑞士這個國家也常受到軍事侵略，其憲法也曾多次受到他人重寫。瑪麗．雪萊在這裡寫下《科學怪人》這部影響深遠的小說，起初以匿名方式出版於一八一八年。這部小說絕非只是我們現在所稱的科幻或奇幻小說，而是可以被視為反思拿破崙現象的政治著作。早在作者性別廣為人知之前，也**確實**有部分評論者與讀者做出這樣的解讀。

某種程度上，拿破崙明顯啟發了她故事裡的那頭怪物：一種違反自然且愈來愈暴力的生物，擁有「便給的口才與說服力」，還發展出閱讀的熱情，尤其喜歡閱讀「古代共和國最初創始者的歷史」，以及「公眾人物治理或屠殺眾人」的故事。實際上，拿破崙的職業生涯也在另一個層面影響了瑪麗．雪萊對於小說主角（也就是科學家弗蘭肯斯坦）的描寫。在小說裡，弗蘭肯斯坦是一位野心家，認定自己優於「普通的發明家」，而且「命中注定要成就偉大事業」。如同拿破崙發動軍事侵略和紙上實驗，弗蘭肯斯坦的目標是要「為沒有生命的物質賦予活力」。他從屍骨存放處取得骨骸並使其復活，以便創造一種更優越的新人類。然而，這項探索未知的舉動卻「為世界創造出一個惡毒的悲慘生物，以殺戮和製造痛苦為樂」。不論在地球上的哪個地方，都難保不受這個生物所害，就算是在北極也不例外。[62]

瑪麗・雪萊堅持人工造物必然帶來危險的觀點，雖然幾乎可算保守，但她畢竟在政治上太過激進，不可能只是寫一部譴責科學實驗的著作。她為這部小說選擇的副標題是「現代普羅米修斯」，也就是在把影射拿破崙的弗蘭肯斯坦博士比擬為希臘神話裡的泰坦神普羅米修斯：這位泰坦神不惜違反眾神的法律，堅持賜火予人類，從而促成人類的進步。把拿破崙比擬為普羅米修斯，其實是這位前皇帝晚年及他在一八二一年去世後常見的筆法（而且通常帶有正面肯定的意味），原因是在他的仰慕者眼中，這項比喻看起來實在是再恰當不過——就算是那些純粹驚訝於他職

被比擬為普羅米修斯的拿破崙：1815年的一幅法國蝕刻版畫。

業生涯的人士，也會不禁這麼認為。人們把拿破崙視為普羅米修斯，為人類帶來了危險但終究能使他們進步的贈禮。在希臘古典神話中，普羅米修斯最後遭到懲罰並且被綁縛在一塊岩石上——而就拿破崙而言，那塊岩石乃是聖赫勒拿這座岩石嶙峋的島嶼。

然而，瑪麗·雪萊在小說裡明白指出弗蘭肯斯坦所造成的暴力與毀滅不會隨著他的死亡而結束。他創造的怪物並沒有明確被消滅。如同她筆下那個以書信為這則故事提供框架的海軍軍官所說，現在已有太多人都不再單純以「在平靜當中尋求快樂」為足——即便他們想，現代戰爭的規模也不可能讓他們這麼做。瑪麗·雪萊的下一部重大著作就是《最後一人》（*The Last Man*, 1826），這回她把故事背景設定在二十一世紀，想像「大火、戰爭與疫病」席捲全球，導致社會持續走向軍事化。她安排一名角色說道：

> 我發現，只要還有人能夠填補遭戰火削減的士兵陣容時，一個人大體上而言並不重要；只要官兵名冊中的成員完整無缺，個人的身分就有可能受到忽略。63

一直到今天，瑪麗·雪萊偶爾會被人視為屬於某一種浪漫主義色彩濃厚的文學圈，因此我們不妨把她解讀成一名目擊者及富有想像力的評論者，藉由她的觀察看見她那個時代持續不斷的戰爭與政治動盪。她在小說裡提出的部分論點也確實相當尖銳又深具洞察力。一如弗蘭肯斯坦，拿破崙的許多實驗**確實**沒有隨著他的離開而結束，也沒有因他過世而跟著消失。許多經歷過拿破崙（以及他的軍隊與附庸）侵略占領與支配的區域，當地既有菁英、法律制度、治理方式與經濟都受到太過全面的暴力與震撼，以致再也不可能恢復到先前的景況。

這一點在法國就非常明顯。後來復位的法王路易十八雖然年邁、身材肥胖、思想保守又可想而知地緊張不已，卻還是別無選擇，只能以新的方式扮演「國王立法者」的角色，頒布《一八一四年憲章》這部實際上就是成文憲法的文件。某些先前被拿破崙納為帝國省分的地區，同樣再也無法恢復昔日原貌，有些還是變得更糟。舉例而言，拿破崙在普魯士橫衝直撞的軍事行動因為規模與暴力程度都過於龐大，實際上導致當地的政府與法律改革運動大幅倒退。不過，受到他影響與侵略的部分日耳曼地區（諸如符騰堡、法蘭克福、巴登、巴伐利亞、布朗施維克與薩克森等），則是在滑鐵盧戰役之後幾年間隨即出現了一連串的新憲法。這些憲法大都與法國憲章頗為類似，是相對保守且以君主為中心的文本。儘管如此，這些憲法仍是列出政府結構與規則綱要的單一文件，能夠頻繁複印且供人閱讀、評判及討論。64

這個例子顯示，歐陸大部分地區到了一八二〇年代都已出現了無可逆轉的觀念轉變：對於國家應該具備哪些令人嚮往的要素，以及國家對其人民負有哪些義務。如同一名前義大利陸軍軍官所言，愈來愈多的歐洲人（儘管還遠遠算不上是多數）開始認為「成文憲法足以改變政治制度，並且矯正國家所有的問題」，或至少認為憲法是一件應該受到探究及嘗試的事情。[65]

不過，如同瑪麗・雪萊所認知並且寫入《科學怪人》之中的，我們不能把這些變化純粹歸因於單一大人物的觀念與行為。更重要的是兩股彼此相關且一觸即發的力量：一個是法國革命所促成的新觀念，二是前所未見的戰爭和軍事動員規模（這點更加重要）。在法國大革命與拿破崙戰爭期間，受到軍事動員的人口為數極多，其中有些人就為新的政治思想與技術扮演了傳播者與倡導者的角色。在某些案例當中，他們的活躍與投入即便在拿破崙失敗之後仍然持續不休，甚至還更大舉進行。

在拿破崙皇帝落敗與遭到廢黜之後，有兩萬名左右的軍官因為對其過度死忠而被逐出了法國軍隊。有些人立刻帶著他們的利劍與政治思想前往其他國家與大陸，包括波斯、埃及及鄂圖曼帝國等地，還有中美洲與南美洲。有些不屬於法軍成員的拿破崙支持者也在戰後踏上了類似的道路，其中一人就是義大利人卡斯特利（Carlo Luigi Castelli）。卡斯特利在滑鐵盧戰役之後深感哀傷，於是帶著他的抱負和軍事技能前往海地。由於他在海地沒有獲得任何成果，於是再度上路，最終依附於西蒙・玻利瓦（Simón Bolívar）在南美洲推行的獨立運動。[66]

如同瑪麗・雪萊體認到的，即便是那些**奮力對抗**拿破崙的人也朝著政治變革與新憲法的方向邁進——不論在一八一五年拿破崙落敗之前還是之後都是如此。加地斯的西班牙國會這類組織機構就是如此，但也有個人層級的例子。舉例來說，一名在伊比利半島與非正規部隊

君主開始接受新的書寫政治：身為皇帝與國王的佩德羅一世（Dom Pedro），同時也是1824年巴西憲法及此處所示的1826年葡萄牙憲法的主要作者。

一同對抗法軍的英國陸軍軍官，就出版了加地斯憲法的第一部英文譯本，從而大幅擴展了那部憲法的流傳範圍與影響力。[67]某些在戰場上對抗拿破崙的人士甚至更進一步，例如俄國禁衛軍官穆拉維約夫（Nikita Muravyov）。他在一八一四年跟著俄軍參與占領巴黎的軍事行動時，早已懂得多種語言。而他在法國首都居住的那段時間，又讓他得以擴展自己的政治教育：他就讀巴黎的大學，也結識了為拿破崙起草最後一部憲法的自由派哲學家本傑明．康斯坦（Benjamin Constant），進而蒐集了許多不同版本的憲法出版品。十年後的一八二五年，退伍的穆拉維約夫參加了十二月黨人的起義，反對反動的沙皇尼古拉一世，並成為起義中的重要成員。[68]

法國大革命與拿破崙戰爭促成的大規模軍事化與政治震盪，也如同瑪麗．雪萊的《科學怪人》，帶來了好壞參半的結果。跨區域的漫長暴力，有助於提倡與政治改革及鞏固權力有關的新觀念、新倡議與傳播模式，但也促成更多攸關統治技術的新觀念與新方法。後來的政權及政治人物都仔細觀察拿破崙的範例，把成文與印刷憲法這種新式政治技術系統性地用來服務帝國，以及協助帝國霸業紮穩根基。其中一個例子，就是買下新加坡這座東南亞島嶼並試圖重新改造的萊佛士（Thomas Stamford Raffles）。

如果不是研究東南亞或英國史的人，大概極少會聽過萊佛士這號人物。但就像瑪麗．雪萊，我們能從他這個人的歷史脈絡中得到許多收穫。一如南美洲的西蒙．玻利瓦、埃及的穆罕默德・阿里（Mehmed Ali）、海地的亨利・克里斯托夫，以及海地統治者波馬雷二世（這位革新者比較鮮為人知，我們後續會再介紹他）等十九世紀初期的新國家創建者，萊佛士也深深著迷於拿破崙的成就，以及拿破崙採用的成功方法。萊佛士甚至在一八一六年特地到聖赫勒拿島探訪這位遭到放逐的法國皇帝。就個人層面而言，這次會面並不成功，但萊佛士仍舊寫道，拿破崙的才華「向來令我不得不敬仰」。[69] 鑑於他自己在另一個非常不同的地理空間所希望達到的成就，他會有這樣的感覺確實不難理解。

萊佛士是一名專心致志且富有創意的帝國主義者，一心想要看到英國勢力進入婆羅洲、暹羅與柬埔寨。白手起家的他，既是一位謹慎的現代化追求者，也是一個「文字販子」（如同一名荷蘭觀察者所言）——精通多種語言，而且和拿破崙一樣沉迷於書寫文字。萊佛士在一八二三年為新加坡為數兩萬左右的居民起草了一部憲法，儘管不是一份效用完整的文件，而且也不曾受到澈底施行，但這他仍舊**明確**指出這份文件是一部「憲法」，是有意識地經由書寫過程創造出來。「我認為自己有責任擴大基礎，並且展望一套更重要的上層結構，」萊佛士表示：「我為這個地方賦予了一部像是憲法的文件，【還有】一個代議機構。」他吹噓般地指出，新加坡的這份新文本將會是「一部在所見範圍內最為自由的憲法」。[70]

英國人經常將憲章帶去他們的殖民地，但萊佛士這部文本所懷有的抱負卻有著師法拿破崙的色彩。如同歐洲大陸上那些遭到法國征服且被拿破崙賦予憲法的地區，在萊佛士的願景中，新加坡將藉由謀劃、控制與書寫等手段促成進步與現代化，成為大英帝國治下富有生產力的地區。這裡將有不受限制的自由貿易，所有的宗教和族裔都會受到包容，也不會有奴役行為與奴隸交易。而且在萊佛士的想像當中，新加坡的居民也將成為道德潔淨的更好之人，澈底擺脫飲酒、賭博與鬥雞等惡行。

萊佛士的這種想法，明顯來自於一七八九年之後盛行於法國的某一類救世主思想，以及拿破崙那種意欲掌控一切但偶爾也帶有改革性的政治性格。同樣明顯的是，萊佛士深信一個來自世界某一地區的人，只要擁有武力、理想和決心，就能夠設計出一部憲法來調整、改善及規範世界另外一個地區裡截然不同的人。

身為一位**英國的**跨洲行為者，萊佛士所倡議的觀念與行為其實還顯示了另外一件事。拿破崙確實對新成文憲法的散播與多樣化做出了顯著貢獻（無論有意或無意），但同樣不可否認且有些矛盾的是，他那在英吉利海峽對岸的頑強大敵，也曾經對此做出了同樣重要的貢獻。

第五章

例外與推手

Exception and Engine

倫敦

變動的想法、革命的爆發、蓬勃發展的印刷、持有武裝且不斷移動的軍人，以及戰爭毫不停歇的發展腳步，這一切都加快了成文憲法這項新政治技術的傳播。然而，在歷史上的某些時刻，特定地點也能夠導致類似的結果。一八三一年十月，愛德華・甘斯（Eduard Gans）就接觸了這麼一個全球重要性超乎尋常的地方。當時年齡才三十出頭且具有猶太人血統的他，為了在日耳曼學術界求取發展而改信基督教。成功當上柏林大學的法律教授之後，他在一次造訪倫敦的行程中獲允會見高齡八十三歲的哲人邊沁，地點就在邊沁位於女王廣場的住家，距離英國國會大廈只有不到十分鐘的步行距離。一位羨慕不已的朋友在事前向甘斯簡要介紹了邊沁其人。「你絕對不能頂撞他，」那位朋友建議甘斯，應該要專心聆聽邊沁說話，就像「聆聽神諭一樣」。那位充滿智慧的偉人不論表達了什麼樣的意見與想法，甘斯都應該表達贊同，以便促使他提出「更進一步的洞見」。[1]

只不過甘斯正好是黑格爾的學生暨同事，而黑格爾即是一位寫起邏輯與心智都毫不妥協的偉大哲學家，所以甘斯面對令人敬畏的知識分子並不覺得緊張。如同許多經歷過拿破崙殘暴侵略的日耳曼人，甘斯也醉心於地方與過往的連結，深信立法者與政治人物必須關注一個社會的歷史，才能夠著手對其政府做出重大改變——又或者他就是想惡搞邊沁。

甘斯於是與滿頭白髮、身形瘦削又躁動不停的邊沁一同散步，走在他那幢龐大住宅旁的花園裡。甘斯提起了歷史、地方文化與制定法律這三者之間的關係，心知這項議題很有可能會引起對方的激動反應。「你真的重視歷史嗎？」邊沁確實如他所料的勃然大怒起來：「歷史支撐了不動腦的愚行，其頁面上不但書寫智識，也同樣寫滿了愚蠢。」邊沁繼續咆哮，認為法典或政府藍圖的建構完全沒有必要依循一個社會的特定歷史與慣例。成文憲法就像其他的法律一樣，也應該體現自由正義與權利這類放諸四海皆準的理性原則。

甘斯對於邊沁這段氣急敗壞的長篇大論暗暗感到好笑，但並不感到意外。畢竟，這位老先生可是曾在一八二三年發表過一份宣言，其標題毫不客氣地取為《適用任何國家的憲法典主要原則》（*Leading Principles of a Constitutional Code for Any State*）。在前一年的另一件出版品當中，邊沁也同樣堅信，對於立法者而言，「不論在什麼**區域**，什麼**種族**，什麼**時代**，必須制定的大綱都必然一模一樣」。意思就是說，邊沁認為自己有資格為全世界的任何一個社會起草憲法、法典或提供相關建言。如同這位英國人所「謙遜」指出的：「筆者志在達到的影響範圍乃是全球。」[2]

終於踏入女王廣場這幢宅邸的屋內之後，甘斯不僅看到了足以展現屋主財力及對現代摩登認同的蒸汽中央暖氣系統，他還見到了進一步的證據，足以顯示邊沁的興趣和野心所涵蓋的地理範圍有多麼廣泛。這個時期的富裕歐美男性，往往習慣在自己的私人圖書室裡擺滿古希臘羅馬經典著作的精裝本，儘管他們不一定真的會拿來讀。不過在邊沁的圖書室裡，書架上卻滿是「各種語言」的當代著作，甘斯注意到其中尤其以西班牙文與葡萄牙文寫成的書籍為多。[3]

在這場持續超過三個小時的會面當中，這位八旬老人「在通往圖書室的階梯上多次跑上跑下，敏捷得有如年輕人」。但在九個月後，邊沁就去世了。在他的遺體受到解剖之前（這是邊沁在遺囑裡堅持要舉行的程序），主刀的外科醫師先向這位死者致敬。他向獲邀出席而跼促不安地聚集在陰冷的南倫敦解剖劇院裡的那群顯要人物指出，邊沁生前基本上是一位戰士，只不過**他的**武器是語言，是「個人溝通或私密通信」，而他的敵人則是「無知、錯誤、偏見、欺騙、自私、惡行與苦難」。在動刀之前，那名外科醫師繼續說道，邊沁對抗這些問題不只是為了自己的祖國，更是為了「南北半球的所有國家」。[4]

這麼說自然是誇大，但邊沁確實做了這樣的努力。邊沁出生於一七四八年，父親和祖父都是成功的倫敦律師，早熟的他也接受過法律訓練。不過，由於他繼承了豐厚的收入及女王廣場的那棟大宅，因此不必工作謀生，得以利用自己的自由與終身未娶的單身生活專心投入寫作，每天產出十到二十頁的文字。他維持活力的方式包括吃熱的辣薑餅配黑咖啡，從事他特有的慢跑活動，以及接見一連串在政治與智識方面具有獨到見解的精選訪客，還有收取來自多個國家與不同大陸的信件。憑著一枝筆，邊沁對於各式各樣的主題發動攻擊，包括經濟、教育、犯罪與刑罰、帝國的道德與邪惡、動物權，他也暗中支持同性戀的合法化。就像這個時期許多執迷於政治的人士，邊沁也致力於研究及起草憲法——只不過他的規模令人驚嘆且包羅極為廣泛。[5]

邊沁持續擁護美國，仔細檢視那裡產出的眾多成文憲法。不過，這點並未阻止他與美國人艾隆・伯爾結為好友，儘管伯爾因為在決鬥中殺害了漢彌爾頓，並且為此遭到叛國指控，導致自己在祖國的名譽受損。幾年後，背負臭名的伯爾來到英格蘭，邊沁就立刻邀請他到家裡住，並獲得他回贈一本紐約版的《聯邦黨人文集》——說來頗為諷刺，因為這部文集的作者之一正是漢彌爾頓。伯爾吸引邊沁的其中一點，就在於邊沁有機會透過他而積極參與一項新的憲法計畫。伯爾一心想要在墨西哥劃出一

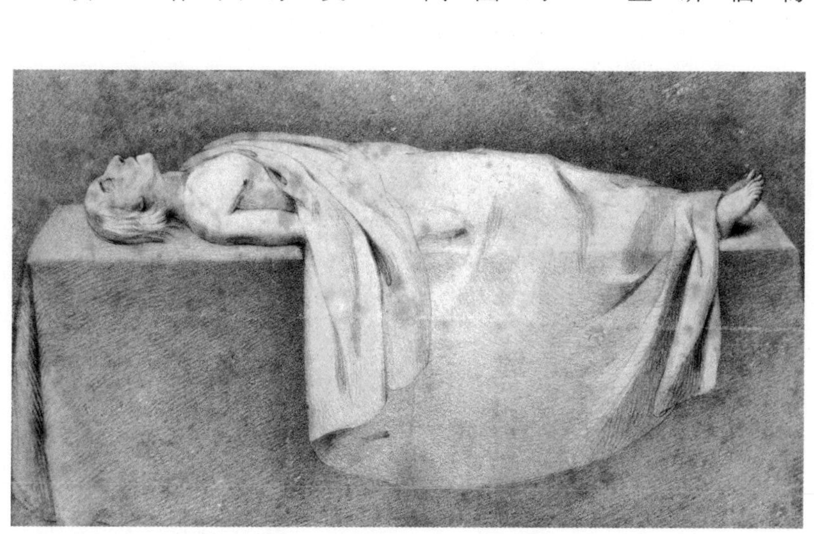

1832年的一幅石板畫，繪製了準備接受公開解剖的邊沁。

片屬於自己的獨立領土，他向邊沁承諾，自己屆時將派遣一艘戰艦載運邊沁橫越大西洋，好讓他設計這個獨立小國的法律和政府。[6]

如同這個例子顯示的，邊沁認為自己的專業能夠自由應用在世界上任何一個地方，為所有的政權服務。他在一八二〇年向委內瑞拉革命家西蒙・玻利瓦提供自己的憲法服務之時，以慷慨大方的姿態說道：「我不收酬勞，也不會為了服務一方而犧牲任何一方。」他自認是專業的自由行為者，只注重「人類整體的福祉」。[7]這種自我描述當中所帶有的虛榮明顯可見。甘斯一見到邊沁就立刻注意到這項特質。但儘管如此，在長達數十年的時間裡，還是有各式各樣握有權勢的好奇人士選擇聽信邊沁的說詞，而與這位「女王廣場的隱士」會面及通信，尋求他在政治與法律方面的洞見與建議。

就連高高在上的皇帝也與他聯繫。一八一〇年代，俄國沙皇亞歷山大一世與他幾位大臣寫信給邊沁，提及自己正在為波蘭與芬蘭這兩個屬地規劃憲法。反抗帝國的人也諮詢他的意見。希臘脫離鄂圖曼帝國的獨立戰爭在一八二一年爆發後，造訪倫敦的希臘政治代表中就有部分成員特地去拜訪邊沁。他在次年做出回饋，向他們提出自己對希臘第一份憲法草案的意見。邊沁的聯絡對象並不僅限於歐洲與美洲，而他的顧問工作範圍，其實也體現了新憲法的概念正以多快的速度擴展到世界其他區域。[8]

不令人意外的，邊沁也與海地這個加勒比海地區第一個由黑人統治的共和國有所聯繫。

他在一八二二年寫信給海地總統布瓦耶（Jean-Pierre Boyer）這位海地獨立戰爭的混血老兵，並在信件中指出：「不論【皮膚】顏色有何不同」，真正符合「各方真正利益」的做法，就是不要讓人類這些表面差異阻礙了「法律和制度上這種共同身分」的全球進展。當然，邊沁也在這封信裡附上了一部新海地憲法的大綱。[9]

他也和信奉伊斯蘭的北非搭上線，尤其是透過他的「養子」德吉斯（Hassuna D'Ghies）。德吉斯是虔誠的穆斯林，出身自的黎波里的一個富裕家庭，並在伊斯蘭學校接受教育，懂得多種語言。他在一八二〇年代初期造訪倫敦，立刻就向邊沁毛遂自薦，兩人在接下來的一年多裡詳加計畫，為的黎波里制定一部阿拉伯文憲法，也試圖促成可能會擴及整個北非的政治革命。他們這些會面的其中一項成果，就是邊沁在一八二二年所寫的文章〈防範苛政於未然〉（Securities Against Misrule）：這是第一次有西方作者針對新的憲法思想與機制如何能夠應用在伊斯蘭政體提出完整的討論。[10]

隨著年紀愈來愈大，邊沁更是愈發激進且積極，但這並不表示他年輕時的激進程度就比不上後來。他曾在一七八九年為革命法國起草一份憲法提案，主張把投票權擴展到全體公民，「不論男女」，只要「成年、心智健全且擁有識字能力」即可。心知他大多數的改革同志大概會質疑「為什麼要為女性賦予投票權？」邊沁於是搶先反問：「為什麼要排除她們？」[11]

然而，到了一八二〇年代，女性參政權雖然仍是邊沁私下感興趣的議題，這項理念卻已消失於他的主要公開言論與寫作當中。這時他的時間已經所剩不多，而且他看起來又有好多事情可以做。在一八二〇年代初始，他忙著與致力於重新推行《加地斯憲法》的西班牙自由主義分子通信，並且在一八二二年與葡萄牙第一部成文憲法的制定者建立了更密切的聯繫。不過，邊沁不僅為伊比利半島的改革計畫提供協助，還致力於協助南美洲試圖推翻葡萄牙與西班牙帝國統治的最著名人士。

他與後來成為阿根廷首任總統的革命戰士里瓦達維亞（Bernardino Rivadavia）通信，也和桑坦德（Francisco de Paula Santander）通信與會面。桑坦德由陸軍將領成為大哥倫比亞的副總統，後來更成為新格拉納達的總統。❽邊沁也經常與法學家暨哲學家荷西．德瓦耶（José del Valle）聯絡，後者不但制定了瓜地馬拉的第一部民法典，並且率先尊稱邊沁為「世界的立法者」（legislador del mundo）。邊沁還與大解放者西蒙．玻利瓦擁有一段時密時疏的長久友誼，這位傑出的委內瑞拉軍人暨政治思想家的解放運動協助了六個南美洲國家擺脫西班牙控制，後來自己也參與了憲法書寫。玻利瓦在一八一〇年造訪倫敦之時開始與邊沁聯繫，兩人就像後來的愛德華．甘斯那樣在邊沁的花園裡散步。他在十二年後以刻意的奉承語氣寫信給邊沁：「先生，您先前能夠想像得到嗎？身為立法者的導師，任何人只要在美洲這些野蠻地區提起您的大名，語氣必然滿是崇敬與感激。」[12]

邊沁的這些跨國與跨洲聯繫在近年來受到學界廣泛注意，而且也確實應該如此。不過，我們有可能過於關注他驚人的心智與活力過人的人際網絡，因而忽略了當時的大環境。邊沁的故事告訴我們，新的成文憲法正隨著戰爭數量與激烈程度提升而逐漸散播，而像邊沁這樣的人則扮演了極為重要的角色。然而，邊沁的故事卻也引發了一些超出他個人之外的問題。

第一個問題是，我們要怎麼理解邊沁崛起於英國，而且人生大部分時間也都在英國度過的這項事實？英國正是當時世界上拒絕成文憲法這種新式政治技術誘惑的地方，也是至今現存國家裡極少數沒有成文憲法的一個。這樣的地方竟然出現了一位志在為全世界書寫憲法的人物，到底有什麼意義？

第二個問題是倫敦。那些與邊沁會面的外國改革者及忙碌的立憲人士，大多數都不只是為了見他一面才專程來到倫敦，那麼那些人究竟是為什麼受到這座巨大城市吸引？或者，英國首都為什麼吸引了那麼多來自各個國家與大陸的憲政改革人士？對於世界各地冒險參與憲政改革的個人與團體而言，倫敦到底提供了什麼？

還有第三個問題。自一八一五年的滑鐵盧戰役之後，英國就成了全球最富裕且最具影響力的國家，並且保有此一地位直至二十世紀初期（儘管愈來愈吃力）。然而，儘管大部分書

❽ 編注：大哥倫比亞成立於一八一九年，領土範圍包括今日的委內瑞拉、哥倫比亞、厄瓜多、巴拿馬，以及部分的哥斯大黎加、秘魯、巴西與蓋亞那，後於一八三一年解體，由領土範圍較小的新格拉納達共和國取代。

寫漫長十九世紀的歷史都少不了大英帝國的影子，但過往有關新式憲法興起與傳播這一大主題的記載，卻通常沒有英國的位置。我們該如何解釋這種異常？又該如何把英國的戲份加回新式成文憲法全球化的故事當中？而我們一旦這麼做，這則故事又會出現什麼樣的變化？

英國例外論的局限

創新的單一憲法文本的起源與設計過程中，經常與節節升高的戰爭及軍事動員密不可分，這是前面提到的常態，而在實際上，英國並不是這項常態中的例外。如同歐洲北部的部分地區，英國其實在很早的階段就參與了這項趨勢。那是在一六四〇至五〇年代，當時英格蘭、威爾斯、蘇格蘭與愛爾蘭都爆發了內戰，而這段關鍵性的暴力時期也一度促成英國短暫建立了一個共和國。

內戰裡其中一股強大的戰鬥力量，就是「新模範軍」（New Model Army），這支軍隊在內戰中一度獲勝並擊敗了君王查理一世。而這個團體的成員所採取的行動及抱持的觀念，就足以證明英國並非例外的論點。一六四七年，部分新模範軍的重要人物草擬了所謂的《建議要點》（Heads of Proposals），希望以該文列出的主張為新的憲法協議提供基礎。更激進民主的則是《人民協定》（Agreement of the People），由新模範軍的士兵和軍官共同制定，在一六四七至四九年間陸續出現了幾個不同版本。其資助者希望這份文件能夠受到「每個英國人簽署」，從而讓英國國會臣服於人民的意志。「一屆國會制定的規則……有可能遭到下一屆國會推翻，」其書寫者指出：「但一份從頭到尾完全由人民提出的《人民協定》，國會就絕對沒有正當的理由可以廢除。」這一份文本將扮演有如根本大法的角色，不受任何未來的國會改動。[13]

這項《協定》及其制定者功敗垂成。不過，以共和派最重要將領之姿當上護國公的克倫威爾，卻在一六五三年擁護一份《政府約法》，適用範圍及於英格蘭、威爾斯、蘇格蘭與愛爾蘭，也可能及於英國的海外殖民地。這份印刷頒布的文本，意在於規範政府與選舉，文中也包括解放性的改革，例如對猶太人採取寬容態度，而且也再度差點被視為一部根本大法。克倫威爾在一六五四年對國會訓誡：「每個政府中都必須要有某種根本不變的基準，某種像是《大憲章》的文件，應該是長期有效又不可變更的。」[14]

然而，包括《政府約法》在內的所有共和派計畫，都在一六六〇年隨著王室復辟而告終。儘管如此，書寫富有進取精神的新式政府法規這種做法，在英國卻延續了下來。一六六九年，政治哲學家洛克偕同幾名英格蘭貴族起草了《卡羅萊納基本憲章》（Fundamental Constitutions of Carolina），為即將設置於當今的維吉尼亞與佛羅里達之間的一個殖民省分制定了「不可變更」的政府形態。[15] 這項倡議雖然也沒有成功，卻是一項早期案例，預告了接下來在英國一再反覆出現的事件。

就在英國人四處探索且投注心力建立強大海外帝國的那幾個世紀裡，他們也經常為不同的墾殖群體及被殖民的民族起草憲法。這種習慣一路持續至一九七〇年代為止，會告一段落也只是因為當時看似已不再有人可讓他們為其書寫憲法。英語世界裡數一數二知名的小說《魯賓遜漂流記》，最早是由死忠輝格黨人丹尼爾・狄福（Daniel Defoe）在一七一九年出版於倫敦，後來又陸續出過數百種譯本；而這部小說的續集曾經短暫探究過英國人習於**為別人**書寫憲法的這種傾向。在這部續集的結尾，狄福描寫主角魯賓遜在當地居民的要求下，為他那座不再是荒島的島嶼「親手寫了一份綱要文件」。魯賓遜促成這份文件的「起草及簽署完成」，內容為「每個人的農園」訂定了「界線與位置」。「至於他們之間的政府與法律，」魯賓遜則是對他們說，他「能夠給予他們的規則，不可能比他們為自己制定的更好」。但魯賓遜堅持他們必須遵守「鄰居和睦相處之愛」這一最基本的條件，而且絕對不能「在宗教上懷有歧見或者互相爭執」。[16]

其實早在狄福的寫作生涯尚未成名的十七世紀晚期，各色各樣的英國人就不只為其他民族和其他地方在紙上設計改革藍圖，更持續在國內實驗這些計畫。一六八八年，荷蘭對英格蘭南部發動一場規模龐大的海上及陸上侵略，導致詹姆士二世流亡海外。英國王位於是便由外來的荷蘭統治者奧蘭治威廉及他的盎格魯蘇格蘭配偶瑪麗二世接任。他們隨即在英格蘭頒布重要的《權利法案》，並在蘇格蘭頒布《權利宣言書》（Claim of Right），目標在於禁止刑求及確保選舉自由及請願權利，同時削減王權並強化國會與司法機構的地位與自主權。[17]

說到這裡，你也許會覺得英國完成的成就相當了不起。然而，恰恰正是一六四〇年代的內戰及一六八八年的光榮革命等促成早期憲法創新的動盪事件，限制了英國進一步以**書面方式**重新打造自己的政治體制。這些接踵而來的危機造成了一項結果，就是這個政體的王權遭到削減，愈來愈受到國會規範，同時出版自由與宗教寬容等個別權利所受到的保障也勝過歐洲大部分地區。與此同時，英國的國家機器也變得更為強大：自從十七世紀中葉以來，倫敦即愈來愈善於培養士兵及建立愈來愈強大的海軍，在一六八八年之後更是變本加厲。除此之外，如同潘恩在第二章所埋怨的，倫敦在收稅與借款以因應軍事支出方面的手段也變得愈來愈嚴厲，同時也更加積極侵略其他民族的疆域。

政府效率、控制力與武力的提升，使得英國在跨洲混合戰爭於十八世紀開始加劇之時，國家機器所遭遇的財務危機與**國內**政治動盪並沒有其歐洲主要競爭對手那麼嚴重。英國雖然在一七七六年之後喪失了北美十三洲殖民地，但國內並沒有爆發相應的動亂或重大裂痕。直到一次大戰促成一九一六年愛爾蘭發生復活節起義危機之後，不列顛群島上的武裝衝突才導

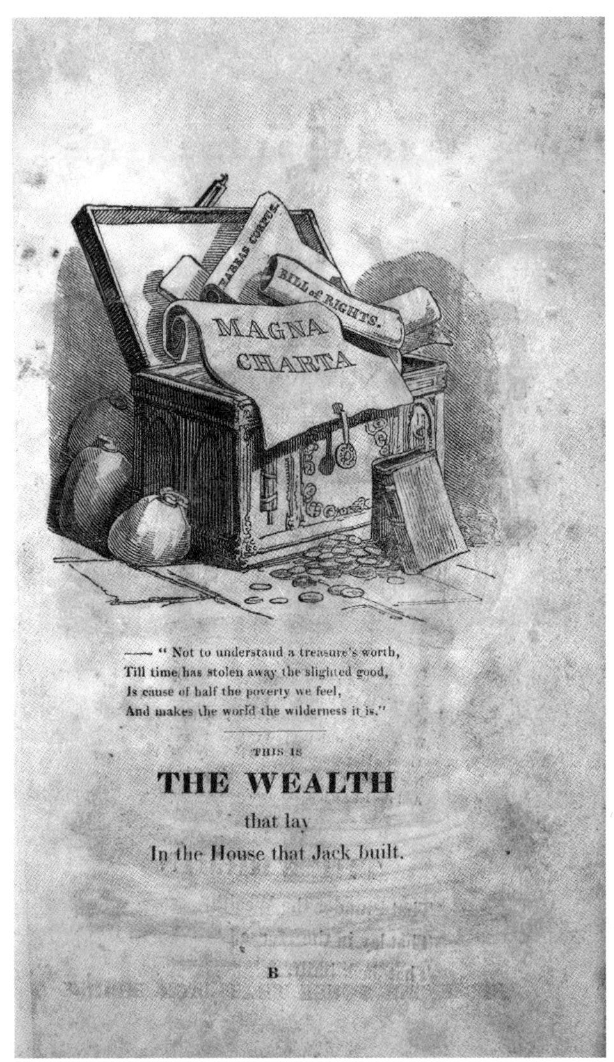

大不列顛真正的寶藏是憲法文本，而不是黃金：威廉・霍恩（William Hone）的激進小冊《傑克蓋的政治房屋》（*The Political House that Jack Built*）當中的一幅插圖，1819年。

致無可挽回的領土分裂，也才在憲法書寫方面產生比較成功的進展——儘管只有在新成立的愛爾蘭共和國裡。

除了愛爾蘭以外，英國國家機器在一七〇〇年後得以反覆參與戰爭而不至於遭遇極端財務崩潰或者嚴重的國內分裂，原因除了是英國在徵稅、借貸與生財的強大能力之外，其實還有其他因素。到了一八〇〇年，具備準軍事性質的英國東印度公司已得以在印度次大陸建立一支超過二十萬人的軍隊，大多數士兵都是南亞人，相關花費完全也由印度稅收支應。[18]英國政府因此能夠把大部分的國防預算集中於維持龐大的海軍，再以一支龐大的外籍軍隊補充自己部署於各大洲的陸上部隊——而且那支外籍軍隊的花費還不是由英國人自己支付，而是由遭到他們奴役的印度人民所負擔。

無論是王權在早期受到削減、針對特定宗教與公民權利訂立法律、英國國會的權力與地位的提早鞏固，還是一整套堅實的金融體系、一支龐大的海軍及那支受到額外補助的印度籍陸軍，這些因素共同造就了英國政治的非凡穩定，但也導致英國出現一定程度的憲法靜止狀態與自滿心態。在許多英國人眼中（儘管從來不是全部），這個國家在一七〇〇年後大體上不曾遭遇大型內戰與外患入侵，而且在對外戰爭中通常也獲得高度成功，就代表既有政治體制與憲法制度有著極高的正當性。「我們的利劍在陸上所向無敵，」一名亢奮不已的英國作家在一八一七年宣稱道：

> 我們稱霸兩極之間的海洋，知識受人敬重，才智無人可比，……而且各國財富都流入我們的港口。因此，在上天眷顧之下，這些優勢如果不是歸功於我們自由的憲法，還能歸功於什麼呢？

這類自吹自擂的說法變得極為常見，尤其是在十九世紀的頭六十幾年間。[19] 例如一八四八年，正值歐陸大部分地區再度陷入革命戰爭之際，蘇格蘭史學家暨政治人物麥考利勛爵（Lord Macaulay）就喜孜孜的以國外爆發的「劇烈風暴、雷電與大火」對比於英國自身的相對平靜，進而指稱英國得以如此好運的基本原因明顯可見。麥考利宣稱：「我們在上帝的賜福之下得以享有此一獨特的幸福，必須歸功於一部充滿智慧的高尚憲法。」[20] 諷刺漫畫家約翰．道爾（John Doyle）雖然出生於都柏林且信奉天主教，卻也在發表於一八四八年的一幅政治漫畫中採取這種自鳴得意的姿態。在這幅漫畫裡，「英國憲法」宛若一艘巨大的方舟，安然漂浮在暴雨中的洶湧浪潮上。在這艘船隻周圍（聖經讀者都知道，原本方舟就是為了保存有德者的性命），道爾描繪了若干不幸的歐洲統治者在水裡載浮載沉，奮力求生。如同麥考利的文字，這幅圖像也傳達了英國特別有福氣的觀念，**而英國既有的憲政秩序正位於這些福氣的最頂端**。

然而，這些英國人宣揚不成文憲法時所展現的熱情，有可能會造成誤導。這種志得意滿的心態掩飾了英國人對於「何謂英國憲法」缺乏共識的事實。舉例而言，英國憲法真的不成文嗎？英國人對這點的看法極少相同。

在某些人眼中，英國憲法最美妙之處就是其內容已高度內化，所以就像普通法判例一樣，隨時都處於變動狀態。支持者指稱這點使得英國憲法優於任何書寫於紙上而僵固不變的法典。「什麼是英國憲法？」一名保守派記者在一八三二年問道，就在邊沁去世的短短幾個月前：

英國憲法是上天的賜福：約翰．道爾繪製的《(現代)大洪水》(*The (Modern) Deluge*)，1848年。

> 我們的憲法就是我們呼吸的空氣、在我們的血管內不斷流動的血液、我們所吃的食物、餵養我們的土壤、拍打著我們海岸的海浪、我們女人的美貌、我們男人的力量、我們工匠的技藝、我們哲學家的科學知識、我們商人的冒險精神、以及令我們隨時保持在歡騰狀態的繁忙活動與公民抱負，推動著藝術的發展與文明生活各種舒適享受的進步……憲法不是由紙張構成，也不會跟著紙張一起被摧毀。[21]

不過，這種以歡慶姿態對於成文憲法的排拒，從來沒有獲得英國全民認同。在某些著名激進分子眼中（特別是潘恩與邊沁，後者愈來愈傾向於此），英國憲法沒有書寫成至高無上且明顯可辨的單一文本，並不是英國憲法獨特的優點，而是反倒證明了英國根本就不存在一部憲法。與此相對的是，某些評論者主張英國憲法其實在某種程度上**確實有**書寫成文，[22]例如一六八九年的《權利法案》等重大憲法文本。有些人甚至主張成文憲法實際上起始於英國。

曾任駐美大使且備受敬重的蘇格蘭法學家暨政治人物詹姆斯．布萊斯（James Bryce），就在一九一七年宣稱約翰王在一二一五年簽署於蘭尼米德（Runnymede）的《大憲章》乃是後來所有成文憲法的根源。布萊斯在一次大戰期間為了振奮人心而寫下：「我們似乎可以豪不誇張地說，蘭尼米德的高級教士與男爵打造出了一套超乎他們認知的優秀成果，而且目前已傳遍全世界，替秘魯乃至於中國的成文或剛性憲法奠定了基礎。」值得留意的是，布萊斯在一九一七年已承認這種新式政治技術確實傳到了全球大部分地區。[23]

我之所以強調英國對成文憲法的多樣性觀點，是因為英國偶爾會被視為世界憲法史裡的特例。英國主流的「國會主權論」認為，位於西敏的全權國會所通過的任何新法，都不能限制該國會在未來決定事情的權力；而這項觀點經常被援引來證明一七五〇年後的新式憲法技術必定會在英國顯得格格不入，因為成文憲法的概念在這裡注定失敗。

然而，英國人對於國會主權代表的意義與造成的影響其實沒有什麼共識，就像英國憲法究竟是否成文一樣，這點在過去與現在都是如此。[24]因此，我們對這些議題必須抱持更批判的態度，才能把歷史脈絡看得更清楚——而且我們不能只看到發生於英國國內的觀念與事件。畢竟這個社會的實力、財富、影響範圍與其在十九世紀初達到的工業革命規模，以及對抗拿破崙所獲得的成功（在其他國家的幫助下），都讓十九世紀全球各地愈來愈多的觀察者注意到了英國。當時英國看似有能力融合極端現代性、法治及一定程度的政治穩定，也因此大量吸引那些想要在自己祖國推動充滿抱負的憲法計畫及獲取靈感的個人與團體。除此之外，世界各地的政治倡議者為什麼會受到吸引，又為什麼會前來接觸英國社會，其實還有一個更加具體的原因，那就是倫敦本身。

屬於文字和流亡者的世界之城

十九世紀初期的倫敦，時常給人一種充滿階級分裂且嚴重失序的印象，特別是在史家E．P．湯普森（E. P. Thompson）的經典著作《英國工人階級的形成》（*The Making of the English Working Class*, 1963）出版之後。倫敦當時確實存在著赤裸裸的暴力分裂與政治動盪。一八二〇年，西班牙、葡萄牙、希臘及義大利部分地區都發生了大規模政治反抗，而倫敦也出現一項刺殺英國內閣成員的重大陰謀。但儘管如此，相較於這個時候其他國家的大都會，倫敦仍然相對穩定，而且沒有遭受戰爭的破壞。

相較於巴黎、柏林、馬德里、羅馬、威尼斯等許多歐洲城市，倫敦在拿破崙戰爭期間與戰後都未曾遭到外國軍隊的占領與破壞。不同於歐洲以外的部分城市（例如華盛頓的國會大廈與白宮在一八一四年遭英軍縱火，或是開羅在一七九七年後遭拿破崙的士兵大規模破壞），倫敦沒有碰上燒殺劫掠。不同於葡萄牙攝政王約翰六世（John VI）曾在一八〇七年被迫從里斯本逃往巴西的里約熱內盧，英國王室從來不曾因為戰爭而前往海外避難。倫敦居民整體而言也都沒有必要撤離他們的城市。相較之下，莫斯科在一八一二年就因為拿破崙大軍進逼而將居民撤離一空。托爾斯泰在一八六九年出版的《戰爭與和平》中指出，這座城市接著就「起火燃燒，火源來自士兵的菸斗、伙房與營火，敵軍士兵占用不屬於自己的房屋之後，也經常粗心大意而引起火災」。就算莫斯科很有可能實際上是由俄國人自己放火焚燒，但結果依然一樣嚴重，一座以木造建築為主的古老城市就此遭到大規模摧毀。[25]

倫敦沒有遭受殘酷戰火的侵擾，有助於確保這座城市在滑鐵盧戰役時的人口甚至比二十幾年前法國大革命爆發的時候還要多。倫敦在十七世紀晚期已堪稱是歐洲最大的城市，到了一八〇〇年甚至已成全球第二大城，僅次於北京。到了一八二〇年代，倫敦已幾乎成為全球最重要的大都會，據估居民達一百六十萬人。倫敦的廣大腹地，以及戰爭之後保有的完整性、財富與全球影響力，都有助於解釋為何這座城市吸引那麼多來自不同大陸與國家的政治改革者及倡議者來到此地。[26]

其中一位來到倫敦的改革者叫做阿勒松（Ramón Alesón Alonso de Tejada），他出身自西班牙西北部瓦雅多利德（Valladolid）的一個富裕家庭，並在家鄉成為一名傑出的法官。儘管出身於如此富裕的都會背景，阿勒松後來卻因為支持恢復加地斯憲法而被迫在一八二三年前往倫敦避難。除了最初的文化衝擊與流亡在外的落寞孤寂，他最先注意到的卻是這座首都「大量的人口與堆積如山的財富」。他以沮喪納悶的語氣寫信給他太太，聲稱這個國家真是個如假包換的「黃金國度」。[27]實情當然不是如此，但阿勒松的反應顯示出，這個時期的倫敦對剛抵達的外地人來說究竟有多麼龐大，即便是見多識廣的人士也不例外。特別是對那些家鄉遭遇侵略、受到漫長戰鬥與內戰摧殘的個人而言，倫敦更是顯得極度富裕且完好無缺。在拿破崙戰爭之後造訪倫敦，就像是在二次大戰之後造訪美國的大城市一樣，是一項令人振奮不已的新體驗，也和其他地方遭到槍炮摧殘的樣貌形成強烈對比。

倫敦之所以大量吸引外來人士，也是因為這裡擁有一套特質，雖然個別看來並不獨特，但在這座龐大都市裡卻以驚人的程度結合在一起。首先，英國的王室、國會、政府及外國代表與外交人員都位在倫敦。許多從海外前來拜訪邊沁的重要人物，來到這座首都的主要原因都是為了爭取英國政治人物支持他們在自己祖國推行的改革。此外，倫敦也是一座金融中心，而且是全世界**最重要**的金融中心，其優越地位更因為阿姆斯特丹、法蘭克福與漢堡等部分競爭對手遭到戰爭摧殘而更加鞏固。這種金融優勢也接連吸引了外國的政治倡議人士。那些在一八二〇年代初期前來向邊沁尋求憲法忠告的希臘獨立鬥士，之所以會在此時來到倫敦，即是希望向這裡的銀行與商業資本家籌募貸款，同時向富裕且愛好希臘的自由主義者募款。

不過，比起新興的南美洲國家，希臘向倫敦求取的金援根本微不足道。這些新成立的政體在推翻了西班牙或葡萄牙的殖民統治之後，為了站穩腳跟而大量發行政府債券。一八二二年，哥倫比亞、智利與秘魯都發行了債券。哥倫比亞和秘魯在兩年後再度發行債券，連同墨西哥、巴西與布宜諾斯艾利斯（今阿根廷），其他各國也有許多這類發行債券的作為。倫敦無疑是最大也最適合從事這些金融投資的場域。南美洲國家通常會派遣一名使者來到倫敦，由他與這座城市裡為數眾多的銀行或商行進行聯繫。接著，他會向一家金融機構提供賺取手續費的機會，方法是把債券賣給來自英國等地的投資人——畢竟當時有著許多滿手錢財、貪婪不已且極易上當的富人，但也有些人則是滿懷理想，認定自己的投資將會在不同的大陸上促進自由的理念。[28]

倫敦貨幣市場與變革中的南美洲之間具有的密切連結，其重要性超出於金融與經濟領域之外。首先，英國在南美洲的投資規模，也是英國報章媒體大幅報導南美大陸上各種新憲法的原因之一。對於自己的資金是否安全深感焦慮的投資人，自然迫切想要知道當地成立的政府究竟品質如何。英國與愛爾蘭的報紙因此充分回應了這項需求。正因如此，倫敦的《泰晤士報》才會在一八二四年十二月刊登一篇社論，標題為〈墨西哥民族……憲法的完成與發表〉。這篇文章的作者寫道：「由於這些紀錄與文件必然會引起一部分英國大眾的興趣，因此我們將把這些內容詳盡刊載出來」——而他也確實說到做到。[29]

英國的海外投資與英國報紙報導外國憲法的篇幅，確實存在著密切關聯。根據統計，在戰火猖獗的一七九〇年代，由於資本相對稀少且風險又高，因此英國與愛爾蘭的報紙中似乎只有六十五篇左右的文章在探討「新憲法」這項主題。到了一八一〇年代，隨著和平回歸，錢財逐漸充裕，新的政治技術也迅速散播，探討這項主題的文章數量於是暴增至將近兩千篇——到了一八三〇年代，英國與愛爾蘭的新聞媒體更是刊登了近乎五千五百篇探討「新憲法」的長篇報紙文章，以及數以千計短文、讀者投書及新聞快訊。我們可以合理假設，這類報導將會經常受到英國投資人的詳細閱讀。不過，對於政治變遷、文本與觀念感興趣的讀者也同樣關注這些報導，而且不只是英國境內的讀者，還包括世界各地那些經常輸入英國報紙的地區及當地讀者。[30]

對於南美大陸上的許多革命政府來說，經由倫敦而來的資金乃是一大資產。在經過刀劍與槍炮洗禮之後，大量流入的英國資本可以讓這些新成立的政權獲得一些喘息的空間，同時提供書寫憲法及紮穩根基的時間。而在促進其他地方的憲法改革上，倫敦其實還提供其他資源：倫敦是一座港口，如同從別的國家與大陸吸引大量訪客與政治倡議者的其他港都城市。從這個角度來看，倫敦頗為近似馬賽，這座位於法國南岸的城市經常吸引西班牙、義大利與阿拉伯的知識分子與異議分子。倫敦也像是美國的巴爾的摩、費城、紐約與紐奧良，這些城市大量吸收了來自南美洲、古巴與海地的政治狂熱分子與流亡人士。當然，倫敦也類似於鄂圖曼帝國統治的紅海城市吉達（Jeddah）。吉達是個轉運站，每年都有數以萬計的穆斯林經由此地前往麥加朝聖，其重要性在十九世紀期間日益提高，尤其是在輪船出現及蘇伊士運河開通之後。愈來愈多政治活躍且可能也反殖民的穆斯林，紛紛從印度、印尼、俄羅斯、非洲與鄂圖曼帝國部分地區搭船來到這座城市，並且在抵達麥加之前就自信滿滿地認定自己很有可能在這趟旅程中獲得意識形態與心靈上的援助，甚至是志同道合的戰友。[31]

如同其他的海岸與河岸城市，倫敦也持續吸引積極涉入政治、充滿求知慾及富有反抗精神的各方人士，只是倫敦在吸引這些人士上達到了相當獨特的規模。從一八一五年到後續超過一百年間，倫敦都是全世界最大的港口，也擁有全世界最大的商船隊。藉由英國所建立的龐大海洋帝國，倫敦因此與每一座大陸的重要港口都建立暢通無阻的連結。倫敦能夠自由通往英國本土的利物浦、蘇格蘭的格拉斯哥、威爾斯的卡地夫與愛爾蘭的科克（Cork）。而在英國本土之外，倫敦到了一八四〇年也已連結起馬爾他的瓦萊塔（Valetta）、巴貝多的橋鎮（Bridgetown）、新加坡、檳城、香港，以及南非的開普敦。後來還有澳洲的墨爾本與雪梨、位於當今葉門的亞丁、東非的蒙巴薩與桑吉巴，還有印度的蘇拉特、曼加羅、孟買、馬德拉斯與加爾各答，而這些還只是其中幾個比較著名的港口中心而已。這些繁忙的大港，也同時是其他更小港口與交易站網絡中的節點。倫敦除了能跟大英帝國網絡中的這些港口往來，也和其他令人眼花撩亂的眾多地點從事大量貿易，包括歐陸與美國，同時也愈來愈常與革命後的南美洲聯繫。[32]

範圍龐大且獨特的港口網絡，使得倫敦長久以來都是**經濟**史探究的主題。這點看似能夠證明偉大史學家霍布斯邦的著名論點：一七八九年之後，位於英吉利海峽一側的法國是現代**政治革命**的先驅，而位於另一側的英國則是現代**經濟革命**的主要倡導者。[33]也就是說，一邊是在政治上具有創新與創意的法國，另一邊則是在經濟上澈底變革的英國。然而，這種對比式的觀點除了過於歐洲中心，也太過簡單與粗糙。經濟發展通常會在更大層面上影響政治變遷，倫敦就確實如此，而且影響程度還達到跨洲的規模。

這座河岸城市的多重海洋網絡不斷把各種事物帶進英國，不只是商品，也包括政治上的新思想、書寫與活動。反過來說，這些網絡也把思想、書寫與政治活動向外傳播。例如在一八一七至二二年間，在倫敦身兼外交官及律師的委內瑞拉代表門德斯（Luis López Méndez），就從倫敦船塢出航的五十幾艘船隻中取得了船位。他再利用這些船位把六千名左右的人力（許多都是愛爾蘭人）送往南美洲，為委內瑞拉革命家玻利瓦的陸軍和海軍補充兵員。這些人在軍事上的貢獻雖然不大，但大批外國戰士參與南美洲獨立的武裝抗爭仍舊產生了可觀的宣傳效果。[34]

倫敦還有經由海路與河路運送的通信網。如果不是進出倫敦的船隻讓邊沁得以輕易收發郵件，他想必不大可能獲得日後享有的跨洲名聲。如同一名敵視邊沁卻富有洞察力的記者在一八一九年所寫的，邊沁得以把「憲章或法典送往歐洲或美洲的任何一個國家」（甚至也包括其他大陸上的地點），「只要那些地方有人以郵資付訖的信件向他提出這樣的請求」。[35] 邊沁的情形也在不同程度上適用於其他住在倫敦的社運人士。不論是跨越海洋與陸地的邊界向外輸送資訊、文本及政治參與者，還是接收來自世界其他地方的通訊、支持者或政治難民，這些活動都受益於這座龐大的全球性都市向外擴展的眾多海洋網絡。

對於新式憲法政治而言，倫敦最重要的條件就是生產與散播印刷品的規模、速度與範圍。倫敦對於越洋活動的觸及範圍，以及倫敦印刷業出現的本質變化，都有助於這一優勢的形成。英國早熟的工業化造成的結果之一，就是澈底改變了印刷術的生產力。一八〇〇年，倫敦已出現使用鐵框而非木框的印刷機，從而大幅提升了產量。到了一八一〇年代，蒸汽動力也使用於印刷技術之上，使倫敦的部分印刷廠能夠維持每小時印出一千頁以上的速度，是十八世紀平均數字的四倍。到了一八三〇年代，英國由蒸汽驅動的印刷機已能夠每小時印出四千頁。[36]

印刷產業的這類發展，同樣經常被人歸到經濟史與商業史裡頭。然而，這些發展的影響卻可能深具政治性。在印刷技術與技藝尚不普及、動輒遭到審查或遭到戰爭破壞的地區，那些有志於此的團體或個人（例如前述一八一一年委內瑞拉的憲法書寫者）便經常把重要的政治文件與宣言藉由船隻送往倫敦。到了那裡之後，這些文件即可迅速印出大量複本，接著再運往全球各地的選定地點。除此之外，各地也有愈來愈多政治運動者紛紛在倫敦設置了他們自己的印刷廠。

在十九世紀初期，流離失所的西班牙自由主義者就是在倫敦創辦了不少報紙，許多報紙的名稱還相當生動，例如發行於一八二四至二七年間的《西班牙移民休閒報》（*Ocios de Españoles Emigrados*）。也有由南美洲人經營的印刷廠與報紙，包括《美洲彙報》（*El*

Repertorio Americano)。這份出版品一開始由歸化智利的委內瑞拉知識分子暨外交官安德烈斯．貝約所督導。[37]他在一八一〇年因為一項任務而偕同玻利瓦與另一名委內瑞拉政治倡議者來到倫敦，結果因為母國的戰爭與政治動盪而被困在那裡。貝約在這座英國首都待了十九個充滿艱辛的年頭，在這段過程中娶妻生子又經歷了喪妻與喪子之痛。貝約也致力寫作，最後才終於得以離開英國前往智利，並在那裡草擬了智利的民法典，也對一八三三年的智利憲法做出貢獻。倫敦還有葡萄牙文期刊，包括《巴西利亞郵報》(*Correio*

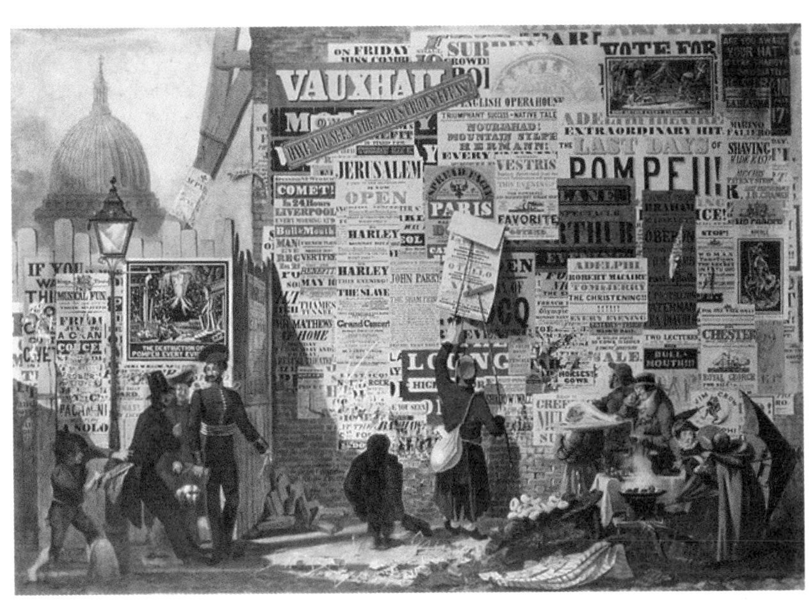

在約翰．奧蘭多．帕里（John Orlando Parry）眼中，1835年的倫敦在印刷產業具有如此的多樣化與市場活力，即便在髒亂的貧民區也不例外。

Braziliense）：這是第一份在名稱裡提及巴西的報紙。到了一八一〇年代，隨著葡萄牙帝國威勢下滑，這份報紙於是開始在巴西公開流傳，經常也是由英國商船運至巴西港口。[38]

在漫長的十九世紀期間，這類報紙的數量大幅增加。而如同這類外文報紙的名稱所顯示的，倫敦有著不少來自海外的運動人士社群：有些人只是短暫路過，有些人則是自願長期流亡於此。這座城市「充滿來自每個國家的各種流亡分子」，一名在一八二〇年代受困於倫敦的低階義大利改革者寫道：「憲法倡議者……將領、遭到罷黜的共和國總統、在刺刀尖下解散的國會議長等等。」他接著半開玩笑但頗有道理地指出，倫敦是「功業彪炳與志在成為英雄的人物齊聚的天堂（從挖苦的角度來說，其實是他們的流放地點）」。[39]

倫敦並非特例。事實上，有些地方在這個時期接納了比倫敦更多的流亡政治倡議者及被放逐者。因此，即便大量自由主義者在嘗試恢復加地斯憲法失敗後曾於一八二三年逃出西班牙（該國在那一年有將近百分之十的公務人員逃出國外），卻沒有造成大批人口湧入英國首都。更多人其實是逃往法國避難，例如藝術大師哥雅就從馬德里逃到波爾多。其他出逃國外的西班牙人則是選擇定居於歐洲大陸的其他地區，或是美洲與北非。只有百分之十左右的人前往英國，而這些人大多數都到了倫敦。[40]

倫敦**這座城市**裡的流亡社群，特點並不在於人數眾多，而是著名人士為數極多。來到倫敦的南美洲人正是如此。「在一八〇八至一八三〇年間，」史學家凱倫・拉辛（Karen Racine）

針對這群南美洲人口寫道：

> 超過七十名獨立時代的首要領導人物都在倫敦一同居住及工作，包括米蘭達（Francisco de Miranda）、奧希金斯（Bernardo O' Higgins）、西蒙・玻利瓦、安德烈斯・貝約、聖馬丁（José de San Martín）、米耶（Fray Servando Teresa de Mier）、阿拉曼（Lucas Alamán）、伊圖畢德、里瓦達維亞、貝爾格拉諾（Manuel Belgrano）、羅卡富埃特（Vicente Rocafuerte）、羅斯西奧（Juan Germán Roscio）、蒙迪亞（Mariano Montilla）、桑坦德、伊利薩里（Antonio José de Irisarri）、瓜地馬拉的艾西內那（Aycinena）與加西亞・格拉納多斯（García Granados）家族裡的年輕成員、阿圭羅（José de la Riva Agüero）、蒙特阿古多（Bernardo Monteagudo）、奧爾梅多（José Joaquín de Olmedo）與伊加納（Mariano Egaña）。[41]

換句話說，這份名單就代表著一八一〇與二〇年代於新近獨立的阿根廷、玻利維亞、智利、厄瓜多、瓜地馬拉、墨西哥、秘魯與委內瑞拉參與草擬憲法及建構國家的若干最重要人物，此時全都同樣身在倫敦這一座城市裡。

拉辛列出的名單裡有著國家元首，例如厄瓜多總統奧爾梅多。名單中也有多位將領（奧希金斯、聖馬丁與蒙迪亞），以及像是伊加納這樣的外交官，還有知識分子、記者與宣傳人士，諸如米蘭達、貝約與阿拉曼。如果要完整列出這個時期活躍於倫敦的南美洲政治名人，還必須納入金融業與商界人物，像是蒙多亞（Francisco Montoya）與阿魯布拉（Manuel Antonio Arrubla），他們在一八二四年於倫敦的貨幣市場上努力為哥倫比亞獲取一大筆貸款。更不用說軍火商，像是在一八二〇年來到倫敦為智利第一支海軍採購戰艦的貢達可（José antonio Álvarez Condarco）。

對於這些政治處境艱困但充滿抱負的外來人士而言，倫敦所提供的除了各種實際資產之外（包括機械化的印刷產業、密集而專業的金融機器、各式各樣的製造商、龐大的港口網絡與船運設施，以及當地領導菁英及他們的全球影響力），也有更多無形的效益，其中之一就是人身方面的相對安全。這些人當中有許多都涉入政治、意識形態與軍事事業，一旦失利、落敗或是遭人背叛，即有可能付出非常高昂的代價。如同英國散文家利・亨特（Leigh Hunt）描寫的葡萄牙激進分子，他們曾在一八二二至二三年間支持該國史上第一個憲法政權：「他們把紙本憲法當成盾牌舉在胸前，結果劍刃穿刺而過，插入他們的心臟。」[42]

相較之下，倫敦比較和平。這座城市在這時只有一支規模極小的警力，而且很少會找外國流亡人士的麻煩，除非是他們自己插手英國政治的正反攻防。流亡人士在這裡（如同其他地方）只要運氣好，又有足夠的資金，即可享有充分的時間從事思考與寫作，發展及釐清複雜的構想。這點對於憲法創新而言可能具有極高的價值。

以阿圭耶斯（Agustín Argüelles）為例，他是法學家暨政治人物，也是一位傑出的演說家，後來成為西班牙最重要的自由派人物將近四十年。他誕生於美國發表《獨立宣言》的那一年，首次居住於倫敦是在一八〇六至〇九年間以外交官身分前來。他後來在加地斯的西班牙國會出任代表，擔任憲法委員會成員，從而試圖把他在倫敦西敏（即英國國會）聆聽終結英國奴隸貿易的辯論而接觸到的部分廢奴主義觀念納入加地斯憲法，但最終失敗。後來阿圭耶斯以政治流亡者的身分二度來到倫敦，這回居住時間更長，從一八二三到一八三四年。他就利用這段時間從事書寫，針對加地斯立憲過程撰寫了一部深富影響力的兩冊著作。除了在大英博物館這座政治流亡者聖殿裡專心寫作之外，他也經聯繫安排而在一八三五年由一家位於倫敦的西班牙文出版社出版他的巨作。兩年後，他又幫忙草擬了一部新的西班牙憲法。[43]

阿圭耶斯的例子提醒了我們，只要足夠幸運且有相關意願，那麼流亡海外即有可能帶來各種不同的智識與意識形態效益。某種程度上，流亡者能夠從收容他們的社群當中吸收資訊及新觀點，就像阿圭耶斯藉著接觸倫敦的廢奴主義者而得到的收穫一樣。然而，被迫或自願離開自己的祖國，也可能帶來長期的孤立與獨處，而這種與外界隔絕的狀態也有可能讓人發展出新的想法與書寫。

阿圭耶斯就是獨自一人，他每天都在大英博物館勤奮寫作之餘從事這類反思及寫作。與他擁有相似處境的，還有委內瑞拉的安德烈斯・貝約、後來的馬克思主義者與俄國社會主義者赫爾岑（Alexander Herzen），以及創建中國第一個共和國並且深刻影響中國數部憲法的孫中山。他們雖是以外人的身分居住在陌生的國度，卻得以安然置身於這座博物館龐大的拱頂閱讀室內。閱讀室內有一份印刷公告的使用規則（由一名自由派的義大利難民起草而成），規定館方不得因為「對方身為政治流亡者」而禁止其使用這個藏書空間。44

重塑南美洲與想像英國

即便英國在一六五〇年代後沒有任何近似於成文憲法的存在，卻依舊扮演起憲法推手的角色，為這類政治工具在其他地方的發展與多樣性提供助力。尤其在拿破崙戰爭後的數十年間（但也不僅限於這段期間），英國因為經濟財富與軍事實力的提升、國家相對穩定，擁有龐大的印刷、港口與船隻網絡，再加上足以吸引各方人材聚集首都的資產，因此無論是在有形或無形上都能夠迎合各種憲法事業的需求。

除此之外，人們對英國的**想像**也發揮了重要影響。由於英國政體缺乏一部確切的成文憲法，因此在一定程度上，其政府與法律體制能夠為世界各地追求憲政改革的人士加以重新想像及參考運用。

這種外國人對英國及英國政府的想像，一個特別有名的例子來自一場演說，發表地點是在距離倫敦五千英里左右，委內瑞拉東南部奧里諾科河下游的一座小鎮裡，在當時名為安格斯特拉（Angostura）。當時在一棟樸素的殖民地風格兩層樓建築當中，一場由二十六位代表出席的大會召開於一八一九年二月十五日，而西蒙．玻利瓦就在這場大會上對他們即將為這個新國家制定的憲法發表演說，談論他認為這部憲法應該遵循哪些原則。

這時三十五歲的玻利瓦身形纖瘦，有著一個長鼻子、一雙漆黑而銳利的眼睛，以及有稜有角的臉龐。雖然過著極度危險的生活，他在身心方面都還是相當健康。如同他自己的形容，他毫無疑問是個「戰爭之子」。玻利瓦出生於一七八三年，父親是克里奧人地主暨民兵團上校，他自己原本也在西班牙的殖民地民兵團裡服役。後來隨著妻子去世，以及兩次造訪歐洲的重要旅程，玻利瓦在一八〇五年開始致力於解放西屬美洲，並且在一八一一年之後開始把這項決心轉化為武裝行動。[45]

玻利瓦到了一八一九年雖已獲得一連串的勝利，手下也有一萬四千名左右的戰士，包括為數愈來愈多的英國與愛爾蘭志願者，但他的進展卻在這時短暫陷入停滯。西班牙部隊及其克里奧人、黑人與原住民支持者重新控制了新格拉納達這個與委內瑞拉相鄰的省分，並且占

身著軍裝的玻利瓦：由不知名畫家繪製於1823年左右的肖像畫。

領了玻利瓦的出生地卡拉卡斯。因此，玻利瓦在安格斯特拉對那群代表發表的演說，目的就是在於號召及重新喚起支持，而演說內容也隨即在倫敦受到印刷及傳播。此外，他也在這項演說裡提出自己對於自由的委內瑞拉與重獲新生的南美洲所懷抱的願景。

玻利瓦首先向安格斯特拉會議上的代表們保證，自己在戰鬥結束之後絕對會欣然把權力交給委內瑞拉人民選出的代表。他對眾人說，自己不願成為「駭人的獨裁者」，只希望保有「良好公民這個至高無上的頭銜」。他承諾未來將會定期舉行自由選舉，因為只有讓人民懷有「公正的狂熱」，才能夠「確保……共和政體的自由」。這樣的說詞就算放在一七七六年的費城或是一七八九年的巴黎，也不會有任何格格不入之處。玻利瓦召喚未來獲得解放的委內瑞拉，也呼應了先前許多革命志士沉浸於其中的那種興奮樂觀。「我看見她坐在自由的寶座上，」他宣告道：「手中握著正義的權杖，頭上戴著榮耀的冠冕，向舊世界揭示現代世界的宏偉與壯麗。」[46]

令人意外的是，玻利瓦心目中認為最傑出，而且也希望在座代表起草委內瑞拉憲法時應當銘記在心的現代政府體制，居然是英國。「各位代表，」他對眾人表示：「我建議你們研究英國憲法，因為這部憲法注定可為加以採用的民族帶來最大的好處。」玻利瓦堅持，他不是在提倡「奴性模仿」英國的體制，而是主張仔細檢視其較具「共和色彩的特徵」。他接著指出，若是仔細研究英國，就會發現它根本不能算是君主政體：

> 我們怎麼能夠以君主政體這個詞語描述這套體制？這套體制承認人民主權、權力分立與平衡、公民自由、良心自由、出版自由，以及政治中一切崇高事物。在其他形式的共和當中，有可能存在更大的自由嗎？我們能夠對其他社會秩序懷有更多的期待嗎？我向各位推薦這部民定憲法。任何人如果渴望享有人權及一切適合我們脆弱本質的政治福祉，那麼這部憲法中的權力分立與平衡及公民自由，就是最值得效法的模範。

玻利瓦也建議安格斯特拉代表在他們的憲法裡騰出空間，設立一座由終身參議員組成的參議院。他向代表們保證，他不是要在委內瑞拉「建立一個貴族階級」，但「倫敦的上議院議員」就像「羅馬的元老院」一樣，是「支撐政治與公民自由這座大廈最堅實的支柱」。因此，若是委內瑞拉成立一個世襲的參議院，由那些在獨立戰爭中證明了自身價值的人士擔任議員，就也有可能成為「一座自由的堡壘……一個確保共和國恆久存續的核心」。[47]

玻利瓦接著指出，儘管他們正在反抗西班牙國王，但基於和前述相同的理由，一種改良的君主制政體也還是可能有助於「鞏固」新的委內瑞拉：

> 人民對君主表達的崇敬，是一種強而有力的聲望，能夠強化權威的迷信面向。王座、王冠及王權的壯麗，貴族提供的強大支持，一個王朝經過多個世代累積而來的龐大財富，以及各國國王相互為彼此提供有如手足般的保護——這些都是有利於王室權威的巨大優勢，使得王室權威幾乎無所限制。

因此，眾人應該思考該怎麼鞏固及強化行政權力。玻利瓦警告，「不論英國的行政權威看來有多麼過度」，對於獨立的委內瑞拉而言大概都會有所不足，因為一個新成立的共和國在本質上必然不穩定。這麼一個共和國選出的總統，就像是「一名運動員獨自對抗著一整群運動員」。最審慎的做法，就是憲法書寫者必須「為共和國總統賦予遠大於憲政君主的權威」。[48]

玻利瓦在後來針對君主政體與貴族政府的用途所發表的演說與書寫當中，再度提出更加強烈的類似主張，「條件是它們必須受到必要的限制」。[49]這樣的論點有時不免引人遐想，宣稱這位克里奧人種植園主人的兒子，這位一度蓄奴的玻利瓦，具有威權的天性，而且本質上是一位保守主義者。玻利瓦在一八三〇年十二月去世時（死因可能是因為結核病），大西洋兩岸的批評者（包括邊沁在內）都紛紛指控他具有帝國主義的專制傾向。然而，玻利瓦的觀念與動機其實比這些指控暗示的更加多變，他那種毫不妥協的偏激態度有時甚至帶有雅各賓式激進革命色彩。在發布於一八一三年的一項命令當中，他威脅對那些持續忠於西班牙的南美洲人處以「不得上訴的死刑」，除非他們加入他的行列，一同甩脫「暴政的桎梏」。[50]

我們不能夠把玻利瓦對英國憲法的部分支持，簡單歸因於他的親英情感。如同這個時期的許多革命人士與改革領袖，他也致力於利用英國及其屬地所提供的資源。他的《牙買加公開信》（*Jamaica Letter*）是南美洲獨立文本的一大傑作，這部文件正是他在一八一五年秋季居住於加拿大京斯敦（Kingston）市中心期間所寫成的，而當時京斯敦還是英國的屯墾殖民地。這部著作的英文版刊登於一份牙買加報紙上及英國的新聞媒體當中，也有許多本從倫敦寄送至其他地點。相較之下，《牙買加公開信》的西班牙文版本則是直到一八三〇年代初期才有印刷本出現。將玻利瓦的原始手稿譯成英文的還是一名友善的英國陸軍軍官，就像當初玻利瓦逃離委內瑞拉抵達牙買加，也是搭乘一艘由其他同情南美洲的英國人所擁有的商船。[51]

如同這點所示，玻利瓦有充分理由能夠察覺英國的商業資本與船運在這個時期對於南美洲的直接影響，而他在親密關係中也有這方面的體驗。他最近一位認真交往的性伴侶，是相貌美麗且積極投身政治的曼努埃拉．賽恩斯（Manuela Sáenz）。賽恩斯是一名與丈夫分居的有夫之婦，她的丈夫是個名叫詹姆斯．索恩（James Thorne）的英國商人，年齡比她大了一倍以上。索恩住在秘魯，那裡在一八二〇年代初期擁有超過三十六家英國商號。可想而知，這個商人完全比不上玻利瓦這位革命解放者的迷人氣質、權勢與魅力。「你很乏味，」賽恩斯對索恩說，語氣中帶有的厭惡也許不單純是針對他，也是針對英國無所不在的影響力：「就像你的國家一樣。」[52]

然而，儘管玻利瓦與英國的金錢、通訊、商業網絡、英國支持者及英國相關人士有如此多的往來，他對英國本土的直接經驗卻是少之又少：他一生中只造訪過這個國家一次。玻利瓦比較熟悉其他歐洲國家，除了意料之中的西班牙，也包括法國。他也如同許多憲法改革者，刻意從多個地區獲取靈感。

他在一八〇四年待在法國期間，研究了拿破崙及眾人對他的崇拜，參加了這位皇帝舉行於聖母院的奢華加冕典禮，因此學會了自我形象與領導魅力的重要性。玻利瓦解放南美洲黑奴的構想，其實也是源自他在一八一六年造訪海地南部的旅程，以及他與時任海地總統的佩蒂翁（Alexandre Pétion）所從事的討論。一如玻利瓦受到英國政治體制的部分面向所吸引（並且不時推薦南美洲加以採用），他從不同地方獲取不同觀念這件事在某種程度上也是一種經過精心算計的刻意產物。而這一結果，又源自於他不得不打的革命戰爭及戰後隨之而來的巨大挑戰。

所有成功的革命領袖，都必須煩惱該如何鞏固他們創造的新政權。在美國獨立戰爭之後，漢彌爾頓與古弗尼爾．莫里斯等人都曾經主張在尚不穩定的美國成立一個世襲參議院，態度也像玻利瓦一樣狂熱。至於在大英帝國撤離之後藉著各種君主制實驗以吸引大眾效忠的辦法，則是遲至一九四〇年代都還對印度部分民族主義者與憲法改革者具有吸引力。但對於一度受到西班牙統治的中南美洲而言，爭取獨立及達成這項目標所帶來的壓力，卻是特別強烈又曠日廢時。

中南美洲的獨立戰爭與一七七五年後發生在英屬北美洲的狀況非常不一樣。後來成為美國的大部分地區，是一排位於美洲東岸的英屬殖民地。即便到了一七九〇年，這些區域在不計入美洲原住民的情況下，居民人數也還不到四百萬人。相較之下，**單是**當時稱為新西班牙的墨西哥，此時人口就已超過此一數目，而新西班牙還只是西班牙在中南美洲四大總督轄區的其中一個而已。若算上葡屬巴西，這些區域的總面積超過七百萬平方英里。到了一八三〇年，一連串的獨立戰爭已經使得這片龐大大陸分裂成十個劃界不清且充滿爭議的政體：玻利維亞、智利、大哥倫比亞、墨西哥、巴拉圭、秘魯、中美洲聯合省（United Provinces of Central America）、拉布拉他聯合省（United Provinces of the River Plate，即後來的阿根廷）、烏拉圭，以及這些國家裡唯一的君主國巴西。[53]

這些土地劃分的方式，也和美國獨立戰爭的發展過程極為不同。在美國獨立戰爭期間，當地戰士在陸地與海洋上都得以獲得外國強權的關鍵支持，尤其是法國。這些強而有力的結盟關係，使得處於進攻方的英國在不到八年後即不得不讓步。相較之下，南美洲的各場獨立戰爭都沒有這類強大外來救星出面干預，因此無法在短時間內結束戰爭，或是縮短暴力的持續時間。

從南美洲部分地區開始爆發嚴重混亂的一八一〇年，到一八一五年的滑鐵盧戰役，歐洲強權在這段期間因為太忙於自己的混合戰爭，以致無法在其他大陸上全力交戰。在滑鐵盧之後，歐洲不但瀰漫著戰後疲乏的氛圍，也累積了太多的債務，因此除了西班牙與葡萄牙之外，已沒有任何一個歐洲強權有興趣在南美洲從事大規模戰鬥。南美洲獨立鬥士雖然能從中把握機會，卻也帶來了長期的危險及傷害。

由於缺乏重大外來武裝干預，南美洲因此在很長一段時間裡處於軍閥衝突之中，雖然規模不大，但經常極為殘暴，而且是同胞之間的自相殘殺。這種情形在某些地區從一八一〇年一路持續到一八二五年之後。由於這些長期的血腥衝突，南美洲因此同時成為新憲法倡議的天堂及地獄。

之所以說是天堂，是因為在缺乏外來大規模軍事援助的情況下，南美洲獨立領袖不得不反覆進行內部動員，對象包括赤貧人口、原住民人口，還有愈來愈多的奴隸及非裔人口。自從一八一六年以來，玻利瓦自己就發布了一系列反對奴隸制度的命令，一方面是受到他不久前的海地之旅及他自己對於奴隸制度愈來愈強烈的厭惡所影響，但另一方面也是因為他認知到「共和國需要其所有子女的服務」——共和國需要他們上戰場。不論身處於哪個陣營，南美洲的黑人、原住民男子及貧窮的白人一旦以這種方式被徵召入伍，就很容易涉入政治主張及憲法辯論。如同阿根廷史學家薩巴多（Hilda Sábato）所言，長期戰爭以這種方式對南美洲強迫灌輸了政治社會的現代化。[54]

在另一個層面上，戰爭與群眾動員的要求也促成了中南美洲更廣泛的公民參與。一八一〇年後，原本只侷限於大城市裡的印刷廠開始散播到比較小的城鎮與村莊。墨西哥單是在一八一三年就有新的印刷廠出現於猶加敦、阿卡普科（Acapulco），以及特拉普哈瓦（Tlalpujahua）這座採礦小村莊。[55]這類印刷廠所發行的部分出版品同時以歐洲語言和原住民語言印行，以便能夠觸及盡可能多的讀者。即便在完全獨立之前，長期的大規模戰鬥及印刷供給的不斷擴大就促成了多部開創性成文憲法的出現。根據一項估計，一八一〇至三〇年代初期間，南美洲至少有七十七部國家和區域憲法受到施行。除此之外還有更多受到規劃與討論的憲法，只是終究未能實現。[56]

部分憲法文件的民主程度相當引人注目，例如在男性投票權方面的規範。墨西哥又是個明顯的例子。在墨西哥獨立的前幾年，這個區域原本是根據《加地斯憲法》進行治理。一如我們在第四章所見，這部憲法把大部分黑人排除於積極公民權之外。不過，墨西哥軍閥伊圖畢德將軍在一八二一年撤銷這些種族限制，從而擴大了地方選舉權。他「實際上為所有十八歲以上且具有就業身分的男性賦予了投票權」。[57]

最能清楚展現大眾對於這種新式政治技術感興趣的，或許是墨西哥一部即興產生的地方憲法：白人與非白人倡議者都對此深感興奮，因為這類印刷文件不僅能規範政府框架，還可望重整他們自己平凡的地方生活。一八二五年，在墨西哥西北部的奇瓦瓦省（Chihuahua），憲法倡議者想要利用一部地方新憲法鞏固家庭，因此在文中納入一項具有威脅意味的條文，規定子女如果不懂得感謝父母，將會喪失公民身分。在同一年，猶加敦省新憲法的制定者則是納入了某些規定，明文要求當地居民必須行事公正及慷慨施捨，希望促使他們成為更良善的人。兩年後，墨西哥東部的科阿韋拉與特哈斯省（Coahuila y Tejas）也制定了一部憲法，規定販賣選票及從事賄選活動的居民都必須受罰。[58]

這就是西屬美洲獨立抗爭所帶來的憲法創新天堂。這一現象在某些地區帶來劇烈而深遠的影響。到了十九世紀中葉，南美洲大片區域在社會階級與種族方面（但不包括性別）的政治包容性，已勝過美國及歐洲大部分地區。然而，前面曾提過中南美洲不僅是憲法的天堂，同時也是憲法的地獄。

由這座大陸上出現如此大量的憲法可知，那些憲法存續的時間都相當短暫。委內瑞拉在一八一〇年至三〇年代就更迭了六部憲法。至於充滿創意與實驗精神的墨西哥，各省區則是在同時期裡經歷了超過二十部憲法。新格拉納達各省單是在一八一一至一五年間就採行了至少十部憲法。一八二〇年代（也是玻利瓦人生中的最後十年），西屬美洲制定的憲法幾乎沒有一部得以存續超過一年。「我們的條約都是廢紙，」這位解放者感嘆道：「我們的憲法也只是空洞的文本。」[59]槍與劍終究在付出巨大代價的情況下獲勝，但筆墨顯然未能創造穩定。玻利瓦就是愈來愈感受到這一點，才會轉向青睞於他想像中的英國體制。

其他著名南美洲獨立領袖也和玻利瓦一樣，愈來愈感到挫折與幻滅。墨西哥的天主教教士暨共和主義運動人士米耶，還有愛爾蘭西班牙裔的智利解放者奧希金斯，就都是如此。玻利瓦在一八二〇年代變得愈來愈鬱鬱寡歡（他在那個年代末以陰鬱筆調寫道：「我們在美洲唯一能夠做的事情，就是移民出走」），部分原因或許是他打仗打得太過辛苦也太過長久，或者也可能因為他是個悠遊於文字中的人。但真正關鍵的原因，就是與拿破崙一樣閱讀胃口彷彿永不饜足的玻利瓦，打從一開始就在嚴肅考慮以下問題：什麼樣的政治體制才能夠在南美洲有效取代西班牙帝國統治，同時又可確保秩序和穩定？[60]

玻利瓦雖然直到一八二〇年代晚期才正式與邊沁決裂，卻在許久以前就已經對於邊沁那過度理想化且純粹理性的政府架構抱持懷疑態度。邊沁大體上都與極度貧窮、缺乏教育或者行為暴力的人士保持著安全距離，也有幸得以在自己富裕的倫敦市中心書房裡寫作，不受戰爭的摧殘影響。玻利瓦本人的經驗非常不一樣。「人類在戰場上或在憤怒的示威活動中發出的怒吼，」他在安格斯特拉以堅定的態度向那群代表提出警告：

年紀較大而且瘦削又疲憊的玻利瓦，在1828年於哥倫比亞波哥大繪製的素描。

> 譴責的對象是那些麻木或盲目的立法者，誤以為自己能夠嘗試各種突發奇想的制度而不受懲罰。世界上的每一個國家都追求過自由……但只有少數幾個國家願意節制自己的野心，依據自己擁有的資源及自己的精神與處境，建立起合適的政府形式。[61]

這些觀點促使玻利瓦愈來愈傾心於英國憲政體制的部分內容。同樣改變他想法的還包括孟德斯鳩的《法意》，他曾在兒時經由家教西蒙・羅德里格斯（Simón Rodríguez）的介紹而得知這部著作，進而仔細閱讀。這本書在拿破崙戰爭結束後曾經重新掀起一股閱讀熱潮。[62] 孟德斯鳩主張，一個國家的法律和制度應當依據其獨特的文化、禮儀與地理環境打造。他也在這部著作的第十一冊中頌揚了英國體制的部分內容，包括英國的憲法，還有英國由君主、貴族與（非常有限的）民主混合而成的政府，並聲稱那三者能夠互相制衡。孟德斯鳩私下對於英國的看法有時極為嚴苛，但他認為英國中央政府的平衡乃是成功國家的本質。玻利瓦也是如此，甚至比孟德斯鳩更有過之。他用選擇性的眼光看待英國，並從中尋找符合自己觀點的證據。

他同意南美洲絕對不可能施行正式的君主體制，但他也相信南美洲有可能也應該要有終身任命的強人總統——或許還有權提名自己的繼任者。他在一八二六年為玻利維亞設計的憲法中，就提議過這樣子的安排，而他也認為這部憲法可以為鄰近的其他共和國提供一份改革藍圖。玻利瓦同樣認為，南美洲要出現正式的貴族制度大概也是不切實際，但他在安格斯特拉及後來的部分場合中極力主張成立世襲參議院的效益，或者至少是由終身職議員組成的參議院。至於「不受拘束的大眾」，那些在這座大陸上起身作戰的人民，玻利瓦則認為他們迫切需要受到管理，他們形形色色的意見與志向也必須透過「家長式政府的引導加以緩解，以便療癒暴政與戰爭造成的傷口」。必須要有一種能夠安撫民心的折衷辦法。如同他在英國治下的牙買加所寫，他們必須尋求一種「適切的平衡」。[63]

交互影響

這類「折衷平衡」的立場，也吸引其他知名的南美洲政治人物、軍人及知識分子。舉例而言，智利的一八三三年憲法在經過增修的情況下存續至一九二〇年代，而其制定者就刻意切割先前在這個新共和國裡創造聯邦體制的嘗試。這群立法者為一個強而有力的元首奠定了基礎，也納入所謂的「英國式」政府的部分面向。[64]在歐洲大陸的部分地區，緊接在滑鐵盧之後的數十年也見證了類似的轉向，強調務實且中間路線的憲法設計——而且這條路線的支持者經常把這種做法明確連結於英國的模範。這種情形不只能夠見於法國的《一八一四年憲章》這類保守文件，也可見於比利時較為開明且更具影響力的一八三一年憲法。

比利時的一八三一年憲法源自於一場革命，而那場革命把後來成為獨立國家的比利時與前荷蘭聯合王國（United Kingdom of the Netherlands）的北部分離開來。儘管立國源自於充滿暴力的革命，大多數的比利時立法者卻渴望平衡，也注意到英國體制看似成功的穩定狀態。他們拒絕聯邦制度，絕大多數也拒絕共和制度，而是選擇依照英國模式建立一套世襲的立憲君主政體。身為官方行政首長，這位新任的比利時國王將受到一個兩院制的立法機關束縛，這點同樣也是依循英國模式。如同其他憲法制定者，比利時國家議會的議員也精心採取了選擇性擷取他國制度的做法，好比他們就拒絕仿效英國當時完全世襲的上議院。儘管如此，他們也明白指出新成立的比利時不會是一個「光明的烏托邦」。「我們必須鎮定下來，只傾聽理性的聲音，」他們其中一人宣布：「我們必須提防抽象化與理論，冷靜衡量我們這個時代的真實狀況。」這部比利時憲法制定過程中的辯論，也夾雜了對於孟德斯鳩的《法意》語帶肯定的評價。65

這一切並不令人意外。這部憲法起草於布魯塞爾，距離滑鐵盧戰場只有十二英里遠。戰爭造成的損失與破壞早已太多，也有太多人與太多地方在太長的時間裡遭到殘害。如同拿破崙之後法國復辟君主政體的許多支持者，以及玻利瓦及他在南美洲那些同樣備感疲累的革命勝利者，大多數比利時政治人物與思想家也都認為穩定與折衷妥協才是關鍵。經過數十年的戰爭與極端意識形態動盪之後，穩定、漸進與妥協所帶有的吸引力經常勝過實驗性的改革及邁向未知的計畫。這種優先順位的改變，有可能促使人心與文字論述轉向支持英國的政治體制（無論是其真實或想像的面向），而且有時也確實如此。

英國本身又如何呢？這個國家的政府體制、價值觀與基礎建設，確實在這個時期受到世界各地憲法改革者以各種方式參考採用。然而，這件事情的反面卻也相當重要。英國不只對於其他國家與大陸的憲政變革有所貢獻，英國自己就也受到了其中部分變革的影響。

讓我們把目光轉回邊沁的興趣與野心所觸及的地理範圍，轉回愛德華・甘斯在他位於女王廣場的住宅圖書室書架上所看到的葡萄牙文、西班牙文等語言書籍。我們再把目光轉回英國與愛爾蘭新聞媒體對於外國憲法愈來愈多的報導，轉回不斷湧入英國首都的那些政治流亡人士、革命家及政權開創者，也轉回這個國家和全球不同地區無與倫比的海上連結，以及其長久以來產出重要創新政治文本的本土傳統。這一切再加上英國在這個時期一再捲入曠日持久的戰爭，所以英國的人民不大可能會對那種新式政治技術的散播及相關觀念無動於衷。他們實際上也確實沒有。

在滑鐵盧戰役後，部分英國人也開始著迷於憲法的熱潮，其中有一些案例特別知名。一八二二年春季，雪萊與拜倫向同一家熱那亞造船商購買船隻，然後在義大利西北沿岸的斯佩齊亞灣（Bay of La Spezia）舉行比賽。如同這兩位駕起船來不大熟練的詩人船長，這兩艘船隻也兼具革命、戰爭與憲法的印記。雪萊的船隻設計頗為拙劣，導致他在那年因為船隻在風暴中翻覆而喪命，原本打算為英格蘭共和國反抗查理一世的事蹟撰寫史詩的計畫也就無從實現。身為邊沁的讀者，雪萊也曾經投注心力與言詞支持一八二〇年的拿破崙革命及從中短暫出現的憲法。至於家境富裕的拜倫，則是選擇把自己那艘較為堅實的雙桅帆船命名為「玻利瓦號」。但拜倫也在兩年後告別了人世，死於在希臘感染的熱病。他之所以前往希臘，正是為了參加那個國家的起義革命。拜倫希望希臘能夠脫離鄂圖曼帝國，達成政治解放，實施賦予人民權利的成文憲法。[66]

讀者可能會以為，既然這兩人都深富才華，他們選擇的政治立場想必也極為特別。實際上並非如此，各式各樣的英國人在這個時期捲入廣泛的憲法事業。另一個更有說服力的例子，來自於另一名較為平凡的人物。他是先後擔任過海軍中校與民兵軍官的約翰．卡特萊特（John Cartwright）。卡特萊特是資深的改革者，也是邊沁的政治夥伴。智識才華與原創性遠遠比不上邊沁的他（邊沁最喜歡以「合格」這個明褒暗貶的字眼描述他），直到今天也還是很少受人重視，偶爾會有人特別談起他，但語氣往往也相對鄙夷，指稱他麻木不仁地堅守傳統的抗議形式，並且耽溺於古物收藏。然而，我們其實能從卡特萊特身上看見更多。

相較於邊沁為南美洲等地所規畫的龐大政治計畫，總是傾向於忽略當地原住民的存在，卡特萊特早在一七六〇與七〇年代就已開始倡導保護北美原住民，偶爾甚至略帶遲疑地呼籲保護原住民的政治認同。[67]他也支持在英國本土提出一部成文憲法，至少從一七九〇年代開始就一再於書寫與演說中如此主張。

在卡特萊特的想法當中，這麼一部憲法一旦起草完成，就必須「印刷與廣為發行，並且接受三年的全國討論」。他堅持這部新的成文憲法一旦獲得共識，條文就應該要以金色文字銘刻在英國國會的內牆，永久提醒著立法者必須向這部受到全體（男性）人口認可的基本法負責。[68]在法國大革命與拿破崙戰爭期間，卡特萊特原本跟邊沁一樣站在反對革命的陣營，但他也受到湧入倫敦的外國憲法改革者的觀念影響，甚至在某些想法上因此改變了方向。

卡特萊特與流亡海外的西班牙自由主義者阿圭耶斯有著多年友誼，因此卡特萊特的部分著作因此得以在西班牙翻譯出版。他在一八二五年完成了最後一本著作，書中內容是一名西班牙人、一名法國人、一名義大利人、一名德國人與一名英國人針對憲法改革的本質進行了一場想像中的對話。這本書就只以西班牙文出版，並且題獻給德爾列戈（Rafael del Riego）的手足——德爾列戈是一八二〇至二三年間西班牙憲法革命中的首要烈士。[69]卡特萊特也透過倫敦的流亡者社群而與南美洲的獨立運動人士建立聯繫，尤其是墨西哥，因為他親自為這個國家規劃了一項憲法計畫。他的姪女，同時也是他最忠實的傳記作者，聲稱他臨終前最後的遺言幾乎都是在表達內心的感恩，慶幸墨西哥大元帥伊圖畢德復辟帝國君主政體的嘗試沒

卡特萊特少校拿著他的其中一份憲法計畫。

有成功，於是墨西哥得以保有共和國的體制。「我很慶幸，我非常慶幸。」據說卡特萊特在臨終之際如此高呼。[70]

這樣看來，邊沁在這個時期忙著書寫憲法及與外國政治改革人士聯繫的行為，其實根本算不上獨特。這個時期同樣有許多沒那麼傑出或沒那麼知名的英國人同樣採取這類做法。在另一個層面上，卡特萊特的職業生涯再度擴展了我們對英國憲法思想和語言的多樣性所懷有的理解。與邊沁形成鮮明對比的是，卡特萊特完全是一名四處奔波的行動派人士。他不僅心懷使命，也親自不斷遊走各地。在一八一〇年代晚期與二〇年代初期，他在大不列顛各地從事了一連串的艱困旅程，在露天演說場上向大批聽眾鼓吹政治變革的福音，也與當地的改革團體舉行會議。這些活動在後來受到的檢視，通常都是為了探究英國國內改革國會的運動。[71]不過，卡特萊特在遊走大不列顛各地的同時，似乎也經常鼓吹成文憲法的理念，並且激起了廣泛的興趣和熱情。

舉例而言，恩格斯與馬克思都曾經熱切注意的憲章運動，就是一八三〇與四〇年代發生於英國與愛爾蘭的一項群眾運動。而這項運動的部分支持者即是從卡特萊特身上獲取靈感與思想。憲章運動的名稱來自於一部書面文本：《人民憲章》（*People's Charter*）。這部文本在一八三八年起草於倫敦，概要列出了一套民主要求：男性普選權、不記名投票、國會議員支薪（好讓窮人也能夠擔任這項職務）等。這部憲章得以反覆印刷與大量發行，其中一名支持

THE PEOPLE'S CHARTER,

An Act to provide for the just Representation of the People of Great Britain & Ireland in the Commons' House of Parliament.

THE "LONDON DISPATCH" (PRICE 4d.) IS A PAPER DEVOTED EXCLUSIVELY TO THE INTERESTS OF THE WORKING CLASSES.

Office, 21, Catherine Street, Strand.

《人民憲章》的一份廉價單頁印刷本，1839年左右。

者更是宣稱：「這部憲章裡的每一項原則都受到卡特萊特少校的認可。」[72]

憲章運動也產生了其他書面文件。在這場廣泛傳播的政治運動裡，有些參與者試圖書寫獨立宣言與權利宣言，另外有些人則是主張召開全國大會，由「普選」方式選出代表，從而「在《人民憲章》的基礎上建立一部新憲法」，最後再取代英國國會。[73] 一名平凡至極的憲章運動發言人在一八三八年於英格蘭北部宣布：「事實是我們沒有憲法，現在該是人民著手為自己制定一部憲法的時候了【歡呼】。」舉行於同一年的另一場憲章運動集會，則是舉杯向「一部定義明確的成文憲法」致敬。[74]

卡特萊特的職業生涯、書寫與人脈，就像後來這場憲章運動中的部分語言與倡議，都突顯了英國與愛爾蘭並沒有不受成文憲法這種新式政治技術的興起所影響。這兩個國家的個人、組織與倡議都與成文憲法這項不斷擴大的變革有關，而它們有時也協助形塑乃至於加速了這項轉變。不過，事實證明歷代英國政府對於這些要求都能維持置之不理的態度，無視相關倡議者**在國內**主張全面推行成文憲法的運動。原因就在於英國的政治體制在十七世紀後極不尋常地免疫於外來入侵及毀滅性的海外軍事敗仗，而且除了愛爾蘭這個晚近的例外，十七世紀後的英國再也沒發生過嚴重的內戰與武裝革命。

如同世界其他地方，戰爭的特性與發生頻率在英國也產生了關鍵的影響，只不過影響方式剛好相反。英國境內的戰爭與暴力衝突較為少見，使得本土的成文憲法倡議更難以出現，而不是更容易出現。因此，英國人若有志於以書面設計及創造出一個政治上的新世界，也就只能在世界上的其他地區尋求這方面的機會。

第三部

新世界

New Worlds

國家唯有制定現代憲法，才能夠與世界其他地方競爭。

第六章

無法勝出與不願認輸的人們

Those Not Meant to Win, Those Unwilling to Lose

皮特凱恩

我們必須擴展目光，關注更多不同的區域。一八三八年十一月二十九日，羅素・艾略特上校（Russell Elliott）與單桅小帆船飛行號的船員登上了皮特凱恩島（Pitcairn），並發現了一支亟需成文憲法的民族。皮特凱恩原本是在南太平洋位於紐西蘭與秘魯之間的一座無人小島，直到一七九〇年成了邦蒂號九名叛變者的避難所，為首者叫做弗雷徹・克里斯蒂安（Fletcher Christian）。九名叛變者還帶著十八名大溪地同伴，大多都是年輕女子。群體內的暴力衝突、疾病與意外等艱困的處境，很快就進一步削減了這個群體原本不多的人數，不到十年即已只剩下一名白人男性。因此，皮特凱恩島上的文化，起初主要是受到那些大溪地女子及其後裔的玻里尼西亞文化所形塑。直到一八一〇與二〇年代，該島才開始與更多西方船隻零星接觸。在西方水手看來，島上絕大多數居民都是深色皮膚，因此水手所繪製的圖畫當中也是如此呈現。大多數居民都是赤腳，身上穿著由樹皮製成的簡短服裝，但兩性仍各自保有他們那混合不同文化起源所帶有的習俗：好比依照海軍的傳統，縫紉屬於男性的工作，而島上女性則是依循大溪地民風，在用餐時與男性分開而自行聚在一起進食。到了一八三八年，皮特凱恩這塊面積僅二平方英里的火山岩上，已居住著將近一百名以非白人為主的混合文化人口，而且他們如今已不再受到距離的庇護。[1]

一名傳教士登上這座島嶼，帶來了聖經及其他書籍，並且在島上督導建立了一所學校。接著又有更多訪客到此掠奪，愈來愈多來自南塔克特（Nantucket）、塞勒姆（Salem）與紐波特（Newport）的捕鯨船停泊於這座島嶼的外海。有些船員在上岸之後即開始對皮特凱恩的法律和政治地位提出質疑，「對當地人出言挑釁，指稱對方沒有必須受到**外人**敬重的法律、國家與權威。」這些水手畢竟來自美國，而且還是新英格蘭地區的人，他們理所當然地認定政治認同必須由一面獨特的旗幟及某種成文憲章作為代表。正如同這些捕鯨人所指出的，皮特凱恩人「沒有國旗，也沒有任何能以成文書面象徵權威的機構」。因此，這座島嶼難道不是見者有份，人人得以占據？一八三八年抵達皮特凱恩的艾略特上校聽到了這些擔憂，並隨即做出反應。他把自己船上一面多餘的英國國旗送給島民（可謂順理成章），並且草擬了他後來所稱的「少數幾條必須遵守的規範」。這份文件存留了下來，而且很快就被視為一部成文憲法。[2]

艾略特起草的這部規範，在各個層面上都深具開創性。它是當時各地的憲法文本中，數一數二率先關注環境保育的一個。這對當地來說是一項必要的做法，因為皮特凱恩的自然資源相當稀少，而且動物比人還多。因此，艾略特訂立法律規範狗、豬、貓與山羊，也規定樹木必須受到保育、伐木活動必須以負責任的態度進行，而且當地一種瀕危的白色鳥兒也必須嚴加保護。除此之外，他還為島上的人類居民制定了開明的條文。島上年齡介於六歲至十六歲之間的所有兒童都必須強制就讀皮特凱恩唯一的學校，而在兒童開始接受正式學校教育之前，父母必須先確保他們能夠「跟著唸出字母」。

艾略特訂立這些教育措施的靈感，也許是來自於他的蘇格蘭成長背景，但他最大膽的創見似乎在極大程度上是他自己的發明。他的文本規定，皮特凱恩的「法官暨首席統治者」必須藉由每年一月一日在島上學校舉行的選舉選出。這名官員一旦當選之後，「唯有獲得多數人民的同意……才能行使權力或權威」。皮特凱恩將成為一個能夠實際運作的民主政體，而且是個獨一無二的民主政體。

要投票選舉皮特凱恩的「首席統治者」，你必須要是成年人，也必須「土生土長於群島上」，或者在這裡持續居住至少五年。艾

海軍陸戰隊上尉希利比爾（John Shillibeer）繪製從海上看到的皮特凱恩島，1814。

略特規定的投票資格就只有這樣。所有島民只要符合這些資格，不論「男女，一旦年齡達到十八歲」，即可享有「自由投票權」。[3]這是世界歷史上首度有一部成文憲法（這部憲法在皮特凱恩一路施行至一九三〇年代，期間只經過微小的修改），宣告**所有**成年男性與**所有**成年女性都能夠在選舉行政首長時平等行使投票權。

艾略特的革命性舉動就算受到史學家注意，通常也只是被視為帝國烏托邦主義的一項零星案例，是浩瀚汪洋裡一座蕞爾小島上的流浪冒險故事。一八三八年發生在皮特凱恩島上的事情之所以會如此受到邊緣化，一大原因是太平洋區域通常不像大西洋、地中海世界甚或印度洋那麼受到史學家關注，而且時至今日仍然如此。造成這種情形的部分原因是這片區域極為廣大：太平洋的面積達六千萬平方英里，比全球陸地面積加總起來還大。在這片廣袤無垠的水域裡，散布著種類與大小都非常不同的島嶼。其中有些算得上是可觀乃至巨大，諸如澳洲、紐西蘭的南北島及日本列島的四座主要島嶼。另外有些則是非常微小，像是皮特凱恩及其鄰近的小島。

如同一名民族誌學者所言：「海水那麼廣，島嶼又太多。」龐大且零散的太平洋世界之所以能夠逃過仔細檢視，不只是因為其巨大的面積，也因為其多不勝數的繁複差異。[4]小巧的太平洋島嶼尤其經常遭到忽略。這些小島雖然景色優美，也吸引傳統人類學的研究目光，卻極易遭鄙斥為與「真實」世界及真正重要的過往脫節。然而，在憲法變革與創新方面，太平洋各地的發展（包括在那些比較小的島嶼上）卻具有廣泛的重要性。更不用說，這些地方實際上也極少與外界脫節，在一八〇〇年之後更是與外界有著日益緊密的連結。

隨著海上交通的繁忙程度與科學技術逐漸提升，被馬克・吐溫稱為「廣闊無限之海」的太平洋於是也提供了愈來愈廣泛也愈來愈多樣化的連結。[5]蒸汽火車經常被視為十九世紀現代化進展的首要象徵，也是促進帝國征服的重要因素。然而，就極長途旅程而言，鐵路運輸其實出現得比較晚，能夠運行的地區也必然有限。相較之下，船隻則能夠橫越世界上大部分的表面，且其大小、速度與長途航行能力都在十九世紀逐漸增長。愈來愈多速度與體積都日益提升的帆船，還有後來的汽船，都開始橫渡太平洋的漫長距離。這點使得太平洋上的眾多島嶼愈來愈容易互相聯繫，也得以和其他大陸建立連結。更快速、更堅固、更龐大、數量更多且更加可靠的船隻，也使得更多外來的商人、移民、探險家、外交官、傳教士與帝

以歐洲觀點描繪兩名混血皮特凱恩人的圖畫，1831年刊登於倫敦。

國創建者能夠進入這個龐大的海洋世界。羅素・艾略特前往皮特凱恩就是一個典型的例子。

今天的我們，對於艾略特所閱讀的書籍或抱持的觀念所知太少。我們只知道他是個受過良好教育、交遊廣闊，而且關懷社會的蘇格蘭人。同樣明白可見的是，他為皮特凱恩撰寫憲法是多項因素共同促成的結果。他有個名叫吉爾伯特（Gilbert Elliot，姓氏拼法略有不同）的遠親，在一七九〇年代曾經幫助科西嘉島設計一部新憲法。[6]而艾略特的船隻飛行號向來以智利沿海的瓦爾帕萊索港（Valparaiso）為基地，而智利這個國家在一八二二至三三年間陸續施行了不下五部憲法。另外還有一項因素也影響了艾略特：在前往皮特凱恩的旅途上，他有部分航程獲得地質學家暨登山家斯特爵雷茨基（Pawel Strzelecki）的陪伴。

波蘭裔的斯特爵雷茨基就像艾略特一樣，也是個四處遊走的理想主義者，而且似乎特別受到弱小或身處困境的國家與民族所吸引。他也許參與過波蘭在一八三〇年反抗俄羅斯的運動，也曾在一八四〇年代出聲反對澳洲原住民所遭到的剝奪，後來又為愛爾蘭大饑荒的受害者從事了令人驚嘆的人道援助工作：他在一八四七年一整年及一八四八年的大部分時間，都留在愛爾蘭的多尼哥（Donegal）、斯萊戈（Sligo）與梅奧（Mayo）發放援助物資。在此同時，他的朋友羅素・艾略特也在蘇格蘭高地幫助挨餓的人民，因為那裡也遭到與愛爾蘭相同的馬鈴薯晚疫病所侵襲。[7]

身為波蘭人的斯特爵雷茨基與身為蘇格蘭人的艾略特在一八三八年共同搭乘飛行號出

航，得以交流彼此的資訊、熱情與觀念。他們七月從瓦爾帕萊索啟航，九月初在夏威夷外海下錨，然後兩人上岸一段時間，忙著會見幾位夏威夷酋長——後來這些地方領袖即在一八三九與四〇年密切推行他們自己的憲法計畫。[8]當艾略特上校抵達皮特凱恩的時候，已經接觸過不少地方的憲法變革與辯論，包括地中海與歐洲大陸、南美洲，還有另一座太平洋群島。

艾略特是搭乘一艘英國皇家海軍船隻前往皮特凱恩的，而這一事實又與當時另一項時代背景有關：強權干預與競爭在這個時期的太平洋出現急遽增長，而艾略特的這趟航程即是這種現象的一個例子。西班牙、英國、法國與俄國在這片空間從事的海軍、科學與殖民活動，自從七年戰爭以來即逐漸增加。到了一八三〇年代，西班牙已大體上退出了這項競賽，但它的位置卻由另一個迅速崛起的強權取代。就在艾略特抵達皮特凱恩的一八三八年，美國也派出了一支由聯邦政府資助的探險隊，針對太平洋進行探索與勘測。美國人即將大舉到來。[9]

愈來愈多對於土地求之若渴的歐美墾殖者也紛紛抵達。漫長十八世紀特色之一的混合戰爭，並沒有隨著一八一五年的滑鐵盧戰役畫下句點，反倒促成其他地方也在陸上與海上出現暴力事件。隨著歐洲本土的極端衝突暫時停止，連同美英兩國的戰爭於一八一二年結束，歐洲人與美國人因此更容易在世界其他地區從事其他形態的利益主張與侵略行為。太平洋就是他們理想的目標之一。

一八二〇至六〇年間，約莫有五百萬人搭船前往美國，他們主要來自英國、愛爾蘭、斯堪的那維亞、荷蘭與日耳曼各邦。許多人在抵達美國之後，即連同許多原本住在美國東部各州的大批男男女女開始向西移動，其中有些人最終來到了加利福尼亞，甚至是夏威夷。在此同時，前述歐洲地區也有為數較少的移民前往澳洲與紐西蘭。[10]

這些墾殖者的入侵並不總是帶來憲法上的正面影響。白人抵達這片廣大的太平洋區域之後，經常鼓吹與推行自己充滿抱負的新政府架構——只不過他們經常犧牲原住民族的權益，侵占對方的土地與資源。

看看皮特凱恩這座小之又小的火山島吧。儘管這裡沒有什麼足以吸引侵略者的資源，一八三〇年代的新英格蘭捕鯨人在面對島上那些衣不蔽體的棕色皮膚居民之時（在他們眼中想必是如此），卻仍然本能地採取了貪得無厭的侵略姿態。

就這項案例而言，好在最後有個還算圓滿的結局。皮特凱恩人獲得了他們的成文憲法，還有自己的行政首長與民主程序。這次伸出援手的合作夥伴雖是羅素・艾略特這名充滿理想性的外人，但這起事件的發展歷程後來卻一再受到太平洋其他地方的原住民採用——脆弱的太平洋民族藉著採用憲法文本以求驅退白人入侵者。把這種觀念從其他地方帶入皮特凱恩的人固然是艾略特，但在太平洋世界的大溪地、夏威夷及其他若干小島上，也有不少**當地人**把目光投向十九世紀以降這種有關政府與法律的新文本，藉以重整自己家鄉的社會，打造出他們自己的生存與抵抗策略。

皮特凱恩雖是一片浩瀚海洋當中一塊小之又小的領土，卻是一個小而美的案例，讓人得以看見更廣大的意義。皮特凱恩揭示了發生在這片汪洋上的變化規模與步調。這座小島也讓我們看到帝國與墾殖入侵在這個階段的日益增長，以及這些活動如何可能產生新穎多樣的憲法思想與書寫。皮特凱恩的故事還提供了另外一個視角，鮮明呈現出一項我們尚未探究的議題：新式成文憲法的出現與女性權利地位之間的關聯。過去的憲法史時常將太平洋世界推到一旁或是排除在外，但太平洋世界在憲政歷史上其實居於中心地位。

憲法為何排除女性？

一八三八年，羅素．艾略特欣然把皮特凱恩的政治權利擴展到女性人口身上，積極將她們納入他的憲法當中，這就不免引起一個問題：二十世紀初期以前起草的絕大多數憲法，為什麼都只把積極公民權限縮在男性身上？答案可能早已清楚明白且直截了當。

在許多文化裡（儘管不是全部），女性的法律身分在傳統上都是歸屬於她們的丈夫或其他男性近親所有。《摩奴法典》這部古代印度教法典就曾經指出，女性在理想上應當先後聽命於父親與丈夫，必要的話再聽命於兒子或兄弟，而這類立場也廣泛受到來自其他法律和文化背景的評論者呼應，包括歐洲啟蒙運動大多數的實踐者。儘管日耳曼哲學家克里斯蒂安・沃爾夫（Christian Wolff）在一七五〇年代坦承，婚姻是一項「基於平等的結合」，但他卻接著宣稱婚姻代表了一種「屈從的協定」，也就是女性實際上接受了對於丈夫的順服。[11] 由於女性以這種方式被界定為依賴性的個體，因此也就難以為自己主張具有政治自主性的身分，甚至根本無從想像。除非她們恰好是現任君主或頭目，統治著允許女性擔任這類角色的政體；要不然就是她們藉著擁有龐大財產或是與權高勢大的男性關係親近而獲得政治影響力。

話雖這麼說，新式政治技術的散播卻對女性受到的待遇帶來了改變，只是某種程度上卻導致情況更加惡化，而且在許多地方都是如此。一七九〇年代，距離麻州發布一部抱負宏大的州憲法，為所有擁有中等收入的「二十一歲以上男性居民」賦予投票權後才不過十年，該州的首要共濟會分會就發行了一首歌曲（也成為當時數一數二熱門的共濟會歌曲），一方面諧仿了《創世記》裡的關鍵橋段，另一方面也是在對其加以肯定：

> 撒旦趁著夏娃四處遊蕩而與她會面，
> 致使她與她此後所有的女兒陷入瘋癲；

為了能夠得知共濟會的祕密，
她因此吃下禁忌之樹的果實……
但亞當卻如遭到雷擊一般深感震驚，
細細打量她一番，眼裡滿是不可置信；
他說，夫人，這下你既然做出這樣的行為，
為了你著想，共濟會從此以後將不接受女性入會。[12]

共濟會的歌曲其實是在重述一項受到宗教支持的古老論點：亦即女性不只生理上較為柔弱，而且也輕浮又道德脆弱，因此加倍需要密切規範。這件事情的重要之處在於共濟會的出現與組織，其實和新式成文憲法的出現有所關聯。

自從一七一〇年代開始，共濟會的分會（這是一種會定期聚會以談話、爭論及嬉鬧的兄弟會組織）就迅速擴散於歐洲與美洲。許多共濟會分會很早就開始起草及發布他們明確稱為「憲法」的文本。[13]成為共濟會會員，進而參與這類分會文本的書寫與發布，是男性能夠讓自己更熟悉書面憲法的觀念與用途的一種方式。共濟會究竟有多重要？只要看看有多少知名的憲法倡議者曾是共濟會分會的狂熱成員就可以知道，不管是科西嘉的帕斯夸萊．保利、美國的華盛頓與富蘭克林、法國的康巴塞雷斯、西班牙的阿圭耶斯、南美洲的西蒙．玻利瓦與聖馬丁，還是西方以外的政治運動人士，諸如印度的莫逖拉爾・尼赫魯（Motilal Nehru）與麥赫邁特・塔拉特（Mehmet Talat）這位年輕的土耳其人領袖。然而，與這種新式憲法關係密切的共濟會，卻也澈底將女性排除在外。如同麻州那首歌的歌詞所示：「共濟會從此以後將不接受女性入會。」

過去數十年來，史學家（包括我在內）都熱切強調這一點：在這個看似僵固的法律、政治、宗教、意識形態與習俗限制的表面之下，世界上有些區域卻在十八世紀晚期出現了若干重大的變化潮流。[14]大西洋兩岸都提供女性愈來愈多的教育機會，儘管分布地區頗為零散。城鎮更加快速的成長令某些女性能夠獲得更廣泛的資訊、文化參與及經濟機會。印刷業的急遽成長不但對政治憲法的傳播深具重要性，也擴展了女性閱讀、書寫與出版的範圍。這些變化使女性「只屬於特定的私密領域」這種概念，開始顯得問題重重，甚至愈來愈多人認為這主張根本站不住腳。

這種情形的一個跡象，就是有些西方國家的藝術、文化乃至科學學院與展覽開始有限度地對女性開放。一七八七年，羅伯斯比爾（Maximilien de Robespierre）這名志向遠大、聰明高雅的二十九歲法國律師就主張，法國的皇家學院應該接收女性。後來設計出法國《第二年憲法》（Constitution of the Year II, 1793）及其他許多東西的他，雖仍堅稱兩性本質上不同，但也認為啟蒙運動如果要有所進展，這兩者的貢獻絕對都不可或缺。[15]差不多同一時間，也開始有更多人（男性女性皆有）更大膽地主張，兩性的政治參與是改革能否成功的必要條件。「我以議員的身分請你想想這一點，」英國激進分子瑪麗・沃斯通克拉夫特向身為法國一七九一年憲法作者之一的德塔列朗佩里戈爾（Charles Maurice de Talleyrand-Périgord）呼籲道：

> 在男性能夠爭取自己的自由，並且得以針對自己的幸福做出判斷的同時，壓抑女性難道不是矛盾又不公正嗎……女性既然與男性共有理性的天賦，那麼是誰規定只有男性才能做出判斷？

沃斯通克拉夫特把這句徒勞無功的呼籲，安插在她最知名著作的獻詞當中，也就是出版於一七九二年的《為女權辯護》（*A Vindication of the Rights of Woman*）。不過，她還有另外一本不該遭到忽略的著作，是她身在法國之時所寫的《從歷史與道德觀點看待法國大革命的起源與進展》（*An Historical and Moral View of the Origin and Progress of the French Revolution in Europe*）。她在書中對於理想的成文憲法提出定義：

> 憲法是一面能夠凝聚人心的旗幟，是政府的支柱，也是維繫社會團結與秩序的紐

帶。對於憲法原則的探究，使其成為光明的泉源。理性的光芒從中散發而出，逐漸激發整個社群的心智力量。[16]

整個社群。顯然沃斯通克拉夫特認為，這種新式成文政治潛藏了無可限量的前景，並且對於男性和女性都是如此。

這些有限但重要的改變與挑戰，到了十八世紀末已在部分地區明顯可見，而我們也必須將其銘記在心——否則就會以為二十世紀之前大多數憲法書寫者看待女性的立場彷彿注定不變。一七八七年費城憲法辯論期間，賓夕法尼亞代表詹姆斯．威爾森（James Wilson）提議，美國國會下議院的席次應當按照比例分配給各州，而比例則是取決於「各州的白人及其他自由公民和居民的全體人數，**不論年齡**、**性別與處境**」；結果這項提議獲得接受。因此，後來要針對新成立的美洲共和國設計基本政治組織架構時，白人女性連同自由黑人女性都受到與自由男性一視同仁的對待。一名美國參議員在一八〇四年寫道：「在我國的憲法理論裡，女性也被當成政治個體看待」——這可能是一項極為重要的坦承。[17] 美國最早的各州憲法也偶爾呈現出這類矛盾訊息。大多數都從一開始就明文將女性排除於當地的積極公民權之外，有些甚至完全沒有提及女性，但紐澤西的第一部州憲法卻是一度為部分女性居民賦予了投票權。

然而，紐澤西州卻在一八〇七年撤銷這項條文。這件事彰顯了一項在美國以外也同樣適用的重要論點：隨著新憲法的地位愈來愈牢固，原本鬆散或語意不清的句子都會逐漸釐清，因此對於女性的排除也就變得更加清楚明確。這種情形就發生在一八一〇年代起草或修改的美國州憲法。此時各憲法條文都在放寬白人男性民主參與的範圍，但立法者卻也在同時特地規定女性（通常還包括黑人男性）不得享有這種不斷擴大的民主贈禮。所以，儘管「眾人」一詞在一般性使用上有時仍包括女性，但在制定投票權條文時，卻是絲毫沒有模糊的空間。在西佛羅里達（一八一〇）、路易斯安那（一八一二）、印第安納（一八一六）、密西西比（一八一七），以及康乃狄克與伊利諾（一八一八）等州所新制定或重新修改的州憲法中，立法者都採用了精心設計的語句，例如「所有自由白人男性」、「所有白人男性公民」，或者「所有白人男性居民」。[18]

這樣的發展趨勢也可見於歐洲。比起美國革命，一七八九年的法國大革命更加引發了對於第二性權利主張的討論。儘管如此，法國在一七九一年制定的第一部憲法卻還是把女性歸類為單純的消極公民。有些捲入法國大革命與拿破崙侵略的國家對女性的態度又更為強硬。法國的三級會議與國民議會所召開的會議至少開放女性旁觀，但加地斯的西班牙國會在一八一〇年開始為西班牙帝國規劃那部抱負遠大的憲法時，女性卻被排除在外，而且不只是排除於積極公民權的條文之外，甚至也不准旁聽辯論。「各階級的男性」都「一視同仁」地獲邀進場見證憲法起草過程，但女性卻是不准「進入議場的任何旁聽席」。[19]

憲法文本隨著時間過去而對女性限制愈來愈嚴格的這種傾向，不僅出現在歐美。在夏威夷，一八四〇年的第一部成文憲法創設了握有龐大權力的上議院，該院成員本來含有為數不少的女性酋長。到了一八四六年，上議院裡的女性議員卻減少到僅占三分之一左右。除了君主政體之外，女性在夏威夷政治的正式參與不斷遭到削減。一八五〇年，一項法律明文規定只有男性享有投票權。到了一八五五年，成員不經選舉產生的上議院也只剩下一名女性酋長。一八九二年，女性澈底遭到禁止擔任上議院議員。[20]

隨著新式憲法逐漸向全球傳播，也愈來愈被視為吸引人的現代性要素，採用這種憲法的國家也愈來愈多，而它們多半會複製這些憲法中常見的排他傾向。日本就在政治全面現代化的過程中，出現了這樣的情況。日本在一八六八年出現明治維新這個重大現代化起點後，隨即廢除了江戶（東京）宮廷中原本扮演重要角色的女性官僚。早年雖然有一小群日本女性偶爾參與地方政治事務，一八八九年的明治憲法卻拒絕為女性賦予投票權。一年後，日本女性甚至遭禁止參加政治會議，而這項措施乃是基於先前實施於德國與奧地利的法律。[21]

當然，這一連串正式排除女性的條文除了揭露時代變遷的模樣，卻也同時遮蔽了兩件事實。第一，當時每一座大陸上其實仍有部分女性為自己設計了另類的公共與政治參與形式。第二，當時女性其實也像部份地位較低的男性一樣，偶爾能夠從新推出的成文憲法中受益，就算這些文本拒絕賦予她們投票權也一樣。舉例來說，她們可能會從中獲得更好的教育機

只是象徵，卻沒有實質：作為自由象徵的女性，手中拿著法國《人權和公民權宣言》（Declaration of the Rights of Man and of the Citizen）。這是女畫家瓦蘭（Nanine Vallain）繪製於1793-1794年的作品。

會，或是更有機會接觸到可靠的自由新聞。認為政治權利僅限於投票權，絕對是錯的。

儘管如此，我們仍然需要解釋為何幾乎所有地方的成文憲法都傾向於把女性排除在投票程序之外。我們不能夠單純假設這些正式文本只是把原本盛行的行為模式呈現於文字之中，因為夏威夷與日本的例子告訴我們，實際情形並非總是如此直截了當。新的憲法不僅以文字重申女性政治參與原本就已受到的限制，更是經常**強化這類限制**。真正嚴重影響的是，女性原本遭到排除的現象並非恆久不變，但這些憲法卻將其納入法律，納入大量印製的官方文書裡。

一旦寫入法律並且印刷成書面文件，女性的劣勢就更難以改變。皮特凱恩女性的經歷間接證實了這一點。一八五〇年代，由於島上貧乏的資源已幾乎耗盡，在這時為數將近兩百的皮特凱恩人因此暫時搬遷到英屬諾福克島，位於紐西蘭的奧克蘭西北部大約七百英里處。令當地官員頗感惱怒的是，皮特凱恩女性在這個新的居住地仍然拒絕放棄自己的投票權，而且其他皮特凱恩的男性居然也接受這樣的情況。[22]為什麼呢？因為在一八三八年，一名眾所周知的國家代理人，也就是英國皇家海軍的羅素．艾略特上校，就把這些女性的政治權利以書面形式寫了下來。事實證明，光是這樣就足以在英國所擁有的另一片領土上鞏固那些權利。然而，當時世界上絕大多數女性所面臨的狀況卻正好相反。絕大多數的新憲法都以確切無疑的文字規定，國家機器的運作與政治生活在絕大部分的情況下都是專屬於男性的領域。

這在某種程度上導致成文憲法在女性眼中成為一種陌生文本，而我猜這就是為什麼女性書寫（包括政治書寫）雖在一七五〇年已日益增長，但女性卻似乎極少像男性那樣嘗試起草自己的非正式憲法。少數幾個著名的激進分子確實曾經發表權利宣言，要求讓女性享有平等的政治待遇，包括一七九〇年代初的巴黎革命者暨劇作家瑪麗·古茲（Marie Gouze），她當年化名成奧蘭普·德古熱（Olympe de Gouges）。另一個例子則是父親是成功律師的伊麗莎白·凱迪·斯坦頓（Elizabeth Cady Stanton），以及她在一八四八年舉行於紐約上州的塞內卡福爾斯會議（Seneca Falls Convention）當中的助手。[23]不過，這類權利宣言畢竟不同於憲法。

宣言是一項主張、一項抗議及一組要求，因此在本質上與政治憲法是不同的行為，因為憲法的功能在於概述國家的組織和運作方式。對於**政治**憲法，有些滿懷抱負且積極的十九世紀女性甚至將這種文件視為一種由「男性基於他們自己的需求，為了供他們自己所用而形塑出來的產物」（套用吳爾芙的話）。[24]因此，這種文件在女性眼中的重要程度就不可能和男性一樣，也不被視為一種能夠由女性創造出來的產物，就算是當成一種文化與文學練習而在家中私自草擬也不可能。

從許多角度來看，維多利亞女王都是十九世紀權勢最大的女性，而她的例子更是突顯了前述這項論點。一八四八年四月，歐洲接連發生多場革命，法蘭克福國民議會也懷著樂觀的希望召開，期盼為更民主的統一德國打造一部憲法。就在這個時間點上，維多利亞女王在她的日記裡提及自己的夫婿艾伯特親王，提及他也展開了他自己的業餘憲法制定練習。女王以自豪的語氣寫下，艾伯特親王「為一部德國憲法寫下了極為出色的提議」，而那些提議「要是受到採用，也許能夠發揮長久持續的重大用處」。次月，她提及「在早餐之時」，艾伯特對她唸出了法蘭克福國民議會打算採用的那部憲法內容（儘管最後那部憲法實際存續的時間極為短暫）。[25]

這段故事最引人注目之處，在於女王的消極態度，因為她人生中很少在任何一個領域展現出這樣的特質。維多利亞女王的德語在書寫與口說方面都相當流利，她的家族也與艾伯特親王一樣擁有日耳曼血統。她對部分日耳曼邦國相當熟悉，也深深關注那些邦國的命運。她確實如同十九世紀末以前世界各地的女性一樣缺乏專業法律教育，但艾伯特親王也是一樣。然而，與艾伯特不同的是，女王似乎從來不曾考慮過私下起草一部非正式憲法，不管是為德國還是其他地方。至少就這一點而言，她與絕大多數的十九世紀女性並無不同。

十八世紀晚期，在成文憲法的風潮尚未完全席捲全球之前，有極少數的幾名女性的確曾勇於書寫。如同我們在第二章讀到的，凱薩琳大帝這位女性君主對於書寫她自己的《訓諭》絲毫不覺羞赧，而且還極力宣傳這項成就，廣泛印行這部文本。同樣在一七六〇年代，英格蘭知識分子凱瑟琳・麥考利（Catharine Macaulay）也曾提示保利該怎麼為科西嘉制定一套

「民主」的政府形式，而且她對於發表這些提示也絲毫不覺得有任何不妥。[26]然而，隨著成文憲法的地位逐漸確立與鞏固後，就連這種極為有限的女性參與也大幅減少。這又是為什麼呢？

儘管並非唯一原因，但最重要的原因就是戰爭。十八世紀晚期與十九世紀的憲法所帶有的男性偏見，以及女性愈來愈疏離於這類文本的感受，都可歸因於武裝衝突愈來愈擴大的規模與要求。由於憲法經常用於回報人民所提供的充足兵員，因此傾向於強調一般被視為男性對國家的獨特貢獻，也就是服兵役。一項統計數字指出，一七七六至一八七〇年間於全球各地正式起草的憲法當中，有將近三千四百項條文都是關於陸軍、海軍、民兵與徵兵。[27]除了這些條文，憲法中也常見一般性的戰爭語言，例如「每個公民都是士兵」這類文句。由於女性不能在陸軍、海軍或民兵團裡公開服役，不能接受徵召，也不被期望上戰場打仗，因此這類語言和條文就具有將她們邊緣化的效果。

這種情形在某些國家的憲法文本中更為顯著，特別是那些誕生於武裝革命或是正遭受特定外敵威脅的國家。一八二八年，秘魯在成功反抗西班牙統治的七年後發布了一部新憲法，宣布有資格獲取公民身分的頭三類人口為：

一、所有誕生於共和國領土內的自由男性。

凱瑟琳·麥考利的美柔汀版畫，可以看到她手中拿著《大憲章》的捲軸，身邊還有一枝隨時可供使用的筆。

二、由秘魯男女所生的兒子⋯⋯
三、在秘魯共和國陸軍和海軍服役過或者即將服役的外國人。

如同一八一九年的委內瑞拉與一八二六年的玻利維亞，秘魯也利用新憲法為退伍軍人免除其他男性選民必須具備的財產條件：在戰場上做出的犧牲已然足夠。經過戰火洗禮而成立的智利、阿根廷與哥倫比亞等南美洲共和國，也都刻意在愛國典禮中為地方民兵與國民警衛隊成員賦予醒目地位，而這類典禮即包含了年度的憲法慶典。[28]

把男性的作戰義務與獲取積極公民身分的獨家權利結合起來，這件事本身並不特別新穎。[29]儘管如此，一七五〇年之後出現的許多憲法都特地採取這類觀念，就某方面而言卻是一種有違常理的現象。之所以說有違常理，是因為當時在世界上的部分區域裡，女性對於戰事的貢獻已經明顯增加。自從一七五〇年代以來，法國、日耳曼諸邦、美國、英國、拉丁美洲及伊比利半島的西班牙語地區（我猜也包括部分非西方地區）都有愈來愈多的證據顯示，來自不同社會背景的女性會組成團體共同縫製制服與旗幟，照顧在戰爭傷患或為他們募款，發布愛國宣傳，甚至發表支持戰爭動員的演說。[30]

在十八世紀末與十九世紀初，其實有少數女性公開投入了武裝衝突。在西蒙．玻利瓦深感不安的情況下，他的伴侶曼努埃拉．賽恩斯堅持加入他的部分戰役。而當法國軍隊於一八

○八年圍攻西班牙北部的薩拉戈薩（Zaragoza）時，一位女子也在前線加入戰鬥，她的名字叫做亞拉岡的阿古斯蒂娜（Agustina de Aragón）。這位女子的身影被哥雅描繪下來，收錄於他創作在一八一○與二○年間的《戰爭的災難》（*The Disasters of War*）這一系列畫面殘酷的出色版畫當中。阿古斯蒂娜因為英勇表現而獲得表彰，並且被授予中尉的榮譽軍銜，後來還參與了其他軍事行動。

在哥雅筆下，阿古斯蒂娜站在一堆男性屍身上昂然無懼地發射著一門大炮。儘管這幅景象令人難忘，哥雅卻把她身上的穿著畫成一套想必不符實情的嬌柔女性服裝。這些投身作戰的女性即便身穿軍服，就像賽恩斯偶爾會穿的那樣，她們的所作所為也還是經常被解釋成是為了支持自己身邊的男性（也正如賽恩斯的例子）。或者，如同在一八四八年一系列歐洲革命中投入作戰的許多女性，女性在戰場上的奮鬥也經常被純粹解釋成是一項令人欣慰的證據，顯示愛國情操或激進狂熱具有無可抵擋的魅力，就連孱弱的女性也不禁遭受吸引。[31]

重點在於，女性在一次大戰之前不能公然擔任正規軍隊的正式成員——除了極少數的例外，像是西非達荷美王國那群為數六千名左右的全女性職業單身宮廷守衛。[32]女性不能成為國家**正式**戰爭機器中的一部分。因此，不論女性偶爾自願上戰場做出何等貢獻，這些努力都無法讓她們在國家的正式政治生活當中獲得更多的參與機會。

凡事總有例外。發生在皮特凱恩這座小島上的事件，再度證明世界上仍有少數地區出現了不同的發展模式。羅素・艾略特在一八三八年登上這座島嶼之時，無疑對於島上居民提及美國捕鯨人的霸道姿態感到憂心，也擔憂他們的態度可能也代表著美國在這個區域的野心。然而，艾略特也認知到自己在這裡起草的憲法根本沒有必要規定皮特凱恩成立民兵團，更沒有必要建立正規軍。因為這座小島距離可能發動侵略的軍事中心極為遙遠，而且島上的人口總數還不到一百人。在這種情況下，單獨賦予島上男性居民積極公民身分以換取他們的作戰意願不但沒有必要，而且也不可行。於是，艾略特得以自由追隨他自己的理想，把皮特凱恩

哥雅描繪亞拉岡的阿古斯蒂娜。

的女性納入具有投票權的公民當中。

其他地方也能看到類似模式，也就是遠離權力中心的地方，有時在早期階段反倒比較有益於女性的政治權利。在一九一四年以前，世界上少數幾個允許女性投票的地區，有超乎比例都是像皮特凱恩這樣的太平洋島嶼，在地理上遠離於倫敦等帝國中心。諸如庫克群島、紐西蘭與澳洲，就都是這樣的例子。要不然就是位在美國廣大中西部的區域（懷俄明、猶他、科羅拉多與愛達荷），遠離於華盛頓特區的便利交通。或者像是愛爾蘭海北部面積不大的曼島（Isle of Man），就曾在一八八一年允許部分女性在當地議會廷瓦爾德（Tynwald）的選舉當中投票。還有在一九〇六年允許女性投票及參選的芬蘭。曼島與芬蘭這兩個地方都是在更大政治體中地處邊緣的半自治區域，前者屬於英國，後者屬於俄羅斯帝國。

無論是在太平洋地區、美國還是歐洲，這些地方的當地因素固然也起到了影響。不過，這些地方**全部都**帶有一項共同特質：遠離世事的中心。在一次大戰爆發前，與大型首都城市及其統治體制保持一定的地理或文化距離，尤其是遠離於其戰爭機器，通常是女性獲取一定程度的積極公民身分乃至於一丁點民主包容所必備的條件。

墾殖戰爭

一八三八年發生於皮特凱恩的歷史事件，間接揭露了何謂憲法歷史的常態，以及女性在憲法中受到的相反對待。然而，皮特凱恩的例子其實還有另一個面向值得深入探討，那就是艾略特上校選擇為當時普遍被外界視為深色皮膚且實質上屬於太平洋原住民的人口書寫政治權利條款。這項行為與慣例恰成對比，因為當時在太平洋區域的許多地方及這個區域以外，外來白人都是在不斷侵占土地，同時利用憲法文本誇耀及鞏固自己的地位，而原住民人口幾乎總是淪為犧牲的代價。[33]

當然，犧牲原住民人口的墾殖侵略不是什麼新現象，而且發生在十九世紀的這些事件也不僅限於太平洋地區，加害者更是不僅限於英語人口。自從一八五〇年代晚期以來，俄國沙皇亞歷山大二世就採取了更為強硬的策略，藉著「清洗」西高加索而為俄國墾殖者提供土地。到了一八七〇年代，該區域已有兩百萬名左右的部落人口遭到放逐，有時甚至伴隨大規模屠殺。[34]太平洋的墾殖入侵特別的地方在於其多樣化，還有許多白人入侵者致力於推動大膽積極的憲法計畫。

值得再次強調的是，在一八二〇至六〇年間有五百萬名歐洲人移民到美國，這些男男女女有許多人在抵達美國之後就遷徙到美國西部——到了一八五〇年也有另外一百五十萬名左右出生於美國東岸者也跟著向西遷徙。移民到澳洲與紐西蘭的歐洲人數量相對少很多，但卻造成了非常大的衝擊。一八一〇年，約有一萬兩千名墾殖民居住在當今的澳洲，大多數人都是從英國與愛爾蘭遭到遣送而來的罪犯及看守他們的士兵與水手。到了一八四〇年，這群外來移民人口已增長至二十萬人，人口組成也變得更為多元。澳洲及北美洲太平洋沿岸的外來人口，很快就因為一連串的淘金熱而出現大幅提升。一八五一至六一年間，超過五十七萬人湧入澳洲東南部的維多利亞省這片盛產黃金的心臟地帶。一名記者在一八六三年報導指出，在這片「十萬平方英里」的土地上，「土著人口幾乎找不到一個可以落腳的地方」。[35]

我們可以把這些墾殖入侵的現象理解成某種形態的混合戰爭，是侵略的另一個階段，不但經由陸地，也經由海洋進行。正規軍隊有時也積極參與其中，例如英軍就曾在一八六〇年代參與了攻打紐西蘭北島毛利人的作戰行動。不過，更常見的則是長期游擊戰，也就是墾殖者使用自己的武器、雇用自衛隊、放置添加砒霜的食物，或者單純搶奪土地而迫使這些土地上原本的居民挨餓或遷走。墨西哥在一八四八年被迫把加利福尼亞割讓給美國時，那裡的原住民人口原有十五萬人左右；此一人數到了一八七〇年已銳減至三萬人，主要原因就是這類隨機性質的暴力活動。[36]

太平洋地區（及其他地方）的白人墾殖者還利用了另一項武器，那就是成文憲法。他們以此作為推進、合法化及鞏固自身行為的手段。我特別想要強調這點，是因為雖然近年史學

湯瑪斯・克勞佛（Thomas Crawford），《印地安人：瀕死的酋長思索著文明進展》（*The Indian: The Dying Chief Contemplating the Progress of Civilisation*），1856年。在華府的美國國會大廈，其參議院翼的三角楣飾裡含有此一作品的一個版本。

家已經重建帝國如何利用各式法律手段整頓自己占領的區域及壓制原住民人口，但憲法這種新式政治技術本身在這過程中發揮了多少功能，則是遭到忽略或是含糊帶過。[37]我猜部分原因是源自於刻板印象，因為我們認為成文憲法必然是良性的，通常會是一股帶來解放的力量。然而，對於原住民族而言，憲法卻經常是一種將他們排除在外及邊緣化的手段，而且是原本設計之初的用意就是如此。一如女性在憲法上受到的待遇，只是女性的處境沒有原住民那般致命。

從一開始，美國聯邦憲法就為渴求原住民土地的白人提供了充分支持，儘管真正發揮實質影響力的卻是美國各州的州憲法。原因有二。首先，這類憲法經常以文字詳細界定相關各州的界線，使這些界線獲得法律效力的鞏固，且隨著時間過去更是宛如自古以來即有的天然存在。然而，州憲法裡的領土疆界經常是經過算計的人為發明，也就是在地圖上獨斷畫線，毫不理會原住民或其他競爭者的領土主張（或根本是對此全然無知）。第二，美國聯邦憲法與各州憲法通常都把印地安人視為外人：既是不受課稅的群體，也因此沒有資格在這個國家投票或者參選公職。因此，印地安人遭受暴力對待及殘暴無情的土地徵收時，就會發現自己根本無法訴諸法律與政府政策予以回應。

一個特別具有代表性的例子，就是加州在一八四九年十一月批准的憲法。[38]之所以有代表性，既是因為這個區域在該年年初還只有兩萬五千名白人（遠少於當地印地安人口），也是因為這部一八四九年的憲法以當時的標準來看乃是開明得令人驚訝：這部憲法首刷就印行了一萬冊（這在當年是暢銷小說的平均印量），在開頭首先宣告了公民具有受陪審團審判、出版自由、宗教自由與人身自由等權利。這部憲法也禁止奴隸制度，並且為該州所有白人成年男性賦予投票權。然而，儘管部分加州制憲會議的代表主張要保障印地安人的權利，這項主張卻沒有受到採納。當地的（男性）印地安人只有在「特殊情況」下才能夠獲得政治公民身分，而且申請者還必須獲得加州議會三分之二的成員同意才行。如同其他迎合墾殖者需求的憲法，這部憲法也著手訂定土地秩序。該法第十二條規定了加州的界線，把州界範圍延伸到「位於及鄰近於太平洋岸的所有島嶼、港口與海灣」。

一年後的一八五〇年，這部加州憲法在澳洲雪梨受到了模仿與頌揚。「舉例來說，看看最近發生在加州的事情，」一位名叫朗恩（John Dunmore Lang）的男子在該市劇場裡對著一群喧鬧群眾說道：

> 澳洲殖民地裡四處流動的人口當中，有一大部分都在最近橫渡太平洋去到那裡定居，包括不少在人格與財務上都已破產而惡名昭彰的家庭與個人……不過，這些人卻還是為自己制定了一部憲法，而且可能為地球上任何一個國家提供了模範（持續不斷的巨大歡呼聲）。[39]

如同史學家貝利奇（James Belich）所述，十九世紀澳洲與美國的墾殖社會在許多方面都有如雙胞胎，儘管兩地受到大洋阻隔，政治效忠對象也各不相同。雪梨對於加州憲法的頌揚，只是這兩片廣大區域之間觀念與人員經常交流的其中一個例子而已。[40]如同在美國的大部分地區，澳洲對於不受束縛的白人男性民主及新憲法創制所懷有的愛好，通常也伴隨著無窮無盡的土地狂熱。儘管並非總是如此，他們也經常支持驅逐乃至於消滅原住民人口的行動。

從美國獲取意識形態靈感的人，不只有像澳洲的朗恩這類激進人士與煽動者。另一位類型非常不同的人士也曾採用了部分論點，他就是英國的吉普斯爵士（George Gipps）。吉普斯出身軍事背景，敏於思考又精明能幹，一度同時擔任新南威爾斯與紐西蘭的總督，並且在這兩個地方都試圖約束墾殖者最野蠻的暴行。[41]然而，他在一八四〇年夏季於雪梨向新南威爾斯立法局發表演說時，卻大量引用美國憲法，主張壓制原住民的必要性。

> 【吉普斯】從權威的官方著作裡唸出了部分段落，藉此證明英國與歐洲所有的殖民強權及美國並無不同。在這些國家裡，未開化的原住民在法律和實務上向來都只對土地擁有有限的支配權或居住權，前提是……他們建立了一套穩定的政體。爵士閣下首先唸出的幾段文字，是摘錄自斯多利（Joseph Story）的《美國憲法評

> 注》(*Commentaries on the Constitution of the United States*)……爵士閣下接著又唸出……從肯特(James Kent)的《美國法律評論》(*Commentaries on American Law*)當中摘錄的內容。[42]

此處引人注意的是,吉普斯不但知道美國法學家的近期著作,也直接訴諸於這些文本。最高法院法官斯多利的《美國憲法評注》剛在一八三三年出版於麻州劍橋,到了一八四〇年時已被視為經典著作,並且在美國法院裡廣泛受到引用。曾在紐約哥倫比亞法學院任教的肯特,也在一八二六年寫下了四冊著作,這些著作也陸續推出了幾個富有影響力的版本。

換句話說,吉普斯在一八四〇年於澳洲雪梨向議員發表演說的時候,並不是只援引英國法律、政治理論與先例來支持自己的論點,也沒有直接引用古典文獻,而是把目光投向美國——這點也證明了太平洋世界的不同地區不只是透過貿易、移民、帝國暴力與船隻而連結,也具有觀念上的紐帶。他認為美國白人墾殖者迅速西移的進展,理所當然的為澳洲與紐西蘭的墾殖侵占活動提供了具備參考價值的案例。

吉普斯滿懷認同地引用肯特的《美國法律評論》:「印地安民族的特殊性格與習慣」使得他們「唯一能夠與白人建立的關係,就是依賴與學習」。肯特在他那部巨著裡寫道:「和他們往來沒有別的方式。」而吉普斯對此也深感認同。身為英國人的吉普斯為他的澳洲聽眾匯集了這些學識淵博的美國著作內容之後，斷言一個民族唯有獲得「文明」，才能夠「對他們居住的土地取得……支配權」，接著還必須「建立政府」，尤其是「建立法律」。[43]

吉普斯在政治上有一位對手，就是先前提到的澳洲人朗恩（朗恩的政治對手可多了）。朗恩也一樣從美國借用觀念，只不過是用他自己的方式。白手起家、極度好鬥且精力充沛的朗恩，出生於蘇格蘭，並在一八二〇年代初期移民到澳洲。抵達那裡之後，他成了長老會牧師、政治人物、愛好興訟的煽動分子及新聞記者，也沉迷於筆戰，號稱撰寫了三百部著作。朗恩四處旅行，大部分的寫作都是在船上完成。他對於美國相當熟悉，曾在一八四〇年到那裡拜訪范布倫總統（Martin Van Buren）及研究美國的政治與歷史，並且在美國培養了各式各樣的聯絡窗口，尤其是與他同為長老會信徒的人士。他還在巴西於一八二二年宣布獨立之後刻意前往，接著也拜訪了其他新興的南美洲國家。隨著朗恩年紀漸長，他的跨太平洋願景又更進一步擴大。他夢想未來可能會出現一個包括紐西蘭、新幾內亞與斐濟的澳大利亞共和聯邦。直到人生尾聲，他才開始懂得欣賞自己國家的亞洲面向，並在這時體認到中國的重要。[44]

朗恩的人生經歷，完整呈現了龐大太平洋地區對內與對外連結的可能性。不過，朗恩的政治生涯卻也說明了另一件事情：即便擁有超出常人的機會進行跨區旅行，而且成為一位狂熱的民主鬥士，實務上卻仍然有可能同時堅守排他立場與種族歧視的意識形態。

朗恩對於特定改革理念的狂熱支持毋庸置疑。他支持廢奴，也在歐洲結交了倡議民主的同志，更在一八四八年的歐洲革命潮中造訪了日耳曼諸邦，並且對法蘭克福國民議會發表演說，呼籲以太平洋的一座島嶼為被迫逃亡的地方革命人士提供避難處。對於他那個世代的澳洲激進人士而言，朗恩頗不尋常的還是一名公開的共和主義者。他移居到澳洲，自認澳洲為祖國，對澳洲憲法的想像則是澳洲應該要建立一個「宏大的聯邦共和國」，還要設立總統、副總統、一個參議院及一個眾議院，「就像美國一樣」。[45]

儘管如此，他所想像的澳大利亞共和國，這個未來的民主聯邦，卻將由白人男性統治。如同許多長老會牧師，朗恩也大幅引用舊約聖經，並且認定聖經中有著古以色列人對於男性普遍投票權的支持及上天對於女性投票權的反對。至於非白人的原住民，朗恩則是極力喊冤，聲稱自己並沒有像別人指責的那樣認為原住民先天不如白人，只是他的喊冤似有表態過頭之嫌。如同其他熱切支持白人墾殖侵略的人士，朗恩有時也引用一種早期版本的社會達爾文主義，主張澳洲原住民就像美國的「紅種人」及玻里尼西亞島民一樣，儘管都是受害者，但傷害他們的不必然是暴力，而是「自然衰敗」與退化。就算「白人與黑人種族之間沒有發生實際衝突，」朗恩堅稱：「後者也還是會像秋天的樹葉一樣，在歐洲殖民的進展前就消失殆盡。」[46]在他看來，這是民主政治傳播所導致的一項不幸但無可矯正的副作用。

連同他暴躁的性情與宗教狂熱，這些鮮明的政治立場確保了朗恩從來不會滿足於現狀。

他是一位著名的社運人士，致力為澳洲男性墾殖者爭取更廣泛的政治權利，也主張他們應當要能夠自由取用被人委婉稱為「荒原」的土地。不過，即便在這些目標皆獲得具體成績的情況下，他的心中也還是充塞著不滿。如同許多產生自太平洋區域的政治文本，在一八五〇年代為新南威爾斯、南澳大利亞、維多利亞與塔斯馬尼亞等地所頒布的地方性憲法也具有相當程度的重要性。這些文件就某種程度上來說極度進步，例如南澳大利亞的憲法就賦予幾乎所有二十一歲以上的男性居民投票權。澳洲各地的男性也迅速獲得不記名投票的權利，而這在當時是全世界首次出現這樣的大規模發展。[47]

然而，這些進步的憲法仍然僅是「議會憲法」。也就是說，這些憲法要在澳洲施行之前，必須先受到位於倫敦西敏的英國國會通過——而且按照法律規定，英國國會可以在後續更改這些憲法的內容或是加以廢止。「如同卑微的乞丐，」朗恩埋怨道：「英國殖民者只能接受在上位者給予他們的東西，而且還要表現出感恩戴德的態度。」他之所以愈來愈強硬倡導一個自治的澳大利亞共和國，這也許是原因之一。但還有別的原因。不同於許多白人墾殖者的預期，這些新憲法也導致部分原住民男性獲得了投票權。到了一八九〇年代，甚至連部分原住民女性也開始行使投票權。朗恩此時早已不在人世，但他當初一再熱切呼籲「讓澳洲的黃金土地獲取自由與獨立」時，心中想像的未來可不是這副模樣。[48]

以憲法書寫反抗的大溪地

在太平洋地區某些最大的陸塊上，新憲法的功能乃是在為愈來愈多的白人侵略者與墾殖者保障權利與利益，同時進一步驅離當地的原住民族。然而，如同一八三八年發生於皮特凱恩的事件所顯示，這絕非故事的全貌。那麼，太平洋上出現反抗、創新與例外現象的地點是在哪呢？這種新的政治技術在多大程度上及什麼情況下也能夠造福這片廣大海陸空間中的原住民呢？

有些答案可以在大溪地找到。大溪地是現在所謂的社會群島當中最大的島嶼，而這些群島差不多正位於加州與澳洲的中間點。一八一七年，大溪地的執政酋長波馬雷二世（外來的歐洲人把他視為國王）在島嶼北部的帕雷（Pare）開始興建一間皇家「小禮拜堂」。不過這棟建築完工之後卻是相當巨大，長達七百一十二英尺，是華府白宮的四倍以上，也可能是大洋洲截至當時為止最大的人造建築物。一八一九年五月十三日，波馬雷二世就是在帕雷這座宏偉的「小禮拜堂」對著六千名左右的聽眾（幾乎是大溪地非白人基督徒的全體人口）一條條唸出了新法典的內容。[49]

唸完之後，波馬雷邀請在場的地方酋長對他這部共有十八項條文的法典表達他們的正式同意。接著，他又向其他島民尋求同意。「全體聽眾一致表達同意，然後突然發出了一陣響亮的窸窣聲，原來是數千人同時舉起了手臂。」一名目擊者記述道。以這種方式批准之後，這部新法典「即印刷於一大張紙上，而且不只發送給每一位酋長與法官……還張貼在大部分的公共場所」。[50]

如同這起事件顯示，波馬雷是一位非凡人物，應當在全球歷史中享有更高的知名度。原因倒不是因為他有多麼特立獨行，反而是可以從他的部分觀念與言行中看出他是深深屬於那個時代的典型人物。出生於一七七〇年代，波馬雷的少年時期與中年初期大部分的時間都忙著與敵對酋長作戰，既在大溪地島上開打，也在東玻里尼西亞的鄰近島嶼上戰鬥，而且還曾經數度遭到放逐。在歐陸的滑鐵盧之役五個月後，波馬雷在一八一五年十一月於特菲皮（Te Feipi）打了一場勝仗，才終於覺得自己的地位已足夠穩固，能夠專心建立一個比較中央集權且採行擴張主義的大溪地國家，同時也致力於寫下這個國家的憲法架構。[51]

就這點而言，波馬雷與某些更知名的同時代人物擁有相同的特質，諸如法國的拿破崙（他閱讀過拿破崙的事蹟而對他十分仰慕）、海地的杜桑及南美洲的玻利瓦。如同這些人物，波馬雷也首先藉著反覆不斷的殘暴戰爭確立自己的地位，然後藉著發布新法律和政治書寫以重塑他的政體及建立自己的個人權威。

不過，波馬雷在其他方面的處境卻與前述這些人明顯不同，而他的心路歷程也讓我們得以看出地位脆弱的土著統治者通常必須具備哪些條件，才能夠有機會把新的成文憲政轉變為對自己有利。首先，波馬雷把自己視為一位國王，而且別人也是這麼看待他。面對西方在工業、經濟與軍事上蠶食鯨吞的帝國強權，世界上那些少數得以維持一定程度自主性的地區，一直到二十世紀初都有超乎比例是君主政體，諸如日本、中國、鄂圖曼土耳其、暹羅、東加（東加在一八七五年發布了憲法），以及一段時間的夏威夷。要不然就是像海地這樣，是由一連串專制領導者統治。

相較之下，被視為過著游牧生活的社會或民族，由於他們沒有固定連結在特定的土地上，往往也只有鬆散且不穩定的領導結構，因此更加容易遭到帝國驅離。紐西蘭的毛利人受到英國人的對待之所以有時比澳洲土著來得好，是由許多原因綜合導致的結果，但其中之一就是因為外來白人認為毛利人明顯擁有一位酋長。早在一八三〇年，倫敦的官僚就已願意讓毛利人保有一定程度的自主權，而澳洲土著從來不曾享有這樣的待遇。同樣也頗具說明意義的是，有些毛利人領袖在一八五〇年代還想再進一步，成立一個國王由選舉產生的邦聯，並

大溪地的波馬雷二世。這幅版畫發表於1821年，也就是他去世的那一年。

且主張這一策略是保住他們既有土地的最好方法。[52]

大溪地除了是君主政體，也因土地面積太小而不至於吸引大批外來墾殖者與探礦者。除此之外，大溪地還有另外一項優勢（儘管其效益或有爭論）。這項資產源自於一七九〇年代陸續進入大洋洲的基督教傳教士。這類人士有時會被直接視為文化侵略者，是帝國掠奪的共犯。但比起世界其他地方，傳教士在太平洋地區造成的影響比較多是好壞參半，尤其是在十九世紀上半葉。

之所以好壞參半，原因是許多太平洋傳教士都出身自勞工階級與貧窮背景。有些傳教士是女性，還有少數是有色人種。貝琪・斯塔克頓（Betsey Stockton）是一名獲得自由的家奴，她的姓氏來自於她在紐澤西的前主人。她在一八二〇年代帶著聖經抵達夏威夷，並在那裡開設了一所學校。[53]傳教士在太平洋地區的影響之所以好壞參半還有另一個原因，就是他們經常更注重怎麼保護他們辛苦爭取而來的當地信徒，而不是向凶暴的白人墾殖者與外來西方勢力提供援助。但好壞參半最主要的原因，還是在於傳教士原本從事的工作。如同在亞洲、非洲與北美，他們在太平洋的傳教也催生了「數量空前的新創書面語言，並且為這些語言創造了數百萬的讀者」。[54]傳教士還把印刷機這種促成憲政變革的重要泉源引進許多處女地。

在東加群島，一名新教傳教士在一八二〇年代為當地一種語言發展出了第一套可用的字母。十一年後，他的後繼者成立了這座群島上的第一家印刷廠。這家印刷廠在營運的第一年就印出了一萬七千冊以上的著作，不只有聖經和教義問答，也有讀本和文法書。夏威夷也有類似的發展歷程：美國的喀爾文教派傳教士在一八二〇年代初期於原住民顧問的協助下設計了一套當地字母，並且引進一部印刷機。這樣的基礎造就了十九世紀末出現了超過七十份夏威夷語報紙。如同太平洋地區的其他地方，夏威夷也出現許多教會學校，到了一八三〇年代初期已能夠教育五萬名左右的島民，而且許多都是成人。[55]

講述自己在太平洋島嶼上見證當地居民「著迷於印刷文字」的經歷，就成了傳教士之間相當普遍的

這幅漫畫呈現了十九世紀初期非洲南部一所由一名黑人女教師主持的教會學校，從中可以看到這時的教會學校所帶有的雙重目標，一方面積極傳教，同時也致力於識字教育。

現象，以致於有些證詞很可能是出自傳教士本身熱切於說服別人和自己認同工作成果的一廂情願。他們相當珍視印刷文字，因此傾向於誇大印刷文字勝過既有口語文化的能力。[56]儘管如此，太平洋小島在地理上相對鄰近的距離**確實**有可能加速識字能力與觀念的傳播。在引進書面語言、印刷與學校之後，這些小島社群即有可能發展出城鎮，城鎮則會逐漸演進成當地的公共場域。

如同城鎮，太平洋小島上的人口也通常居住得相當密集。這點使得他們在需要討論新構想的時候能夠迅速召開集會，就像大溪地在一八一九年為了批准波馬雷的新法典而聚集於帕雷那座「小禮拜堂」的六千名男男女女所目睹的情景。小島在實體環境上提供的鄰近性，也使得新技術與資訊得以迅速傳播，許多**不是**傳教士的觀察者都曾提及這一點。一名強悍的海軍上校在一八四一年造訪皮特凱恩，並認為島上由傳教士主持的唯一那所學校中的學生所展現出來的識字程度與書寫能力，「超越了英國同年齡的兒童」。[57]一如太平洋的其他地區，皮特凱恩的島民似乎也是以大蕉葉與棕櫚葉作為紙張的免費替代品，用刀在粗硬的葉面刻上字母、金額及詞語。

不過，傳教士在引進書面語言、印刷及識字能力等新式政治技術方面雖然扮演了重大角色，他們在自己服務的地方卻通常只能夠偶爾發揮有限的政治影響力。在這片廣布海洋的龐大區域，傳教士不只絕大多數都出身自低微與駁雜的背景，而且分布也相當稀疏。尤其在一八五〇年以前，傳教士要是在太平洋地區出了狀況，將沒有任何鄰近的西方帝國前哨可供求助。因此，太平洋地區的傳教士若要確保自己的生存，就必須依賴當地統治者，而那些統治者不但期望這些傳教士發揮用處，同時也懷有自己的盤算。波馬雷二世就是一個鮮明的例子。

由於波馬雷為了鍛鍊自己書寫技巧與字彙而每天撰寫的日記沒有保存下來，又因為他雖然看得懂一些英文，卻只以大溪地語書寫，因此我們對這位人物的理解只能透過那些想要與他成為盟友的英語世界傳教士，透過這些傳教士所留下的記述與翻譯。波馬雷身高超過一百八十公分，體格壯碩，蓄著一頭編成辮子的長黑髮，擁有高聳的顴骨，而且具備「開闊的胸襟」，因此那些狂熱的新教徒一方面以充滿自豪的眼光將他視為自己人，同時卻又對他頗感擔憂，特別是擔心他的飲酒習慣及繁多的性伴侶。波馬雷的傳教士認為自己是見證者，目擊了新興的大溪地「民族國家」這個「奇特又充滿可塑性的形成狀態」（套用其中一名傳教士所說的話），但另一方面也對波馬雷有時獨斷使用權力的方式及他的凶猛野心感到不安。傳教士在大溪地群島上的命運，終究與波馬雷及他的王朝密不可分——而且他至少確實深深著迷於文字及聖經的話語。[58]

波馬雷在開始學習書寫約十年後，於一八一二年改信基督教（這樣的先後次序也許顯示了他對於這兩者的重視程度）。波馬雷從一開始就堅持當地的傳教士「必須先教他完全學會讀寫之後……才能教導它的人民」，因為他希望利用這些技能鞏固自己的權威及彰顯自己的權力。他建造了一間特殊的書寫屋，以一張草草搭成的桌子當作他寫字與閱讀的地方。不過，波馬雷後來卻愈來愈喜歡趴在戶外，在胸前墊著一張墊子，就這麼書寫及閱讀。[59]

隨著他對文字愈來愈熟練，他也把書寫涉獵範圍擴展到幾何學、數學及編纂辭典。如同海地的杜桑（另一位富有自覺的新政權創立者暨書寫者），波馬雷也明白書寫與寄送信件的價值，因為這不但是一種尋求支持的手段，也能夠形塑自己投射於海外的形象與政策。「朋友們，也請你們寄送大量的火槍與火藥，因為戰爭在我們國家相當頻繁。我要是被殺，你們在大溪地就什麼都沒有了。」他早期寫給倫敦的一封信，內容便是如此直白。「還有，」他在這封公開信裡接著指出：「請寄送書寫所需的一切物品，包括大量的紙張、墨水和筆。請別讓我們欠缺書寫工具。」當傳教士在一八一七年於鄰近的一座島嶼架設起一部印刷機之後，波馬雷也立即占用這部文字機器，刻意在這部機器開始運作的當天到場，並且堅持親手壓印第一張。[60]

如同波馬雷似乎立刻就意識到的，印刷機又賦予了他另一項突顯自身權威及推進目標的手段。在一封發表於大西洋兩岸的信件裡，他說明了自己如何想要起草一部新的大溪地法典，而且將會針對這部法典「展開諮詢，修正其中錯誤的部分。等到內容正確無誤之後，大眾就會返回他們的家」。[61]制定這部法典的決定，以及法典的內容，有時會被人歸功於當地的傳教士，尤其是亨利・諾特（Henry Nott）——他曾是砌磚工人，在一七九七年抵達大溪地，此後即與一名大溪地女子長期交往。相較之下，諾特的傳教士同僚則是熱切於強調波馬雷扮演的角色。「國王向人民讀出的法律是由他自己所寫，」其中一名同僚堅稱：「……而且他後來又以清晰易讀且美觀的筆跡抄寫了一份以供印刷。」[62]

實際狀況可能介於這兩者之間。傳教士由於害怕被人認為他們插手大溪地政治，所以可能刻意淡化自己對於那部法典的貢獻。另一方面，波馬雷又是個懾人且危險的統治者，極為重視自己的位階與重要性。他不大可能會忘記像諾特這樣的人與他自己在地位與權力上的鴻溝，也絕不可能會願意被人推往他不想採行的改革方向。因此，他在一八一九年五月於那座非凡的「小禮拜堂」裡誦唸的法典，我們最好將其視為他與自己的首要大溪地支持者暨傳教士贊助者合作而成的產物。這部法典同時照顧了這兩者的利益：該文件一方面把大溪地明定為一個基督教政體，不但規定安息日放假，也禁止通姦；另一方面也強調波馬雷的國王地位，突顯他對於這個統一且持續擴張的大溪地國家所遂行的統治權。這份憲法也制定司法與課稅制度的大綱，同時列出叛亂與謀反的懲罰。

就波馬雷自己而言，事實證明這部法典的頒布是他一生運勢的巔峰。他在兩年後的一八二一年去世。他的兒子與繼位者波馬雷三世在七歲即告夭折，接著繼位的是波馬雷的女兒，而她發現自己難以維持既有地位。由於大溪地王室這一連串的動盪，導致法國得以在一八四二年把這裡宣告為法國的保護國。

然而，波馬雷二世的重要性不僅如此，原因之一是他的法典在他死後仍然存續下來，而且內容的包含範圍還愈來愈廣。一八二四年，該憲法的修改版本規定成立大溪地立法議會，「目的在於設計與制定新法，以及修改既有法律」。[63]這個議會不只由酋長組成，也包括大溪地各地的區長及選出來的地主。這部憲法後來又多次修改，在一八四二年添加了更加繁複的憲法條文。這些改版後的法典，起初都只以大溪地語書寫，然後再以大溪地語及英語出版。

這一切所造成的影響，以及其中涉及的政治與法律觀念和語言，都值得日後更具想像力的探究。這部反覆修改的大溪地法典確實在這座島嶼上促進了政治活動，也改變了眾人對政治的觀念與想像。一名地位低落的大溪地人據說在一八二四年的法典修改辯論中這麼宣布：「**就像各位酋長**，我們也必須集思廣益，好讓這場會議能夠從這堆想法中取用最好的部分。」[64]這部經過陸續修改的法典不但促進大溪地書面文字的流通，也促進了島上的政治辯論與政治知識發展，而這點可能有助於解釋法國在這裡的帝國滲透為何速度相當緩慢。大溪地雖然早在一八四二年就被納為保護國，法國法律卻是直到一八六〇年代才得以在這裡確立其首要地位，正式併吞更是延到一八八〇年。波馬雷的法典及其後繼文本除了延長當地的抵抗運動，也改變當地政治的形式及當地人理解政治的方式。最後，這部法典還有著其他方面的貢獻。

舉例來說，我們知道皮特凱恩有部分居民在一八三一年前後曾在大溪地待過，所以有可能在那裡得知了成文法典的用處與書寫方式。[65]也就是說，當艾略特上校在一八三八年於皮特凱恩島起草憲法的時候，有可能其實是在回應當地人的倡議，而不只是單純把自己的觀點強加在他們身上。太平洋地區的其他觀察者確實注意到大溪地的憲法創新，並且認知其重要性。「因此，有代表權才願意納稅是當前大溪地的常態。」當大溪地在波馬雷二世死後延續其基礎而成立立法會議時，澳洲的朗恩便在一八三四年語帶不滿地寫道。朗恩明顯認為自己在種族與文化上享有的特權遭到冒犯，因而接著指出：「從這角度來看，大溪地人這下已勝過了國王陛下的澳洲殖民地。」[66]

對於本節開頭所提出的問題，大溪地提供了部分答案。從這個地方的發展可以看出，本土領袖有時有可能利用成文憲法促成地方團結，從而使得在旁覬覦的歐美掠奪者（至少暫時）不敢輕舉妄動——特別是那些領袖如果是君王或者成功的軍事領導者的話。我們將會在其他地方再度看到大溪地所發生的情況，也就是當非西方政體遭受威脅，精明幹練的統治者與政治人物能夠挪用新式憲法這項技術，摻雜自己當地的信仰、語言與習俗，再利用由此產生的文件宣告及捍衛自主權，同時盼望能夠嚇阻潛在的侵略者。

波馬雷二世確實相當喜愛也善加利用印刷文字，但他並未僅止於仰賴印刷文字。頗具說明意義的是，他在一八一九年藉由印刷傳播自己的法典之前，先選擇在他那座巨大的「小禮拜堂」裡向那群擠得水泄不通的聽眾唸出法典內容。這項舉動不單純只是在回應當時仍以口語為主的當地文化，也很有可能顯示了波馬雷在帕雷興建的這幢宏偉建築（這幢建築至今已消失許久，也似乎沒有留下任何影像），在大溪地人眼中所帶有的光輝與權勢其實遠遠超過當地傳教士的理解。這是一個富有象徵性的神聖空間，而且不只是就基督教的角度而言。波馬雷似乎刻意想要藉著大溪地的儀式與信仰結構，把外來的新式政治技術、印刷技術與向基督教致敬的舉動結合起來。

大溪地的歷史也說明了另一件事，那就是本土領袖在白人侵略行為大幅增長且長途移動能力大為強化的世界裡，難以真正保持長治久安的現狀。就算是在盛世昌平的時期，世襲君主制也是一種賭博。但對於面臨帝國與墾殖入侵威脅且身處於衝突邊緣的民族而言，強人統治者一旦去世且沒有適當繼任者時，可能就會帶來災難性的後果。波馬雷二世來不及為他發揮過人創意而打造出來的政治與法律制度紮下深厚根基，原因之一或許得歸咎於他自己，歸咎於某種他想要特別利用的現代性。這位國王想要擴張自己的收入，於是開啟了一項出口業務，向新南威爾斯日益增多的墾殖人口供應牲畜。結果，一艘船隻在返航時似乎帶回了波馬雷不具免疫力的病菌，最終導致他因病去世。相較於大溪地對新式憲法技術略為短暫的發展，另一個太平洋島國的統治者倒是獲致了較為長久的成功。接下來就讓我們把目光轉向這裡，轉向夏威夷。

夏威夷與現代性的另一種面貌

夏威夷群島與大溪地有些共通之處。如同大溪地，夏威夷的統治秩序也在相當程度上受到戰爭形塑而成。只不過相較於大溪地的波馬雷二世遲至一八一五年（在他死前才六年而已）都還必須在戰場上鞏固自己的地位，引人敬畏的卡美哈梅哈一世（Kamehameha I）則是早在二十年前就已經掌握了夏威夷八座主島和十五座小島大部分的控制權。夏威夷也與大溪地一樣受到傳教士活動的大幅影響。到了一八五〇年代，夏威夷居民據說有百分之七十以上都已具備識字能力——如果這個數字可信，這就表示夏威夷在這個階段的識字人口比例比歐洲南部大部分地區都還要高。[67]

夏威夷的整體面積比大溪地大了十倍，而且也更加富裕。夏威夷群島大致位於墨西哥與中國南部沿岸之間的中間點，因此能夠善用南北美洲與亞洲之間不斷擴大的海運量。然而，這種財源更豐富且腹地更寬敞的地理條件，卻也帶來了夏威夷最大的挑戰。南太平洋的小島在很長一段時間都因為面積與資源太過有限，而且距離又太遠（即便在更大更快的船隻出現之後也是如此），因此在西方國家眼中看來不值得特別留意；相較之下夏威夷的土地面積大上許多，又位於北太平洋，距離加利福尼亞不到兩千四百英里。因此，早在加利福尼亞於一八四八年成為美國領土之前，就已經有不少美國人舒適地居住在夏威夷的首府檀香山，在當地為數八百名左右的白人居民中占了大部分。[68]

夏威夷群島上大多數的傳教士也都是美國人，其中一位就是來自麻州的理查茲（William Richards）。由於他涉入夏威夷在一八三九年六月提出的權利宣言，以及次年頒布的完整憲法，因此這些文件有時會被視為美國蠶食鯨吞夏威夷的額外產物。然而，一如大溪地的法典，夏威夷的這些文件其實也是混合各方利益而成。這些文件一方面引用外國的專業、觀念與技術，同時也迎合本土統治者及其主要當地支持者的關注、信仰及語言系統。[69]

一八三九年權利宣言的初步草稿，確實是由當地美國傳教士神學院裡的一名夏威夷學生寫成，而他的文本立刻被人呈交給地方酋長及國王：

> 國王與幾位酋長……召開連續五天的會議，每天花費二到三個小時討論這些法律及其中規範的主題。這些法律在某些面向被認為具有缺陷，在另外有些面向則是全然錯誤，因此書寫者奉命予以重寫……接著，【這些法律】在一場由國王和群島上所有重要酋長共同出席的會議上通過二讀……隨後又通過三讀，於是國王詢問各酋長是否贊成這些法律，而在他們提出肯定的答覆之後表示：「我也贊成。」最後起身在他們面前把自己的名字簽署上去。[70]

依據夏威夷人的圖畫製作而成的一幅版畫，印刷於夏威夷的時間正值島上頒布第一部憲法，在1840年前後。

這份權利宣言與制定於一八四〇年的憲法被冠上了夏威夷語的名稱「Kumu Kā nāwai」，而這也是特地結合各方影響而來的結果。「Kumu」意指根源，「Kā nāwai」則是相當於夏威夷版本的西方法律觀，只是原本用於指稱當地的用水權。因此，「Kumu Kā nāwai」的含意就是把憲法這種新式政治文件與原本就已建立於這些島嶼上的信念與慣例連結起來。[71]

一八四〇年憲法把夏威夷的現任統治者卡美哈梅哈三世視為國王。卡美哈梅哈是一名英俊聰穎的男子，儘管時常身穿西式服裝，卻也相當清楚自己其實是走在政治與文化的鋼索之上。這部憲法為他賦予島上武裝部隊的指揮權，還有簽訂條約與執行法律的權力。這部憲法也明文規定國王的首相與個別島嶼總督的職責，並且制定了一種兩院制政府，包括一個上議院與一個「由人民選出」的下議院（在這個初期階段還沒有針對性別做出規定）。這兩個議院必須每年集會，新法要通過必須同時得到上議院的同意及民選議員的「多數贊同」。此外，任何法律如果「沒有先經過印刷公布」，就不能夠生效。在憲法的規範下，卡美哈梅哈三世將會是一位立憲君主，「我們的目標是要依據上述原則管理我們的王國，從而為所有的酋長及夏威夷群島的所有人民尋求繁榮與昌盛。」[72]

比起當時大多數的新憲法，這份文件的目標讀者不只是國內人民，也放眼於國外。一八三九與一八四〇年的這兩份文件雖然都保有夏威夷國內法律和語言的慣例，卻也納入能夠讓西方殖民列強倍感親切的條文與慣例，包括兩院制議會、立憲君主、權利聲明，以及採用印刷發行。藉著明白表示「夏威夷【島嶼】上的群體建立了一個政府，能夠像其他政府那樣施行法律」，夏威夷人希望西方強權將會「同意讓夏威夷保有獨立」（如同一名政治人物坦白指出的）。因此在這部憲法於一八四〇年頒布之後，夏威夷就接著簽訂了一連串的對外條約，對象包括許多歐洲國家、俄羅斯、美國，還有最後也最重要的日本。[73]所有這些協定都明確指出，有了憲法這件新的政治工具之後，夏威夷已證明自己完全是個現代國家，所以不是帝國兼併的適當目標。比起美國終究在一八九八年兼併了夏威夷群島這件事，真正驚人的其實是這項策略竟然能夠在長達五十年的時間裡發揮效果。

夏威夷的政治實驗最後之所以無以為繼，主要是因為夏威夷自身的經濟與人口變化，還有美國實力在太平洋的迅速上升。另一個相當重要的原因，則來自於雙方對憲法與現代性的理解不同。在夏威夷愈來愈多的外國人口當中占了大多數的美國人，由於來自一個共和國，而美國在名義上沒有貴族存在，因此他們對於夏威夷的君主及世襲酋長自然都沒有什麼認同感。在一部出版於二十世紀初的夏威夷憲法史著作裡，這本書的美國作者就因為抱持共和觀點而對夏威夷產生厭惡情緒。作者特別指出在一八四〇年憲法施行初年夏威夷上議院裡居然有女性成員的現象，因為他認為這種情形相當怪異，更將其指為「階級」對於這些島國的惡性影響——但隨著夏威夷群島併入美國，這種負面影響現在已經消除一空。顯然**這位作家**的理想乃是民主與共和制度只屬於男性。[74]

不過，在某些夏威夷本土利益團體的眼中看來，情形卻是不大一樣。夏威夷擴大投票權造成的實際效果，似乎經常是增加甘蔗種植園主人、牧場主人與商人的選舉影響力及賄賂程度，而且這些人有愈來愈多都是美國人或歐洲人。當夏威夷君主和傳統酋長的影響力受到侵蝕之後，也弱化了夏威夷特有的習俗與文化規範。如同後來亞洲、非洲與阿拉伯的許多民族主義者，夏威夷自治的支持者也因此愈來愈常被迫面對這個問題：他們希望自己的社會達成什麼樣的現代化？在一個不平等的世界裡，什麼樣的現代化才算是安全又謹慎？

每一部新出現的夏威夷憲法，都是這些不同願景的交鋒。第二部憲法頒布於一八五二年，文中規定了男性普選權，並且將國王的權力限制於宣戰、訂定條約及召集議會。然而，後來的新任君主卡美哈梅哈五世卻在一八六四年推動一部新憲法，設計時更是刻意突顯夏威夷的特色。這部憲法強制要求選民必須具備識字能力與財產資格，希望藉此降低英美雇主影響低階員工的能力。這部憲法捨棄兩院制，採用單一立法會，藉此確保島上的世襲酋長能夠在議會裡和選舉而出的代表並肩而坐並且加以監督（至少在理論上），因為那些代表就像政府首長一樣，此時已有部分變成白人。這部憲法也重申了王權的中心地位：「國王是全體酋長與人民的統治者，王國屬於他所有。」[75]

這樣的憲政安排持續到一八八七年為止，停止原因是有個以英語為主的遊說團體和一個白人民兵組織在那一年強迫國王接受一部名副其實的「刺刀憲法」。一八九三年，夏威夷末代君主利留卡拉尼女王（Lili'uokalani）在一場群眾請願的支持下，試圖廢止這部憲法而回歸一八六四年憲法，結果因此遭到推翻，最終促成了美國後續對於夏威夷群島的兼併。[76]

所以這又是一個本土政權遭到蠶食鯨吞的殖民帝國打敗的例子嗎？夏威夷僅是太平洋地區裡另一片遭到外國占領的土地？然而，若是把獨立夏威夷王國的最後數十年拿來和波馬雷二世在大溪地迅速消亡的政治實驗互相比較，即可看出這些地方擁有的機會與風險在十九世紀最後三十幾年間出現了什麼樣的改變。重點不只在於夏威夷的本土憲法不像波馬雷先前的實驗那樣稍縱即逝，而得以透過各種不同版本延續超過五十年；更在於夏威夷統治者從一八六〇年代以來，愈來愈能夠與非西方強權建立連結，而且是以聰明才智與進取精神過人的波馬雷所根本想像不到的方式。

隨著航海汽船的數目迅速增加，夏威夷的統治者於是得以更進一步善用太平洋的潛力：一座通行於不同經濟體、強權與文化的海上高速公路。這表示夏威夷一方面更加持續不斷地接觸其他太平洋小島，像是東加與薩摩亞，甚至還草擬了與這些小島建立某種鬆散政治聯盟的計畫。[77]但夏威夷的統治者還把目光投向另一個更具啟發性的方向，他們把目光投向東亞的泛亞洲網絡。

自從一八六〇年代，中國移民就開始流入夏威夷群島，有些就此定居下來，有些則是經由這裡前往美國。到了一八七〇年，檀香山已設有中國領事館。九年後，第一艘屬於一家上海公司的輪船停泊於夏威夷。在一八七四年之後，卡拉卡瓦（Kalākaua）這位經由選舉而出的新任夏威夷君主也開始討論向中國貸款鋪設一條跨太平洋電纜，由夏威夷扮演太平洋上的中繼站。卡拉卡瓦是個富有洞察力的非凡人物，身高超過一百八十公分，通曉多種語言，修習法律出身，對科學及夏威夷藝術與音樂都深感興趣。卡拉卡瓦也對日本投以密切關注。一八八一年，他把日本納入自己的環遊世界之旅當中：這是當時在任君主首度從事如此富有野心的旅程。[78]

這位國王的旅程包括了歐洲部分地區及美國。除此之外，他還造訪了許多遭到西方擴張威脅及打算與之競爭的國家，包括緬甸、暹羅、埃及、印度部分地區，以及馬來半島、中國與日本，而且他在這些地方都會與當地領袖從事觀念交流。「歐洲國家的政策就是只為自己著想，」卡拉卡瓦在一八八一年與明治天皇在東京會面時說道：

> 他們從不考慮自己可能會對其他國家造成什麼傷害，或是對其他民族造成什麼困難。他們的國家一旦要與東方國家打交道，通常都會採取團結合作的策略。另一方面，東方的國家則是各自孤立而不會互相幫忙，沒有與歐洲國家打交道的策略。東方國家當今的權利與福利之所以掌握在歐洲國家手中，這就是其中一個原因。因此，東方國家必須組成聯盟以維持東方的現狀，藉此反抗歐洲國家。採取行動的時

間已經到了。

卡拉卡瓦向日本天皇提議指出，應該要建立一個「亞洲國家及君主聯盟」。[79]這位國王對於一個泛亞洲聯盟的熱切追求，有一部分正象徵夏威夷在這個階段面對日益高升的壓力：壓力一方面來自內部，亦即有愈來愈多的歐美企業、地主與墾殖者移入夏威夷群島；另一方面壓力也來自外部，也就是美國對於在太平洋地區掌握影響力與海軍控制權懷有愈來愈大的野心。另一項壓力來源，則是夏威夷本身的原住民人口到了一八八〇年代已出現大幅減少的情形，而且這類減少不只是疾病與西方占用可耕地的結果，也是因為夏威夷群島上的許多年輕男性開始利用太平洋的廣泛連結與長程輪船，離開家鄉到其他地方尋求工作與未來。

但在另一個層次上，卡拉卡瓦建立泛亞洲聯盟的計畫，以及他向日本天皇（日本這個國家將在不久之後制定自己對於後世影響深遠的憲法）直接傳達這項計畫的熱切之情與能力，又進一步彰顯了太平洋部分地區突出的政治創意。對於憲法的傳播而言，這片龐大空間「海水那麼廣，島嶼又太多」的特性在實務上反而是一項優勢。那些在較廣腹地且傳統強權壓制下難以施行的政治實驗，卻得以在部分的太平洋小島上施行。皮特凱恩在一八三八年賦予女性投票權的開創性措施，連同波馬雷二世在更早之前於大溪地建造一幢巨大建築以便對全體

夏威夷國王卡拉卡瓦的玻璃底片照片。

人民傳達新法律的做法，只是這種現象中幾個比較極端的例子。

隨著速度更快的船隻出現，以及印刷機與新式書面語言的引進，廣大太平洋地區也得以讓各式各樣的民族能夠交流政治與法律等許多領域的思想、技術與政治活動。歐美外來移民確實帶來了極端的武裝暴力，以及他們那種以白人男性為主且愈來愈強勢的民主體制；然而，這些外來人口造成的威脅，卻也促使部分本土社會為了回應而開始實驗自己的防禦型現代化，如同夏威夷接連出現的政治憲法所示。

我們也不能僅聚焦於**西方**對於太平洋地區的入侵，因為這個區域還同時接壤亞洲的邊疆，接納了大量的亞洲社會與人口。最能夠清楚示範這一點的，也許就是孫中山的職業生涯。孫中山是中華民國第一任總統，而且他的思想至今仍然對臺灣的憲法有所影響。

孫中山在一八六六年出生於中國南部一個沿海省分的工匠家庭裡，他的人生經驗與政治觀點與太平洋緊密結合，可以說是由這個極為廣大且互相交織的地區所形塑而成。[80]他有不少長輩移民舊金山，還有一個哥哥住在檀香山，並且資助他在那裡接受教育。孫中山自己就是在停留香港期間接觸了基督教與革命思想。他在流亡日本的期間，日子過得相對充實，還曾經計畫以菲律賓作為實踐政治抱負的跳板。他還搭乘輪船前往歐洲、美國與新加坡，在那些地方吸收更多觀念，也建立了更多人脈。儘管如此，他總是非常重視自己在夏威夷接受的教育，即便在協助籌劃了一九一一年中國的辛亥革命後也仍然如此。他在回憶夏威夷時寫下：「我當初就是在這裡得知什麼是現代文明政府，以及這種政府代表什麼意義。」[81]他這句話中的措詞相當重要。

早在十九世紀初期，太平洋的部分地區就已見識過書面政治變革的激進實驗。但正如同孫中山的人生經驗所顯示，到了十九世紀末，這些政治實驗的範圍與地點已逐漸向外擴張。隨之而來的，就是對成文憲法的期待與假設也出現了擴張與改變（而且這種現象不僅限於太平洋地區）：世界上哪些民族有可能受益於憲法變革？哪些民族有可能設計這類成文憲法？又有哪些民族可能得以定義何謂現代性？

第七章

漫長一八六〇年代的光明與黑暗

The Light, The Dark and The Long 1860s

突尼西亞

一八六三年十月，就在一支超過九萬人的北方聯邦軍於賓州蓋茨堡戰役擊敗李將軍領導的南方邦聯部隊的三個月後，突尼西亞的胡賽因將軍（Husayn Ibn 'Abdallāh）寫下一封長信。如同許多長篇信件，這封信的內容也能讓我們加深對下筆者的認識。表面上，胡賽因寫這封信是為了回應美國駐突尼斯領事佩里（Amos Perry）的請求。由於這時美國南北戰爭的局勢已經大逆轉，南方各州朝廢止奴隸制度前進的可能性也大為增加，佩里因此想要知道突尼西亞當初是怎麼因應自己國家的奴隸解放（突尼西亞在一八四六年解放其以西非人為主的奴隸人口），「突尼西亞人是以哀傷還是喜悅的眼光」看待這項發展？這個問題促使胡賽因寫下一段精心設計且充滿說服力的論述。他自己就曾經是奴隸——某種程度上來說，說不定他心中仍把這時的自己視為奴隸。[1]

說得更精確一點，胡賽因曾是「馬木路克」（mamlūk），意為「受到別人擁有的人」。如同其他這類人，他也是兒時在鄂圖曼帝國裡一個局部信奉基督教的地方被人擄走。在他的例子當中，這個地方是位於北高加索的瑟喀什亞（Circassia）。胡賽因被賣為奴隸，從此被人取了一個新名字，改信伊斯蘭，同時接受鄂圖曼軍政與民政的高階訓練。對於胡賽因而言，這樣的訓練使得他從一八三〇年代開始侍奉於突尼斯的「貝伊」（Bey，即總督），而突尼斯乃是北非地中海沿岸一座高度自治的鄂圖曼省分。胡賽因此時已在突尼西亞的軍隊中升任將軍，也是一位財富豐厚的顯赫人物，而且大部分的證據都顯示他的奴隸身分早在許久以前就已獲得解放。儘管如此，他在這封長信裡所表現出來的熱情，卻仍有可能部分源自於他內心對於自己曾被視為財產的憤怒。胡賽因特別關注於當前政治的未來，他想要向佩里及這名領事位於華府的上司明白傳達自己的信念，亦即自由、憲政精神與現代性有可能共存於一個信奉伊斯蘭的國家裡。

這些理念部分奠基於胡賽因對自身宗教的理解，但另一部分卻源自於其他地方。他在兒時被迫跨越文化與地域界線，成年之後也依然如此：他不只精通阿拉伯語，也會說義大利語、法語，同時擁有尚可的英語和鄂圖曼土耳其語能力。如同其他十九世紀的鄂圖曼改革者（例如第五章的德吉斯），胡賽因也經常四處遊歷。他與自己的導師哈伊爾丁（Khayr al-Dīn）在一八五三至五六年間為了執行一項任務而待在巴黎。年紀比他大的哈伊爾丁一樣出身自瑟喀什亞的馬木路克，也是突尼西亞軍隊的軍官，同時還是一位重要的政治思想家暨政治操盤者。相較於導師的迷人外貌與高超智力，胡賽因身材圓胖，蓄有一把大鬍鬚，但他還是利用這個機會與法國首都的眾多政治人物、外交官及知識分子往來，經常出入巴黎的文化機構與書店。他後來又陸續造訪了其他歐洲國家，以及伊斯坦堡、埃及與美國東岸。

胡賽因的思想也受到自己的國家形塑。他在突尼斯的巴爾杜軍校（Bardo military

school）接受軍事訓練，這是一所剛成立不久的學校，也是現代化觀念的聚集地，除了教導軍事技藝之外，也教導寫作技藝。[2]如同許多受到開創性憲法所吸引的人，胡賽因也結合了職業軍事生涯、文字與對於多種文學類型的興趣。他在人生中的不同階段曾經寫過遊記、政論文章、兒童故事、新聞報導及法律傳單。

因此，突尼西亞統治者穆罕默德貝伊（Muhammad）在一八五七年致力追求一項長期政治改革計畫時，胡賽因即有能力在這項計畫中扮演特別的角色。起初，他被任命為突尼斯市議會主席（在這個約有一百二十五萬人口的國家裡，突尼斯是唯一的大城市）。他接著又在一八五九年成為該國第一份阿拉伯文報紙《突尼西亞先鋒報》（*al-Rā'id al-Tūnisī*）的創始編輯，使用從西歐訂購而來的打印塊進行印刷。胡賽因在這份官方報紙當中填滿了科學與文學資訊、國際與商業新聞，以及針對當下發生於突尼西亞的變化所提出的樂觀願景。在這些變化當中，最引人注目的是一部成文憲法的頒布。在所有以穆斯林人口為主的國家當中，這是第一部受到施行的憲法。

頒布於一八六一年四月並且稱為《突尼西亞國家／王朝的法律》（*qānūn al-Dawla al-tunisyya*）的這部憲法，是一份內容模稜兩可但卻具備深遠重要性的文件。[3]這份文件沒有規定選舉、投票權或者言論與結社自由，且如同這個時期絕大多數的非穆斯林憲法，也沒有專為女性訂定的條文。不過，這部憲法確實不論宗教信仰與地位而把所有突尼西亞居民都稱為

「上帝的子民」，也因此在法律面前一律平等。所有土生土長的突尼西亞男性，只要沒有犯罪紀錄，都有資格享受「國家的特權，包括對國家的服務」。此外，這部憲法的第八十七條展望了突尼西亞的未來，想像屆時政治知識將完全普及：「我們所有的臣民，無一例外，都有權監督這份根本契約的維持……【並且】熟知前述的法律。」這部憲法關照到突尼西亞境內的不同民族與宗教群體，並期待他們熟悉憲法的內容：該法甚至也以猶太阿拉伯語印製了不少冊，以供突尼西亞的猶太人社群閱讀。[4]

突尼西亞憲法的創新之處不僅於此。這部憲法把突尼斯的貝伊描述為「一位君主」，其統治不是依據鄂圖曼蘇丹的意志，而是基於世襲權利。這部憲法確認突尼斯貝伊有權指揮國家的武裝部隊、任免部長與官員，以及赦免罪犯。憲法條文中的規定也使貝伊朝著立憲君主的方向前進：憲法要求他行事必須透過手下的部長官員，以及一個新創立的六十人大議會。起初由哈伊爾丁擔任主席的這個議會，其中的代表皆是經由任命而不是選舉產生，但該組織仍相當於初步國會，職責在於檢視立法及提出建議，還有針對預算進行監督與投票。突尼西亞統治者即位之時，必須宣誓遵守這些憲政安排——如果違反誓言，臣民就也不再對他們負有效忠義務。

美國領事佩里後來把這部憲法貶抑為缺乏新意，且並非真心想要改革。如同許多西方人，他內心也認為阿拉伯國家在本質上具有無可救藥的專橫性，因此無法認真看待突尼西亞的這部新憲法。他寫道，這就彷彿是「不幸的貝都因人」❾被「強迫穿上歐洲人的服裝」，而這樣的裝扮沒有為他帶來任何好處，「只是限制了他的步履和動作，顯得荒謬而令人不忍卒睹」。[5] 這項評論雖然充滿東方主義式的刻板印象，卻也有其精確之處。自從一八五〇年代中期以來，突尼西亞統治者就受到歐洲施壓，尤其是法國與英國，要求他們必須推行法律、政治與商業上的變革。當地的法國與英國領事據說都在這部一八六一年憲法的起草當中扮演了一定程度的角色。

不過，在這部憲法歷時三年的規劃與書寫過程裡，許多突尼西亞官員、神職人員及軍事人物也都參與其中，包括胡賽因將軍和哈伊爾丁在內。把這部一八六一年的立法命名為「qânûn」——意為「法律」——而不是另外找個比較近似於「憲法」（constitution）這個西方用語的字眼，這點本身就顯示了突尼西亞人對於保有自身獨特性的重視。這部憲法規定所有突尼西亞男性在年滿十八歲之後都必須入伍服役，也明白展現了抗拒外國過度干預的決心。若要真正理解這部突尼西亞憲法，我們就不該將其擺在西方與歐洲的脈絡底下，而應該著眼於地球上另一個地區的發展。就本質上來看，這部突尼西亞的憲法其實是突尼西亞對自身特質的重新定義，同時也是對歐洲帝國進行防禦型的現代化。這兩項特質，都與夏威夷王國在一八四〇年後頒布的憲法如出一轍。

事實上，突尼西亞憲法有部分可能確實是受到夏威夷王國的影響。夏威夷曾在一八四三年派遣代表前往巴黎，以便獲取法國對其獨立地位的承認。在這項拜訪之後，一八四〇年夏威夷憲法的譯本即開始流傳於法國首都。[6] 胡賽因將軍和哈伊爾丁在一八五〇年代中期待在巴黎的這段期間，很有可能看到過這麼一部譯本，或是與法國官員交談而得知夏威夷的政治實驗。

不論實際情況是否如此，總之在理解突尼西亞的一八六一年憲法時，我們應當把這點銘記在心：夏威夷統治者利用一部接一部的成文印刷憲法，證明自己的王國是一個「已開發的現代文明」國家，因此有資格受到外國強權的尊重及生存保障。突尼西亞的首要政治運動人士在面對愈來愈好戰又不平衡的世界體系之時，也希望利用憲法強化自身國家的獨立。

於是，如同夏威夷君主的做法，突尼西亞的菁英也利用自己的新憲法形塑本國與多個強權之間的關係，這些強權皆對突尼西亞的安全構成挑戰。這部憲法在書面上明白指出突尼西亞的貝伊是一位君主，其地位奠基於一份與臣民簽訂的書面契約上，而這項陳述在某種程度上乃是對於鄂圖曼蘇丹的支配宣稱所做出的有條件抗拒。與此同時，穆罕默德貝伊的繼任者薩迪克（Muhammad al-Sādiq）也表現得相當謹慎，他預先向法國的拿破崙三世取得了對於這部突尼西亞憲法的認可——畢竟法國皇帝還是阿爾及利亞的殖民統治者，而阿爾及利亞正

❾ 編注：原文意思為居住在沙漠中的人，此處泛稱阿拉伯世界的人。

好與突尼西亞相鄰。法國人手握駐軍和戰艦，絕不能對其置之不理。薩迪克於是在一八六〇年正式訪問阿爾及利亞的首都阿爾及爾，並在這趟行程中特地安排與法國皇帝會面，同時確保這場會面展現了兩位統治者之間的平等關係。[7]此外，正如夏威夷的君主一方面與西方強權打交道，同時也積極接觸亞洲的新興帝國日本，突尼西亞的統治者也是一方面與鄂圖曼及歐洲帝國交往，同時又與另一個歐洲以外的新帝國往來，那就是美國。

林肯在一八六五年遭到刺殺之後，薩迪克貝伊立刻派遣一名陸軍將領前往華府，向新任的美國總統安德魯・詹森（Andrew Johnson）遞交一封私人慰問信件。連同這封信件，薩迪克還送上一份禮物，是一幅他自己的全尺寸官方肖像畫。這幅畫是法國畫家席米爾（Louis-Augustin Simil）的作品，繪製於這位貝伊仍然忙於該國憲法的一八五九年，至今仍懸掛在美國國務院宏偉的外交禮賓室裡。[8]這幅畫中涵蓋了大量精心雕琢的政治與文化典故。

薩迪克認為安德魯・詹森總統肯定能夠看得出來，席米爾的這幅肖像畫在設計上呼應了這時最為人所知的喬治・華盛頓畫像。華盛頓的那幅畫像是斯圖爾特（Gilbert Stuart）送給第一代蘭斯敦侯爵（Marquess of Lansdowne）的禮物，繪製於一七九六年，畫中主角是美國第一任總統；此後這幅畫像就一再受到仿製，並以複製畫與書中插畫的形式廣泛流傳。席米爾為薩迪克貝伊繪製的畫像刻意仿效斯圖爾特為華盛頓所畫的宏偉官方肖像畫，但同時還包含了值得推敲的差異。

在斯圖爾特筆下，華盛頓的左手握著一把禮服佩劍的劍柄。而在席米爾的畫作裡，薩迪克的左手也握著一把儀式性武器的手柄：一把短彎刀。斯圖爾特讓華盛頓站在厚重的猩紅色布簾前面，描繪那些布簾拉向一旁，露出美國獨立戰爭的烏雲逐漸散去，而由一道代表和平與新開始的彩虹所取代。在席米爾的筆下，薩迪克同樣也是莊重地站在厚重的布簾前方，但那些布簾的顏色是代表伊斯蘭的綠色；至於布簾拉向一旁所展露出來的背景，則是明亮潔淨且經過整修的突

席米爾繪製的《薩迪克貝伊》，1859。（左圖）
斯圖爾特繪製的《喬治・華盛頓》，1796。（右圖）

尼斯城，代表這位貝伊勤奮而現代化的統治。此外，在斯圖爾特的想像裡，華盛頓身穿黑色天鵝絨服裝，右手指向一張鍍金的桌子，桌面上放著《聯邦黨人文集》等美國立國文本；而席米爾筆下的薩迪克則又是在相似之中帶有關鍵性的差別。這位突尼西亞統治者一樣身穿黑色，但**他的**服裝是一件軍禮服大衣，別滿了鄂圖曼與突尼西亞騎士團的星星與徽章，頭上戴著一頂土耳其氈帽。如同華盛頓，薩迪克的右手也指向一件鍍金家具及一部具有國家與憲政重要性的文本，只不過這份文件明顯可見是以阿拉伯文寫成。

向美國總統致贈這幅肖像畫的目的在於傳達多項訊息：突尼斯的薩迪克貝伊是一位開明且致力於改革的統治者，和其他這類型的統治者沿襲了同一項傳統；而且他還與喬治・華盛頓一樣，不但以武力捍衛自己國家的獨立，也是一位富有創意又仁民愛物的立法者，更有能力跨足不同的世界。薩迪克還委託製作了其他的肖像畫，包括一幅為了紀念他頒布成文憲法而繪製的作品。這幅一八五九年的帆布畫也宣告了另一件事：突尼西亞不只是一個穆斯林國家，而是一個**現代**穆斯林國家。這也是胡賽因將軍在一八六三年寫給美國領事佩里那封信的核心主題。[9]

「如同其他的伊斯蘭國家，」他對那位美國領事寫道，突尼西亞也擁有「一個神權政府……其法律結合了宗教與政治」。然而，胡賽因接著指出，如同突尼西亞在一八四六年的廢奴措施所示，身為伊斯蘭國家絲毫不表示與自由和進步有所牴觸。他坦承指出，「伊斯蘭教法」確實和其他許多宗教的法律一樣，在傳統上也「接受有權擁有另一個人的概念」。但他對那位美國人提醒道：「伊斯蘭教法總是一再囑咐要善加照顧奴隸」，而且「在最重要的法律規範當中」也包含了先知「對於自由的渴望」。

身為現代人（因此必須要對政治經濟的經典著作相當熟悉），胡賽因認知到「擁有完全的自由且不允許奴役的國家，都比其他國家更為繁榮」。不過，他自己對於自由與解放的堅持不僅是奠基在物質的考量上。他向佩里表示：「我個人相信，普世自由及奴役的完全消失會對人的禮儀及文化發展造成深刻影響。」我們並不曉得他是否刻意呼應傑佛遜的主張，胡賽因的提議暗示著自由具有一種自然的傾向，會引導人「遠離粗野、驕傲與自大等惡行」。

為了闡釋人類在**缺乏**自由的地方可能會有什麼樣的下場，胡賽因刻意舉出一個美國的例子。他向佩里表示，他在一八五六年住在巴黎的時候：

> 我有次偕同一名黑人男孩……前往巴黎歌劇院。令我大感意外的是，有個美國人一看到那名男孩，就像貓撲老鼠一樣撲向他，打算抓住他的衣服，同時嘴裡嚷著：……「這個黑人奴隸在表演廳裡做什麼？他知道這裡是什麼地方？奴隸什麼時候可以和主人坐在一起了？」那名黑人男孩訝異不已，根本不明白那個人到底在說些什麼，也不曉得那個人為什麼那麼氣憤。我走過去對那個白人說：「這位朋友，別激動。

我們是在巴黎，不是在【維吉尼亞州】里奇蒙。」[10]

表面上看來，胡賽因講述這段軼事似乎是刻意要刺激佩里這個不折不扣的哈佛人，因為他總是一副自鳴得意的模樣，有時甚至目空一切。不過，只有從這封信的整體角度觀之，才能夠明白看出這位將軍想要表達的意思遠遠不僅如此。他要強調的重點是人的改變能力——人有可能變壞，但也可能變好。

如同佩里在後來一本書裡明白指出的，他堅信突尼西亞的「落後」無可救藥乃是源自其本土人口根深蒂固的「先天性格」，但胡賽因則主張世界各地的人都是「慣俗的產物，而不是受制於天性」。[11]因此，他才會在信中納入這段看似真實的一八五六年軼事。胡賽因利用這則故事指出，美國人雖然高聲宣揚自己對於自由的認同，卻也可能因為接觸不自由而淪入「卑劣、虛榮與盲目狂熱」的狀態。和所有人一樣，美國人也可能因為長期暴露於不良的習慣與制度，例如美國南方的奴隸制度，而變得狹隘偏執又專橫暴虐。

同理可證，胡賽因也是在藉此清楚指出，突尼西亞人，**乃至所有的穆斯林**，他們的觀念與行為也絕非僵固不變或者先天注定。他們可以隨著當下風行的習慣及不停變化的思維模式而做出改變，也可以隨著開明的統治者為他們創造的生活環境而出現轉變。藉著比美國提早許多年全面禁止奴隸制度，突尼西亞人已經證明了自己的適應及改善能力。現在，突尼西亞人又再度改變他們的習慣，接納了一部政治憲法。

由於這封信強烈表達了改變的可行性及不同民族生活在自由與不自由當中的可能性，因此具有廣泛的參考價值，而不僅限於其書寫當下的情境。在世界各地的眾多觀察者眼中，所謂「漫長一八六〇年代」（也就是一八五〇年代中期到一八七〇年代中期）的局勢發展似乎是朝著愈來愈具開放性與可塑性的方向前進，進步的潛力也更加明顯可見。

這些觀點與希望影響了與憲法有關的辯論和行動。眾人在這時已經能夠以更有自信的姿態主張，憲法不只會以我們習慣的方式繼續在我們習慣的地方演變。如同突尼西亞及該國在一八六一年頒布的憲法所證明，這種政治工具也能夠出現在其他地理區域及文化之中，滿足不同的渴望和群體，無論膚色是否為白人，宗教信仰是否為基督教。

跨越國界的戰爭

許多原因都使更多人感受到憲法具備的可能性與易變性，但最重要就是眾多戰爭同時發生的特別現象。在漫長的一八六〇年代，每一座大陸上都爆發了一波相互交織的軍事衝突，有些政權因此陷入不穩定的局面，或是基礎受到嚴重動搖，還有些更是直接滅亡。大量戰爭造就了許多新國家，也改變了舊有國家的疆界。[12] 如同一七五〇年以來爆發密集衝突的時期，這些鉅變也促成眾多新政治憲法的誕生。

不過，漫長一八六〇年代的戰爭在若干重要層面上不同於先前的戰爭。在過去的七年戰爭、法國大革命與拿破崙戰爭中，衝突也一樣失控而散播至世界上許多地方，只是當時**這類**戰爭的主角總是西方強權。爆發於一八五〇年代至七〇年代初期的戰爭，卻在相當程度上不再是如此。

當然，歐洲國家在部分戰爭裡仍然扮演了重要角色，有時甚至是最重要的參與者。例如一八五三至五六年間的克里米亞戰爭就是如此：部分是為了扶持鄂圖曼帝國，因此英法兩大強權便帶頭對抗俄羅斯。一八五九至七〇年間的義大利統一戰爭也是，這場戰爭主要是由皮埃蒙特薩丁尼亞王國（Piedmont-Sardinia）對抗奧地利及義大利半島上的其他敵人，法國則偶爾從旁提供援助。更不用說德國統一戰爭：普魯士王國先後對丹麥（一八六四）、奧地利（一八六六）與法國（一八七〇至七一）發動戰爭，最終在一八七一年宣告成立一個統一的德國，並且頒布一部新的德意志帝國成文憲法。

然而，儘管這一連串的暴力衝突都發生在歐洲，但大多數發生於一八五〇年代中期至七〇年代中期的重大戰爭，主要參與者中至少都會有一個非歐洲國家。甚至在某些規模最大的戰爭裡，歐洲軍隊只是扮演配角。這段時期最龐大也最致命的三場衝突，更是全部發生在歐洲的疆界之外。

第一個例子發生在南美洲。一八六四年，巴西帝國連同阿根廷與烏拉圭，對巴拉圭共和國展開攻擊，這就是後來所謂的「三國同盟戰爭」。到了這場戰爭在一八七〇年結束之時，巴拉圭總統索拉諾・羅培斯（Francisco Solano López）這位野心勃勃的軍人元首已因此喪生，而他在軍事上的執迷即是源自於他先前在克里米亞戰役所目睹的景況。這場南美洲的戰爭也殺害了巴拉圭大部分的男性人口。

只要比較一下美國南北戰爭，即可更清楚看出南美洲這場戰爭的殺戮規模。就**陣亡**人數而言，南北戰爭已經是這個時期第二慘烈的衝突。儘管如此，在每一千名美國軍人裡，估計只有不到二十一人死於戰場上。相較之下，在一八六四至七〇年間的巴拉圭，**單是**每一千名居民中的戰死人數可能就高達四百人。這場戰爭結束之後，巴拉圭隨即推出一部新憲法。這部憲法施行於一個在當時仍受外國占領的國家，而且女性與男性人口的比例達到懸殊的四比一。[13]

然而，若就傷亡總數與駭人程度而言，無論是三國同盟戰爭還是美國南北戰爭，其實都遠遠比不上這個時期全球最慘烈的衝突：中國的太平天國戰爭。這場衝突實際上是一場內戰，一方是清帝國的軍隊，另一方是清朝南方領土的反抗勢力。戰亂持續了十年以上，到了這場衝突於一八六四年結束之時，已至少有兩千萬人死於作戰、挨餓及群體滅絕，以及發生於這場衝突最後階段的大規模自殺潮，尤其是女性。根據某些學者估計，中國人口在這場戰亂中的死亡總數可能高達六千萬以上。[14]

太平天國戰爭突顯了漫長一八六〇年代的戰爭與過往其他衝突在另一個面向上的不同。一直以來，西方與非西方帝國都同樣有著打不完的戰爭。但這個時期最引人注目之處，其實是世界上**所有帝國強權**全都無一例外地承受了軍事壓力與意識形態挑戰。

英國、法國與西班牙這三個傳統海洋帝國就是如此。一八五七年春，英國掌控的印度北部與中部區域發生了叛亂。這些叛亂持續至一八五九年，牽涉範圍遠遠不僅限於英國以南亞人為主的龐大印度軍隊——大英帝國在這個時期遭遇的挫折並不是只有印度叛亂，這起事件只是其中最嚴重的一項而已。法國在漫長一八六〇年代的運勢也是好壞參半。法國在一八五九年於義大利擊敗奧地利軍隊，也在若干海外戰役（例如在柬埔寨）獲得了成功，但除此之外，法國軍隊在其他地方的戰果就沒有那麼豐碩。法國曾趁著美國忙於南北戰爭之時，派遣三萬兵力前往墨西哥，企圖在那裡建立一個臣屬於法國的君主國，結果卻在一八六七年以令人難堪的失敗收場。三年之後，拿破崙三世的法蘭西第二帝國就在普魯士軍隊的入侵下垮臺。這一結果促成了法蘭西第三共和國的成立，以及在一八七五年頒布新的憲政法律。[15]

西班牙也一樣遭遇了內部動亂與外部挑戰。一八五四年的革命也在馬德里造成了西班牙史上前所未見的激烈巷戰，直到將近百年後才被一九三〇年代的西班牙內戰所超越。在這場革命之後，西班牙於一八五六年頒布了一部新憲法。接著在一八六八年，另一場革命推翻了西班牙在位許久的女王伊莎貝拉二世（Isabel II）——「一位身材粗壯而疲倦的女子，有著一張油亮而鬆弛的臉龐。」一名對她不友善的當代評論者以頗為精確的言詞這麼形容。這場革命造成西班牙再度制定另一部憲法，並且施行了男性普選權。也就在一八六八這一年，古巴這個西班牙僅存的少數海外殖民地也再度爆發武裝獨立抗爭。這場動亂拖垮了西班牙首要商業中心巴塞隆納的經濟，讓西班牙人愈來愈感受到自己的跨洲帝國地位已經岌岌可危。16

如同清朝遭遇太平天國戰爭的例子所示，陸上帝國在這個時期也面臨了深刻的危機。俄國除了在克里米亞戰爭戰敗，也必須面對在一八六三年爆發於波蘭的一場大型叛亂。鄂圖曼帝國在一八五〇年代及一八七七至七八年數度與俄國發生大規模衝突，其轄下的部分歐洲省分也出現動亂。至於結合了眾多領土、族裔與宗教的奧地利帝國，根本尚未從一八四八年革命恢復過來，卻又碰上以那些革命為基礎的漫長一八六〇年代危機，導致一連串的災難與創傷。奧地利哈布斯堡王朝先是在一八五九年於義大利北部遭到法國打敗，接著又在一八六六年遭到普魯士擊潰，被迫割讓領土，並且放棄奧地利皇帝傳統上在日耳曼邦國握有的崇高地位。

如同自從十八世紀中葉以來一再發生的狀況，不斷擴散的戰爭增進了憲法書寫與憲法思想的出現頻率和範圍。正如義大利民族主義者馬志尼（Giuseppe Mazzini）所言，「筆墨」受到了「利劍的形塑」。[17] 如同一七五〇年以來常見的現象，戰爭造成的經濟與人命損失促使某些政權也在漫長一八六〇年代試圖頒布新的政治契約，藉此重新樹立自己的權威。突尼西亞就是一個典型案例。該國的貝伊在一八五七年後之所以願意冒險從事成文憲法的實驗，原因之一就是他的前任統治者在克里米亞戰爭中派遣了一萬四千名軍隊支援鄂圖曼帝國，結果折損了三分之一，更因此動搖國家的財務狀況。[18]

如同十八世紀所發生的情形，軍事勝利有時也會促成憲法的創制與重塑——這個現象將會一路延續到二十一世紀。我們接下來就會讀到，一八六五年打贏南北戰爭的共和黨，因此得以在美國國會裡大幅修改美國憲法，也迫使戰敗的南方州頒布新的州憲法，盼望這些新的州憲法能夠帶來長久的變革。這個時期也還有其他軍事勝利嘉惠憲法創立的例子，例如薩丁尼亞國王埃馬努埃萊二世（Victor Emmanuel II）。歷史上記載他身材高大且性格勇敢，卻沒有特別傑出之處。儘管如此，正是他的部隊在義大利統一戰爭中獲勝，才使得薩丁尼亞的成文憲法《阿爾貝蒂納規約》（Statuto Albertino）能夠在一八七一年推行於義大利全境。[19]

至於那些遭遇重大軍事失敗的國家，同樣也出現了集思廣益與憲法書寫的現象。戰敗國往往試圖藉由頒布新的補償性書面契約，來安撫心懷不滿的人民、重新建構領土，以及揮別過去的失敗。戰後的巴拉圭就是如此，丹麥、法國與奧地利等歐洲的部分戰敗國也是，尤其是奧地利帝國。奧地利帝國在一八四八年革命之後曾有制定成文憲法的嘗試，也在一八六〇與六一年試行過新的憲政制度。但真正促使奧地利進行激烈政治改革的原因，還是奧地利帝國先是在義大利半島失利，繼而又遭到普魯士打敗。這次改革的成果就是一八六七年的《奧地利匈牙利折衷方案》（Ausgleich）。

這項新立法把原本的奧地利帝國改組為兩個獨立且地位平等的國家，藉由效忠同一位哈布斯堡皇帝而保有密切關聯（至少在理論上如此）。自此以後，萊塔河（Leitha River）一側將會是「奧地利」，另一側則是「匈牙利」，儘管這兩個政治實體都包含許多不同的民族、宗教和語言群體。奧地利這一側也制定了一部成文憲法，以便安撫與團結境內心懷不安的族群。這部憲法頒布於一八六七年十二月，宣告奧地利境內所有族裔群體地位平等，而且培養及表達自身語言與民族性是他們不容侵犯的權利。[20]

這些十九世紀的新發展都不免令人聯想起本書前面對十八世紀的介紹，兩者之間也確實存在許多相似之處。一來是國家頒布新憲法，藉此彌補國民因為統治者涉入代價高昂的戰爭而在課稅與徵兵方面所承受的沉重負擔。二來是利用軍事成功帶來的機會與籌碼，著手起草或修改憲法及重組國家，或者是因為遭遇重大軍事失敗而被迫這麼做。這些國家與帝國所採取的反應，在一七五〇年之後確實變得愈來愈常見。然而，漫長一八六〇年代裡的那些戰爭，雖然與過往具有一定的相似性，卻也還是產生了屬於這個時代的獨特之處。

首先，中國、英國、奧地利、俄羅斯、法國、西班牙、鄂圖曼及美國南方的奴隸與棉花帝國等世界各地的帝國，這時都承受了極大壓力，致使部分觀察者認為全球的權力結構已明顯出現了令人興奮的轉變。其次，這類認定全球都史無前例地朝向開放前進且可能帶來正面改變的樂觀觀點，也是源自於科技與通訊技術在這時出現的巨大變革。

無論是鐵路、汽船、野心勃勃的運河開鑿計畫，還是大量印刷的平價報紙與書籍，其在漫長一八六〇年代出現的速度及傳布的廣度都遠遠勝過十九世紀上半葉。愈來愈多人能接觸到傳送資訊的新方式，例如攝影。當攝影最早在一八三〇年代出現時，原本是一項模糊、昂貴且處理速度極為緩慢的技術，現在卻已變成一項價格相對低廉的傳播媒體，不但可靠也具有更廣泛的用途。早在弗雷德里克斯堡（Fredericksburg）與夏羅（Shiloh）這兩座美國南北戰爭的殺戮場被以駭人的黑白影像在美國流傳之前，職業攝影師就已致力於拍攝衝突現場，呈現克里米亞戰爭的死傷狀況。[21]除了攝影，電報線的分布也愈來愈廣，到了一八六六年已有一整套橫跨大西洋的網絡，因此新聞就能在很短的時間內傳送到不同的國家與大陸。如同一名學者所言，「在電報出現之前」，資訊的傳遞速度不會比「馬匹或帆船來得快。但在電報出現之後，資訊則宛如以光速傳遞」。[22]

這類交通運輸、通訊技術及商業發展，都對戰爭的形式與後果造成了影響。這些發展也使得一般人（而且不只是西方人）能夠對世界不同地區的事件、政治人物及政治改革獲得更詳實也更頻繁的訊息。一般人因此能夠更加輕易地比較及對照不同國家與大陸的條件，包括政治條件。更不用說長途旅行也變得更為容易，不論是實體上的旅行還是心智上的神遊。

當時的發展趨勢，也出現在航海家凡爾納（Jules Verne）筆下意外爆紅的暢銷著作《環遊世界八十天》。凡爾納是船東的後代，十一歲就在家鄉南特試圖偷偷溜上一艘駛向東印度群島的船。他最初先是在一八七二年於法國連載這部小說，接著很快就出現了其他語言的譯本。在凡爾納筆下，菲利斯．福格（Phileas Fogg）這位謎樣的主角，「一名飽經世故的文雅之士」，充分善用了新的通聯技術。福格搭乘了一系列的長程輪船，例如航行於日本橫濱與美國西岸舊金山之間的航班。他也搭乘橫跨遙遠距離的鐵路，包括在這時已經把印度次大陸北部孟買與阿拉哈巴德（Allahabad）還有南部馬德拉斯（Madras）連接起來的大印度半島鐵路，以及美國完工於一八六九年的聯合太平洋鐵路。福格在小說裡也經常使用電報，因為「他的旅行路線上」都有電報線的分布，所以他才能夠在指定的八十天內環繞地球一周，贏下一筆可觀的賭注。

為了製造戲劇性（也為了吸引讀者），凡爾納誇大了科技和運輸變革在這個時期的驚人規模與普遍程度。儘管如此，這時確實有愈來愈多人認為科技創新的速度愈來愈快，而且這項認知不僅有憑有據，也更進一步促成人們認定世界正在加速出現新奇的變化。這催生了一

蒸汽與速度：凡爾納的《環遊世界八十天》一部早期法文版本中的插圖。

種信念，認為世界上各種疆界都可受到前所未有的勘測、跨越及攀登，而凡爾納就在他的小說裡巧妙利用了這種信念。

有些歷史學家指出，人類到了漫長一八六〇年代，雖然愈來愈有能力遊歷世界不同地區，並且和那些地區通訊及獲取訊息，但結果卻沒有促進心智的開放，反而經常是造成心智的封閉。[23]人類新獲得的移動力，並沒有消弭對於世界上不同民族差距和不平等所抱持的偏見，反倒可能因此強化。當時有些軼聞也能證實這一情形，例如西華德（William Seward）這位實際上環繞過地球一周的人物就是如此。西華德的著作《周遊世界》（*Travels around the World*）在他死後出版於一八七三年，比凡爾納的小說晚了一年，卻頗不公平地遭到大眾忽略。

美國南北戰爭期間，西華德曾經擔任林肯總統那威勢懾人且不可多得的國務卿，也參與了戰後重塑美國憲政的工程。他從政界退休之後，以將近七十歲的高齡於一八七〇年搭乘第一條橫貫大陸鐵路往西抵達舊金山，然後展開一場世界之旅，途經日本、中國及印度部分地區，再經由全新開闢的蘇伊士運河進入近東，最後前往鄂圖曼帝國與西歐。[24]他在林肯於一八六五年遇刺時也受了重傷，不但在稜角分明的臉龐上留下一道刺傷的疤痕，也必須偶爾乘坐輪椅。他就是在這樣的狀況下決意踏上這場環球旅程，這件事情本身即足以讓人看出通訊和交通品質及便利性在這時已有多大的改善。

更早以前，像西華德如此老邁且身體虛弱的人大多不會**選擇**從事如此長程的旅行，除非是迫於重大的宗教、經濟或家庭因素。西華德選擇從事這趟旅程，某部分其實是出於他個人的堅韌性格，以及不願在退休後淪為「廢人」的決心；但他踏上世界之旅的決定也顯示出新的運輸網絡與技術在這時的廣泛散播已經十分顯著，使得長途旅行不但更為舒適，而且也更快更可靠。在這趟旅程中，據說西華德只要每抵達一座新港口，提出的第一個問題就是那裡有沒有電報。

我們能夠從西華德的環遊世界之旅中，看出另一個面向的意義。隨著他的旅程逐漸進展，他也似乎愈來愈認定自己遇見的不同民族都各自以無可改變的不同速度發展。他雖然不曾抱持過激進的平等思想，但從他早期的部分言行卻能看出他對種族差異抱持一種開明且相對不歧視的細膩立場。他曾在一八五〇年對一名參議員同僚說：「哲學對於白人種族自稱擁有的先天優越性委婉表達了質疑。」[25]他雖然不是堅定的反英國主義者，卻對其龐大帝國展現了懷疑的態度。然而，西華德的這些立場在他展開世界之旅時已有所轉變，在旅程期間似乎又轉變得更多。

他在造訪印度時，曾經提到這個地方大概「遲早」會獨立。儘管如此，他對於英國人在此處的建設還是抱持大致肯定的態度，開始將他們視為志同道合的盎格魯撒克遜擴張主義者。他以自滿的姿態寫道，只要英國與美國的「殖民地持續增加，填滿地表上的荒地」，那麼這兩個國家就能夠「維繫權力或威望」。隨著西華德四處遊歷，「正面觀看全人類這個大家族」，他也愈來愈以一套想像中的「文明」標準分析自己遇見的民族，進而認為有些民族明顯落後別人。他在自己搭乘的輪船接近埃及時指出：「真是不可思議，白人與深色種族之間的這種歧異竟然讓終極文明與人類統一的問題變得如此複雜！」[26]

因此，這位頭腦聰明且心思細密，而且曾在南北戰爭擊敗南方奴隸制度中扮演重要角色的人物，他所寫的《周遊世界》似乎反而證實了這一點：早在那個時候，全球膚色區別的現象就已經逐漸僵固，而且發展速度隨著白人墾殖及針對種族不平等問題所出版的偽科學著作愈來愈多而增快。[27]然而，實情從來都不是如此直截了當。

再拉回到我的主要論點上：這是一個戰爭頻仍的時期，而且許多戰爭都對世界上最大的帝國造成了嚴重損害。而當大量爆發的戰爭造成所有帝國威信受損時，此時飛速進展的通訊技術不僅能促使人們質疑與重新評估社會與民族之間的差異，也同樣有可能強化既有的偏見——特別是此時能受益於通訊增長與交通距離縮減現象的人們，並不限於歐美。到了漫長一八六〇年代，已有愈來愈多的非歐洲人開始從事跨越陸地與海洋疆界的長途旅行，仔細觀察沿途所見到的狀況。

我們早已看過突尼西亞的胡賽因將軍有多麼熱衷於旅行，他的朋友暨同為馬木路克的哈伊爾丁也是如此。一八六七年，哈伊爾丁等人以阿拉伯文合寫而成的著作《通曉各國狀況最萬無一失的方法》（*The Surest Path to Knowledge Concerning the Condition of Countries*，以下簡稱《通曉各國狀況》）在突尼斯出版。他在這本書中頌揚了「全球趨近」的現象。哈伊爾丁指出，現在世界「最遠的距離」已藉由鐵路、汽船與電報而愈來愈「與最近的距離連接在一起」，而且全球各地也建立起更緊密、更深層的互相依賴關係。這位突尼西亞改革者堅定認為，現在已經得把世界視為「單一國家，居住著許多不同民族，而那些民族無疑都互相需要對方」。[28]因此，各個社會在政治組織與志向方面都不能夠有（也不應該有）無可挽救的分歧。

哈伊爾丁自己也像胡賽因一樣廣泛遊歷，只不過懷抱著更加深思熟慮的智識與政治目的。身材高大，體格壯碩，衣著總是一絲不苟，而且經常身穿華麗軍服的他，走訪了超過二十個歐洲國家，還有世界其他地區，「研究……【他們的】文明及強權的重要制度」。在《通曉各國狀況》這本十九世紀伊斯蘭世界裡最具原創性的憲法論著當中，他聲稱自己由於這些旅程而體認到「歐洲」本身並不是一個整體。伊斯蘭世界和一個必須加以反擊與反抗的西方世界之間，其實並沒有隔著一道清楚明白、僵固且絕對的鴻溝。歐洲各國本身就都互不相同。

歐洲的政治體制也互不相同，並以各種不同方式發展。舉例而言，拿破崙這個「熱衷征服、不負責任又粗心大意的人物」所經歷的職業生涯，就證明了歐洲人和其他民族一樣，有時也有可能放棄自己的憲法權利，屈服於權勢過大的統治者。哈伊爾丁願意承認，那些得以達到「最高度繁榮」的西方社會，也都成功「奠定了自由與憲法的根源」，但國會體制及「藉由保障人民權利而獲取的大眾自由」完全沒有理由只能由西方獨占。世事是流動的，世事可

席米爾為身居騎兵指揮官的哈伊爾丁繪製的著名畫作，1852年。

以改變。他主張其他地區、文化與宗教的人民也能夠經由仔細揀選而借用這些政治模式。何必「純粹因為一項正確的事物來自於他人……就予以抗拒或者忽略呢」？[29]

這項論點的引人注目之處，部分在於其提出的時間點。《通曉各國狀況》出版於一八六七年，當時哈伊爾丁正流亡在外，政治生涯顯然已經結束。他曾經竭力參與制定及遊說的一八六一年突尼西亞憲法，到了這個時候也已然失敗。然而，儘管遭遇了這些挫折，他的書寫卻仍流露出希望與信心。在這本書裡，哈伊爾丁和其他共同作者堅稱突尼西亞人及穆斯林世界的其他民族都能夠「從高聳的自由之樹」摘採對他們有益的果實，而且還不必犧牲他們的自我。他寫道：「阿拉伯人」總是能夠「和別人自然往來，而不至於被別人吸收或是改變自己的本性」。[30]

這種樂觀與察覺世界具有廣大可能性的想法，不只存在於哈伊爾丁與他的共同作者身上，也可見於許多活躍於一八六〇與七〇年代初期的政治改革者。促成這種觀點的原因之一，則是來自漫長一八六〇年代的第三場大規模軍事衝突。這場戰爭是繼南美洲三國同盟戰爭、太平天國戰爭之後，又一重要且獨特的武裝衝突，那就是美國南北戰爭。

美國南北戰爭的影響

在這個時期的戰爭裡，美國南北戰爭其實不是規模最大、最致命甚或持續時間最長的戰爭，但這場戰爭卻在其他面向產生驚人的影響。打從最一開始，這場戰爭就與成文憲法的辯論密不可分，後來也愈來愈與非白人能夠在多大程度上積極參與憲政體制這個問題連結在一起。

這場衝突的起源，可以說正是來自於一七八七年憲法的不足。費城會議的代表在他們漫長的祕密辯論中原本並沒有忽略奴隸制度的問題，有些人對於奴隸制度還曾提出明智且擲地有聲的反對論點，例如立場偏向保守的古弗尼爾·莫里斯就是如此。然然，到了實際書寫這部憲法的時候，「奴隸」與「奴隸制度」等字眼卻遭到謹慎地排除於憲法內容之外。在這個新成立的美洲共和國之中，各方都將奴役問題心照不宣地交由各州自行決定，而沒有明確列為應受聯邦政府干預的事項。前美國總統約翰·亞當斯在他長壽的一生接近尾聲時感嘆，奴隸制度就像是一片「黑雲」，籠罩在這個國家上空。當然，這句話本身就是一項帶有種族主義色彩的類比，而且這句話也暗示了美國奴隸制度不但不易矯正，而且還深具威脅性。這句話出自亞當斯在一八二一年寫下的一封信，寫給身為南方奴隸主的傑佛遜，而他在這封信裡接著指出：「我也許應該要說，我曾經在空中看到成群來回行進的黑人軍隊，身上的盔甲閃閃發亮。」[31]

實際上，早在南北戰爭爆發之前，美國境內的種族情勢就已經出現各種劇烈的變化。一方面，全球需求量的提升及汽船與鐵路的普及，確保原棉成為美國最具價值的出口商品，對於黑人奴工的需求出現了大幅增加。美國曾在一七九〇年舉行第一次人口普查，當時奴隸人口尚不到七十萬人。到了一八五〇年，官方統計的奴隸總數已達三百二十萬。這個數字在十年後更是接近四百萬，其中絕大多數都是在南方各州的種植園裡工作。由於美國南方生產的棉花是各大洲都極為需要的關鍵原料，而且南方地區的政治人物在華府又擁有超乎比例的席次，因此美國南方並非如傳統以為的顢頇，也沒有跟不上現代化的腳步，反而是身處於全世界最活躍也最外向的資本主義事業核心。[32]

儘管如此，美國南方的種植園主階級也承受了愈來愈大的壓力。到了一八五〇年，州憲法中禁止奴隸制度的美國各州（我們先前已提過加州是其中之一），其數目首度超過了奴隸制度仍然合法的州。廢奴運動在美國黑人與白人當中都愈來愈盛行。不僅如此，儘管這個現象至今仍尚未受到充分探究，但十九世紀中葉在美國以外也重新掀起了一波浪潮，致使各國開始正式採取措施來禁止奴隸制度，而且採取行動的不僅限於歐洲強權。

如同胡賽因將軍所宣揚的，突尼西亞在一八四六年禁止了奴隸制度。一八五〇年代，厄瓜多、阿根廷、秘魯、委內瑞拉、夏威夷及中國的太平天國「造反者」也都採取了同樣的做法。在某些國家裡，奴隸的解放還伴隨著授予黑人部分的政治權利。哥倫比亞就在一八五三年的修憲廢止了奴隸制度，同時也為年滿二十一歲的**所有**男性賦予投票權。這些跨區域的變革有助於解釋林肯為什麼把美國的奴役現象視為一種惡行，甚至是政治與國家之恥。如同林肯所埋怨的，由於美國部分區域仍然存在大量奴隸，因此外國批評者極易利用這項藉口攻擊美國政府的整體形象，包括其成文憲法。[33]

林肯在一八六〇年十一月當選總統，也是美國歷史上第一次有明確反對奴隸制度的政治人物入主白宮。眾所周知的是，這件事引發了十一個南方州脫離聯邦。南卡羅萊納、密西西比、佛羅里達、阿拉巴馬、喬治亞、路易斯安那與德克薩斯等州在一八六一年一月之前脫離，維吉尼亞、阿肯色、北卡羅萊納與田納西等州則是緊跟在後。早在最後這幾個州加入之前，南方邦聯的領導者就已下令起草一部新憲法，並在一八六二年初生效。[34]

這部南方憲法的大部分條文內容，都複製了一七八七年起草於費城的那部憲法。該法宣布獨立的南方也將是一個共和國，禁止貴族頭銜，並且將設置一位總統與一位副總統。有意競選參議員與眾議員的候選人，也必須遵守和北方相同的年齡限制。然而，對於這些熟悉規定的遵循，卻遮掩不了這部憲法在根本上推翻了前一部憲法的傳統。一度的美國現在已不復存在。如同一名抱持贊同態度的評論者所指出，美國將「隨著時間過去而消逝」。如此一來，美國原本的領土將分裂為兩個互相對立的共和國，原本那部著名的美國憲法的適用範圍也將因此不再那麼廣闊。一位名叫克萊格（William Clegg）的路易斯安那步兵在開赴戰場時於日記裡寫道：「我們看到了一個分裂的聯邦，感受到成文憲法與法律畢竟……無法確保分裂不會發生。」克萊格是一名忠誠的南方人，而且得以在這場戰爭中存活下來。但儘管如此，他還是覺得難以接受自己所參與的這些戰爭背後的邏輯。「我們一度是……全人類當中最好的政府，」他不得不承認：「終究成了一場失敗，只不過是一項政治實驗而已。」[35]

不論在美國以內還是以外，人們最關注的就是這場內戰會否證明了美國的憲法也**只不過是一項政治實驗**。透過印刷品、演講及私人書寫，不少人都曾在南北戰爭初期預測，成文憲法的進展可能已開始出現動搖，甚至懷疑美國憲法已是全球歷史中的最後案例。因為到一八六一年為止，鑑於許多南美洲與歐洲憲法的短暫壽命，美國憲法顯然已是成文憲法中存世最長久的例子。而這部憲法在這時一度出現的崩潰跡象，也導致部分觀察者悲觀認定這種行使及制定政治制度的方法已走到盡頭，無以為繼。然而，後來發生的另外一件事情卻吸引了眾人關注的目光，那就是美國南北戰爭對於黑人奴役制度可能造成的影響。

一八六二年，由十二名代表起草的南方邦聯憲法之所以不同於一七八七年的費城憲法，其中一處就在於更強調州權。「我們合眾國的人民」這句前言，在這部憲法裡改成了：「我們邦聯的人民，每一州各依其主權與獨立性質行事。」不過，州權仍將受到一項關鍵限制。在這部憲法的規範下，邦聯各州對於奴隸制度的立場都不得鬆動：「任何褫奪公民權法案、追溯既往的法律，或是否決或損及黑人奴隸財產權的法律，都不得通過。」也就是說，只要南方邦聯成功脫離，奴隸制度就將在這個龐大區域恆久存在。[36]

對這一點的認知吸引了世界各地的注意，也引起了互相衝突的激烈辯論，包括人道與宗教辯論，經濟辯論，也辯論這點如何可能影響美國以外的世界。一名抱持改革思想的加爾各答記者在一八六一年底寫道：「由於明顯可見的原因，所有追求印度福祉的人士都必須懷著焦慮的心情關注目前在美國緩慢進展的重大鬥爭。」他檢視了南方邦聯憲法的草稿之後（請注意這部憲法的抄本竟然這麼快就已流傳到印度北部），不禁對文中揭露的白人傲慢及壓迫深感擔憂。「印度的【英國】統治者是否真的有意或希望訓練這裡的人民自我治理，接著……放棄他們自己的權力？」這位記者憂心忡忡地問道：「他們是否真心想要提升本地人的層次？」唯一令他感到欣慰的是，賴比瑞亞與海地等黑人共和國證明了「必須自立自強的奴隸……所具備的政治能力」。他指出，這兩個各自都有憲法的國家，難道不是證明了「奴隸與那些『天生』為奴隸的人其實也擁有自我治理的能力」？[37]

然而，美國南北戰爭的爆發雖然很快就被納入種族政治主張等更廣泛的辯論中，但在一八六一年踏上戰場對抗南方邦聯的美國人其實根本沒有想過自己打贏這場戰爭後就能夠改善自由或不自由黑人的**政治權利**。真正促使他們改變態度的原因，源自於這場戰爭不斷變化的本質。這場戰爭首度採用大量致命的新科技，數量之多遠遠超過其他地區的先例。

在南北戰爭之前，不管是南方人（他們在一八四〇與五〇年代的大部分時間支配了美國戰爭部）還是北方的政治人物，都把可觀的精力與納稅錢投注於促進美國軍隊的現代化。快速裝填的步槍取代了準確度遠遠不及的老舊火槍，採用了可在六百碼以上距離致人於死的大口徑子彈。美軍也採用了熟鐵炮架，以及裝填六發子彈的柯特轉輪手槍，可在一百碼的距離取人性命。另一項工業創新也轉變了情勢，那就是鐵路。鐵路雖然曾在一八五三至五六年間的克里米亞戰爭及一八五七至五九年間的印度起義中發揮效果，但鐵路在美國不但更常見，也擁有更大的軍事潛力，不管在北方還是南方都是如此。南方邦聯的工業化確實比不上北方，但長距離運輸大批原棉至港口城市的需求，卻也確保南方同樣投注了大筆資金擴展鐵路網。到了一八六一年，美國南方的鐵路網總長度已達一萬英里。38

美國就和愈來愈多地方一樣，廣布的鐵路網絡也改變了戰爭形態與人力成本。鐵路只要保持完好，進攻部隊即可利用這項工具迅速深入敵軍地盤。相反的，鐵路也可讓守軍迅速增援脆弱地區。在一八六一年七月發生於維吉尼亞的牛奔河之役當中，邦聯軍就採取了這樣的打法：他們利用火車載運援軍前來，從而扭轉戰況並獲得局部勝利。鐵路使得軍隊能夠快速大量集結於關鍵作戰區域，而且也能讓部隊在長期戰役當中持續獲得武器、糧食、馬匹與新進炮灰的補給。只要鐵路補給線不中斷，能夠不斷運來援兵，那麼軍隊就能夠持續作戰很長的時間。也就是說，軍隊就能夠以遠比先前更快的速度持續殺害更多的人，特別是那些軍隊如果配備更準確且能夠快速射擊的新式槍枝與大炮的話。

一大部分就是由於這些科技變革，美國南北戰爭吞噬人命的速度因此達到了瘋狂的程度。在這場戰爭於一八六一年爆發前，美國常備軍人數只有不到一萬七千人。到了這場戰爭在一八六五年結束之時，單是南方邦聯就被迫徵召及訓練一百萬左右的士兵，而當時這個區域的白人總人口數也不過只有六百萬。北方聯邦軍的戰鬥人員人數也大幅增加，到了一八六二年一月已有五十七萬名兵員，而這個數字更在三年後增長至將近九十六萬。[39]不過，這場戰爭的雙方所面臨的人力挑戰頗為不同。南方從頭到尾都以黑人奴工擔任軍隊僕傭與搬運工，也利用他們維持農業經濟與鐵路。只有到了戰爭的最後階段，南方的領袖才願意放下種族意識形態，考慮徵召黑人作戰部隊。

北方的政治人物與將領則是面臨了不同挑戰。南方邦聯只要能夠自保，即可贏得時間鞏固其獨立自主。但北方卻要恢復聯邦的完整（至少他們宣稱的目標逐漸演變為如此），並且要消滅奴隸制度。北方的軍隊因此必須進攻、侵略及占領南方邦聯的廣大領土。為了達成這項目標，再加上士兵死傷的速率之快，北方的領導人因此必須更積極徵召不同種族的人口入伍服役。

事實證明，這其實是一項漸進且經常雙方都充滿埋怨的過程。一八六二年七月，就在維吉尼亞與田納西州發生一系列代價高昂的戰役之後（同時也是在馬里蘭與肯塔基州那些損失更大的戰役之前），國會通過了一項新的民兵法案，向黑人男性開放軍事參與。然而，這樣的參與並不平等。選擇為北方而戰的黑人民兵可以領到每月十美元的薪資，但白人的月薪卻是十三美元，外加服裝津貼。[40]即便是在林肯一八六三年一月一日發表的那份振奮人心的《解放奴隸宣言》，也明顯可以看到妥協的影子。這篇原本由他在前一年夏天利用四張索討而來的紙張所寫成的宣言，誓言宣稱北方軍將會致力於終結南方邦聯各州的奴隸制度，並且呼籲黑人加入聯邦武裝部隊：

> 公元一八六三年一月的第一天，所有在任何一州或是一州指定區域中被蓄為奴隸之人，以及那些地區反叛合眾國的人士，從此以後都將永

戰死的非裔與白人聯邦士兵一同倒臥在戰場上。這幅素描刊登於1865年。

久獲得自由……我更進一步公開宣告，只要是條件合適的人，都可加入合眾國軍隊，駐守在堡壘、陣地、駐紮處所等各個地方，並且執掌軍隊裡的各種載具……[41]

林肯一如既往的謹慎務實。他在必須抓緊盟友的考量下，對德拉瓦、馬里蘭、密蘇里及他出生地的肯塔基州等四個忠於北方聯邦的蓄奴州做出讓步，任由這幾州的黑人奴隸處於不確定的命運之中。直到一八六四年，這些區域才准許徵召為數可觀的黑人入伍。但到了這個時候，黑人早就已經大量湧入聯邦陸軍與海軍，執掌混合戰爭機器。整體而言，約有二十萬人擔任士兵與水手，其中可能多達十四萬人曾經是奴隸。在南北戰爭期間，可能還有為數更多的黑人為北方軍擔任軍伕。[42]

我們不能因為美國在戰後一度獲得了憲法變革與自由的機會，就過度強調黑人在北方軍事行動中的參與程度。早在一八六一年之前，黑人社運人士與廢奴主義者就已經對於軍事愈來愈感興趣。他們希望利用軍事語言及軍事行動作為自我防衛及自我界定陽剛氣質的手段，藉此強化黑人（男性）應當獲得平等公民地位的論點。在美國的部分城鎮裡，黑人成立了不受法律支配的民兵團體，並且進行軍事操練。另外有些人則是組成崇拜黑人愛國英雄的團體，例如崇拜阿塔克斯（Crispus Attucks）這位兼有非裔與美洲原住民血統，且在一七七〇年波士頓「大屠殺」當中遭到英軍殺害的人物。[43]因此，當黑人於一八六〇年代開始大量加入聯邦軍時，早已有一整套語言和思想把這些行為、要求黑人公民身分與黑人男性投票權的主張連結在一起。賓州就有一道凱旋門，是為了一群黑人退伍軍人而設置，上面刻有這樣的文字：「捍衛自由者，即有資格享有自由的一切權利。」[44]

儘管如此，南北戰爭仍對黑人解放具有關鍵重要性。如果沒有這場戰爭，南方種植園主式的政治模式不會那麼快遭到摧毀。同時，即便戰前興起這麼多的廢奴主義運動或激進平等主義運動，但如果沒有這場戰爭，南方的奴隸制度也不會那麼快就遭到廢止。再者，如同半個世紀前南美洲獨立抗爭中的例子，大量徵召黑人入伍的需求也促使眾人重新思考。有些原本膽怯但握有龐大政治權勢的美國白人，因此被迫做出他們本來可能不會那麼早就考慮的讓步與改變。但即便是林肯本人，也仍是在李將軍於阿波馬托克斯（Appomattox）向格蘭特將軍投降過了兩天後，才在白宮的陽臺上**公開**宣布自己有條件支持這項概念——也就是入伍服役的黑人，可以因此享有更多的憲法權利：

> 有些人對於有色人種未獲投票權感到不滿。我個人希望從此以後【投票權】能夠賦予最聰穎的人口，以及**擔任士兵而為我們理念所服務的人**。[45]

當時站在白宮潮溼園地上聆聽這場演說的群眾裡，有一個名叫約翰・威爾克斯・布思

（John Wilkes Booth）的南方邦聯支持者。他會在三天後的四月十四日晚上十點，於華府的福特劇院對林肯的後腦勺開槍。

林肯遇刺是美國歷史上重要的一幕，也是世界歷史上一再引人遐想的重大事件：想像若林肯沒死歷史將會如何改寫。同樣讓後人一再進行假設性想像的，還包括南北戰爭之後的政治重建。就在林肯遇刺的幾個月前，國會於一八六五年一月通過後來所謂的美國憲法第十三條增修條文，正式廢止了奴隸制度。費城憲法原本的不足之處此時終於得到修正，「奴役」一詞也納入憲法內，明白指出這項制度不得「存在於美國之中」。三年後的一八六八年七月，國會又通過了憲法第十四條增修條文。這條增修條文規定所有美國人不論在聯邦層級還是各州當中都能夠享有公民權，同時也禁止各州削減或者阻擋這些權利——至少在書面上是如此。美國各州都不得「拒絕對其管轄範圍內的任何人給予法律的平等保護」。一八七〇年又有第十五條增修條文，內容宣告**男性**的投票權不得「因為種族、膚色，或者先前曾遭奴役……而受到否決或者削減」。[46]

這一連串的憲政變革，就是希望可以利用新方法來將美國憲法變成對抗不平等的武器。從一八〇〇年直到南北戰爭爆發，美國憲法只修改過一次，如今卻在短短五年內就新添加了三條增修條文。這些增修條文的核心與美國高層政治的運作無關，目標也不在於約束行政權——事實恰好相反。美國憲法在相當程度上受到南北戰爭的獲勝者重新設計，一方面讓華府可以更加積極干預各州，同時也改變公民身分的涵蓋範圍及政治權利的本質。除了這些改變之外，戰敗的南方各州又被迫強制施行重新制定且更加寬容的州憲法。因此在一八六九年，仍受聯邦軍嚴加占領的維吉尼亞州就必須為州內所有年滿二十一歲的男性公民賦予投票權，並且為包含黑人與白人在內的所有居民提供公共教育，「以免兒童在無知中成長」。47

這些重建措施在美國內部帶來了嚴重分裂與不盡公正的後果，卻在海外造成新穎且超乎預期的廣泛影響。美國聯邦打贏南北戰爭，從而消滅奴隸制度，並且藉由大幅修改美國憲法來移除某些種族歧視的結構。此一事實再度強化了世人原本就已相當強烈的感受：世局正在快速變化，充滿了各種進步的可能性。世界上有些區域立即就對此產生了反應。

一八六七年，美國國會通過《重建法案》（Reconstruction Act），直接賦予南方黑人投票權，也使得黑人能夠競選州層級與國家層級的職務。與此同時，世界上有許多地方也在同一年施行了重大憲政變革，例如紐西蘭。紐西蘭在這一年通過的立法，讓該國本土的毛利人能夠擁有眾議院的四個席次，也為**所有**年滿二十一歲的毛利人男性賦予投票權，不論財力如何——反倒是紐西蘭白人直到一八七九年之前都還必須合乎財產資格才能投票。當然，紐西蘭若是在這個時候按照人口數施行比例代表制，毛利人在國會裡將可取得十五個席次，而不是僅有四席，但這畢竟是一項進步。與此同時，紐西蘭憲法也讓被視為黑人的男性獲得了投票權。事實上，在接下來為期十二年的時間裡，他們在紐西蘭享有的投票權還優於中等所得的白人男性。[48]

某種程度上，這些改革無疑都與美國的情勢發展有關。紐西蘭殖民地總督喬治・格雷爵士（George Grey）是個專斷獨裁的人，但他同時也坦承自己深深仰慕美國憲法。他密切關注美國南北戰爭的進展，也深受林肯的言行及後來遭刺一事所影響，還為他撰寫了悼詞及訃聞。格雷此舉並非特例，而是當時非常普遍的現象。林肯遇刺雖是在美國憲法大幅重建之前，但圍繞著這位殉道總統而迅速發展的崇拜團體，卻有助於將國際焦點聚集於美國在總統遭刺後所發生的政治轉變。[49]全球各個大陸都受到這些事件所影響，其中最動人的例子大概就是一個名叫詹姆斯・阿非卡努・畢爾・霍爾頓（James Africanus Beale Horton）的人，以及他為非洲所設計的憲法。

帶著希望進入非洲

霍爾頓是個難以歸類的人物。想要確切歸類他只是徒勞，因為比起大多數人，他被迫結合多種不同身分，而且也主動選擇這麼做。霍爾頓出生於一八三五年，父母是來自當今奈及利亞東南部的伊博族人（Igbo），而他也是父母所生的孩子中唯一存活下來的。他父母原本遭到跨大西洋的奴隸販子俘虜，但在遭賣為奴隸的航海途中被英國的反奴隸巡洋艦攔了下來，因此被安置在獅子山首都自由城外的一座村莊裡。自從十九世紀初期以來，這個聚落就一直是英國海軍反制奴隸貿易行動的總部。此外，這裡也充當英國試探性入侵西非的基地，並且是廉價黑人勞動力的來源——最重要的差別只在於，這些勞工並沒有受到奴役。[50]

這樣的出身背景部分解釋了霍爾頓的複雜性。今天的人可能會有些難以理解，但他在成長過程中認定英國是自己與家人的解放者及保護者。他父親似乎採用了獅子山一名英國傳教士的姓氏，霍爾頓卻更進一步，為自己添加了「畢爾」這個名字，藉此向自由城一所教會學校的英國校長致敬，因為他自己在那所學校成了明星學生。

霍爾頓後來去了英國，先後在倫敦國王學院與愛丁堡大學修習醫學，這時他卻立刻就意識到自己是非洲人，因此又為自己取了「阿非卡努」這個名字。他在畢業後進入英國陸軍擔任醫官，又對自己的形象進行了更多調整。他最終的職銜是軍醫少校，在軍階上相當於中校。他在最著名的一張照片裡，看起來纖瘦但相當健康，有著一頭灰白的頭髮並蓄著短鬚，穿著合身的陸軍制服。顯然這身軍服偶爾會使霍爾頓壓抑自己的部分想法與感受。「我對於自己打算做的任何事情都不該太過急躁，」他在寄給一名盟友的信中這麼寫道，但實際上也是在對著自己說：「【也不能】被激情牽著走，或是莽撞行事。」[51]儘管他有時候也會選擇這麼做。

身為軍醫少校的霍爾頓。

霍爾頓在英國軍隊中的軍醫生涯並不算順遂，偶爾不免遭遇歧視，但這項工作卻還是擁有一大優勢，就是讓他大部分的成年生活都能夠在西非工作及旅行，而且如他所言的「身處於我自己的同胞之間」。軍醫這份工作也帶來穩定的薪水，讓他得以私下從事研究，並且書寫充滿批判性的大膽文章。[52]

在霍爾頓的認知中，他不僅是一位非洲人或英國人。透過持續不斷的閱讀及書寫，他總是一再擴展自己的參考範圍。他有時會從廣大的大西洋世界這個角度進行思考，而且也和許多人一樣，認為這個世界變動得愈來愈快。他興奮不已地寫到美國南北戰爭如何轉變了「有色人種在這個龐大美洲共和國當中……的地位」，而他對發生美國南北戰爭所懷有的理解，又因為親身走訪位一趟獅子山的東側鄰國賴比瑞亞而更加強化。[53]

賴比瑞亞這個國家，是由美國殖民協會於一八二二年創立，作為來自美國的自由黑人移民的避難所。該組織也規範了這個聚落的政體，並為其制定了一部憲法。不過，當地的黑人與混血墾殖者卻在一八四七年把賴比瑞亞改制為一個獨立共和國，同時舉行了他們自己的制憲會議。「賴比瑞亞的人民，」其中一名代表堅持：「不需要『白人』協助他們制定用來自我治理的憲法。」他們在最終起草的文件中宣布：「所有的權力都源自於人民，所有的自由政府都是藉由人民的權威所建立，也是為了人民的福祉而成立。人民有權為了自身安全與幸福而對政府加以變更及改革。」一八六二年，因為南北戰爭而正感到焦頭爛額美國政府，終於同意了這些安排。[54]

霍爾頓對於賴比瑞亞政府體制的部分地方多所批評。身為土生土長的伊博族人，他不欣賞賴比瑞亞的非裔美籍領袖把本土非洲黑人（被視為與黑人墾殖者截然不同的兩種人）排除於一八四七年憲法以外的做法。儘管如此，賴比瑞亞對於霍爾頓的思想與主張所出現的演變還是相當重要。這個國家證明了非洲後裔的黑人「完全有能力組織自己的政府」，[55]也證明他們能夠在沒有白人干預的情況下自行起草憲法，而且也不至於落入海地這個黑人共和國的那種獨裁主義。

隨著時間推移，霍爾頓開始把他對於黑人與非洲人的觀點定位於一個比大西洋更寬廣的架構下。「一個國家的歷史構成了世界歷史的一部分。」他在一八六六年寫道。[56]如同他後來所認為的，若要理解且改善非洲人的處境，就必須關注全球的過去及當下。他在自己撰寫及出版的書籍、向富有影響力的人物所寫的信件，以及經常發表於報紙上的文章裡，就是試圖做到這一點。霍爾頓認為是古羅馬征服了歐洲的「野蠻部落」，從而強迫他們踏上發展的道路，結果「經過一千一百年而帶來了巨大的發現與進步……【如今】令落後地區的居民大感震驚」。而由於全球變革的速度和規模都逐漸增長，他因此認為非洲邁向現代化及完全實現自身潛力的時程，肯定會比歐洲當年的經驗還快。如同突尼西亞的哈伊爾丁，霍爾頓也從漫長一八六〇年代的科技與工業轉變當中得出了極度樂觀的結論：

THE

INDEPENDENT REPUBLIC

OF

LIBERIA;

ITS CONSTITUTION AND DECLARATION OF INDEPENDENCE;
ADDRESS OF THE COLONISTS TO THE FREE PEOPLE
OF COLOR IN THE UNITED STATES,

WITH OTHER DOCUMENTS;

ISSUED CHIEFLY FOR THE USE OF THE FREE PEOPLE OF COLOR.

PHILADELPHIA:
WILLIAM F. GEDDES, PRINTER, 112 CHESTNUT STREET.
1848.

印行於費城的一本賴比瑞亞1847年憲法：「供所有自由的有色人民閱讀。」

儘管法國與英國花了一千一百年的時間才達到目前如此高水準的文明，然而印刷、蒸汽動力（包括鐵路與航海）等現代的發明，以及美妙促成快速通訊的電報，毫無疑問都令我感到西非部分地區只需花費更少的時間，就足以在進步發展上比肩歐洲。57

對於現代化的解放力量所抱持的這份自信，有一部分伴隨著霍爾頓直到人生結束。他在一八八三年英年早逝，死前最後一項投資活動，就是創立西非商業銀行。他原本打算在自由城與拉哥斯成立分行，好讓非洲貿易商與生意人能夠更容易取得貸款。

這項對於經濟成長的興趣，與他的憲政改革理念相互契合。霍爾頓認為，不管是外來的歐洲人還是西非本土的酋長，都不大可能會投資道路網絡、鐵路、學校、銀行、企業等這個區域迫切需要的基礎建設。要促成這樣的投資，就需要有系統性的政治體制改革。西非必須重新轉化成一個能夠自我治理的國家。起初，他在自己的書寫當中宣傳這些理念，包括出版於一八六八年的《西非國家與民族》（*West African Countries and Peoples*）這本書，還有發表於《非洲時報》（*African Times*）的文章——《非洲時報》是一份福音派報紙，印行於倫敦，號稱「在非洲沿岸的每一座聚落裡，只要居住有受過教育的非洲人，就看得到這份報紙」。58

霍爾頓在這些書寫中呼籲，西非（還有非洲大陸的其他區域）迫切需要出現「若干政治社群」，「每個都由一個國民政府統治」。他認為自己的故鄉獅子山可以迅速轉變為一個選舉君主政體，設有兩院制立法機構。他提議甘比亞也應該採用選舉君主制度，也許可在未來二十五年內做好自治準備。他主張沿海的黃金海岸區域應該劃分為方提王國（Fante Kingdom）與阿克拉共和國（Republic of Accra），而這兩個共和國經由選舉產生的總統頂多只能執政八年。至於拉哥斯及他本人所屬的伊博族人支配的地區，也應該演變成一個「統一、文明且信奉基督教的獨立國家」。[59]

如同霍爾頓向來的表現，前述這一切倡議都比表面上看來更加激進。不同於另一位黑人社運人士，也就是從西印度群島人歸化為賴比瑞亞人的布萊登（Edward Wilmot Blyden），霍爾頓並不想從美國、加勒比海地區等地引進非裔人口來轉變非洲政治。[60]在霍爾頓看來，本土的非洲黑人必須為自己的大陸開創政治復興，只是在領導人物方面必須先仰賴非洲黑人中那一小群受過教育的菁英及中產階級。最重要的是，霍爾頓不僅呼籲要建立強大的非洲君主國及強大的非洲共和國，他更想像所有新國家都會施行「普遍投票權」。

這點值得特別注意，因為霍爾頓使用的詞彙是「普遍投票權」而非「男性投票權」。霍爾頓極為熱衷閱讀，才智出眾且近乎勤奮過度，所以他的表述應該不是用語不精確的結果。他很可能是因為閱讀彌爾（John Stuart Mill）在一八六一年出版於倫敦的《論代議政府》

（*Considerations on Representative Government*）而受到影響。在這部著作裡，彌爾譴責「男性投票權這個愚蠢的名稱」，原因是這個名稱為男性選民賦予了「一項和女性不同的階級利益」。[61] 彌爾是盎格魯蘇格蘭知識分子暨政治人物，後來公開支持女性投票權，因此他更偏好以謹慎姿態使用「普遍投票權」一詞。霍爾頓也是如此，並且可能是出於類似的理由。在霍爾頓的想像裡，西非那些各自具備成文憲法的自治國家顯然都應該對女性開放投票權，而不是只有男性。「她們在社會裡的地位應該受到明確界定，」他針對改善新西非的女性教育這麼寫道：「肆意侵犯她們權利的行為不該受到容忍。」[62]

霍爾頓這位白手起家的黑人醫生，並沒有繼承而來的財富，也沒有崇高的社會或政治地位，只是受雇於英國軍隊。這樣的他，為什麼會在一八六〇與七〇年代初期覺得自己能夠書寫、制定與推展這樣詳細的成文憲法計畫？更重要的是，那些地位較高且更有政治權力的人士（不管是非洲人還是歐洲人），又為什麼會認真研讀霍爾頓的書寫，並且在一段時間內加以關注呢？

有些答案應該不難想見。霍爾頓無疑是個出類拔萃的人物，但在許多方面卻也相當符合那個時代。他身處的背景是漫長一八六〇年代，當時充滿了對於政治變動與可能性的強烈感受，並出現了一長串胸懷抱負的武裝人士。這些人包括科西嘉的保利、法國的拿破崙、南美洲的玻利瓦、皮特凱恩的艾略特上校等等，也包括了霍爾頓，他們全都善加利用自己這門職業的移動能力，也透過指揮別人而推展雄心勃勃的計畫，藉此來改變特定地點的憲法。同樣也如同歷史上許多的憲法書寫者，霍爾頓的改革方案之所以受到各界重視，一部分也是戰爭導致的結果。

一八六三至六四年，霍爾頓跟隨英國西印度群島的一支軍團，對於位在當今迦納的阿散蒂王國（Ashanti Kingdom）發動一場乏善可陳的戰役。目睹大英帝國令人難堪的表現，似乎讓霍爾頓留下了難忘的印象。「槍炮、彈藥及其他補給品的運輸遭遇了極大困難。」他針對這段經歷寫道。結果就是大英帝國的部隊慘遭叢林吞沒：

> 軍隊必須穿越濃密的森林，有時也必須走下深谷，谷中潮溼的土壤蒸騰出有毒的氣體，混雜著花朵散發出來的香氣，只見那些花朵在這陰鬱暗沉的環境裡綻放出各式各樣的色彩。有些地方分布著大片的水潭，以致士兵必須涉水而過，有時水深及膝，有時甚至及於頸部，但他們在這樣的狀況下仍然保有良好的紀律和秩序。有時也會遇到水流又急又深但卻沒有橋樑的溪流，只能由每個人各憑本事設法穿越……在他們的頭頂上，嘰喳不休的猴子扮著鬼臉……還有許多醜陋的爬蟲類，有著各式不同的形狀、顏色與種類，包括巨蚺……乃至悠閒曬著太陽的鱷魚。[63]

霍爾頓後來寫道，經過六個月的軍事行動之後，英軍卻連阿散蒂敵軍的蹤影都沒看到。後者不僅更熟悉這裡的環境，也更能夠承受這個區域的炎熱、潮溼及疾病。

利用自己的醫學訓練觀察及強調白人身體的脆弱，是霍爾頓經常採用的書寫策略，藉此支撐自己的自信，以及反駁黑人先天不如人的論點。不過，他在這場攻打阿散蒂的戰役中目睹大英帝國的失敗，以及英軍士兵「遭到以痢疾與熱病為主的氣候病擊倒」的程度，在他眼中所代表的卻不僅止於此。這些現象有助於說明，霍爾頓後來推動憲法計畫時為什麼會如此自信滿滿。再一次，霍爾頓又是從全球歷史的角度進行思考。他提醒自己的讀者，歐洲人在先前的幾個世紀侵略了美洲與澳洲，而且他們帶去的病菌和疾病大量消滅了當地的本土人口——但他家鄉這座大陸卻不一樣，非洲大陸會殺死侵略者。無論是歐洲人還是其他外國人來到此處，都會合理感受到「自己的性命即將遭到終結的不祥預感」。[64]

「我們為什麼要在那裡？」霍爾頓引述身在西非的英國人所提出的埋怨：「為什麼還不放棄？」這類反應不只見於身在那片危險且令人心神衰弱的黑暗之心當中，滿身潮溼泥濘且愈來愈感迷茫困惑的士兵身上。一八六五年，在歷經攻打阿散蒂失敗及大英帝國在非洲其他地方代價高昂的慘敗之後，位於倫敦的下議院也決定撤離非洲。一個國會委員會提議，現在英國對於西非的政策應該是「鼓勵土著發揮自身特質，以便將所有政府的管理工作移交給他們，好將目標放在我們最終的撤離」。[65] 看來帝國已經打算回家了。

在這樣的歷史脈絡下，為西非未來將由黑人主導的獨立政府勾勒憲法計畫，看起來的確是一項可行的事業，而且不是只有霍爾頓這麼認為。英國官方原本為其匆忙入侵西非之舉所提出的其中一項解釋，就是英軍是為了保護黃金海岸的方提族人，幫助他們抵擋阿散蒂這個強大敵人的步步進逼。然而，英軍在一八六〇年代的阿散蒂戰爭中的表現不佳，似乎令人對這項解釋產生懷疑。英國國會在一八六五年的這項決議，在西非部分地區受到廣泛報導；而大英帝國的種種失敗，最終在三年後促成了方提邦聯（Fante Confederation）的成立。這個由方提酋長、地方國王、受過西方教育的官僚與商界活躍人士，以及其他鄰近民族的代表所共同組成的鬆散聯盟，很快就與霍爾頓建立起聯繫。這個邦聯的成員也開始起草實驗性憲法。66

「在這部憲法裡，」方提邦聯於一八七一年的一份宣言中寫道：

> 將可看到我們考慮的各種手段，包括改善我們臣民的社會，促成教育及工業活動的成長。簡言之，就是採行英國人秉持慈善精神而可能為造福黃金海岸而規畫過的所有良善措施，儘管我們認為有一部分目前還不可能實行於整個國家。67

因此，這個邦聯決意制定自己的自治計畫並加以施行。這部憲法提議設置民選官員，以及一個新的國民議會、一個最高法院，還有共同的防衛政策。這個邦聯也特地向當地的政治與宗教傳統致敬，例如一八七一年憲法的起草地點就位於當今迦納中部的曼克辛（Mankessim），而這個地方乃是方提語民族傳統上的神聖心臟地帶。

這些邦聯活躍人士有部分觀念其實是取自霍爾頓，包括他為非洲經濟發展所提出的種種建議。這部憲法草案承諾，新獨立的方提政府將會在「所有內陸地區建設大量的良好道路」，也將「建立學校以教育」所有當地兒童，並且致力於提倡農業與工業，引進新作物與促進礦產開發。除此之外，如同霍爾頓本人所盛讚的，這個新成立的方提邦聯在黑人統治且推行憲政的情況下，將作為一部「根本大法」，保證提供「每位公民享有平等的權利與保障，以及對政府的直接或間接參與」。霍爾頓在一封寫給英國殖民地事務大臣的信裡，興奮地詳述了這些計畫。他最後在信末寫下了這句話：「凡事起頭難。」（Ce n'est que le premier pas qui coûte）[68]

失敗與傳承

開頭的確重要，但畢竟只是開頭。把這些不同的憲政轉型放在一起檢視很重要，因為這樣才能夠顯示出戰火頻仍的漫長一八六〇年代在憲法發展方面充滿了多麼多樣化的豐富創意，而且分布範圍不僅遍及不同大陸，也跨越種族、宗教與文化界線。然而，到了一八八〇年代，這些變革（儘管不是全部）卻紛紛以失敗收場。若非遭到打壓，就是逐漸受到侵蝕削弱。

突尼西亞憲法率先垮臺。這部憲法在一八六四年四月遭到撤銷，一部分是本土農民造反與神職人員抗拒的結果，但也是出於法國人的焦慮，因為他們擔憂一個現代化的突尼西亞可能會對隔壁的阿爾及利亞殖民地造成影響。有些改革雖然持續進行，但突尼西亞的歷任國家統治者卻愈來愈遭受外債纏身。突尼西亞最終在一八八一年遭到法國兼併，持續被占領到一九五〇年代。[69] 胡賽因將軍在流亡期間死於義大利，他在那裡忙著贊助阿拉伯文出版品，藉此來抨擊法國在北非的帝國主義，同時也照顧自己的兩個女兒。至於哈伊爾丁，他最後逃到伊斯坦堡避難，在餘生中致力於為鄂圖曼帝國的現代化制定計畫。

美國在南北戰爭之後的改革也功敗垂成。美國確實在一八六七年通過《重建法案》，以及憲法第十五條增修條文，非裔美籍男性因此成為前南方邦聯土地上的多數選民（或是近乎多數），而且他們也確實大量行使了自己的投票權。然而，這些進步倡議很快就遭到各州一一收回。民主黨在一八七六年達成一項協議，同意接受共和黨的海斯（Rutherford B. Hayes）入主白宮，藉此換取聯邦部隊撤離南方，以及授權南方地方自治——意思相當於恢復白人至上主義。南方白人因此得以自由使用私刑暴力，同時施行嚴格的識字標準來限制黑人參與投票及公民生活，藉此重新伸張白人的支配地位。到了一九一四年，南方選舉中的黑人投票率已下滑至不到百分之二。[70]

霍爾頓與他的計畫也面臨相似的灰暗命運，在許多面向上甚至更為悲慘。英國官方對於霍爾頓的提議及方提邦聯的反應，起初都顯得舉棋不定。但到了一八七四年，方提邦聯已不復存在：因為英國又對阿散蒂發動了一場遠征，而且這次大獲成功，於是黃金海岸也就正式遭到英國併吞。

這次遠征行動，只是這段時期大英帝國眾多瓜分領土行徑的其中之一。在漫長一八六〇年代，蔓延的戰爭使眾多帝國都備感壓力，有些帝國只得暫時停止擴張——就非洲而言，當時西方帝國深入當地的規模仍然相當有限。霍爾頓與方提邦聯在一八七一年提出憲法方案時，非洲只有不到百分之十的地區受到殖民統治。然而情況到了一九〇〇年已出現截然不同的變化。此時歐洲強權已能熟練運用新科技，毫不留情地掌控非洲大陸大部分的面積。[71]霍爾頓本人迅速捨棄非洲的政治憲法方案，改專注於經濟發展計畫，但成果一樣極為有限。他最後試圖為獅子山創立一所黑人大學，同時藉由精打細算的投資而從倫敦股市籌得兩萬英鎊教育基金（換算為今日幣值等於兩百萬英鎊以上）。然而，這筆預算卻為他的後代拿來打官司而揮霍一空。

如果我們**只是**聚焦於這一個個悲慘的結局，只會看不清楚歷史的全貌。事實上，漫長一八六〇年代依舊出現了愈來愈多探索憲法計畫的嘗試，可能從中受惠的民族也是大幅增加。無論是在北非、西非或南美洲，或是在美國及太平洋世界的部分區域，許多非白人人口（有些甚至也不是基督徒）都以前所未有的進取精神施行及利用憲法。許多憲政制度確實以失敗收場，但這些失敗其實並沒有表面上看來那麼絕對。我們很常聽到有人這麼批評世界各地的成文憲法，說那些憲法經常都難以長期維繫。這項批評確實沒錯。然而，成文憲法這種政治工具一旦被人引進某個區域，就算當時沒有改革成功，但只要曾經留下過某種政治文件，那麼這一憲法的效果通常就會以某種形式存續下來，持續累積能量，直到再度復甦的機會到來。

突尼西亞的一八六一年憲法就是一個好例子。這部憲法當年雖然很快遭到廢止，卻仍然鑿出了一個破口。這部憲法的出現，比起過往任何事件都更彰顯了伊斯蘭國家也能夠有自己的成文憲法，並藉此約束當地行政首長及擴張公民權利。這項發展立刻引起了其他穆斯林政權及社運人士的注意。某種程度上，鄂圖曼蘇丹就是因此在一八七六年被說服接受一部存續時間短暫但深富影響力的成文憲法。[72]與此同時，哈伊爾丁的《通曉各國狀況》這部討論伊斯蘭社會為什麼必須嘗試這種新憲政模式的著作，也迅速流傳到了他自己國家以外的讀者手上。這本書被譯成波斯文、鄂圖曼土耳其文、法文與英文，就連印度的穆斯林政治改革者都是他的讀者。[73]

對突尼西亞自身而言，一八六一年憲法的失敗其實種下了日後成功的種子。在法軍占領這個國家之後，突尼西亞的政治運動人士就編造出一項傳言，指稱廢止憲法的主要是這些外來歐洲人，而不是當地的本土統治者貝伊。憲法因此成為突尼西亞民族主義與反殖民主義認同的一環。一九二〇年，突尼西亞成立第一個民族主義政黨，取名為「Dustûr」：這是一個波斯文詞語，意思就相當於「憲法」。憲法所遺留的影響，也延續至二十一世紀的今天。二〇一四年，北非與中東地區爆發所謂的「阿拉伯之春」，而突尼西亞則成為其中的成功代表。儘管這項成就也許有所誇大，但這場政治運動卻催生了一部新的突尼西亞憲法，而且截至目前為止仍然持續施行。我們或許可以把這件事歸功於一八六一年憲法的影響。

在美國，《重建法案》令人沮喪的失敗也不代表事情的全貌。南北戰爭後的重建運動熱潮消退之後，美國黑人確實有很長一段時間不被視為完整且享有地位平等的公民（在某些方面上直到今天也還是如此）。然而，南北戰爭無疑改變了原本的種族常態，甚至可說是澈底打破了原本的政治慣例。這場戰爭後所通過的解放性憲法增修條文，至今仍然完整保留在美國憲法的文本當中。套用麻州激進派共和黨參議員索姆奈（Charles Sumner）的名言，這些增修條文猶如一個「沉睡的巨人」。假以時日，這些增修條文就可能被喚醒而再度發揮影響力。[74]

林肯及南北戰爭留下的印象與遺產同樣有助於促進後來其他的政治解放，如同前述在紐西蘭發生得極為快速的改革狀況。頗具代表性的例子還包括印度法學家阿姆倍伽爾（B. R.

Ambedkar），也就是一九四九至五〇年印度獨立憲法的主要設計者。他就經常在寫作與演說中提及林肯，甚至在印度施行憲法的前夕引用林肯的話。

阿姆倍伽爾是一位賤民，也就是印度種姓制度中最「穢不可觸」的階級。這就是為什麼林肯及美國南北戰爭的改革，儘管對甘地與賈瓦哈拉爾·尼赫魯（Jawaharlal Nehru）等擁有貴族地位的富裕印度民族主義者沒有那麼強烈的吸引力，卻對阿姆倍伽爾這樣的人具有極大的魅力與參考價值。阿姆倍伽爾想要的憲法，不僅能為印度帶來獨立與政治民主，而是必須要能夠打造一個更公平也更平等的新印度。林肯與美國南北戰爭，以及重建時期一度承諾賦予黑人政治權利的修憲措施，因此特別能夠引起他的共鳴。[75]

那麼霍爾頓與方提邦聯呢？他們的條件顯然完全不同，處境也更加不穩固。他們不是以既有的獨立國家與政府為基礎，而是在資源與人口數都極為有限的情況下試圖創造出新的國家與政府，因此無從留下大批官方檔案以供後代非洲民族主義者利用及改造。直到一九六〇與七〇年代非洲去殖民化運動期間，才開始有社運人士與學者認真檢視霍爾頓的人生與著作。然而，當時對於這位人物及其著作的興趣很快就再度消退。我認為對霍爾頓的研究還有極大的探索空間，他的政治理念呼應了後來非洲許多的成文憲法，值得更仔細發掘及分析。[76]

我們已經看到，所謂的「瓜分非洲」⑩事件除了導致霍爾頓的政治藍圖完全沒有獲得實現的機會，也對成文憲法的傳播造成了好壞參半且相互矛盾的影響。歐洲人對於新殖民地的瘋狂競逐，其實在許多案例當中都沒有帶來什麼經濟與戰略利益。為什麼會這樣？部分原因就是帝國競爭。就跟這個時期的許多事情一樣，帝國競爭的本質也在漫長一八六〇年代出現了改變——變得更加不穩定。

這個時期大量爆發的武裝衝突，進一步削弱了部分古老帝國，例如西班牙帝國。有些帝國則是因此暴露於更大的壓力之下，例如奧地利哈布斯堡君主國。與此同時，活躍的新帝國也跟著出現。在一八七〇年統一的德國，就自稱為德意志帝國，德國領導人也主張該國有權以帝國的姿態處事，不論在海上還是陸上都是如此。除此之外，美國也愈來愈像是帝國。這個國家沒有像某些人所預期的那樣，在南北戰爭後分裂為兩個互相敵對的共和國，而是成功維繫了統一。到了一八七〇年代，美國已是一個日益富裕且更有自覺的帝國。

就在戰火頻仍的漫長一八六〇年代裡，其實還造就了另一個充滿自信新帝國的誕生，那就是脫胎換骨的大日本帝國。日本在一八六八年的戊辰戰爭後，該國政治菁英就下定決心要推行具有日本特色的現代化。計畫核心中的一項遠大抱負，就是替日本打造出一部成文憲法。這部憲法的誕生及長久存續，以及接下來發生的歷史事件，將會澈底改變一切。

❿ 編注：指非洲大陸在一八八一至一九一四年這短短三十年間遭到七個西方列強瓜分的歷史事件。

第八章

大突破

Break Out

東京

時間是一八八九年二月十一日。傳統上，這是紀念日本傳說中第一位天皇神武天皇即位的節日。不過，這個星期一湧入東京的人潮卻遠遠超出慣例。除了當地為數一百多萬的居民以外，這一天湧入這座城市的群眾不只來自周圍的村莊，還有從其他城市搭乘火車而來的遊客，許多人都穿上他們最正式的服裝，有些還提著一瓶瓶清酒及一罐罐特別準備的米飯，以便在慶典當中補充體力。接近市中心的道路全部擠得水洩不通，塞滿成群行進的樂手、身穿華服而不畏寒冷也無視善良社會風氣的藝妓、整齊列隊的學童，以及由人力與牛隻拉動的花車，上有迷你鍍金寶塔及彩繪神話人物。當這群人必須奮力穿越一道道凱旋拱門，身在皇宮園區裡的男男女女則是遠離於這一切，受到花園及由石頭連接的木牆所屏蔽，注意力也受到一系列精心編排的典禮所吸引。[1]

對於三十六歲的明治天皇而言，這一天的儀式開始得很早。還不到上午九點，他就已經穿上了厚重的錦緞朝服，正在走向皇宮主殿的途中。到了那裡之後，他將宣誓遵守新憲法，並且祈求他的女性祖先天照大神能夠贊同這部憲法。參拜過更多神殿之後，他換上編織軍服，在剛訂定為國歌的《君之代》樂聲迎接之下，於上午十點走進皇宮中最宏偉也最寬敞的空間：明治宮正殿。

以安達吟光的一幅畫作製作而成的木雕版畫，描繪了這一刻的情景。圖中顯示天皇站在一座臺子上，上方懸掛著鑲有金邊的黑色罩篷，他身後可以看到天皇家徽的菊花紋章，腳下則是一片延伸至大廳的紅地毯。他的周圍及前方站著一排排的朝臣、外交官與身穿制服的官員。他們雙臂緊貼身側，看著天皇把一份書寫日本新憲法的捲軸頒給向他行禮的內閣總理大臣黑田清隆。只有昭憲皇后仍然坐著，她是極少數置身於此一場景裡的女性之一，但她的座位比夫婿低了一階。那天稍晚，這對天皇夫婦在清空後的東京街道上遊行，旁觀群眾裡有個滿心好奇的小男孩抬起了頭，卻立刻被人壓下，以免他與天皇目光相接。不過，單是這麼短暫瞥見天皇神聖的身影，就已經令他那雙年輕的凡人之眼難以承受。「我看見騎兵高舉天皇旗幟，」

《新皇居於大正殿憲法發布式之圖》，這是安達吟光在1889年想像繪製的情景。

他在成年之後寫下了這麼一首詩：

而在後續的馬車裡，
我看見了兩個人。
在那一刻，有人伸出手來，
把我的頭重重往下一壓。
我聞到被雪水沾溼的小石頭。
「你的眼睛會瞎掉。」[2]

直到今天，要真確看清在一八八九年這一天發生於東京的狀況，仍是一件充滿挑戰性的事情。表面看來，如同一名外國記者在當時所報導的，皇宮舉行的典禮基本上是聚焦於「君主慷慨賜給人民的免費禮物……【但】這項禮物完全不是人民應得的東西」。這部新頒布的憲法並沒有把日本居民正式轉變為現代公民，他們仍然是古老且異常強大的王朝統治下的臣民。套用官方對於這套新秩序所發表的評論，日本天皇是「上天降臨的神聖存在」。天皇與其祖先是所謂的「萬世一系」，而他則繼承了祖先「統治與管理國家的至高權力」。此外，「國家所有的立法與行政權」也一如既往，集結於他一身。[3]然而，這一切對於古老連續性的強調卻深具誤導性，而且有時乃是刻意如此。以安達吟光針對這部日本新憲法的頒布所繪製的傑出畫作為例，這幅畫中其實暗藏玄機。

那場典禮雖為報社人員保留了十個座位，但就我們所知，當天並沒有畫家獲准進入皇宮。因此，如同其他紀念這個場合而製作的日本版畫，安達吟光的這幅畫大體上也是一件想像作品。明治宮正殿雖在一九四五年遭到燃燒彈炸毀，但當初這座宮殿顯然不大可能在皇位的兩側掛有壁鐘。安達吟光之所以畫出這兩座鐘，部分原因是為了呈現天皇在上午十點半正式入場。除此之外，當天在場的人士指證那座廳堂本身相當陰暗，且室內裝飾絕大部分都是採用紅色，所以這幅版畫裡那些鮮豔搶眼的黃色、綠色與紫色也不是精確的再現，而是代表了在這個階段發生於日本的其中一項變化：色彩細膩且長期備受版畫製作者喜愛的植物染料，在這時已迅速受到價格低廉且更加粗糙的苯胺染料所取代，而這種染料主要是從德國進口而來。如同剛在前一年完工的皇宮本身、明治宮正殿裡的電燈，還有昭憲皇后那襲層層疊疊且採用巴斯爾裙襯的粉紅色絲綢訂製服，安達吟光這幅畫裡沒有多少東西是全然的傳統事物，甚至也不是那麼歷史悠久。[4]

不過，這位畫家在畫中所要的最重要戲法，卻是肉眼看不見的。在他的描繪之下，明治天皇以至高無上的姿態站在臺子上，把憲法**授予**內閣總理大臣：亦即這套新的日本政治秩序乃是名副其實地由在上位者建立及賜予人民。然而在事實上，就在這場移交之前，天皇本人卻是從伊藤博文這位樞密院議長手上接過這份寫有憲法的捲軸。如同史學家葛露克（Carol Gluck）所言：「就儀式上的事實而言，天皇只是把這份文件從一名寡頭手上轉移給另一名寡頭而已。」但安達吟光卻刻意略過了這一點，或至少在這幅畫裡是如此。[5]這並不是在說天皇扮演的角色不重要：天皇在各種方面都極為重要，只是到了一八八九年，他已經不再是日本最具支配地位的行為者，而是個不可或缺但受到別人操弄擺布的人物。如同他底下的大臣偶爾在筆下坦承的，日本天皇就像是棋盤上的王。沒有他，這盤棋就得宣告結束；但在下棋的過程中，他卻深受其他更活躍的棋子所影響。對天皇來說，正如其他許多置身於日本領土內外的人士一樣，這部新憲法也帶來了重大的變化。

就日本而言，這部憲法的出現就代表了一項驚人的轉變。如同該國一名自由派政治人物所說，鑑於當時普遍的狀況，這部一八八九年憲法「本來就不可能由人民決定」。但他接著指出：「我們也絕不能忽略一項事實，亦即日本人現在已是個擁有憲法的民族。」[6]日本人已跨出那一大步，擁有了一套整合於單一文件裡的根本大法。

自從一八三〇年代以來，成文憲法就以更快的速度傳播至美洲與歐洲以外的區域。這些非西方的憲法當中，有些很快就以失敗收場或是遭到撤銷，許多則是出現於全球影響力有限甚或完全闕如的小地方，諸如突尼西亞、夏威夷與皮特凱恩。不過，日本很明顯是個不同的例子。日本的一八八九年憲法是第一部施行於東亞的憲法，再度證實這種政治工具已然成為世界性的現象。面積將近十四萬六千平方英里的日本也不是一個小國家，其領土比剛統一的德國還要大。此外，日本憲法後來也證明沒有稍縱即逝。這部憲法一直持續到二十世紀，最終的破滅就和當初的誕生一樣，都是戰爭造成的結果。不僅如此，一八八九年的日本已迅速整合強大的經濟、軍事、科技與文化力量，確保了這部憲法在各大洲都吸引到廣泛注意。因此，發生在東京的事件一方面代表了既有趨勢的延續，另一方面卻也標誌了新的開端。一八八九年的東京不僅預告了世界秩序即將產生變化，更加速促成變化的來臨。

激烈的改革

就某方面來說，這部日本憲法的出現並不令人意外。這份文件的制定受到對於武力的恐懼及武力的實際出現所影響，也涉及外部壓力及內部事件與思想。自從十七世紀初期以來，支配日本的權力就掌握在德川家的氏族首領手中，以「幕府將軍」為頭銜。至於當時在位的天皇，雖然還是受到尊敬，卻是被供奉在位於京都的皇宮裡，並不握有實權。不過，幕府將軍對於國內事務的影響力仍然有所限制，並非絕對。到了一八五〇年代，日本仍然劃分為超過兩百五十個各自分立的行政單位，每個都有自己的官僚體系、軍隊及課稅系統。每個行政單位都由一位「大名」擔任首領，這是一種半封建領主，雖然效忠幕府將軍，在實務上卻握有程度相當高的自主權。如此高度的分權化狀況，再加上漫長的海岸線，使得日本愈來愈容易受害於相互競爭的外來帝國所懷有的野心，以及那些帝國觸及範圍愈來愈廣的海軍。[7]

儘管部分統治者確實希望關閉國境且為此投注大量心力，但德川日本卻從來不曾真正隔絕於外界的發展。日本是區域市場的一員，長久以來也透過中國及數個世代的荷蘭商人而和其他大陸有所連結。但到了十九世紀中葉，外來干預的規模與潛在風險已愈來愈大。首先是英國，英國在兩次鴉片戰爭當中（一八三九至四二年及一八五六至六〇年）攻打了中國沿海，而日本和這個同是東亞君主政體的帝國之間有著建立已久的關係。另一個則是美國，美國也愈來愈在太平洋展現其海軍及商業力量。一八五三年七月，參與過一八一二年戰爭與美墨戰爭的美國海軍准將培理（Matthew Perry），率領蒸汽動力的海軍巡防艦及大炮、水兵、海軍陸戰隊與軍樂隊抵達江戶灣（未來的東京灣），威脅日本對美國開放港口與市場。

不久之後，另一艘外國巡洋艦又跟著抵達。這次是隸屬於俄羅斯帝國海軍的帕拉達號——帝俄海軍在北太平洋相當活躍，且其規模在這時已經僅次於英國皇家海軍。帕拉達號先是停泊在日本西部的長崎外海，接著又勘察了其他沿海地點。日後出版《奧勃洛莫夫》（*Oblomov*）這部小說的岡察洛夫（Ivan Goncharov）也在船上，正忙著依據這趟航程撰寫又一部暢銷著作。這艘船的任務就跟培理一樣，也是要求日本接受外來帝國的影響力與貿易商（只是這次是俄羅斯帝國）。培理的黑船艦隊後來又在一八五四年二月再度造訪日本。沒有多久，新的帝國侵略者也跟著來到日本。一八六〇年九月，四艘普魯士戰艦抵達日本外海。它們一方面是前來簽訂商業條約，二方面也是因為當時日耳曼人對取得歐洲以外的海軍基地及殖民地有著愈來愈高度的興趣。8

日本雖然針對這些海上入侵加強了防衛，但隨著這樣的狀況愈來愈常發生，日本也愈來愈常對這些外來人士的索求讓步，德川政權的正當性因此遭到削弱，更因此激勵了日本境內的反對勢力：這是日本會在一八六八年初至六九年夏季期間陷入戊辰戰爭的主要原因。在這場戰爭裡，主要來自於日本西部的宮廷貴族與低階武士家族打著天皇的名義，起兵反抗德川幕府將軍，同時聲稱他們的目標在於重振天皇的權威及日本的自主與威望。這場戰爭在陸上與海上爆發，捲入了十二萬人投身其中，並且大量使用現代化武器。這場鬥爭最後以德川方戰敗作結，至少在正式紀錄上是如此。戰勝方擁戴了年輕且身材高瘦的睦仁親王作為天皇，一路從京都迎接到位於江戶的前德川首府，而江戶也在此時更名為東京。睦仁親王也為此獲得了一個新的政權年號「明治」，意為「開明的統治」（編按：原文應為「嚮明而治」）。9

一八六八年三月，這位明治天皇以自己的名號頒布了一份由別人為他起草的《五條御誓文》。文中承諾「廣興會議，萬機決於公論」，而且未來日本所有的階級「上下一心，盛展經綸」。此外，「官武一體，以至庶民」從此皆可自由「各遂其志」。過往的陋習也應受到「天地之公道」所取代。最後，日本還必須「求知識於世界，振大皇國之基業」。[10]

如同這些抱負遠大但內容模糊的誓言所示，日本新近掌權的菁英們自身並未團結一致。權力的基礎尚不穩固，也還無法運用自如。儘管如此，它們仍在短時間內完成了多項成就，只是日本史學家對於戊辰戰爭結束後的那十年（一八七〇年代）不大重視，以致於至今還是難以得知那些成就的完整規模。當時的明治政權菁英往往相對強調自己的保守傾向與連續性，而不願承認他們的行為造成了多麼廣泛的改變。到了二十世紀後，發生於一八六八至六九年的事件及由此帶來的後果，已被世人正式稱為「明治維新」。「維新」這個源自中國典籍的字眼，帶有更新與再生的意思。[11]然而，即便使用這樣的字眼，也不代表日本承認這是一場革命。但至少就三個面向而言，日本從戊辰戰爭至一八八九年頒布新憲之間的這段歷史，確實相對激進且充滿革命色彩。

首先，新的明治政權很快就改變了日本既有的政治秩序、經濟、社會與科技組織。課稅受到集權化，部分收益也回頭用於挹注該國的經濟與基礎建設。早在一八六九年，日本各地就已開始出現電報線，兩年後又推出了新的郵務體系。鐵路建設被視為優先工作，所以到了一八七二年，東京與橫濱這座外國貿易大港之間已有鐵路連接。除此之外還推出了新的銀行與工業方案。到了一八八〇年代，日本已擁有二十座以上的棉紡廠，其煤礦更是在龐大且重要的上海煤炭市場當中擠下了英國、美國與澳洲的競爭者。[12]

第二項重大變革來自基層。儘管明治政府很快就致力於以軍事徵召取代半自治的武士，以及對大眾實施義務性教育，藉此提高對於日本人口的控制，但非正式的大眾政治運動及權利言論卻在一八六九年之後明顯增長。輕易就能夠取得且種類愈來愈齊全的印刷品也對此發揮了影響力。當然，印刷在日本不是什麼新鮮事。早在十八世紀，日本就已有數百家書商及各種出借圖書館，也有發行平價單頁大報的傳統。在戊辰戰爭之後出現的改變，是在於出版品種類、數量及內容層面。

日本在一八六四年還只有一份商業日語報紙，但到了一八八〇年代，據說在東京發行的報紙與期刊種類已比倫敦還要多。儘管如此，直到二十世紀初期以前，即便是日本最大的報紙，發行量也比不上英國、美國或印度的報紙。同樣大幅增加的，還有書籍出版量。到了一九一四年，日本出版的書籍總數已超過全球絕大多數地方，僅次於德國。外國政治文本的翻譯，早在一八六八年以前就已有增加的趨勢，在這時的數量又變得更多。彌爾的哲學論文《論自由》在一八七二年首度譯成日文。十年後，盧梭的《社會契約論》也加入了此一行列。[13]

我們可以透過千葉卓三郎（一八五二至八三）的人生經歷與覺醒過程，一窺高度活躍的印刷與當時更廣泛的改變，如何對日本社會中的個人產生影響。千葉卓三郎出身於武士背景，很小的時候就失去父母，年輕時又碰上了戊辰戰爭。十七歲的他「響應了呼籲男性入伍的號召而成了步兵」，在為德川政權服務期間兩度參與實戰。德川政權戰敗之後，他成了一位「尋求真理的流浪者」，基本上是以學生身分四處漂泊。他探索了數學、醫學、佛教及基督教的若干教派。接著在一八八〇年，還有他短暫人生最後三年裡的大部分時間，他以老師的身分落腳於五日市這座位於東京以西的市集與木材城鎮。千葉卓三郎最後在那裡尋得了一些平靜，以及一定程度的人脈與成就。[14]

五日市原本是一座商業與農業中心，此時卻也有了自己的藝術教學會。這是一個研究與辯論團體，可以讓對政治理論與現代政治實踐感興趣的當地男性舉行聚會並互相爭論。如同日本當時大量出現的許多地方性研究與辯論團體，這個教學會的三十幾名成員也把他們的聚會投注於討論西方文本的譯本。他們主要討論彌爾、布萊克斯通、洛克與孟德斯鳩的著作，也分別檢視了日本歷史、神話及儒家經典中的政治教訓。參與這些定期討論似乎舒緩了千葉卓三郎的寂寞，也讓他得以獲得許多靈感。連同該會的其他成員，他迅速為自己的國家著手起草一部憲法。他還寫了一篇題為〈王道論〉的論文，熱切主張應把君主立憲制引進日本。

「在當下的明治時代，我們需要什麼？」他在這篇論文的開頭問道：「沒錯，我們需要立憲政府。」他堅稱必須要有成文憲法及日本國會，原因之一是天皇本人就曾「公開」贊同這樣的變革，如同一八六八年的《五條御誓文》所示。不過，千葉卓三郎主張日本人民也扮演了很重要的角色。人民也有權利，所以他們和天皇必須互相合作。面對新時代所具備的各種可能性，他興奮不已地敦促道：「身為人民，我們現在不正是應該回應天皇的期待，成立一個保障人民自由的立憲政府嗎？」他盼望自己的這篇論文能夠「促使這些概念獲得眾人理解」。[15]

然而就在不久之後，身體虛弱的千葉卓三郎即死於結核病，而〈王道論〉也隨即遭到遺忘。直到一九六〇年代，這份手稿才因為在一間花園工具棚裡被人發現而再次引起注意。相較於內容本身，這篇論文的重要性來自於其書寫情境，以及那些情境所反映的歷史背景：也就是說，到了一八七〇與八〇年代，日本已快速演變出**各種不同**的憲政運動與論述主張。

如同千葉卓三郎在〈王道論〉所透露，明治時代的政府高層藉著在一八六八年頒布《五條御誓文》，從而替日本天皇營造出一個形象：即天皇看似支持審議機構、廣泛政治討論及大眾對政府政策的參與，從而為各種非正式憲法運動提供了一定程度的認可。不論政府是否刻意傳播這樣的形象，他們確實為政治與辯論社團、請願運動、報紙、宣傳小冊及翻譯文本的廣為傳播賦予了一定程度的正當性。一如先前在世界其他地區的情形，這個時期也出現了愈來愈多的非正式憲法書寫。就我們所知，日本在一八六七至一八八七年間出現了超過九十部的非正式憲法，而且這還只是有留存下來的數字。[16]部分非正式憲法的倡議相當激進，而且書寫者的身子也遠比千葉卓三郎強健得多。

其中一個極端的例子，就是植木枝盛所寫的非正式憲法。植木枝盛出身於一個中階武士家庭，研讀過彌爾、邊沁、盧梭及托克維爾在近期被譯成日文的著作，也看過許多不同國家的憲法。他自己所寫的《東洋大日本國國權案》出版於一八八一年。植木枝盛希望日本採取聯邦政府結構，可能的話更要在未來創立一個全球聯邦。他鼓吹人們有權利武裝反抗不公正的高壓政府，也提倡賦予所有日本納稅人投票權，包括女性在內。如同他的其他書寫，植木枝盛也在這本宣傳小冊裡明白指出，他的目標讀者乃是日本人全體：

> 可敬的日本農夫，可敬的日本商人，可敬的日本工人與工匠，還有可敬的日本戰士，以及可敬的醫生與船夫、馬夫、獵人、糖果小販、乳母和新平民——如蒙各位允許，我在此謙卑地向你們所有人發言。你們每一個人都平等擁有一件珍寶……也就是我們所謂的自由權。[17]

這場書寫大量非正式憲法的政治運動，後來即被人稱為「自由民權運動」，許多充滿活力與創意的文本也因此誕生。然而，這類由基層提出的渴望與要求最終卻無緣實現：因為戊辰戰爭還促成了第三項重大變革，那就是一個更為強悍的新興日本統治階級的興起。

這項變革早在一八六八年**以前**就已有明顯的暗示。其中一個例子是一八六四年的一張倫敦紙鈔，上面有著五位日本人的簽名：他們全都是二十歲出頭的年輕人，都出身於低階武士背景，也都來自於日本西南端傳統上反德川幕府的長州藩。一八六三年五月，這五人不顧德川政權的國外旅行禁令，在喬裝之後偷偷溜上一艘停泊在橫濱的商船。他們在旅途中工作賺取旅費，經由上海抵達倫敦。倫敦當時毫無疑問仍是全世界最富裕且觸角延伸範圍最廣闊的大都會。

後來被稱為「長州五傑」的這五人依附於倫敦大學學院，在那裡修習工程學。他們也開始在當地探索西方權力、財富、創新與影響力的來源——其中之一正是英格蘭銀行。英格蘭銀行的官員對於這五人的膽大無畏頗感驚豔，大概也是因為對方是他們首度近距離接觸的日本人，於是他們同意讓這五人在一張一千英鎊的紙鈔上簽名。我們值得在此看看簽名的這五人究竟是誰，以及他們在戊辰戰爭之後的際遇。[18]

其中一人是井上勝，後來在一八七一年成為日本的第一位鐵道廳廳長，並且創立了日本第一家蒸汽火車頭製造廠。另一人是遠藤謹助，在日本造幣局成立於一八七一年之後擔任局長，並且協助日本建立了統一貨幣。接下來第三位是山尾庸三，他到格拉斯哥深造，在一八六八年後改把精力投注於擴張日本的造船廠與鐵工廠，創立了日本的第一所工程學院。第四位是井上馨，到了一八七一年，他已是日本的財務副大臣，後來又成為日本的第一位外務大臣。在這張英格蘭銀行紙鈔上簽名的第五位衣衫襤褸但果敢自信的年輕人，則是伊藤博文。後來四度擔任內閣總理大臣的他，也是日本憲法最著名的推手。

在外國紙鈔留下簽名紀念的這五人，其實是一個相對極端的例子。他們這類人充滿抱負且往往白手起家，並在一八六八年後推動明治維新。這些人不僅從明治維新中獲益，在某些案例中其實也試圖管理及限制這場維新的革命潛力。長州五傑的出身背景還有助於澄清與修正另一項迷思，也就是誤以為日本在戊辰戰爭後施行的轉變是一種澈底西化的行為。

長州五傑在一八六三年展開前往倫敦的危險航程時，他們無疑志在尋求知識、進步及全新的經驗，但驅使他們前進的並不是一股心胸開闊的世界主義精神。他們五人中有三人曾在先前協助放火燒毀一座興建於江戶外圍的英國公使館，因為他們認定那棟建築是外國私下干預日本的邪惡證據。伊藤博文就是其中一名縱火者，而他後來還採取了更激烈的做法。伊藤博文出生於一八四一年，父親原本是名園丁，後來他們全家才被納為一個武士氏族當中最低階級的成員。他也和同伴一樣接受過暴力的洗禮，就連在戰場以外也不惜採取暴力——伊藤博文曾經親手刺殺一名日本學者，只因為那名學者遭人誣指為對天皇不敬。[19]

隨著伊藤博文年齡漸長且權勢愈來愈大，他的言行舉止也較為收斂而溫文有禮，經常以流利的英語接受美國與歐洲記者採訪（他的英語是在一八六三至六四年學習於倫敦，後來又在五度造訪美國的旅程中更加精進）。[20]即便舉止上出現變化，伊藤博文對於西方社會的態度可能從來沒有完全改變。他認為西方世界確實是有值得檢視與學習的地方，值得從中挖掘有用的觀念、體系與發明。然而，不能為了借用外國事物而過度汙染日本，也不該因此淡化日本最重要的傳統與特質。

如同突尼西亞的哈伊爾丁這位武人出身的憲法倡議者，伊藤博文與他關係最密切的同僚經常走訪西方國家的經驗，也不只是帶來了觀察與學習的機會。在某種程度上，這些經驗讓他們得以對歐美世界的部分面向發展出更尖銳的批判。我們可以在日本的岩倉使節團訪察歐美期間，看到這種思想上的演變。岩倉使節團是一項規模宏大的外交任務，目的在於蒐集有關西方的資訊，包括科技、工業、醫學與科學，還有政治組織與法律，而伊藤博文正是此一使節團裡的高階成員。[21]這個使節團從一八七一年底持續到一八七三年秋季，在美國的舊金山至華府之間停留了許多地點，也走訪了英國、俄國及歐洲大陸的各大城市與工業重鎮。

能夠造訪華府，表示伊藤博文與這個龐大使節團的其他成員得以研讀收藏在那裡的美國憲政文件、走訪國會大廈與最高法院，以及會見美國的政治人物和律師。不過，如同時年三十歲的使節團書記官久米邦武所寫下的，在南北戰爭後的重建時代遊歷美國及造訪其首都，也影響了這些日本高階人士對美國社會其他面向的意見。

久米邦武精確記錄了美國黑人仍舊面對嚴重的種族歧視，以及部分的美國黑人如何能在這種情況下成功當選為美國眾議員，或是「累積了龐大的財富」。「顯然，」久米邦武接著寫道：

德國諷刺畫，描繪日本岩倉使節團的成員在1873年3月造訪武器供應大廠克虜伯公司（Krupp）位於埃森（Essen）的工廠。

個人的膚色與聰明才智無關。富有見地的人，已紛紛體認到教育是進步的關鍵，而且……如果說富有才智的黑人在一二十年內將會崛起，**而且不認真讀書工作的白人將會淪為弱勢**，這也並非不可想像的事情。[22]

就美國來說，這項論斷明顯言之過早。不過，在久米邦武為岩倉使節團留下的龐大記述當中，確實多次反思了「白人」的優勢與權力或許不會長久維繫下去的現象。「歐洲國家當前的財富與人口優勢……其實是在過去四十年來才變得如此明顯。」他在使節團轉往倫敦時寫下了這段其實不符合歷史史實的話，同時語氣中滿是得意。對他來說，世事是可以改變的，世界上不同區域和不同民族之間的權力關係也有可能變化。[23]

對於西方干預根深蒂固的懷疑、廣泛接觸歐美部分地區的經驗、認為全球權力分布的方式可以改變，以及一股愈來愈強烈的憂慮，認為日本內部的自由民權運動可能會發展到失控的程度——前述這一連串觀念、印象與迫切需求，都使得伊藤博文與他的同僚更希望能夠藉由篩選而非全然模仿的方式設計出日本的憲法。[24]

伊藤博文有時甚至會鼓勵個別的西方人士，使他們以為自己國家與政府體制是影響伊藤博文與新興日本的主要根源。一名美國仰慕者就在十九世紀末充滿自豪地宣稱，伊藤博文這位偉人曾經仔細研讀過美國憲法與《聯邦黨人文集》，而實際上也很有可能真的是如此。就我們所知，伊藤博文在購買書籍上就與收藏刀劍一樣狂熱，而他也曾經閱讀並與他人討論過托克維爾筆下《民主在美國》的英譯本。[25]然而，在伊藤博文的眼中，美國作為**憲法模範**的參考價值其實相對有限，因為美國政府採行的是共和制度。對他及明治時代的其他掌權者而言，國外還有其他更重要的參考對象。

一八八二年，伊藤博文又被派往歐洲執行另一項任務，這次是為了考察歐洲的各種憲政體制。他首先前往柏林，在那裡與同僚花了六個月的時間跟隨德國首要法學家格耐斯特（Rudolf von Gneist）學習。接著，他們又在維也納待了十一週，與史坦恩（Lorenz von Stein）等當地的憲法學者合作。史坦恩是一位法學家暨經濟學家，職業生涯的足跡橫跨了丹麥、法國、德國及奧地利。[26]與中歐政治體系及法學專家的這些聯繫，後來對日本憲法造成了相當深遠的影響。不過，伊藤博文再度把來自歐洲各地的影響精心結合起來。在這場一八八二年的旅程中，他還造訪了倫敦，並在該地與格里格斯比（W. E. Grigsby）這位通曉多種語言的律師暨學者數度會面。現在已經幾乎完全被人遺忘的格里格斯比，在當時是一位足跡遍布各地的比較法專家，先前曾在東京教導這門科目，當時的學生包括後來起草了日本民法的穗積陳重。[27]

儘管有過這些跨洲旅程、專業諮詢及閱讀經驗，伊藤博文自始至終都深刻關切著日本自身的政治實踐。他這種西化與傳統並進的審慎性格，也充分反映在他選擇的衣著打扮上。歷來史學家與人類學家都曾提過，歐美以外許多胸懷抱負又積極進取的人物，尤其是男性，都在十九世紀期間愈來愈偏好西式裝扮。他們會穿襯衫、打領帶，套上深色西裝外套、背心與長褲，也戴上高帽等等，藉此明白表示自己的現代化。西服也在日本於一八七二年成為政府官員的標準制服。[28]不過，伊藤博文本人卻意欲在身體與服裝方面提醒眾人：個人在服裝上還是能夠保有並投射多重的認同。在他漫長的職業生涯裡，確實曾經採取過各種文官及軍用的西式服裝與髮型。但我們也可從當時的照片中得知，伊藤博文在私底下與朋友相處的時候，總是習慣換回和服：夏天白色或淡色，冬天則是黑色。就像他一方面閱讀英文報紙，一方面又以日文與古典中文寫詩。

伊藤博文在憲政制度上也是如此。他一面向眾多西方國家、文本與專家汲取憲法知識與範例，一方面仍然堅決保存某些日本制度、語言及信念，而且此舉不純粹是出於愛國情操。格耐斯特指出：「憲法不是法律文件，」而是在根本上體現了「一個國家的精神與能力」——伊藤博文對此也深感認同。[29]試圖設計及施行一部幾乎全盤模仿而來的日本憲法，不僅不合時宜，而且也注定失敗。

因此，伊藤博文在一八八〇年代致力於書寫日本正式憲法的過程中，除了偶爾走訪海外，在國內更是特意由自己的頭號門生井上毅提供協助。井上毅同樣參與過戊辰戰爭，後來

年老的伊藤博文身穿和服的照片。（左圖）
年老的伊藤博文身穿西服的照片。（右圖）

成為一名出色的國家官僚，擁有自己的西方人脈與知識背景。他造訪過德國與法國，也親手把一八三一年的比利時憲法與一八五〇年的普魯士憲法譯成日文。他也對中國及儒家思想深感興趣，同時關注於日本自身的法律傳統，以及他自認在日本宗教信仰及其政治實踐之間所發現的關聯。[30]

如同他的導師暨上司伊藤博文，井上毅也認定日本必須趕在國內政治競爭對手崛起之前，盡速打造並且施行一部正式憲法。「我們若因猶豫不決而失去先機，」井上毅寫道：

> 那麼大眾在兩三年內就會轉而支持民間的非官方憲法，屆時我們不論用多麼動人的辭藻，都很難說服他們回心轉意……輿論將會把政府提出的憲法草案拋在一旁，而私人起草的憲法將會在最後勝出。

他與伊藤博文一致認為，一部書寫在紙上的政治憲法是日本現代化不可或缺的要素。但這部憲法必須有所限制，也必須受到謹慎規劃。「日本才剛要開始現代化。」井上毅表示。[31]這部成文憲法要能長久維繫，就必須與過往的傳統有所連續。

天皇的新憲

一八八九年頒布的日本憲法，因此在極大程度上是一個混合現代與傳統的產物：這項特色其實也是這部憲法得以長久存續且具有廣泛影響力的一大原因。這部憲法一方面全然獨樹一幟，是史上第一部施行於東亞的這類政治文件。但在另一方面，這部憲法的演變與書寫則是依循世界其他地區先前所立下的範例。

如同大多數的開創性憲法，日本這部文本也是戰爭與持續暴力威脅下的產物。也和其他許多地方一樣，日本社會裡日益高漲的立憲運動同樣受益於愈來愈便利廣泛的印刷技術。一如先前的憲法書寫者，日本憲法的主要起草者也向其他國家及帝國的憲法借用了不少內容，而且他們如今得以比前人更為系統性地這麼做，因為這時的跨洋輪船與長途鐵路已變得更加普及。除此之外，如同突尼西亞與夏威夷等其他採用憲法的非西方政體，明治日本的立憲人士也積極利用自己的憲法文本伸張當地的獨特性，以及吸引世界更多的注意。

日本在一八八九年不僅頒布了憲法，也隨即頒布了《憲法義解》，後者就是為了宣傳日本的成就及對於現代性的深刻掌握。這本小冊子的前言明白指出，這是一本「為所有人而寫的手冊」，是一本指南，向其他民族與國家說明如何以建設性的方式打造國家機器及憲法制度。[32]這本篇幅約為一百六十幾頁的手冊後來譯成了英文與法文，並以伊藤博文的名義出版，但大部分內容其實是出自井上毅的手筆。這本手冊的部分內容相對艱澀且帶有學術色彩，充斥對於不同西方政體及其憲政實踐的紀錄，也廣徵博引日本自身的歷史、法律和檔案：「簡言之，就是從研究古文獻與本國習俗所得來的一切結果。」[33]

打從一開始，《憲法義解》就刻意強調日本天皇的中心地位及象徵的重要性，說其是「萬世一系」。這本書的論述核心即是菊花寶座（編按：即指皇位）的神聖性與歷久不衰：也就是說，這部新的日本憲法不但展現創新，也體現了愛國精神與國粹。這本書堅稱「原本的國體絕對沒有」受到憲法改變，「而是獲得比起以往都更加確切的認可」。[34]

伊藤博文與他的幾位政要同僚都渴望強調日本天皇的重要性，並且以天皇為這部新憲提供根基與正當性。這也是為什麼他們會把目光投向德國。日本憲法無疑大量參考了由井上毅譯成日文的一八五〇年普魯士憲法，還有在一八七一年四月生效的德意志帝國憲法。[35]

德意志帝國憲法的部分內容也特別強調皇帝統御整個國家的權力，此處的皇帝乃是前普魯士國王威廉一世，此時已晉升為「德意志皇帝」。一八七一年憲法確認他有權在國際上代表德意志國宣戰與締和，以及宣告國會的召開與休會。更重要的是，皇帝也是德國武裝部隊（如今正在大肆擴張）的最高統帥。「軍隊的組織與構成皆由皇帝決定，」這部一八七一年憲法宣告指出：「所有德國軍人都必須無條件遵守皇帝的命令。這項義務必須明確列入國旗誓言。」[36]

一八八九年的日本憲法在許多條文上都呼應了德國憲法。日本憲法也堅持天皇和軍隊的緊密關係，聲稱所有日本天皇都曾經「親臨戰場指揮軍隊」（事實自然並非如此）。這部新憲法也確認了日本先前就偏好的徵兵制度，而這點也可見於一八五〇年的普魯士憲法與一八七一年的德意志憲法。此外，對於年齡介於十七至四十歲之間的日本男性而言，參加民兵組織也在這時成了強制義務：

> 全國所有成年男性，不論階級或家世背景，都必須依據法律規定履行入伍服役的義務，藉著體能訓練啟發勇氣，從而維繫本國的尚武精神免於衰微。[37]

即便是最偏遠的鄉下農民，也必須藉由軍事訓練而轉變為現代日本人。

當時世人即已廣泛認知到明治日本的政治菁英是在向德國學習，這也有助於解釋為何有些外國評論者會把伊藤博文比擬為德國鐵血宰相俾斯麥，後者在德國統一及頒布憲法的一八七一年當上首相。然而，由於日本在二次大戰與納粹德國結盟，這兩國在政治與憲法上的關聯就因此受到後人更具批判性的檢討。其中一種至今仍然存在的主流論點認為，明治日本及普魯士暨德國的憲法確實具有相似性，而這正好證明了這兩大強權皆有威權主義和軍事侵略的傾向。[38]這項論點確實有幾分道理，但能解釋的範圍卻相對有限。

對明治日本的部分政治菁英來說，德意志帝國憲法最誘人之處，其實在於德國統一其實是**晚近**才出現的政治建構成果：德國雖然是一個由眾多古代領地所組成的政體，卻展現出高度的創新與成功。在伊藤博文這類人士眼中，明治日本也是個充滿古老傳統的地方，卻也跟德國一樣是個不斷演變與創新的政治建構，是正在崛起於世界的新政權。《憲法義解》官方英文譯本的扉頁特地將其出版日期標記為「明治二十二年」，而西曆的一八八九年只以括號補充於後。明治維新的信奉者就像一個世紀前的法國革命人士一樣，也想要主張自己特有的時間次序：日本的未來，就將傲然地從他們開始。

這就導致日本的領袖在順服習俗及天皇的核心重要性之際，也刻意把自己及國家連結上進步及現代性。這樣的志向也使他們深受快速崛起的德國所吸引。德意志帝國憲法曾在一八七一年將鋼鐵生產、造船與鐵路等列為需要特別發展的特殊項目，而到了一八八〇年代，德國經濟在這些領域中已極度繁榮。德國科學也處於蓬勃發展的狀態，包括在天文學、藥理學、化學、地質學、物理學等領域都是如此。與此同時，德國各層級的教育體系更堪稱傲視全世界。這種頂尖專業與創新的聲譽，有助於解釋日本在採行憲法前一年的一八八八年為何會聘請七十名左右的德國籍特別顧問，人數比來自其他國家的外國專家總數都還要多。[39]

因此，威權主義、軍事擴張及保守主義等元素雖然可見於一八八九年的日本憲法，這些特質卻不足以概括這部憲法的整體內容或方向，就像一八七一年的德意志帝國憲法也無法由這些特質加以概括一樣。這兩部文本都展現了對於改變現狀的渴望與決心。

只要仔細閱讀日本憲法的《憲法義解》，就會立刻注意到這種與刻板印象不一致的訊息。這份文件確實一再稱頌明治天皇與他的智慧，但文中卻也明白指出這部憲法唯有隨著一個新的兩院制日本國會創建才會生效，而這個國會就創建於一八九〇年十一月。也就是說，啟動日本憲法的條件，其實不是來自於天皇正式頒布憲法的舉動，而是成立亞洲第一個國會。《憲法義解》確切指出，天皇確實有權修改這部新憲法，但這些修改內容必須得到國會表決通過。天皇也可以發布天皇敕令，但如果沒有獲得國會同意，這些敕令（例如日本的年度預算）就無法生效。此外，天皇雖然擁有立法權，但「這項權力的行使絕對必須受到國會同意」。換句話說，日本天皇具有至高無上與神聖的地位，但至少就書面上而言，仍然必須「遵循現行憲法的規定」。[40]

再者，如同伊藤博文事先向大臣同僚明白指出的，這部一八八九年的憲法將提供大眾若干參政權。就日本眾議院的選舉而言，將採取無記名投票，儘管投票權的限制相當嚴格，必須是年滿二十五歲的男性，也必須繳納金額相當高的直接稅。在短期內，這樣的限制導致全國超過四千萬的人口中只有四十五萬人左右擁有投票權（僅略高於百分之一）。擁有投票權的日本人口比例在後來緩慢增長，但男性普選權直到一九二五年才開放，女性更是得等到二次大戰結束之後才在一九四七年獲得投票權。[41]

儘管如此，這部一八八九年憲法仍舊規定，日本全體人民自此都不得再受到任意拘捕，也享有接受法官審判的權利，而且法官在行為良好的情況下不得受到撤職。除此之外，日本人民還能享有財產權、請願權、遷徙與言論自由，以及「法律限度內」的書寫與結社自由。對當時的男性人口來說，他們還受益於一定程度的唯才是舉，而明治時代的政治人物因為有許多人都是出身自相對寒微的背景，所以對於這一點頗能感同身受。這部憲法宣告，不管是「貴族身分還是階級高低」，都「不得再影響所有男性在職位任命上的平等性」。除此之外，這部憲法也正式承認宗教信仰的自由，指稱這是「現代文明最美好的果實之一」。[42]

這部憲法的用詞遣詞顯然經過精心設計，而且其制定者及支持者也在公開場合及印刷文字中採用類似的語言。「藉著採取立憲政體，」伊藤博文的一名盟友在一本美國雜誌裡寫道：「我們為全世界提供了最鮮明的證據，顯示我們真心渴望追隨文明國家的腳步。」[43]新日本將明確成為文明世界中不可或缺的一員。這裡所說的文明，其實就是西方人為了替自己在全球各地擁有的優勢地位賦予正當性而經常標舉的那種。這類對於「文明」的主張，一方面吸引了日本以外的人士加以仿效，卻也在另一方面替他們帶來了另一種挑戰。

日本與變動中的世界

日本憲法的出現，從此改變了世界上的思想及權力關係。有一部分的原因，是這時世界各地同樣出現了各種變化。就成文憲法而言，從一八八九年到一次大戰在一九一四年爆發的這幾十年間，就有許多新版本大量受到施行。

部分新憲法是來自於早已具備這類政治實踐與書寫傳統的區域，例如從一八一〇年代以來即是憲法創新的引領者及揮灑場域的中南美洲。這段時期出現新憲法的地方包括巴西（一八九〇）、古巴（一八九五與一九〇一）、多明尼加共和國（一八九六、一九〇七與一九〇八）、厄瓜多（一八九七與一九〇六）、宏都拉斯（一八九四與一九〇四）、尼加拉瓜（一九〇五）及巴拿馬（一九〇四）。至於委內瑞拉，則是在一八八九至一九一四年間經歷了四部不同憲法。

對於太平洋地區與歐洲而言，這幾十年也是新憲法制定的繁忙時期。這兩個區域都有不少新國家首度加入制憲行列，其他國家則是在憲政運動上明顯變得更為活躍。蒙特內哥羅是一個位於亞得里亞海沿岸且長期遭受鄂圖曼壓力之下的小國，該國在一九〇五年制定了第一部憲法。塞爾維亞則是族裔與政治衝突的火藥庫，該國雖在一八六〇年代以前都臣屬於鄂圖曼帝國，卻也在一八八八年制定了一部較為激進的新憲法，為大多數男性居民賦予了投票權。這部憲法在一九〇一年遭到推翻，接著又在一九〇三年恢復施行，並且持續至南斯拉夫創立於一九一八年為止。

這段時期最引人注目的現象，還是亞洲強權針對成文憲法實驗的投入程度。除了前述提及的日本，波斯也是另外一個例子——該國在一九〇六年頒布第一部憲法。還有鄂圖曼帝國，我們在本書開場時已經見過一九〇八年的革命如何迫使這座帝國恢復了先前曾經短暫施行的一八七六年憲法。俄羅斯同樣是如此：自從一八二〇年以來，俄國的歷任沙皇都一再拖延憲政改革的提議，但一九〇五年的革命卻在次年促成一部新的俄羅斯基本法，以及稱為「國家杜馬」（Duma）的民選國會。儘管這兩者最終都以失敗收場，卻雙雙對於該國的思想、政治語言及未來期望造成了長遠影響。[44]

同樣投入立憲運動行列的亞洲帝國，還包括更加巨大也更為古老的中國，儘管其改革的幅度相對較弱。自從一八六〇年代以來即在北京具有舉足輕重地位的慈禧太后，也在一九〇五年承認日本憲政發展的重要性。如同明治菁英在一八七〇與八〇年代採取的做法，慈禧太后也派遣一系列的代表出使西方大國，研究西方的政治制度——但更值得留意的是，她也派遣官員調查日本的憲法實踐。當時清帝國曾經宣稱，這些探索性的代表團將是中國施行成文憲法的前奏；清廷更在一九〇六年發布敕令，正式任命十四名官僚著手預備立憲。然而，這些結構性改革與擴大人民權利的承諾最終未能順利實現，而這也是清朝於一九一一年遭到革命推翻的原因之一。[45]

在這段時期裡，還有另一個亞洲大帝國也處於憲政動盪之中，那就是英屬印度。英屬印度不同於其他帝國，未曾在一九一四年之前的那幾十年裡爆發重大武裝革命。不過，社會運動與反抗程度卻是水漲船高，創新憲法文本的書寫也是不斷增加。自從一八五七年的印度起義受到鎮壓後，變化與改革的壓力就不斷累積。那一年的部分軍事反抗人士自行制定了一份名為「Dastur-ul Amal」的十二條政治文件，也是一部初步的憲法。[46] 自從一八六〇年代以來，有些印度邦國也嘗試起草地方性的成文憲法，但真正首次為整個印度次大陸制定一部完整政治憲法的重大嘗試（儘管不是來自官方），卻是一八九五年的《自治提案》。

這部文本主要出自提拉克（Bal Gangadhar Tilak）的手筆。他是一位來自印度西部的教育學家暨記者，在女權方面極為保守，但他的早期民族主義深富影響力，而且從一八九〇年以來即是印度國民大會黨的黨員。在提拉克的憲政計畫當中，他的《自治提案》如果獲得通過，那麼接下來就會推出《印度憲法法案》。如同這份提案的引言所明白指出的，這項立法的適用範圍將及於「整個印度」。提案中的一百一十項條文，包括了對於各項權利的廣泛規範。印度將有言論自由、書寫表達自由與集會請願自由，法律之前人人平等，以及免費國家教育。也如同明治憲法的規定，所有公民（實務上僅指男性）都享有從事公職的平等機會，必要時也有義務拿起武器保衛國家。[47]

印度史學家尚未釐清一八九五年《自治提案》中的規定及條文是否與六年前的明治憲法存在著互相呼應的關係，但就算真有關連存在也絕對不令人意外。一八八九年針對日本憲法的詳細評注《憲法義解》也發行了英文譯本，日本憲法本身也受到英國與印度媒體的廣泛報導及摘錄。像提拉克這麼一名受過高度教育的人士，除了閱讀英國與美國的政治與法律書寫之外，肯定也熟知東亞這麼一項開創性的憲政重構案例；尤其是以他在這方面所懷有的興趣和抱負，想必會對日本的案例感到難以抗拒。

認知到這一點後，我們就能理解《自治提案》為何在某些方面與明治日本的政治菁英一樣，也致力於追求現代性、保守主義與傳統之間的平衡。在提拉克的計畫裡，「印度國」將設置一個兩院制國會，就像伊藤博文與他的盟友也尋求以兩院制國會重新打造日本國。也一如明治日本，在提拉克所擘劃的改革下，印度正式的主權也是掌握在一位君主手中，也就是印度女皇——即英國的維多利亞女王。如同日本天皇，她也將在印度這個不斷變動的國家中扮演一個靜止不動的錨點。

日本對於政治思想與憲法書寫的可能性與局限造成了深遠的影響，而且影響範圍不僅限於大亞洲地區，也包括亞洲以外的地方。日本在明治維新之後的情勢發展及一八八九年的憲法，間接促成了一九〇五年爆發於俄國的革命，也促成了俄國頒布一部新憲法。日本憲法還促成了一九〇六年的波斯立憲革命、鄂圖曼帝國的土耳其青年團革命，以及當地在一九〇八年恢復憲法運動的發展。更不用說，日本對於中國的憲政改革嘗試及改革思想還造成了更大的影響。為什麼日本的自我轉變能夠影響那麼多地方？為什麼這份影響沒有隨著一次大戰爆發而結束？[48]

一部分的答案在於知識與資訊流通技術的持續進步。科技、交通運輸及傳播媒體愈來愈快的變革，使得日本發生的事情以極快的速度傳播到了很遠的距離之外。我們不妨想想這一點：到了十九世紀末，不少西方藝術家都已受到日本版畫的影響，包括梵谷、高更、美國畫家惠斯勒（James Mcneill Whistler），以及其他名氣較小的藝術家。如此大規模的藝術轉移之所以能夠輕易出現，正是因為以工業規模生產的東亞藝術照片在這時已能流傳到更遙遠的地方。同樣重要的是，現在已有許多外國人對於日本事物更感興趣，並且對其投以更多的關注。

同樣的情形也可見於日本的憲法資訊和宣傳。日本的一八八九年憲法自從頒布以來，這部憲法的內容就以印刷與電報等方式傳播至遙遠的距離之外。明治當局也積極散布新日本的憲政資訊，以便提振該國在各洲的影響力，並且嚇阻其權力競爭對手。例如到了一九〇七年，日本政府已在新加坡資助馬來語和阿拉伯語報紙，藉此換取對日本的正面報導及適切安插訊息。[49]

如同提拉克的《自治提案》所示，日本的新政治之所以吸引國外注意，也是因為這項發展可以被視為一種折衷方案，把不斷變化的創新嵌入於特定且穩固不變的傳統當中。

一八八九年的日本憲法，結合了一位具有至高地位的君主和國會，也有限度地開放了男性投票權。這部憲法借取了西方國家的規定與想法，但也堅持本土傳統的神聖性。這部憲法向日本平民提供權利，卻也強化了行政權，並且規範徵兵制及擴大天皇手下的軍隊。

這些審慎為之的妥協，以及日本愈來愈成功的國內外表現，對於不少西方以外的君主特別具有吸引力——因為那些君主也都熱切想要實驗各種形式的現代化，同時又要維持既有的階級制度及自身地位。夏威夷國王卡拉卡瓦就是一個早期的例子，他在一八八一年的世界之旅參訪日本，並且尋求明治天皇建議與資助。這件事顯示了其他地方的君主對日本所抱持的深厚興趣。另一個例子出現在馬來半島，也就是柔佛王國（Johor）的蘇丹阿布・峇卡（Abu Bakar）。這位蘇丹在面臨英國勢力不斷深入的威脅下，特別預先在一八八三年到日本考察了六個月，然後才開始規劃他自己的憲法。這部憲法也是東南亞的第一部憲法。50

日本憲法對歐洲以外的君主所帶有的吸引力，一直持續到一次大戰結束之後。一九三一年七月，在衣索比亞這座位於非洲之角的古老王國，皇帝海爾・塞拉西（Haile Selassie）在即位次年施行了一部憲法，而這部憲法正是明確仿效明治日本的先例而來，衣索比亞的部分教育政策和經濟政策也是如此。如同一八八九年的日本憲法，衣索比亞的憲法也強調：「皇帝具有神聖之身，其尊嚴不可侵犯，權力也無可質疑。」這部憲法同樣規定了一個與日本相同的兩院制國會，並且分享了此舉背後的部分思路。一八八九年日本憲法的制定者所抱持的目標，是要強化日本抵禦西方的能力，同時也要令西方刮目相看；而塞拉西皇帝的文本也是如此，在他的國家面臨可能遭到義大利帝國占領的情況下，懷著一定程度的合理盼望，期待這部憲法能夠強化國家的獨特認同。[51]

日本憲法及其後續成果也在海外造成更深層且更具顛覆性的影響。這個國家在戊辰戰爭後的種種歷史發展，確實在一定程度上顛覆了世人的刻板印象。長久以來，許多西方評論者（儘管從來都不是全部）都抱持一項陳腔濫調，認為「東方」社會先天傾向獨裁專制政府。舉例而言，鄂圖曼蘇丹在一八七六年頒布成文憲法之時，部分西方政治人物與媒體的反應就充滿了引人注目的輕蔑態度。如同一名學者所言，這種態度主要不是因為他們確信鄂圖曼的這項倡議終將失敗，而是「因為他們害怕這項舉措可能會成功」。[52]後來這部憲法在一八七八年遭到撤銷，只是更進一步加深了這種偏見，同時強化另一組先入為主的刻板印象：鄂圖曼蘇丹的退縮看似證實了部分人士的主張，亦即亞洲文化對於改變根本不感興趣。

明治日本的許多轉變，愈來愈無可避免地挑戰了前述觀點。想想看，一個**不是**位於西方世界、**不是**信奉基督教，而且人口**也不認為**自己是白人的大型政體，卻施行了一部得以紮穩根基的成文憲法。這部文本規定的投票權雖然限制極為嚴格，卻也納入了若干民權，並且建立了一個有效運作的國會。而且日本在達成這一切成就的同時，還在經濟、工業、教育和科技方面締造了令人嘆為觀止且廣受報導的變革。這些發展很快就引發各界反應，在不同地理空間以不同的形式出現。

部分西方評論者雖然認知到了這些發展並加以讚揚，卻也多少混雜了擔憂及些微的睥睨姿態。「直到不久之前，」一名英國散文家在一八九四年寫道：「日本人還只是……以製作古玩藝品著名。他們能夠激發某種多愁善感的興趣，是一支奇特且古雅的民族。」然而，如今這個「東方國家卻突然向前大躍進，因此極為引人注目」。[53]此處的「引人注目」一詞明顯帶有意外的含意。其他外國觀察者則是以更執著的興奮目光看待日本的變化，例如清朝的改革人士與官員，以及充滿抱負的印度民族主義者，都在一八八九年後懷有一股愈來愈鮮明的強烈感受，認為日本的政治創意就如同其經濟、教育及工業進展一樣，不但開創了新局，而且值得深入檢視及學習。

明治日本在一八七〇與八〇年代派往海外調查科技、經濟與政治現代化的代表團，絕大多數都是前往西方。但從一八八九年之後，該到世界上什麼地方去找尋現代性的假設已開始出現改變。在一九〇四至〇五年，中國東南方的廣東省巡撫思考該把省內最傑出學生送到哪些外國去修習政治與法律的時候，就理所當然地認定如今有著比過往更多的選項。他把三十一名廣東學生送往美國、英國、法國與德國，但也另外把五十六名學生送往日本。像他這樣的做法正逐漸成為當時的趨勢。如同一名史學家所言，在二十世紀的頭十年間，中國的傑出年輕人前往日本的規模（到了一九〇六年已有八千人）「大概是世界史上截至當時為止最大的一場學生集體外移潮」。[54]

當然了，中國與日本隔海相望，距離最近之處也只有五百英里左右。但對於大多數住得更遠的改革人士而言，親自造訪日本仍然是一樁不可能的任務。但即便難以直接到訪這個國家，實務上卻無礙於日本對於全世界愈來愈廣泛的吸引力與影響力。西方以外的許多改革者與革命人士，都是在基本上無法親眼見到日本的情況下，選擇把這座東亞帝國理想化，把自己國家未來的理想成果投射於日本身上。「日本人能夠在不喪失自己宗教與國家認同的情況下取用西方文明，而且在所有面向都達到歐洲人的水準，」一名二十世紀初的土耳其知識分子暨改革者以充滿嚮往的語氣寫道。「既然如此，我們為什麼還要猶豫？」他接著指出：「我們難道不能確切接受西方文明，但又仍然身為土耳其人與穆斯林？」[55]

把日本視為值得效法的變革模範，同時也是成功回應西方強權的替代方案——世界各國這種對於日本的理想化，又進一步受到該國在戰爭中獲得的巨大成功所強化。國家頒布憲法的意願，一再與增加兵源及提高稅收以資助戰爭需求有關，日本也不例外。該國的一八八九年憲法確認了徵兵制，並且規定年齡介於十七至四十歲之間的所有日本男性都負有服兵役的義務。這部憲法頒布之後，日本政府的課稅能力也大幅提高：伊藤博文聲稱，單是從一八八九到九九年間，人均稅負就增加了一倍。[56]

這些新增的財務資源有一部分就投注於日本軍隊，尤其是該國迅速增長的海軍。這種軍備擴張的例子不勝枚舉，好比在一八六八至九三年間，明治政府向阿姆斯特朗（Armstrong's）這家英國造船大廠訂購了五艘戰艦，也向法國、德國與美國的軍火商購買了額外的船隻。日本向阿姆斯特朗造船廠採購戰艦的數量在一八九四至一九〇四年間又進一步增加：日本在這十年內再向這家公司購買了八艘更大的船隻。除了英國自己，那段時期沒有任何強權能提出比這更大的訂單。[57]

為了成為長途混合戰爭的重要參與者，日本選擇了自我武裝。日本在大炮、船隻與人員方面的投資，使日本在一八九四至九五年的甲午戰爭中戰勝中國——中國海軍雖然規模較大，技術卻沒有那麼先進，尤其是在火炮方面。日本持續對擴張中的海軍投注高昂成本，同樣促成該國於一九〇四至〇五年的日俄戰爭中大勝俄國。到了

日本木刻版畫，慶祝該國在1894-1895年的甲午戰爭當中戰勝中國。注意圖中在旁觀察的西方媒體。

日俄戰爭的尾聲，俄國的三大海軍艦隊已有兩支喪失作戰能力，並且大半遭到摧毀。[58]

日本接連獲得的軍事勝利，立即對戰敗方造成了憲政方面的重大後果。清帝國原本就已在一八六〇年代後加快經濟和軍事變革的步伐，而在遭到日本打敗之後，中國的官僚、改革人士與知識分子除了積極提倡軍事現代化，也更加關注政治、法律及制度方面的變革。俄國敗於日本之後，也立刻引發了政治動盪。這場令俄國深感難堪的敗仗，促成了國內逐漸高漲的不滿情緒，而沙皇也因此在一九〇五年十月決定推行憲政改革。日俄戰爭也在另一個面向把沙皇逼入困境：為了對抗日本部隊，許多俄國士兵因此被派到羅曼諾夫帝國最東側的區域，遠離其心臟地帶，於是革命人士也就得以在聖彼得堡短暫取得優勢。

日本在戰場上獲得的勝利，也伴隨著文化與意識形態上的後果。最鮮明的證據或許來自於一幅圖像，那是一幅描繪一九〇五年日俄戰爭的春宮版畫。春宮圖是一種廣受喜愛的傳統日本藝術形態，聚焦於人類的各種感官與性愛享樂（偶爾也有人獸之間的交合）。不過，在這幅兼具日本戰爭宣傳用途的木刻版畫裡，畫家想強調的重點並不是享樂，而是痛苦與暴力。一名日本軍人迫使另一名俄國士兵跪下，並在脫下他的軍服長褲後強暴了他。依循日本版畫裡對於西方人的典型呈現方式，這名俄國士兵也有一頭紅髮。他的雙手、僵固的臉龐及暴露在外的臀部，都顯露出非常白皙的皮膚。他的日本加害者則有著明顯可見的較深色肌膚。在畫中的背景裡，可以看到一排日本兵在一面日本國旗底下向前衝鋒。

每一場戰爭都不免有性暴力的存在，但這不是這幅春宮圖的中心主題。要看出這幅版畫的關鍵訊息**為何**，就必須把這幅畫擺在更廣大的歷史脈絡中來看。根據統計，到了一九一四年，全球有將近百分之八十五的地區都遭到了以「白人」為主的強權所殖民及占領。這些強權包括西歐與中歐的帝國，以及美國與俄國。日俄戰爭之所以引發全球關注，就是因為這場戰爭的結果違反了這項全球趨勢。面對有些評論者在此時所稱的「白禍」，一個非白人也非西方的帝國居然在陸地與海洋上都打了一場大勝仗。這正是這幅春宮版畫的由來。這幅影像

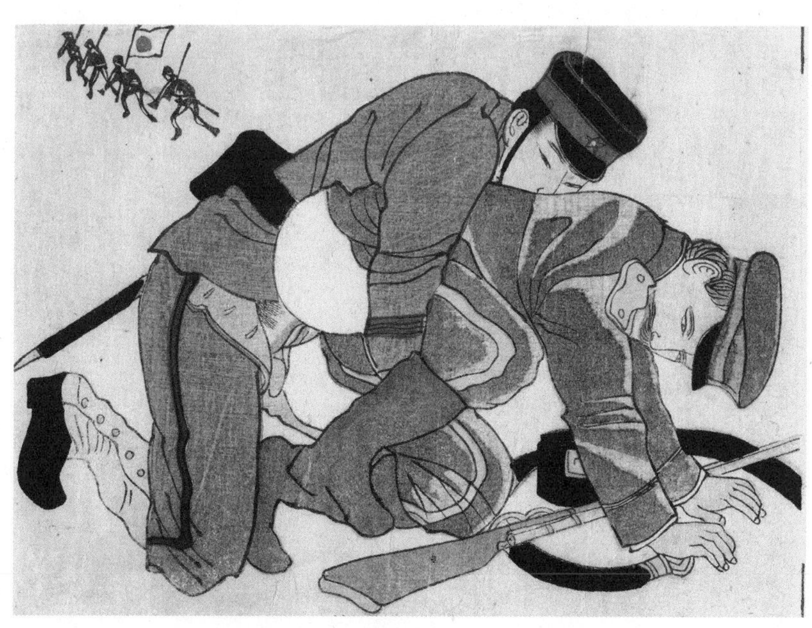

侵犯及侵略他者：日俄戰爭期間的春宮版畫，1904-1905。

裡的世界受到了顛覆：俄羅斯帝國這個自凱薩琳大帝以來就愈來愈常侵略亞洲的強權，居然有一名軍人遭到另一個種族的軍人制服與羞辱。在這幅畫裡，白人在實質和隱喻意義上都確實遭到了他者的插入與侵略，而且這名他者的代表就來自於亞洲。

日本在一九〇五年戰勝俄國後，確實在世界各地產生了許多類似的反應，只是通常不會以這麼粗俗的方式表達。齊默恩（Alfred Zimmern）是一位出生於德國的古典學家、政治學者暨錫安主義者，也是後來的聯合國教科文組織創辦人。有一則著名的軼事，就是說他在牛津大學即將發表一場講座，結果因為收到日本戰勝的消息，而在最後一刻更改了講座的引言。據說齊默恩向他的大學生聽眾如此宣稱道：這是「我們目前為止所目睹過的最重要事件，很有可能也會是這輩子最重要的歷史事件」，「也就是一個非白人民族戰勝了一個白人民族。」[59]然而，更常利用日本戰勝俄羅斯帝國這起事件的，往往是那些遭受過歐美暴力與侵略的社會。

印度的歷史紀錄顯示，有不少家庭在日俄戰爭後把自己的新生兒取了日本將領的名字。「日本戰勝激起了我的熱情，」印度領袖賈瓦哈拉爾．尼赫魯後來回憶道：「使我想像著印度與亞洲擺脫歐洲的奴役。」[60]在領土自從十七世紀以來就一再遭到俄國蠶食鯨吞的鄂圖曼帝國，蘇丹阿卜杜勒哈米德二世熱切蒐集了好幾本日俄戰爭的相簿，並且細心收藏在他位於伊斯坦堡的宮殿圖書館內。在這時受到英國控制的埃及，民族主義律師兼記者的卡米勒

（Mustafā Kāmil）也在日俄戰爭期間針對這場戰爭撰寫了詳盡報導。日本最後的勝利，更是證明了他對於這個國家及一八八九年明治憲法的仰慕確實無誤。「日本令我們深感驚豔，」他寫道：「因為這是第一個在亞洲利用西方文明抗拒歐洲帝國主義的東亞政府。」[61]

因此，日本戰勝俄國是深受部分人士歡迎的結果，因為這項發展似乎反轉了沉重的種族與權力秩序。有些人則把這場衝突解讀為對於所有帝國侵略的全面反抗（我們後續將會看到，這種解讀顯然是選擇性的）。在穆斯林群體當中，有時更是存在著一種希望，期盼新日本將會捍衛受壓迫者與被殖民者，挺身對抗基督徒入侵者。然而，在部分觀察者眼中同樣重要的是，被日本打敗的清帝國與俄羅斯帝國，都被視為頑強抗拒全盤政治改革因而搖搖欲墜的古老政權。相較之下，身為戰勝方的日本則是一個欣然迎接變革與成文憲法的政體。

「日本人是在為了自己的自由國度而戰。」一名土耳其評論者在一九〇四年底寫道。另一名埃及記者也認同這一點，認為日本與俄國的衝突在本質上是一場「憲政制度的戰爭」：日本軍人受到他們擁有的自由所啟發，而敵方的俄國士兵卻仍然受到暴政的束縛。[62]

就某些方面來說，世人從日本經驗中得出的最重要論點，就是**不論在西方之內還是之外**，「憲政改革都是一個有效的現代國家不可或缺的要素」。證據之一就是日本擊敗了中國與俄國（當時人也確實這樣解讀）。在聖彼得堡一份廣受歡迎的日報當中，一名記者在一九〇六年以暗喻自己國家的方式針對日俄戰爭提出了這項分析：

> 東方人從日俄戰爭得知自己能夠在文明與繁榮方面追上歐洲，**正如他們也知道要做到這一點，就必須以立憲政府取代他們的高壓專制政府**。中國、印度與菲律賓開始把日本在短時間內的進步歸功於諮詢議會與立憲行政，所以他們的人民才會紛紛要求政府制定憲法。[63]

顯然除了東方人，俄國人也愈來愈受到這種觀點影響。

這類觀點代表著一項正在發生中的重大轉折。不僅在龐大的大亞洲地區出現了一部憲法，在其他非西方的空間裡也有愈來愈多人開始實驗這種新的政治工具，而且世界各地都愈來愈常主張一項論點：國家**唯有**制定現代憲法，才能夠與世界其他地方競爭。如同一名中國外交官暨新聞記者所言：「其他國家之所以富強，主要是因為採行憲法。」[64]這類態度受到愈來愈廣泛的認可，證實了成文憲法已是一項如假包換的全球現象。

歷史的教訓

發生在日本的事件竟然會對世界其他地區造成如此廣泛而且激進的影響，這點看來可能頗為矛盾。在明治憲法頒布二十年後的一九〇九年十月二十六日，伊藤博文在前往和一名俄國外交官祕密會面的途中遭人刺殺，胸口中了三槍。他的人生直到最後一刻都與日益增長的現代性密不可分：刺殺事件的發生地點位於中國東北部的哈爾濱，就在這座城市新建的高雅火車站裡。凶手是韓國民族主義者安重根。安重根在遭到處死之前宣稱：「我決定刺殺伊藤，以報復日本對於韓國人民的壓迫。」可見日本在這個人眼中並非一盞希望之光，不是值得非西方人為之振奮欣喜及效法的對象，而只是又一個帶來支配與壓迫的帝國。[65]

日本早在一八九五年即已戰勝中國並控制了臺灣，並在後續的日俄戰爭獲勝之後，也把韓國納為保護國。伊藤博文在一九〇六年成為韓國第一位日本統監之後，就立刻展開他所認為的文明開化任務。次年，韓國基本上已受到兼併。就這個角度來看，明治日本並不是取代西方帝國主義的可靠選項，反倒是熱切又成功地加入了瓜分世界的行列。既然如此，日本的變化與改革，尤其是其憲法，為什麼還是對許多國家具有如此長久的吸引力？

部分原因是，在那個時候，這一切並沒有現在看來這麼矛盾。西方強權確實在漫長十九世紀期間掌控了陸上與海上的擴張活動，但在那之前，包括亞洲在內的其他區域強權就曾經

「日本是世界之王」：推出於日俄戰爭期間的一則廣告。

發展出令人望而生畏且兼具韌性的帝國。因此，明治日本到了二十世紀初期開始憑藉武力建立海外帝國的事實，也可以被解讀為世界已逐漸回歸正軌（在某些圈子裡也的確受到這樣的解讀），表示東方已逐漸走向復興之路。

此外，在臺灣與韓國以外的許多人都似乎不知道（或是不在乎）日本對於這些國家的帝國侵略行徑。由於日本極為有效地將自己確立為另類現代性與反抗西方帝國的象徵，因此這種聲譽本身在許多人心目中就足以抵銷令人難堪的真相。況且，日本的成文憲法也一直存在，於一八八九年之後受到更多國內政治運動與實驗所支撐，有效性也受到其相對長久的存續時間所證明。

一次大戰後，一名英國政治人物曾於一九一八年提及，即便是保守的印度民族主義者，這時也都開始受到日本的例子所吸引，因為「從土耳其、埃及、波斯與中國，到現在的俄國，東方國家建立議會制政府的每一項嘗試都已澈底失敗」。相較之下，印度的發言人「指稱日本是個傑出的特例，並且聲稱印度完全沒有理由不能達到同樣良好的表現」。[66] 這種吸引力在二次大戰之後仍然存在於部分地區，對這些地方的人而言，日本確實在二次大戰中殺害了數百萬人，但也因此動搖了英國等歐洲強權的亞洲帝國，從而為將來的獨立運動提供了可觀的助力。

即便到了二戰之後，明治憲法仍然具有影響力，就算只是間接的影響力。即便中國與日本在一九三七至一九四五年間的軍事衝突造成了極為可怕的人命與經濟損失，但中華民國在一九四六年十二月採行的憲法卻在其前言當中向孫中山熱切致敬。孫中山就經常造訪明治日本，並對其成就深感仰慕，一如二十世紀初許多年輕的中國改革人士。明治日本的憲政實驗雖然一再與戰爭密切相關，但即便在最令人意想不到的地方，其大膽與創新仍然持續發揮影響力。

尾聲

Epilogue

爆發於一九一四年七月的一次大戰，為本書所述的這項鉅變開端畫下了句點。如同十八世紀中葉以來的其他重大衝突，這場戰爭的規模也出現無可預測的擴張，不但打亂了政治秩序，有時甚至還摧毀了政治秩序，並促使不停變化的觀念加快了傳播速度。在此一過程中，一次大戰也如同先前的許多戰爭那樣，造成了新憲法的廣為傳播。只不過，這場戰爭做到這一點的方式頗為獨特，而且達到了史無前例的規模。

部分原因是，比起漫長一八六〇年代，全世界各大帝國在這時更是深深捲入了戰火之中。因此，這場戰爭最知名的殺戮場，也就是蜿蜒通過法國、盧森堡與比利時的西部戰線，其實只是整場戰火波及範圍的一小部分。參戰雙方分別是英國、法國與俄國陣營，以及德國、奧匈帝國與鄂圖曼帝國陣營，這些國家的殖民地與衛星國也都一同捲入其中，實際上即是包括整個非洲（除了衣索比亞與賴比瑞亞之外）、中東、加拿大、中歐與東歐的大部分地區，還有亞洲與澳大拉西亞[11]的眾多地區。亞洲與美洲各帝國的干預，也進一步放大了這場戰爭的規模與影響。日本在一九一四年八月參戰，導致戰火延燒進入中國；美國在一九一七年參戰，也將其正式與非正式的殖民地（菲律賓群島、古巴、夏威夷，以及中美洲大部分地區）一起拖了進來。即便在此之前，戰火就已經蔓延到美洲與太平洋：智利與福克蘭群島外海都發生了大型戰役，紐西蘭也占領了德屬薩摩亞。[1]

如同拿破崙戰爭的狀況，愈來愈跨越洲際界線的衝突迫使參戰國一方面在國內更積極招募兵員，另一方面也在殖民母國以外徵用人力。不過，當初拿破崙招募的外國士兵絕大多數都來自歐洲，法國在當下這場戰爭卻必須在更遙遠的地區爭取人力。一九一四年後，法國從自己的海外殖民地徵集了超過五十萬名士兵。英國也擴展了徵召範圍。在一九一四至一九一八年間，單是印度就為英國提供了一百四十萬名士兵與將近五十萬名工人。這些人有許多都是在印度次大陸以外服役，從而改變了戰爭的特色與文化，但這些改變仍然需要更深入也更具想像力的探究。自從十五世紀晚期以來，就有形形色色的歐洲人經由海路抵達印度次大陸並且在那裡作戰，但在一次大戰**這場戰爭**當中，則是全球史上首次有大量的南亞士兵與契約勞工在歐洲大陸從事戰鬥及構築野戰工事。[2]

重大變化不僅如此。如同漫長一八六〇年代的許多戰爭，這場衝突當中的科技變革也造成死亡率呈現巨幅躍升。只不過，這一次的變化不僅限於快速射擊步槍、蒸汽動力及電報。一九一四年之後，戰場上開始出現坦克車、潛水艇、飛機、機關槍、毒氣，以及利用電話與雙向無線電進行部隊間的協調作戰。連同與戰爭相關的疾病、饑荒、事故，以及屠殺平民的行為，這場戰爭可能造成了至少四千萬人死亡，也導致其他千百萬人的傷殘、喪失親友及流離失所。

⓫ 編注：指包含澳洲、紐西蘭、新幾內亞及鄰近附屬島嶼的地理區塊。

H．G．威爾斯這位英國小說家、政治運動人士暨未來學家，不但身材魁梧、才智過人，而且出版品數量比他的風流韻事還要多。他起初支持這場對抗德國的戰爭，認為這是一場正義之戰，但他卻在和平正式降臨之前就已承認「大部分的舊體系」已經「死亡」，必須「重新打造」。他認為當務之急，就是要設計方法「讓人【能夠】在世界大戰之後重新理解人類」。[3]就跟這時的許多知識分子與政治人物一樣，他也認為這項重建與重新評估的療癒工作要能成功，就必須創立一個國際聯盟：一個新的專家機構，負責監控與指導全球事務，從而預見、管理及制止未來的武裝衝突。[4]

一九一八年五月，威爾斯出版了一本充滿急迫性且深富影響力的散文集，書名為《第四年：展望世界和平》（*In the Fourth Year: Anticipations of a World Peace*）。他書中的一部分內容，就是在為了這個未來的國際聯盟書寫一部憲法。為了示範這類機構的可能成果，也為了吸引美國讀者（這時候的美國已經因為一次大戰而變得遠比先前更為強大），威爾斯於是援引了一七八七年費城制憲會議的成就：「由英語人士的智慧所審慎創造出來的真確成果。」[5]若放在今天，我們可能會先注意到這句話的文化沙文主義。不過，威爾斯的假設和用語還有別的地方值得我們注意。

這場世界大戰的致命程度、對經濟造成的極度混亂，以及後續爆發的一場疫病（亦即在一九一八至二一年間造成五千萬人死亡的西班牙流感），不僅引起哀傷與長期憂鬱，更在世界各地留下一股迷惘且揮之不去的深切感受，也就是像威爾斯所說的，認為「大部分的舊體系」都已遭消滅或不再適用。不過值得注意的是，如同威爾斯對國際聯盟的提議所示，戰後這種被迫與過往斷裂的焦慮感受並沒有延伸到憲法書寫當中。人們依舊對此保持熱情，一名身在中國的評論者就於一九一九年初指出：「在制定憲法一事上，完全看不到盡頭。」並接著提出一項重要觀察：「愈來愈多運動致力於建立共和國。」[6]

一百多年前，法國對伊比利半島的軍事侵略加速了葡萄牙與西班牙帝國瓦解，從而促使南美洲出現眾多擁有實驗性成文憲法的國家。一九一四年之後也可見到類似的模式，亦即高強度與規模龐大的戰爭促使存在已久的帝國加速瓦解，並因此產生以共和制為主的新國家與新憲法，只是此時這種現象的規模更大，而且出現在不同的大陸上。一次大戰之後，君主制國家已遠比先前更難與充滿抱負的成文憲法安然共存——儘管並非完全不可能。

鄂圖曼帝國在一九一四年以德國盟友的身分參戰，盼望藉此重新伸張該國在中東與巴爾幹半島的地位。戰敗的結果不但終結了這個帝國，也終結了其蘇丹世系。遭到放逐的康有為曾在一九〇八年著迷不已地看著伊斯坦堡的群眾歡慶鄂圖曼憲法的重新施行。到了一九二四年，在同樣也是由職業軍人轉任議員的凱末爾領導下，這份文件已受到一部全新憲法取代。這部憲法的第一條就明白指出：「土耳其國為共和國。」[7]

霍亨索倫王朝與一八七一年的德意志帝國憲法，還有哈布斯堡王朝與一八六六年的奧匈帝國憲法，也都因為戰敗而遭到粉碎。一九一九年，嚴重削弱的德國及國力大幅降低的奧地利，雙雙採行了明確帶有民族主義色彩的新憲法，而且都採行了共和制。奧地利有些前帝國省分所制定的新憲法，也採取了大致相同的做法。舉例而言，捷克斯洛伐克在一九一八年底宣告獨立，並且在一九二〇年施行了一部共和憲法。

即便是表面上身為主要戰勝國之一並且保存了君主制的英國，也在這場戰爭當中大為受創，並且同樣受到新憲法與新共和國制度散播的影響。以愛爾蘭為例，儘管該地的民族主義情緒自一八六〇年代以來就有著時快時慢的增長，但後來卻是因為一次大戰吸引了倫敦當局的注意力，才使愛爾蘭民族主義者得以將一九一六年於都柏林發動的小規模起義，發展成一場猛烈且無可阻擋的革命。到了一九二二年，愛爾蘭除了北部六郡以外，其他地區都成功脫離了英國（此時聯合王國已算不上是個聯合的王國）。一個新的愛爾蘭自由邦就此誕生，並且具有一部成文憲法——不過愛爾蘭人必須等到一九三七年頒布的另一部憲法，才把這個獨立國家的政體明文確立為共和國。[8]

同樣就在兩年之前的一九三五年，英國國會通過了《印度政府法》（Government of India Act），希望藉此安撫及遏止印度民族主義在一次大戰後日漸高漲的反抗運動。不過，大英帝國的這項立法對各方都不討好，立刻就遭到各種事件所淹沒。儘管如此，這項法案的通過卻證明了一件事：即便是看似完好度過一次大戰的歐洲帝國，後來也不免遭受愈來愈強烈的壓力。《印度政府法》雖然充滿缺陷、帝國偏見及刻意呈現出平靜樣貌的文字，卻也象徵著一次大戰後成文憲法的大量湧現及其重要性。後來制定於一九四九到五〇年的印度獨立憲法，不僅是一部共和憲法，也是後殖民世界存續時間最長的一部，該法有三分之二的內容即是受到《印度政府法》的影響。[9]

一次大戰還摧毀了另一個歷史悠久的君主制帝國，即俄羅斯帝國，並對於後續憲法產生了極大的影響。[10]羅曼諾夫王朝雖然撐過了一九〇五年那場失敗的革命，也規避了在次年嘗試施行的憲法，卻無法挺過一九一四年的變局。一九一四年後，俄羅斯帝國已不復以往，羅曼諾夫王朝再也無力承受多次戰敗對脆弱經濟造成的衝擊，及德國對於俄羅斯帝國內部眾多反對分子的一再煽動。

德國這類顛覆作為最著名的例子，就是在一九一七年用一班列車把遭放逐於瑞士的列寧（他曾在一九〇五年革命當中發表一份宣傳憲政體制的傳單）載回俄國。如同列寧引用馬克思的意象所貼切指出的，戰爭「為目前以火車速度般飛速前進的歷史提供了推力」。[11]一九一七年二月，俄國又發生另一場革命。次月，聖彼得堡的駐軍也加入罷工勞工的行列，迫使沙皇尼古拉二世下臺。到了該年十月，信奉社會主義的革命政黨「布爾什維克黨」已憑藉著暴力掌權。

俄羅斯帝國的崩解，讓部分前帝國省分一度得以熱切追求自主權，並且將其體現於成文憲法當中。以喬治亞這個位於西亞與東歐之間的多族裔區域為例，該國率先宣告成立共和國，並在一九二一年二月頒布憲法。這不僅讓喬治亞能夠施行議會制度與宗教自由等行之有年的改革，也得以採行更加創新的措施，例如為喬治亞女性賦予和男性平等的政治權利——至少在書面上是如此。這部新憲法也顧及工會組織的要求，不但載入罷工權，也以法律限制工作時數。不僅如此，這部憲法還為弱勢兒童提供國家補助的衣服。凡此種種舉措，都強化了喬治亞「不再有階級分別」的嶄新憲政許諾。[12]

如同喬治亞的案例所示，出現於一次大戰後的成文憲法往往帶有積極進取的社會主義色彩，而且這種情形不只出現在歐洲或亞洲的部分地區。早在戰爭結束之前的一九一七年，藉革命掌權的墨西哥政治人物就已制定了這個時期最引人注目且持久存續的新憲法。這部憲法揚棄了墨西哥過去其他憲法的慣例，不再於前言當中聲稱「奉上帝之名」（承襲自一八一二年西班牙的《加地斯憲法》），並且授權政府分割國內最大片的地產，更規定政府有義務協助小農與農民階級。[13]

俄羅斯蘇維埃共和國頒布於一九一八年七月的《基本法》，自然也帶有這種堅決注重社會主義的色彩——該法開篇即是〈勞動與受剝削人民權利宣言〉。在兩次世界大戰之間的那段時期，甚至在一九四五年之後，這部憲法都被西方左翼激進分子與改革人士奉為重要參考，就連西方以外的部分反殖民運動人士也是如此。這種刻意強調社會面向的書寫，也可清楚見於德國的《威瑪憲法》。這部憲法誕生於一九一八至一九年的德國革命，同時受到戰爭摧殘及俄國革命的推波助瀾，因此這份文件從頭到尾都聚焦於「社會進步」。如同喬治亞在一次大戰後的憲法，《威瑪憲法》也賦予女性和男性平等的政治權利，規定教育必須由國家掌控、全面實施社會保險制度，以及「勞工與雇主之間的平等」合作。[14] 東歐部分國家在一次大戰後的憲法，同樣直白顯露出對於社會面向的注重，例如波蘭在一九二一年制定的《三月憲法》，就宣告「勞工」是「本共和國的主要財富基礎」。[15]

然而，許多帶有社會主義或激進色彩的戰後憲法都未能獲得成功，或者未能長久存續，其中一個例子正是德國那由猶太律師、學者暨自由派政治人物普洛伊斯（Hugo Preuss）所起草的《威瑪憲法》。該法雖有不少缺點，卻仍是一份精心制定並且富有影響力的文件，但這部憲法卻未能阻止希特勒掌權，在此之後也可想而知未能存續下來。一九一七年後獨立自俄羅斯帝國的各個自治社會主義共和國，連同其充滿創新的憲法文本，則是另一類未能長久存續的案例，喬治亞民主共和國更幾乎是一成立就遭俄軍摧毀。

然而，兩次大戰之間的這些失敗，並沒有阻擋憲法制定者朝著社會改革前進的趨勢。儘管歐洲、亞洲與南美洲冒出愈來愈多的專制政權，卻也沒有使世人揚棄憲法書寫，或是對成文憲法心生幻滅。事實上，這段時期最引人注目且最具野心的成文憲法，就是一名獨裁者的作品：由史達林頒布於一九三六年十二月的蘇聯憲法。

費邊社社會主義者貝特麗絲・韋伯（Beatrice Webb）在當時寫道，這部憲法可望創造出「全世界最具包容性也最平等的民主社會」：這項斷言在今天看來實在是天真得幾乎令人無法忍受。這種樂觀態度普遍見於一九三〇年代晚期，部分是因為這部蘇聯憲法採取了一種超乎尋常且相當動人的制定方式。除了史達林本人參與其中之外，蘇聯各地還有超過四千萬名男男女女也在一九三六年下半年興奮地參與了立憲會議與討論，並且針對憲法文本草案提交意見。自從十八世紀晚期以來，「讓人民批准憲法」就是一種愈來愈廣受使用的政治技術，但蘇聯憲法的大眾參與程度之高仍是前所未見。[16]

然而，這些創新與努力再度以失敗收場。同樣的事情也曾發生在一七六〇年代：凱薩琳大帝也曾在七年戰爭之後勤於憲法書寫，也曾打算為《訓諭》召開深具原創性的制憲會議——但她很快就把這一切立法工作與組織創意推到一旁，專注於帝國擴張及鞏固自己的地位。史達林的一九三六年憲法也出現了大致上類似的發展，只是更加極端。新憲法制定不過兩年後，史達林就粗暴地將其推到一旁，開始針對蘇聯境內的異議分子或欲排除的人士推行大規模鎮壓與消滅計畫。

我們再次看到，儘管有過這一切災難性的失敗，世人也沒有因此就對憲政精神失去信心。無論是史達林的獨裁新時代，還是一次大戰的可怕屠殺與異化，都無法摧毀人們對於成文憲法的價值與可能性所抱持的強大信念。

莫多洛夫（Fedor Aleksandrovich Modorov）針對史達林在1936年11月25日向蘇維埃第八次非常代表大會報告其憲法草案所繪製的慶祝畫作。

實際上，一次大戰的龐大規模或許反倒拓展了成文憲法的吸引力與影響範圍。某種程度上，由於部分帝國強權被迫在戰時仰賴歐洲以外的人力，反殖民運動人士的主張（人們不分膚色都應享有政治權利）便因此獲得更多的正當性。當加勒比海東部的英屬格瑞那達在一九一五年頒布徵兵措施時，一名黑人記者便對此寫道：「身為有色人種，我們不是在幫別人作戰，而是在替自己爭取更多重要性無可估量的權利，……更是為了證明我們不再是被統治者，而是公民。」[17]同樣的道理也適用於女性身上，她們在這場世界大戰中同樣受到大量徵召（至少在世界上的部分地區）。這一事實有助於強化以下論點：戰後的法律和憲法書寫，也同樣應該賦予女性完整且積極的公民身分。

有些學者會抗拒這類將戰爭予以工具化的論點，指稱該論點抹煞了社會觀念與情勢早在一九一四年**之前**就已經出現變動的現象。事實上，社會主義與受到社會主義啟發的工會與福利改革，確實早在一次大戰前就已在不同國家與大陸中逐漸成形，[18]女性主義運動及反殖民抗爭也是如此。然而，同樣至關重要的是，一次大戰仍舊帶來了史無前例的壓力、震撼和需求，得以普及、深化乃至於促進了時人對於既有政治體系的批判。戰爭帶來了前所未有的衝突規模，也產生更大量且更多樣化的戰鬥人員及勞工需求，最終可能促使某些富有影響力的既得利益者放寬限制，不再堅持擁護一套基於種族、所得、階級、宗教或性別等條件而排拒特定對象的政治體系。

一如殖民地對戰時工作的參與，女性在一九一四年之後大量投入戰爭，**尤其是她們在戰爭中扮演的官方角色**，也為部分政治領袖的改革提供了下臺階。一九一三年至一九一七年三月的第一任總統任期間，美國總統威爾遜原本對於女性投票權的態度頗為冷淡，但他的語言和立場卻在一九一八年九月（美國投入世界大戰的十八個月後）出現了鮮明的改變，至少是就女性而言。「我們在這場戰爭當中以女性為夥伴，」他以堅定的語氣向美國參議院指出。因此，「只讓女性承擔犧牲、苦難與辛勞，卻不讓她們分享優待與權利」，在這時已是無法想像的事情。[19]

所以，儘管一次大戰後有許多憲法都以失敗收場，戰後也出現了新一波的專制領袖，但這份將國家、政府及權利書寫於一份激昂文本的宏大願景，卻沒有因此出現長期或普遍的幻滅。即便日後的二次大戰再度摧殘了世界各地的國家與民族，同時也加速剩餘的西歐海洋帝國瓦解，憲法的制定卻只是以更快的步伐向前邁進。二次大戰在一九四五年正式結束之後，亞洲隨即就出現了新一波民族國家創立潮，接著非洲在一九五〇年代中期後也加入了這個行列。這波潮流再度造成憲政體制的大量湧現。[20]

故事還沒說完——其他類型的戰爭也促成了憲政制度的普及化。蘇維埃帝國之所以會在一九九一年瓦解，一大原因就是其與美國為首的西方陣營進行了代價高昂的「冷戰」，耗費了大量的金錢與心力。蘇聯的解體造成東歐、中亞與外高加索地區出現了十五個看似獨立的新國家（有些國家是再次出現在歷史的舞臺上），而這些國家也全都制定了自己的新憲法。

還有「內戰」。十八世紀至二十世紀中葉期間蔚為特色的全球衝突雖然就此告終（至少就我寫作當下而言），但內戰卻不斷增加。根據估計，自從一九八九年以來，世界上平均都有二十場內戰正在進行中，特別是在中東、非洲與中亞。[21]

不斷增加的內戰，又把憲法書寫的比率推升到前所未有的程度。到了一九九一年，當時存世的一百六十七部單一成文憲法當中，只有少少二十部左右擁有超過四十年的歷史。也就是說，一九五〇年以後不僅新憲法產出的速度愈來愈快，舊憲法失效或遭取代的速度也一樣快，而且往後只有更快。[22]

你也許會納悶，人們書寫憲法的嘗試為什麼反覆不斷？既然過去數百年來這麼多成文憲法的壽命都如此短暫，而且這些文本也不保證會出現負責任的統治與能夠長久存續的權利，為什麼還有那麼多社會與民族一再堅持，堅持對這種書面政治與法律工具投注時間、想像力、思考與盼望？

＊　＊　＊

本書旨在追蹤一項發生於幾百年內的非凡轉變，也就是成文憲法跨越地理空間的不停進展。世界各國、政治行為者與一般大眾皆對這項轉變做出回應，據此思考與行為，有時甚至對這項變革寄託信任。為了解釋這項轉變，我刻意突顯了一連串大規模戰爭與侵略活動的重要性。我們往往僅以民主的興起及憲政制度的特定概念（主要是西方概念）來解釋這類文本的大量出現。然而，反覆發生的武裝暴力對此亦有重大影響，且唯有著眼於此才能提供更全面且更多樣化的解釋，並且納入更廣泛的地域及更多元的聲音。我們也能夠更加清楚地意識到，成文憲法一直都有著極為多樣的樣貌。這些憲法向來都是以各種形態存在，也是為了不同目的制定而成。這正是成文憲法能夠成功傳播且長久存續的根本原因。

自從一七五〇年代以來，憲法就預示且促成了科西嘉、美國、法國、海地等革命共和國的出現。儘管如此，許多一次大戰之前最具影響力的成文憲法卻不是共和政權的產物，而是來自君主制國家。西班牙的加地斯憲法就是如此，還有比利時的一八三一年憲法與日本的一八八九年憲法也是。儘管憲法向來被視為反抗帝國的革命成果，但有些重要的成文憲法卻是被用來創立及維繫帝國，這種情形從漫長的十九世紀以來一路持續至今。

某些歷史悠久的歐洲帝國就是如此，哈布斯堡奧地利就曾在一八六六年施行《奧地利匈牙利折衷方案》來安撫及遏止內部異議。類似的情況還包括拿破崙帝國等轉瞬即逝的新興帝國，以及其他歐洲以外的帝國。最著名的例子就是美國，美國既有相互交織的各州憲法，也有一七八七年制定的聯邦憲法，可見憲法這種政治與法律工具本質上十分多變。這些憲法一方面為美國的白人男性提供了極為高度的民主與機會，另一方面卻也強化了以白人為主的墾殖者大舉侵占其他民族土地的行為，並且為這種行為賦予秩序及正當性。正是這些憲法文件，替美國發展成橫跨美洲大陸的帝國鋪平了道路。

即便到了今天，憲法仍然具有協助領土擴張的功能。以一九八二年施行的中華人民共和國憲法為例，這部憲法開篇即有一段精心撰寫的簡略歷史，頌揚與美化了這片廣大領土的多民族組成（「中國各族人民共同創造了光輝燦爛的文化，具有光榮的革命傳統」），從而掩蓋了某些事實：許多西藏、新疆與香港的居民並不願把自己視為中國人。這份文件也堅稱臺灣「是中華人民共和國的神聖領土的一部分」，因此加以併吞以完成「統一祖國」是一項「神聖職責」，儘管臺灣目前大多數的選民都偏好維持獨立狀態。[23]如同這份精心撰寫的強硬文件所示，成文憲法另一項歷久不衰的吸引力即是為政權提供了一份對外宣稱的宣言與合理化聲明。

這是成文憲法在一七五〇年之後大幅擴張的原因之一。隨著各個國家與帝國之間爆發愈來愈激烈的競爭與戰爭，這類宣言對於權力擁有者及追求者都格外具有吸引力。藉由設計及頒布憲法，經由武裝衝突勝出的新興政體即可望組織人民、劃定疆界、發展新萌芽的認同與將其確立為自己的正字標記，乃至於自我宣稱為世界舞臺上的新進現代國家。至於根基比較穩固的國家，也可以利用憲法（這些國家也確實愈來愈常這麼做）強化自己對抗國內外威脅的能力、安排藉由戰爭或者帝國擴張所得到的領土並予以頌揚，抑或是在戰敗之後藉此進行重建及重新確認自己的價值。

因此，成文憲法為國家與統治者提供了珍貴的論述與表現機會。但政治行為者若要澈底利用這項機會，就得掌握印刷術這項工具，至少在過去是如此。讓我們舉一個例子，這個例子同時也間接證明了憲法究竟在何等程度上被人視為一項不可或缺的資產。

如同我們先前所說，一六五〇年代的英國（也就是大不列顛王國，後來一度成為大不列顛及愛爾蘭聯合王國），根本不存在任何單一法典或成文憲法。由於該國成功免於外來入侵及國內劇烈變革的威脅，因此其身在倫敦的統治者從來不覺得有接受憲法的迫切需求，至今也仍是如此。不過，既然成文憲法與國家之間的競爭**如此**密不可分，且帶有如此明顯的政治宣傳與政治宣言價值，那麼好戰且充滿帝國野心的英國自然也有必要認識這類文本。

英國社會採取的解決方法，就是發展及擴張憲法歷史的書寫類型。這項策略帶有一項優勢，那就是善用英國密集的印刷工業及其遍及世界的網絡。一八二〇年代至一九二〇年代之間，倫敦、牛津與劍橋的印刷廠針對英國新憲政歷史所出版的作品暴增了將近二十倍。[24] 在無力或不願設計及施行一部正式成文憲法的情況下，英國的法學家、善辯者與政治人物於是刻意訴諸另一種形式的印刷品：根據英國的真實（與想像）情況來撰寫憲政制度的愛國歷史，然後加以廣泛傳播及對外輸出。

英國對憲法的回應突顯了若干重要現象：成文憲法愈來愈成為一種舉世皆難以忽略與抗拒的常態與習慣，而且這類政治工具愈來愈常與印刷文字密不可分。儘管成文憲法向來都為權力服務，但其與印刷文字的關係卻也使其成為變化多端且無可預測的創造物。套用偉大的政治學家班納迪克・安德森（Benedict Anderson）所說的話，成文憲法「經事實證明是一項不可能獲取專利的發明物」。如同其他印刷作品，例如許多十八與十九世紀的小說，這種憲法也「成了剽竊對象，剽竊者包括許多極為不同且有時出乎意料的人士」。[25]

隨著憲法不斷翻印及大量輸出，意味著即便是最具民族主義色彩的憲法文本也常是某種混合產物。憲法起草者總是東拼西湊，從來自世界各地的類似出版文本當中擷取材料、觀念與條文。這是為什麼我們必須跳脫民族角度檢視及解讀憲法的其中一個原因。從另一個角度來看，印刷、摘取及翻譯憲法文本的行為，也可能在其他地方產生迷惑、破壞及顛覆的效果。比較有名的例子包括一七八七年美國憲法、一七九一與一七九三年法國憲法、一八一二年加地斯憲法、一八四七年賴比瑞亞憲法、一八八九年日本憲法等重大憲法。

對於欠缺憲政傳統而需要新憲法的國家及地區，或者受到別國宰制的改革人士與激進分子而言，這類印刷材料為他們提供了觀念、希望與啟發。藉由印刷，憲法傳播得範圍也愈來愈廣，這一情形鼓勵了大量社運人士與熱心分子（當時通常是男性，多半是軍人）嘗試起草自己的非正式憲法，有時還帶有反抗當地權威的色彩。隨著憲法在其他地區與不同語言之間流傳，也讓這種文本成為最好的政治宣傳工具（有時還帶有煽動性），並受到各種方式閱讀與詮釋。

《伊瓜拉計畫》原本是由伊圖畢德將軍為墨西哥所寫的憲法，結果這份文本卻在印度的加爾各答受到翻譯及翻印，被當地人視為一份捍衛南亞人民權利的文本。日本的明治憲法本來是一部尊崇世襲天皇制度的文本，卻被鄂圖曼帝國與伊朗的倡議者拿來論述支持共和國的成立。像這類描繪權力、法律和權利的文件極具煽動性：不只是正式的政治憲法文本，就連探討英國憲政歷史的出版品也有類似的效果。加勒比海千里達島的反殖民運動人士詹姆斯（C. L. R. James），以及出身於當今非洲迦納地區的恩克魯瑪（Kwame Nkrumah），都曾在一九三〇年代與二次大戰結束後，從這些博學且受人敬重的典籍當中找尋材料，並用來抨擊大英帝國的偽善與暴力。他們同時也從中找尋各種論述與法律規定，藉此強化自身獨立建國的論點。[26]

考慮到成文憲法能夠傳播到全球，其實是受到印刷術及不斷爆發的戰爭深刻影響，這就不免令人懷疑憲法在二十一世紀初的今天，是否還具備同樣的政治影響力與傳播能力。平心而論，儘管憲法過去一再受到傳單、報紙、手冊與學校課本的翻印推廣，其實從來不曾如其熱切倡導者所盼望的那樣獲得大眾認真檢視。[27]然而，這仍舊不同於印刷文字在今天所面臨的全面性挑戰。

今天，社會上愈來愈多人不是從印刷頁面上獲取政治資訊。數位時代下的人們已經改看螢幕，而這也導致了政治資訊的分裂化。在較為富裕的區域，現在已看不到過往那種聚光燈式的世界，也就是眾人都只仰賴少數幾個電視頻道或少數幾份主要報紙——**或是只仰賴單獨一部經典憲法文本**。相反的，各式各樣未經過濾的政治資訊和政治思想觀點，持續在眾多媒體上不斷綻放。

成文憲法快速劇變的歷史也提醒我們，今後憲法的更新活化其實還有著其他挑戰。建設性新憲法的出現，很大一部分得歸因於一七五〇年後不斷爆發、導致世界各地陷入劇烈動盪的戰爭。正是戰爭造成的代價與負擔，迫使國家與統治者在書面上向其人口做出表示及讓步。

然而，現今世界已經不同以往。那些有幸免於反覆內戰所苦的社會，也就難再出現這種刺激制定新憲法或修改既有憲法的力量。戰爭的本質從二次大戰以來已有很大的改變，當今大多數重要國家都已仰賴高度專業化的陸海空三軍、致命的菁英部隊，以及核子科技與網路技術人員等。也就是說，今後的政府已不像過去那樣，必須藉由制定更為開明的新憲法才能確保大眾願意接受徵召，或是藉此獎勵且引誘人民在戰時維持效忠。

對穩固的民主政體來說，這類戰時激勵手段的影響已沒有那麼重要，因為修憲對這類民主國家來說相對容易。以愛爾蘭共和國為例，這個奉行中立的國家曾經多次修憲，自從一九七二年以來已修憲過不下三十五次。其中一次發生在二〇一八年，修憲結果使得愛爾蘭

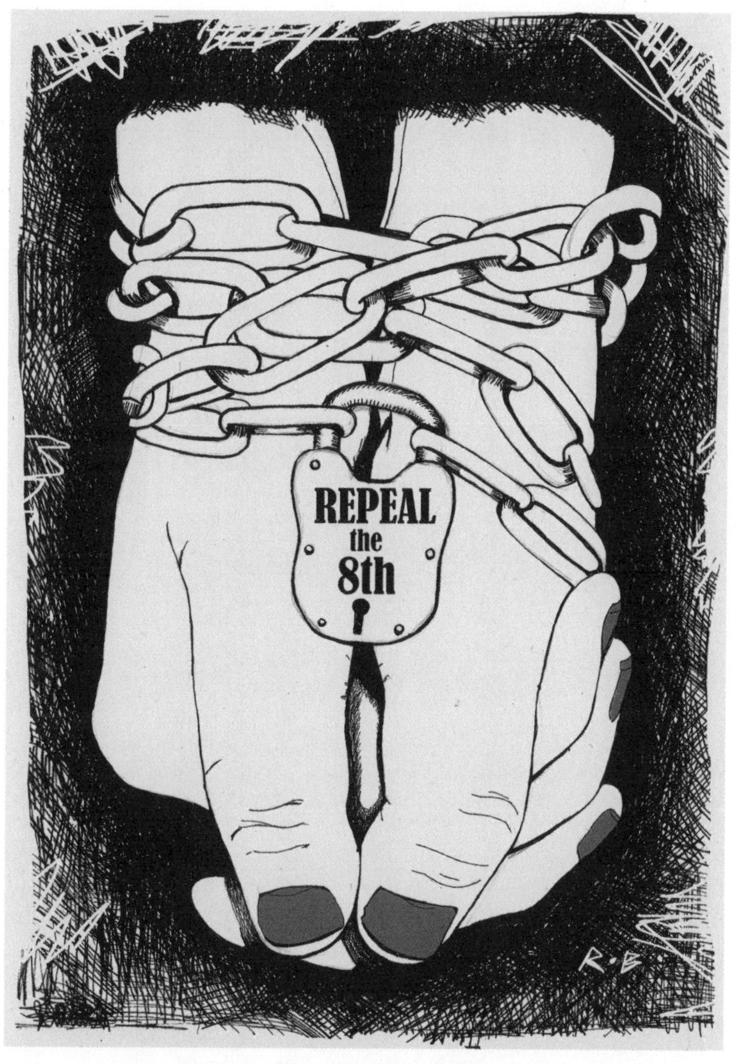

憲法在目前所受到的使用：畫家羅辛・布雷德（Róisín Blade）為2016年一場運動所貢獻的作品。那項運動成功廢除愛爾蘭憲法當中實質上禁止了墮胎的第八修正案。圖中英文譯為「廢除第八修正案」。

眾議院能夠立法開放墮胎權。連同後續的其他修憲（包括褻瀆神明除罪化與放寬離婚限制），這項修憲展現了法典化憲法至今仍具有對外宣示的功能：這些修憲案向國內外明白宣示，現代的愛爾蘭共和國已經是一個世俗化國家，不再如過去那般受到天主教會支配。

美國的例子則不大一樣。在這個國家裡，憲法制定與重大的修憲措施都一再仰賴戰爭的刺激，包括美國獨立戰爭、南北戰爭、一次大戰等等。此外，美國的開國元勛也刻意把聯邦憲法的修改門檻訂定得相當困難。自從二次大戰以來，美國憲法只經歷過五六次修改，而且自從一九九二年之後就再也沒有調整。我們幾乎可以這樣說，過去數十年來蔚為美國特色的政治失能與妨礙社會正常運作的政治分化，原因之一就是這部在一七八七年由大量退伍軍人於費城制定的著名憲法，到了現代已經太過老舊也太過有限，因此需要有持續性的專業擴展及更新。然而，在沒有巨大外來壓力（例如一場大型戰爭）的情況下，這類修改要如何發生，又要如何獲得眾人的一致同意？還有別種重大危機能夠造就類似效果嗎？

你也許會認為，無論是過去還是二十一世紀，成文憲法最常見也最普遍的挑戰，其實是憲法本身並無法保證良善政府的出現或基本權利的鞏固。如今全世界所有國家幾乎都有這類文本存在，但過去十四年來，總部位於美國的非政府組織自由之家（Freedom House）每年針對超過兩百個國家進行的調查卻發現，全球政治權利與公民自由的程度持續下滑。[28]就在我撰寫這些文字的當下，世界各地的高壓與腐敗、民粹主義、威權主義及正在朝威權主義前進的國家都在欣欣向榮不斷增加，儘管成文憲法在目前如此普及。

儘管如此（某部分來說也是因為如此），成文憲法依舊重要。如同我在本書裡試圖展現的，這類文本極為關鍵，不但是一種歷史現象，也是一種調查過往全球不同現代性願景如何演變的指標。對於當下，憲法文本同樣至關緊要。我們雖然生活在一個愈來愈數位化的世界，但這種書面政治工具依舊具備歷久不衰的價值：能夠提供知識、帶來啟發並激起強烈情緒，能夠翻譯成各種語言與受到無止盡的翻印，價格低廉且便於攜帶。最能明顯看出這些優勢的地方，就是在那些承擔極度政治壓力的個人身上。

我們可以回顧南非的例子。南非的普利托利亞在二〇一七年爆發一場示威運動，群眾要求當時貪腐醜聞纏身的總統雅各布・祖馬（Jacob Zuma）下臺。當時一名隸屬於經濟自由鬥士（Economic Freedom Fighters）這個帶有準軍事色彩的極左派組織的人士也參與其中，而這位可以想見不知其名的抗議人士，因為看到一名攝影記者走向他，便立刻以一本破舊的南非憲法遮住了自己的臉。

這本憲法就是南非前總統曼德拉在一九九六年十二月簽署生效的那部著名文本，當初起草目的即是要宣揚與促進南非擺脫種族隔離。頗具象徵意義的是，普利托利亞的這名示威人士用來遮臉的是這部憲法的廉價平裝本。這個版本比一般的平裝書還小，定價與印製方式都經過特殊設計，以便觸及最廣泛的讀者，並且小到能夠輕易放在口袋裡——不過還是大到足

利用一部憲法遮掩面容及主張權利。2017年南非普利托利亞。

以遮住這個人的臉。這個人雖然以本國憲法的廉價平裝本隱藏自己的身分，就某方面來說卻也因此讓自己公開曝光。藉著這項舉動，他把自己和南非的改革畫上等號，私密地宣告這個國家和所有像他一樣的人緊密相關。

在一個變動不居且充滿不平等與暴力的世界裡，這類時常激勵人心、用途多樣且輕易可得的文本，雖然不甚完美，或許已是我們所能盼望的最佳選項。如同傑佛遜在一八〇二年所言：「成文憲法雖然可能在一時的激情或迷惑之下遭到違反，但這樣的文本畢竟可讓保持警覺者用來再度號召及重新集結眾人。」[29]在傑佛遜寫下這句話的兩百多年後，另一名承受壓力的個人以實際行動展示了這項論點。這是一位在莫斯科街頭上表達抗議的年輕女子，名叫歐嘉・米希克（Olga Misik）。

俄羅斯在中將轉任總理再當上總統的普丁長期統治下，憲法原本保障的表達自由及各種基本自由權無疑都遭到了削弱。儘管如此，這部文本偶爾仍然能夠節制濫權行為，並且如傑佛遜所言的那樣發揮號召與提醒的效果。好比該憲法對於宗教自由的規定，在普丁治下仍有著極為顯著的韌性。[30]由於俄羅斯憲法**確實**是一部成文憲法，其印刷版本能夠以低廉的價格輕易取得，因此同樣能為承受壓力與匱乏的人所用。

身為一名支持民主的社運人士，米希克在二〇一九年八月遭到一群鎮暴警察包圍。那些威勢懾人的男性員警都身穿防護裝甲，手持盾牌與警棍。她的反應是在街頭上坐下來，拿起一本平裝本的俄國憲法開始朗讀。米希克那一年才十七歲，還是學校裡的學生。她想必不會認為自己的舉動真有可能大幅改變俄國政府的行為與方向，或是改變那些鎮暴警察的態度。不過，她還是向自己手上的憲法尋求支持與啟發。當然，包圍她的那群武裝員警知道現場有人正在拍照，而且這些照片很有可能會在網路上廣為流傳。但他們也聽到了米希克大聲唸出的文字，並且認出了她所朗讀的那部文本——或許因此沒有對她發動攻擊。

歐嘉·米希克與她的憲法。2019年俄國莫斯科。

致謝

任何人只要著手撰寫一部全球史著作，必定會欠下特別廣泛的人情。在規劃及寫作這本書的十年裡，我自始至終都深受普林斯頓大學的同事支持。特別感謝David Bell、Michael Blaakman、Fara Dabhoiwala、Jacob Dlamini、Yaacob Dweck、Sheldon Garon、Hendrik Hartog、Michael Laffan、Yair Mintzker、Susan Naquin、Philip Nord、Gyan Prakesh、Kim Lane Scheppele與Wendy Warren，他們各自都針對世界上的各個區域回答了我的問題，也提出珍貴的見地。此外，Jeremy Adelman、Matthew Karp、Federico Marcon、M'hamed Oualdi、Ekaterina Pravilova、Daniel Rodgers、Robert Tignor與Sean Wilentz都慨然閱讀了本書的局部手稿並且提出批判。哥倫比亞大學的Eric Foner也極為慷慨地提出許多建議。Shelby Cullom Davis歷史研究中心與普林斯頓的法律及公共事務學程，在本書的寫作過程中一直都是靈感與豐富資訊的來源。

全球史的眾多研究者同樣也給了我豐富的資訊與靈感。我最早認識到這種思考與書寫過去的多元方式，是透過耶魯大學的Paul Kennedy與Jonathan Spence，以及與John Elliot

橫跨大西洋的對話。在那之後，我又深深獲益於和許多人的交流，包括David Armitage、James Belich、已故的Chris Bayly、Sebastian Conrad、John Darwin、Natalie Zemon Davis、Andreas Eckert、Masashi Haneda、Tony Hopkins、Maya Jasanoff（她相當慷慨地閱讀了本書的草稿）、Rana Mitter、Patrick O'Brien、Jürgen Osterhammel、Emma Rothschild與Sanjay Subrahmanyam。除此之外，許多學術大會與研討會當中的意見回饋也令我受益良多，儘管族繁不及備載，但我深懷感激。

以這種方式書寫歷史的其中一項樂趣和挑戰，就是你不可避免地會進入別人的專業領域。Bruce Ackerman、John Allison, Richard Gordon、Dan Hulsebosch、Harshan Kumarasingham還有已故的Anthony Lester都協助我更深入思考法律、憲法與權力。我尤其想要感謝Jeremy Black、Michael Broers、Rohit De、Rebecca Earle、Antonio Feros、Kieran Hazzard、Peter Holquist、Carol Gluck、Lorenz Gonschor、Jan Jansen、Svante Lindqvist、Aryo Makko、Eduardo Posada-Carbó、Marie-Christine Skuncke、倫敦大學邊沁計畫，以及東京大學許多和我討論明治憲法的人士，感謝他們所有人的熱心與專業。

在寫作本書的不同階段裡，以下這些機構提供的獎學金及讓我在那裡從事研究的機會都令我受益良多：包括Pasadena的Huntington Library、紐約公共圖書館的Cullman Center for Scholars and Writers及紐西蘭的奧克蘭大學。此外，Björn Wittrock邀請我到Uppsala極為出色的Swedish Collegium for Advanced Study待上一年也對我幫助很大。因為Dorothy Goldman的慷慨與熱忱而讓我得以獲頒的古根漢憲法研究獎學金，對我也是極有助益。

感謝的對象羅列不盡，因為本書經歷了許多階段。多年來，無數的大學生與研究生協助我發展及改進我的想法。我要特別提出Charlie Argon、Martha Groppo、Jezzica Israelsson、Samuel Lazerwitz、Matthew McDonald、Felice Physioc、Tom Toelle與Iain Watts，他們在不同時間都曾經協助我的研究與翻譯。哈佛大學學會的Paris Spies-Gans再度證明了她是一位絕佳的視覺圖像研究者；而Joseph Puchner、Jeremy Teow與Guy Waller對我的校樣所從事的修正，則是技術精熟而且極為詳細。

一如以往，我的出版經紀人總是明智又對我極為支持，提出的建議也相當專業，他們是紐約的Michael Carlisle與倫敦的Natasha Fairweather。我也極度幸運有一個好的出版商。Profile出版社的Andrew Franklin與W. W. Norton/Liveright出版社的Robert Weil都是最理想的編輯，非常清楚什麼時候該干預，什麼時候又該放手。在本書當中，他們兩人都展現了罕見而又必要的耐心。我深深感謝他們，也感謝Cordelia Calvert、Penny Daniel、Sally Holloway、Gabriel Kachuck、Peter Miller、Valentina Zanca及其他許多為本書投注了時間、努力、專業與想像力的人士。

最後還有很重要的一點，David Cannadine總是持續不斷鼓舞我，為我提供見解與支持。

但話說回來，他在這方面本來就堪稱是熟能生巧。

琳達・柯利

紐澤西普林斯頓，二〇二〇

18. 舉例而言，見Daniel T. Rodger, *Atlantic Crossings: Social Politics in a Progressive Age* (Cambridge, MA, 1998).
19. 引用於Neil S. Siegel, 'Why the Nineteenth Amendment Matters Today: A Guide for the Centennial', *Duke Journal of Gender Law & Policy* 27 (2020), 10.
20. 關於一幅具有啟發性的圖表，顯示出二十世紀一連串民族國家創立的高峰，見Andreas Wimmer and Brian Min, 'From Empire to Nation State: Explaining Wars in the Modern World, 1816–2001', *American Sociological Review*, 71 (2006), 872.
21. David Armitage, *Civil Wars: A History in Ideas* (New York, 2017), 5.
22. Lawrence W. Beer (ed.), *Constitutional Systems in Late Twentieth Century Asia* (Seattle, 1992), 4.
23. 這部中國憲法的英文譯本在網路上廣泛可得。
24. 這項資訊來自於Iain Watts博士從事的研究。
25. Benedict Anderson, *Imagined Communities: Reflections on the Origin and Spread of Nationalism* (London, revised edn, 1991), 67.
26. 舉例而言，見Arthur J. Stansbury在這部著作開頭的感嘆：*Elementary Catechism on the Constitution of the United States for the Use of Schools* (Boston, MA, 1828).
27. Harshan Kumarasingham, 'Written Differently: A Survey of Commonwealth Constitutional History in the Age of Decolonization', *Journal of Imperial and Commonwealth History* 46 (2018), 874–908.
28. 這些報導可見於https://freedomhouse.org/countries/freedom-world/scores.
29. 引用於David N. Mayer, *The Constitutional Thought of Thomas Jefferson* (Charlottesville, VA, 1994), 128.
30. 關於普丁與俄國憲法，見這部著作的引言：Adam Chilton and Mila Versteeg, *How Constitutional Rights Matter* (Oxford, 2020).

The League of Nations and the Crisis of Empire (Oxford, 2015).

5. 威爾斯在這本散文集當中的'The League of Free Nations: Its Possible Constitution'一文，也在一九一八年四月一日發表於加拿大的*Maclean's Magazine*，以及美國由Walter Lippmann編輯的*The New Republic*。
6. H. B. Morse, 'The New Constitution of China', *Journal of Comparative Legislation and International Law*, I (1919), 183–95.
7. 關於近期的一項評述，見Yesim Bayar, 'Constitution-writing, Nationalism and the Turkish Experience', *Nations and Nationalism* 22 (2016), 725–43。這部一九二四年文本的制定者雖然一心想要設計及宣告一種新穎而現代的「土耳其性」，但如同許多的憲法，這部文本也是拼湊而成，尤其從一八七五年的法國憲法與一九二一年的波蘭「三月」憲法當中獲取靈感。
8. 關於這些事件，見Charles Townshend, *Easter 1916: The Irish Rebellion* (London, 2015)；至於更廣泛的影響與關聯，見Enrico Dal Lago, Róisin Healy and Gearóid Barry (eds.), *1916 in Global Context: An Anti-Imperial Moment* (Abingdon, 2018) and Donal K.Coffey, *Constitutionalism in Ireland, 1932–1938: National, Commonwealth, and International Perspectives* (Cham, Switzerland, 2018).
9. Rohit De, 'Constitutional antecedents', in Sujit Choudry, Madhav Khosla and Pratap Bhanu Mehta (eds.), *The Oxford Handbook of the Indian Constitution* (Oxford, 2016), 17–37.
10. 見Rachel G. Hoffman的調查研究：'The Red Revolutionary Moment: Russia's Revolution and the World', in David Motadel (ed.), *Global Revolution: A History* (forthcoming).
11. 引用於Geoff Eley, *Forging Democracy: The History of the Left in Europe, 1850-2000* (New York, 2002), 149。列寧的一九〇五年傳單'Three Constitutions or Three Systems of Government'可在網路上查閱。
12. George Papuashvili, 'The 1921 constitution of the Democratic Republic of Georgia: Looking Back after Ninety Years', *European Public Law*, 18 (2012), 323–50.
13. E. V. Niemeyer, *Revolution at Querétaro: The Mexican Constitutional Convention of 1916–17* (Austin, Texas, 1974).
14. German History in Documents and Images (GHDI)在網路上提供了威瑪憲法的一份良好譯本。
15. 這部文本連同其他戰後產物，都可見於Howard Lee McBain and Lindsay Rogers, *The New Constitutions of Europe* (Garden City, New York, 1922).
16. Samantha Lomb, *Stalin's Constitution: Soviet Participatory Politics and the Discussion of the 1936 Constitution* (London, 2018).
17. Grenada *Federalist*, 27 October 1915.

Recognize the Sovereignty of Imperial Japan', *Korean Journal of International Studies* 12 (2014), 49–78.

58. 關於這場衝突，見John W. Steinberg et al (eds.), *The Russo-Japanese War in Global Perspective: World War Zero* (Leiden, 2 vols., 2005–7)。清朝的軍事競爭對象不僅限於西方侵略者，也包括亞洲對手，以致因此必須提高稅率，而這也是清朝後來轉向憲政制度的因素之一。見Stephen R. Halsey, 'Money, Power, and the State: The Origins of the Military-Fiscal State in Modern China', *Journal of the Economic and Social History of the Orient* 56 (2013), 392–432.
59. Aydin, *The Politics of Anti-Westernism in Asia,* 73.
60. Steinberg et al (eds.), *The Russo-Japanese War in Global Perspective*, I, 612–13.
61. Worringer, 'Comparing Perceptions', 34, 95 n., 184.
62. 同上，290, 324, 369；另見Steinberg et al (eds.), *The Russo-Japanese War in Global Perspective*, I, 368–9.
63. 引用於Worringer, 'Comparing Perceptions', 37.
64. Tiao Min-Ch'ien, *China's New Constitution and International Problems* (Shanghai, 1918), 9.
65. Y. S. Kim, 'Russian and Japanese Diplomatic Responses on Interrogations Records of Ahn Jung-geun', *Korea Journal* 55 (2015), 113–38.
66. Lord Selborne to the Secretary of State, 17 December 1918, British Library IOR Q/27/1, fols. 180–82.

尾聲

1. 關於這場衝突的文獻極多，但就著眼於全球維度的傑出調查著作而言，見Robert Gerwarth and Erez Manela (eds.), *Empires at War: 1911–1923* (Oxford, 2014); and Hew Strachan, 'The First World War as a Global War', *First World War Studies*, I (2010), 3–14.
2. 見David Omissi's *Indian Voices of the Great War: Soldiers' Letters, 1914–18* (New York, 1999); and Santanu Das, *India, Empire, and First World War Culture* (Cambridge, 2018).
3. 這是當前一位學者針對威爾斯在這個時期的立場所提出的概述：Fupeng Li, 'Becoming Policy: Cultural Translation of the Weimar Constitution in China (1919–1949)', *Journal of the Max Planck Institute of European Legal History* 27 (2019), 211。關於威爾斯這位在當前備受重新詮釋的人物所具有的廣泛重要性，見Sarah Cole, *Inventing Tomorrow: H. G. Wells and the Twentieth Century* (New York, 2019).
4. 關於這項計畫所帶有的吸引力及部分限制，見Susan Pedersen, *The Guardians:*

2016), 106–73; Hidemasa, 'The Political Space of Meiji 22 (1889)', 128.

42. *Commentaries on the Constitution*, 38–9, 54–5.
43. 曾任伊藤博文私人秘書，也是日本貴族院議員的Kaneko Kentar ，書寫於*The Century Illustrated Monthly Magazine* 46 (1904), 486。
44. 有一項令人讚嘆的記述，見Abraham Ascher, *The Revolution of 1905* (Stanford, CA, 2 vols., 1988–92).
45. 如同史學家Murata Y jir 所言：「在清朝的最後十年裡，政治世界的核心議題就是憲法與國會」；見Joshua A. Fogel and Peter G. Zarrow (eds.), *Imagining the People: Chinese Intellectuals and the Concept of Citizenship, 1890–1920* (Armonk, NY, 1997), 131；另見E-Tu Zen Sun, 'The Chinese Constitutional Missions of 1905–1906', *Journal of Modern History* 24 (1952), 251–69.
46. 針對*Dastur-ul Amal*的一項近期評論可見於'Constitution: A Tool of Resistance Today as well as in Colonial Era', Newsd.in (4 February 2020), https://newsd.in/constitution-a-tool-of-resistance-today-as-well-as-in-colonial-era.
47. 關於《自治提案》及其背景情境，見Rohit De, 'Constitutional Antecedents', in Sujit Choudhry et al (eds.), *The Oxford Handbook of the Indian Constitution* (Oxford, 2016), 17–37.
48. 見Cemil Aydin, *The Politics of Anti-Westernism in Asia: Visions of World Order in Pan-Islamic and Pan-Asian Thought* (New York, 2007).
49. Renée Worringer, 'Comparing Perceptions: Japan as Archetype for Ottoman Modernity, 1876–1918' (2001), University of Chicago PhD dissertation, 99.
50. 關於這部柔佛憲法，見Iza Hussin, 'Misreading and Mobility in Constitutional Texts: A Nineteenth Century Case', *Indiana Journal of Global Legal Studies* 21 (2014), 145–58.
51. J. Calvitt Clarke III, *Alliance of the Colored Peoples: Ethiopia and Japan before World War II* (Oxford, 2011).
52. Robert Devereux, *The First Ottoman Constitutional Period: A Study of the Midhat Constitution and Parliament* (Baltimore, MD, 1963), 90。只有兩份倫敦大報贊同這部一八七六年鄂圖曼憲法的前言。
53. C. B. Roylance-Kent, 'The New Japanese Constitution', *MacMillan's Magazine* 10 (1894), 420.
54. Denis Twitchett et al (eds.), *The Cambridge History of China. Volume 11: Late Ch'ing, 1800–1911, Part Two* (Cambridge, 1980), 348, and see also 339–74 *passim*.
55. Worringer, 'Comparing Perceptions', 289.
56. Kazuhiro, *Itō Hirobumi*, 88.
57. J. E. C. Hymans, 'Why Recognize? Explaining Victorian Britain's Decision to

997–1020.

24. Beckmann, *The Making of the Meiji Constitution*對於這部憲法的演變所從事的由上而下的討論，至今仍然頗具參考價值；另見Junji Banno, *The Establishment of the Japanese Constitutional System*, J. A. A. Stockwin (trans.) (London, 1992).
25. Kazuhiro, *Itō Hirobumi*, 218.
26. 同上，48–51, 71–3.
27. Peter van den Berg, 'Politics of Codification in Meiji Japan (1868–1912): Comparative Perspective of Position of Composition of Customary Law in Japanese Civil Code', *Osaka University Law Review* 65 (2018), 69–88.
28. 關於菁英男性服飾在十九世紀期間的這些變化，見C. A. Bayly, *The Birth of the Modern World, 1780–1914* (Oxford, 2004), 12–17.
29. 引用於Takii Kazuhiro, *The Meiji Constitution: The Japanese Experience of the West and the Shaping of the Modern State*, David Noble (trans.) (Tokyo, 2007), 55.
30. 關於井上毅與他的觀念，值得參考的英文記述包括Yoshimitsu Khan, 'Inoue Kowashi and the Dual Images of the Emperor of Japan', *Pacific Affairs* 71 (1998), 215–30; and Joseph Pittau, 'Inoue Kowashi and the Formation of Modern Japan', *Monumenta Nipponica* 20 (1965), 253–82.
31. Devine, 'Way of the King', 53。比較這項說法與伊藤博文本身在一八八〇年的推論：「我們如果不決定國家的目標，就無從阻止人心漂蕩」：見Beckmann, *The Making of the Meiji Constitution*, 135.
32. *Commentaries on the Constitution*, iii.
33. 同上，36.
34. 同上，xi, 2.
35. 關於活躍於日本的其中一名首要德國行為者，見Johannes Siemes, *Hermann Roesler and the Making of the Meiji State* (Tokyo, 1968).
36. 這部一八七一年德國憲法的英文翻譯可見於James Retallack, 'Forging an Empire: Bismarckian Germany (1866–1890)' at https://ghdi.ghi-dc.org/section.cfm?section_id=10.
37. *Commentaries on the Constitution*, 24, 41.
38. 關於這項論點的一個近期版本，見'After 150 Years, Why Does the Meiji Restoration Matter?', *The Economist*, 2 February 2018.
39. Grimmer-Solem, *Learning Empire*, 79–118。感謝Grimmer-Solem教授針對德日連結提供的專業建議。
40. *Commentaries on the Constitution*, 7，至於有關國會的條文，見9, 14, 18, 68 and 119.
41. Junji Banno, *Japan's Modern History, 1857–1937*, J. A. A. Stockwin (trans.) (London,

12. Fauziah Fathil, 'British Diplomatic Perceptions of Modernisation and Change in Early Meiji Japan, 1868–90' (2006), SOAS PhD dissertation, 133–7.
13. 見James L. Huffman, *Creating a Public: People and Press in Meiji Japan* (Honolulu, HI, 1997); and Nathan Shockey, *The Typographic Imagination: Reading and Writing in Japan's Age of Modern Print Media* (New York, 2019).
14. Richard Devine, 'The Way of the King: An Early Meiji Essay on Government', *Monumenta Nipponica* 34 (1979), 49–72.
15. 同上，67 and 70.
16. 這個時期出現於日本的部分較為貴族性的計畫，探討於George M. Beckmann, *The Making of the Meiji Constitution: The Oligarchs and the Constitutional Development of Japan, 1868–1891* (Lawrence, KS, 1957).
17. Amin Ghadimi, 'The Federalist Papers of Ueki Emori: Liberalism and Empire in the Japanese Enlightenment', *Global Intellectual History* 2 (2017), 196 and *passim*.
18. Jennifer Adam and Chris Shadforth, 'Curiosities from the Vaults: A Bank Miscellany', *Bank of England Quarterly Bulletin* (2014), 71–2；這五人在當時有一張照片，顯示他們身穿新近取得的西方服裝，頂著剛剪的西式髮型，見Hanako Murata, '"The Choshu Five" in Scotland', *History of Photography* 27 (2003), 284–8.
19. Takii Kazuhiro, *Itō Hirobumi: Japan's First Prime Minister and Father of the Meiji Constitution*, Takechi Manabu (trans.) (London, 2014), 8及各處。關於伊藤博文，有一項引人回味的早期記述，雖是由他的一名仰慕者寫成，但仍然值得一讀，見Kaju Nakamura, *Prince Ito, The Man and Statesman: A Brief History of His Life* (New York, 1910).
20. 見伊藤博文在紐約與一名記者的流利交談，在一八九七年六月四日翻印於*Milwaukee Journal*。他在這場對談裡支持女性接受高等教育，也讚揚女性在美國的地位。
21. 見英國領事在一八七一年十二月於Fathil提出的報告：'British Diplomatic Perceptions of Modernisation and Change in Early Meiji Japan, 1868–90', 56.
22. Kume Kunitake (compiler), *The Iwakura Embassy, 1871–73: A True Account of the Ambassador Extraordinary & Plenipotentiary's Journey of Observation through the United States of America and Europe*, Martin Collcutt et al. (trans.) (5 vols., Princeton, NJ, 2002), I, 219.
23. 引用於Marius B. Jansen (ed.), *The Cambridge History of Japan Vol. 5: Nineteenth Century* (Cambridge, 1989), 464。同理，有些非裔美國人也似乎由此獲得啟發，包括這個使節團及日本先前派往美國的其他代表團，還有這些團體看似對於種族隔離與不變的白人權力所造成的挑戰：見Natalia Doan, 'The 1860 Japanese Embassy and the Antebellum African American Press', *Historical Journal* 62 (2019),

Thought', in her *Mediterraneans: North Africa and Europe in an Age of Migration, c.1800–1900* (Berkeley, CA, 2011), 331.

74. 引用於 Larry J. Griffin and Don H. Doyle (eds.), *The South as an American Problem* (Athens, GA, 1995), 115.
75. Vinay Lal cited in 'Interchange: The Global Lincoln', *Journal of American History* 96 (2009), 472–3.
76. 關於霍爾頓及出自他本身手筆的手稿與印刷文獻，雖然沒有受到充分探究，而且四處分散又為數不多，但畢竟還是存在。關於近期一項透過醫學觀點所進行的重新評估，見

第八章　大突破

1. 關於這場典禮及其籌辦過程，見 Hidemasa Kokaze, 'The Political Space of Meiji 22 (1889): The Promulgation of the Constitution and the Birth of the Nation', *Japan Review* 23 (2011), 119–41.
2. Takamura K　tar　, 'Kowtow (Promulgation of the Constitution)', quoted in Mikiko Hirayama, 'The Emperor's New Clothes: Japanese Visuality and Imperial Portrait Photography', *History of Photography* 33 (2009), 165.
3. *Commentaries on the Constitution of the Empire of Japan*, Miyoji It　(trans.) (Tokyo, 1889), 2, 6–7; *The Times* (London), 21 February 1889.
4. 關於這些發明，見 Kokaze, 'The Political Space of Meiji 22 (1889)', *passim*.
5. Carol Gluck, *Japan's Modern Myths: Ideology in the Late Meiji Period* (Princeton, NJ, 1985), 43；在一幅為《頓智　會雜誌》這本諷刺雜誌繪製的版畫裡，安達吟光跳脫了他對於這個場合的正式描繪，而把頒布典禮當中的天皇畫成一具骷髏。他為此坐了一年牢。
6. Kokaze, 'The Political Space of Meiji 22 (1889)', 129.
7. 關於這個時期的日本，有一項絕佳的評述，見 Andrew Gordon, *A Modern History of Japan: From Tokugawa Times to the Present* (Oxford, 4th edn, 2020).
8. Edyta M. Bojanowska, *A World of Empires: The Russian Voyage of the Frigate* Pallada (Cambridge, MA, 2018)；關於普魯士與日耳曼人對於日本的野心，見 Erik Grimmer-Solem, *Learning Empire: Globalization and the German Quest for World Status, 1875–1919* (Cambridge, 2019), 79–118.
9. 我在此處受益於我的普林斯頓同事 Federico Marcon 教授所寫的一份未發表的論文：'The Meiji Restoration of 1868: The Contradictory Nature of a Global Event'，而且也要感謝他為本章提供的建議。
10. Gordon, *A Modern History of Japan*, 78–9.
11. Marcon, 'The Meiji Restoration of 1868'.

55. Horton, *West African Countries and Peoples*, 16.
56. 'Circular Introduction' in Horton, *Letters on the Political Condition of the Gold Coast*, vii.
57. 同上，ii.
58. E. A. Ayandele, 'James Africanus Beale Horton, 1835–1883: Prophet of Modernization in West Africa', *African Historical Studies* 4 (1971), 696.
59. Fyfe, 'Africanus Horton as a Constitution-maker', 176–7.
60. 關於布萊登與霍爾頓在這個時期身為一場廣泛的非洲「復興」運動當中的成員，見Meghan Vaughan, 'Africa and the Birth of the Modern World', *Transactions of the Royal Historical Society*, sixth series, 16 (2006), 143–62.
61. John Stuart Mill, *Considerations on Representative Government* (London, 1861; Auckland, NZ, 2009 edn), 239.
62. Horton, *West African Countries and Peoples*, 193.
63. Horton, *Letters on the Political Condition of the Gold Coast*, 71; Fyfe, 'Africanus Horton as a Constitution-maker', 179.
64. James Africanus Beale Horton, *Physical and Medical Climate and Meteorology of the West Coast of Africa* (London, 1867).
65. Horton, *West African Countries and People*, 19–20; Fyfe, 'Africanus Horton as a Constitution-maker', 176.
66. 見Rebecca Shumway, 'From Atlantic Creoles to African Nationalists: Reflections on the Historiography of Nineteenth-Century Fanteland', *History in Africa* 42 (2015), 139–64；至於其中一部方提憲法，見https://www.modernghana.com/news/123177/1/constitution-of-the-new-Fante-confederacy.html.
67. 見https://www.modernghana.com/news/123177/1/constitution-of-the-new-Fante-confederacy.html.
68. Horton, *Letters on the Political Condition of the Gold Coast*, 167; Fyfe, 'Africanus Horton as a Constitution-maker', 180.
69. Perkins, *A History of Modern Tunisia*, 32–43.
70. 關於這些事件，見Foner, *Reconstruction*, and Richard M. Valelly, *The Two Reconstructions: The Struggle for Black Enfranchisement* (Chicago, IL, 2004), especially 121–48.
71. 有一項精要的概述，見Jürgen Osterhammel, *The Transformation of the World: A Global History of the Nineteenth Century* (Princeton, NJ, 2014), 392–468.
72. 關於這部文本及促成這部文本的發展，見Aylin Koçunyan, *Negotiating the Ottoman Constitution, 1839–1876* (Leuven, 2018).
73. Julia A. Clancy-Smith, 'Khayr al-Din al-Tunisi and a Mediterranean Community of

41. 這份宣言的內容可見於美國國家檔案網站：https://www.archives.gov/exhibits/featured-documents/emancipation-proclamation/transcript.html.
42. Steven Hahn, *The Political Worlds of Slavery and Freedom* (Cambridge, MA, 2009), 55–114.
43. 關於南北戰爭前的這些黑人倡議，見Peter Wirzbicki即將出版的*Higher Laws: Black and White Transcendentalism and the Fight against Slavery*第五章。
44. *The Weekly Anglo-African*, 11 November 1865.
45. Eric Foner, *The Fiery Trial: Abraham Lincoln and American Slavery* (New York, 2010), 330–31.
46. 這方面的經典記述是Eric Foner, *Reconstruction: America's Unfinished Revolution, 1863–1877* (New York, 2014 edn)；另見他的*The Second Founding: How the Civil War and Reconstruction Remade the Constitution* (New York, 2019).
47. 除了來自華府的命令之外，草根黑人與白人社會運動也在更改這些南方州憲法當中扮演了重要角色。
48. 關於一八六七年《毛利人代表法》的歷史，見https://nzhistory.govt.nz/politics/maori-and-the-vote。同樣也相當重要的是，英國國王與五百四十名左右的毛利人酋長簽訂的《懷唐伊條約》(Treaty of Waitangi)在一八六〇年代開始被稱為「毛利人大憲章」，而不像先前那樣只是「紐西蘭大憲章」。這項一八四〇年的條約至今仍然深具爭議性。不過，此一名稱改變的引人注目之處，在於其中暗示了毛利居民應當而且也可能擁有一份相當於大憲章的賦權文件。這項資訊來自Geoff Kemp博士。
49. Richard Carwardine and Jay Sexton (eds.), *The Global Lincoln* (Oxford, 2011).
50. 關於他的人生，有一段富含同情的簡介，見Christopher Fyfe, 'Africanus Horton as a Constitution-maker', *Journal of Commonwealth and Comparative Politics* 26 (1988), 173–84；至於霍爾頓的出生地，見Padraic Scanlan, *Freedom's Debtors: British Antislavery in Sierra Leone in the Age of Revolution* (London, 2017).
51. 受到E. A. Ayandele引用於他為這部著作所寫的引言：James Africanus Beale Horton, *Letters on the Political Condition of the Gold Coast* (London, 1866; 1970 edn), 13.
52. 同上，5–35.
53. James Africanus B. Horton, *West African Countries and Peoples, British and Native: With the Requirements Necessary for Establishing Self Government ... and a Vindication of the African Race* (London, 1868), 271–2.
54. James Ciment, *Another America: The Story of Liberia and the Former Slaves Who Ruled It* (New York, 2013)。一八四七年賴比瑞亞憲法的內容可見於http://crc.gov.lr/doc/CONSTITUTIONOF1847final.pdf.

26. Olive Risley Seward (ed.), *William H. Seward's Travels around the World* (New York, 1873), 464, 481.
27. 關於這項趨勢如何在十九世紀末於部分區域變得更加明顯，見Marilyn Lake and Henry Reynolds, *Drawing the Global Colour Line: White Man's Countries and the International Challenge of Racial Equality* (Cambridge, 2008).
28. Khayr al-D n T nis , *The Surest Path: The Political Treatise of a Nineteenth-century Muslim Statesman*, Leon Carl Brown (trans. and intro.) (Cambridge, MA, 1967), 72–3；至於這個時期的穆斯林旅人，見Nile Green, 'Spacetime and the Muslim Journey West: Industrial Communications in the Making of the "Muslim World"', *American Historical Review* 118 (2013), 401–29.
29. Khayr al-D n T nis , *The Surest Path*, 94, 110, 162–4.
30. 同上，110.
31. Lester J. Cappon (ed.), *The Adams –Jefferson Letters: The Complete Correspondence Between Thomas Jefferson and Abigail and John Adams* (Chapel Hill, NC, 1988), 571；關於憲法原始意涵的一項不同解讀，見Sean Wilentz, *No Property in Man: Slavery and Antislavery at the Nation's Founding* (Cambridge, MA, 2018).
32. Sven Beckert, *Empire of Cotton: A Global History* (new york, 2015)，尤其是199–273。
33. 舉例而言，見林肯在一八五四年的演說，其中談及奴隸制度如何剝奪了「我們的共和模範對於世界的公正影響」: Stig Förster and Jörg Nagler (ed.), *On the Road to Total War: The American Civil War and the German Wars of Unification, 1861–1871* (Washington DC, 1997), 105.
34. Marshall L. DeRosa, *The Confederate Constitution of 1861: An Inquiry into American Constitutionalism* (Columbia, Mi, 1991)；這部文本可見於www.avalon.law.yale.edu.
35. Robert E. Bonner, *The Soldier's Pen: Firsthand Impressions of the Civil War* (New York, 2006), 46.
36. Matthew Karp, *This Vast Southern Empire: Slaveholders at the Helm of American Foreign Policy* (Cambridge, MA, 2016), 245.
37. *The Calcutta Review* 37 (1861), 161–93.
38. 關於南北戰爭前的南方權力與變化，見Karp, *This Vast Southern Empire, passim.*
39. Förster and Nagler, *On the Road to Total War*, 174; Timothy J. Perri, 'The Economics of US Civil War Conscription', *American Law and Economics Review* 10 (2008), 427.
40. 見https://www.archives.gov/publications/prologue/2017/winter/summer-of-1862.

Century', *Comparative Studies in Society and History* 38 (1996), 619–57.

13. Thomas L. Whigham, *The Paraguayan War: Causes and Early Conduct* (Calgary, AB, 2nd edn, 2018); Geyer and Bright, 'Global Violence', 657.
14. Stephen R. Platt, *Autumn in the Heavenly Kingdom: China, the West, and the Epic Story of the Taiping Civil War* (New York, 2012).
15. Geoffrey Wawro, *The Franco-Prussian War: The German Conquest of France in 1870–1871* (Cambridge, 2003)。法國在墨西哥建立君主國的野心，也許比起一度認為的還要接近成功：見Erika Pani, 'Dreaming of a Mexican Empire: The Political Projects of the "Imperialistas"', *Hispanic American Historical Review* 82 (2002), 1–31.
16. Guy Thomson, *The Birth of Modern Politics in Spain: Democracy, Association, and Revolution, 1854–75* (New York, 2010).
17. Giuseppe Mazzini, 'Europe: Its Condition and Prospects'，翻印於Sandi E. Cooper (ed.), *Five Views on European Peace* (New York, 1972), 443.
18. Leon Carl Brown, *The Tunisia of Ahmad Bey, 1837–1855* (Princeton, NJ, 1974), 303–10.
19. 關於這部薩丁尼亞憲法，見Horst Dippel (ed.), *Executive and Legislative Powers in the Constitutions of 1848–49* (Berlin, 1999), 129–62。Enrico Dal Lago的*The Age of Lincoln and Cavour: Comparative Perspectives on Nineteenth-century American and Italian Nation-building* (New York, 2015)闡釋了這個時代多項衝突之間的部分連結。
20. 關於近代的一項探究，見Natasha Wheatley, 'Law, Time, and Sovereignty in Central Europe: Imperial Constitutions, Historical Rights, and the Afterlives of Empire' (2016), Columbia University PhD dissertation.
21. 見Sophie Gordon, *Shadow of War: Roger Fenton's Photographs of the Crimea, 1855* (London, 2017)。美國南北戰爭當中的照片在以下這部著作裡受到仔細討論：Drew Gilpin Faust, *The Republic of Suffering: Death and the American Civil War* (New York, 2008).
22. David Nye, 'Shaping Communication Networks: Telegraph, Telephone, Computer', *Social Research* 64 (1997), 1073.
23. 例如Vanessa Ogle, *The Global Transformation of Time: 1870–1950* (Cambridge, MA, 2015).
24. Jay Sexton, 'William H. Seward in the World', *Journal of the Civil War Era* 4 (2014), 398–430.
25. 這個問題來自我在普林斯頓的同事Matthew Karp教授，而且我也要感謝他對本章提供的慷慨協助。

1912 (New York, 2002), 347–8.

80. 最佳的一本傳記也強調了他職業生涯裡的海洋面向，而這本傳記即是Marie-Claire Bergère, *Sun Yat-sen*, Janet Lloyd (trans.) (Stanford, CA, 1998).
81. Lorenz Gonschor, 'Revisiting the Hawaiian Influence on the Political Thought of Sun Yat-sen', *Journal of Pacific History* 52 (2017), 52–67.

第七章　漫長一八六〇年代的光明與黑暗

1. 關於胡賽因及他四處遊走的生涯還有複雜的地位，見M'hamed Oualdi, *A Slave between Empires: A Transimperial History of North Africa* (New York, 2020).
2. 關於這個機構及其所在的城市，見Kenneth Perkins, *A History of Modern Tunisia* (Cambridge, 2nd edn, 2014), 15–43.
3. Theresa Liane Womble, 'Early Constitutionalism in Tunisia, 1857–1864: Reform and Revolt' (1997), Princeton University PhD dissertation。這部憲法的內容（法文版本）可見於www.legislation.tn/en/content/constitution-1959-and-previous-constitutions。突尼西亞早就透過施行於一八五七年的《安全協定》（'Ahd al-Aman）而對更廣泛的政治權利做出了讓步。
4. 這項資訊來自普林斯頓大學的Joshua Picard。
5. Amos Perry, *Carthage and Tunis, Past and Present: In Two Parts* (Providence, RI, 1869), 207.
6. 感謝Lorenz Gonschor博士提出這項觀點。
7. M'hamed Oualdi未出版的論文：'Are We Still Parts of the Same World? North Africans between 1860s Empires'。這場法、突兩國統治者會面的審慎儀式，紀念於Alexandre Debelle繪製的一幅當代畫作，目前收藏於突尼斯。
8. 關於這個時期從變動中的突尼西亞所產生的這幅畫作及其他帶有政治意味的圖畫，見以下這部著作裡列出的絕佳目錄：Ridha Moumni, *L'éveil d'une nation: l'art à l'aube de la Tunisie moderne* (1837–1881) (Milan, 2016).
9. 這封信的一個英文譯本可見於Ra'　f Kh　r　, *Modern Arab Thought: Channels of the French Revolution to the Arab East* (Princeton, NJ, 1983), 152–7。感謝M'hamed Oualdi教授向我引介這部文本，以及他對本章慷慨提出的建議。
10. 同上，156。佩里把這封信的一份抄本交給當時的美國國務卿西華德，而且他個人相信這則故事的真實性。
11. 同上，155; Perry, *Carthage and Tunis*, 207.
12. 在這一節裡，我從發表於二〇一五年十月在普林斯頓大學舉行的'The Global 1860s'這場研討會上的論文當中獲益良多。關於這段時期部分戰爭的一項全面性調查，見Michael Geyer and Charles Bright, 'Global Violence and Nationalizing Wars in Eurasia and America: The Geopolitics of War in the Mid-Nineteenth

67. 還有一項更高的估計，見J. K. Laimana Jr, 'The Phenomenal Rise to Literacy in Hawaii: Hawaiian Society in the Early Nineteenth Century' (2011), University of Hawaii MA dissertation.
68. 夏威夷歷史在近數十年來受到重新注入活力，部分原因是夏威夷民族主義的復興倡導了對於本土文獻的探究與利用。我認為特別有價值的著作包括：Jonathan K. K. Osorio, *Dismembering Lāhui: A History of the Hawaiian Nation to 1887* (Honolulu, HI, 2002); Noenoe K. Silva, *The Power of the Steel-tipped Pen: Reconstructing Native Hawaiian Intellectual History* (Durham, NC, 2017); and Lorenz Gonschor, *A Power in the World: The Hawaiian Kingdom in Oceania* (Honolulu, HI, 2019).
69. 見Merry, *Colonizing Hawai'i*；至於另一種觀點，見Chandos Culleen, 'The Hawaiian Constitution of 1840: Acquiescence to or Defiance of Euro-American Pacific Colonialism' (2013), University of Arizona MA dissertation，其中也詳細陳述了這部憲法的制定過程。
70. Ralph Simpson Kuykendall, *The Hawaiian Kingdom* (Honolulu, 3 vols., 1938–67), I, 159–61.
71. 感謝Lorenz Gonschor博士提供這項資訊。
72. https://www.hawaii-nation.org/constitution-1840.html.
73. Lorenz Gonschor, 'Law as a Tool of Oppression and Liberation: Institutional Histories and Perspectives on Political Independence' (2008), University of Hawaii at Manoa MA dissertation, 26–7.
74. Lydecker (ed.), *Roster Legislatures of Hawaii*, 6.
75. Jason Kapena, 'Ke Kumukānāwi o Ka Makahiki 1864: The 1864 Constitution', in *Journal of Hawaiian Language Sources* 2 (2003), 16–51；關於夏威夷政府到了這個階段所受到的白人入侵，尤其主要是美國人的入侵，見Banner, *Possessing the Pacific,* 139.
76. 關於個結局，見Ralph S. Kuykendall, *The Hawaiian Kingdom, 1874–1893: The Kalākaua Dynasty* (Honolulu, HI, 1967).
77. Gonschor, *A Power in the World*, 88–153.
78. 關於夏威夷國王對於亞洲的興趣有一項側寫，見Lorenz Gonschor and Louis Bousquet, 'A Showdown at Honolulu Harbor: Exploring Late 19th Century Hawaiian Politics through a Narrative Biography of Celso Cesare Moreno', *Journal of Narrative Politics* 3 (2017), 131–51。夏威夷國王帶有政治目的的文化投資參考自Stacy L. Kamehiro, *The Arts of Kingship: Hawaiian Art and National Culture of the Kalākaua Era* (Honolulu, HI, 2009).
79. 卡拉卡瓦，引用於Donald Keene, *Emperor of Japan: Meiji and His World, 1852–*

而成。第一百二十七節把「本土原住民」排除於這個聯邦的成員之外。

49. Jeffrey Sissons, 'Heroic History and Chiefly Chapels in 19th Century Tahiti', *Oceania* 78 (2008), 320–31.
50. 同上，327; William Ellis, *Polynesian Researches during a Residence of Nearly Six Years in the South Sea Islands* (London, 2 vols., 1829), II, 386.
51. 關於背景的珍貴資訊，見Douglas L. Oliver, *Ancient Tahitian Society* (Honolulu, 3 vols., 1974)第三冊；還有Niels Gunson, 'Pomare II of Tahiti and Polynesian Imperialism', *Journal of Pacific History* 4 (1969), 65–82.
52. 舉例而言，見'The Native King and Our New Zealand Constitution', *The Times* (London), 16 November 1860; S. Cheyne, 'Act of Parliament or Royal Prerogative: James Stephen and the First New Zealand Constitution Bill', *New Zealand Journal of History* 21 (1990), 182–9.
53. 為了紀念貝琪・斯塔克頓，現在普林斯頓大學有一座花園以她為名。
54. Paul Landau, 'Language', in Norman Etherington (ed.), *Missions and Empire* (Oxford, 2009), 213.
55. Jonathan Y. Okamura, 'Aloha Kanaka Me Ke Aloha 'Aina: Local Culture and Society in Hawaii', *Amerasia Journal* 7 (1980), 119–37; Martin Daly, 'Another Agency in This Great Work: The Beginnings of Missionary Printing in Tonga', *Journal of Pacific History* 43 (2008), 367–74.
56. 見D. F. McKenzie, *Bibliography and the Sociology of Texts* (Cambridge, 1999), 77–128.
57. *The United Service Magazine* (London, 1842), 611.
58. Ellis, *Polynesian Researches*, II, 10 and 124; Colin Newbury and Adam J. Darling, 'Te Hau Pahu Rahi: Pomare II and the Concept of Inter-island Government in Eastern Polynesia', *Journal of the Polynesian Society* 76 (1967), 498–9.
59. Ellis, *Polynesian Researches*, II, 178, 529.
60. 同上，II, 393–96; *Select Reviews* (London, 1809), 417.
61. *The Christian Observer* 19 (London, 1820), 134.
62. Ellis, *Polynesian Researches*, II, 386.
63. 同上，II, 455.
64. James Montgomery (ed.), *Journal of Voyages and Travels by the Rev. Daniel Tyerman and George Bennet, Esq.: Deputed from the London Missionary Society ... between the Years 1821 and 1829* (Boston, MA, 3 vols., 1832), II, 215.
65. Robert B. Nicolson, *The Pitcairners* (Honolulu, HI, 1997).
66. John Dunmore Lang, *View of the Origin and Migrations of the Polynesian Nation* (London, 1834), 100.

The British Empire and the Origins of International Law, 1800–1850 (Cambridge, MA, 2016).

38. 關於其背景，見Madley, *An American Genocide*；一八四九年加州憲法的內容可見於Dippel, *Constitutional Documents of the United States*, Part I, 149–86.
39. David John Headon and Elizabeth Perkins (ed.), *Our First Republicans: John Dunmore Lang, Charles Harpur, David Henry Deniehy* (Sydney, 1998), 19。關於美國與澳洲部分地區的白人墾殖者之間的近似之處及相互連結的其他例子，見Lisa Ford, *Settler Sovereignty: Jurisdiction and Indigenous People in America and Australia, 1788–1836* (Cambridge, MA, 2010).
40. 我在此處援引了James Belich的論文：'Folk Globalization: "Crew Culture" and the Mid Nineteenth-century Gold Rushes'。這篇論文發表於我在二〇一五年十月與人共同籌辦於普林斯頓大學的'The Global 1860s'研討會。
41. 見*Oxford Dictionary of National Biography* https://doi.org.10.1093/ref:odnb/10766對於這個人物的緊湊陳述，其中提及他的若干矛盾與難以相處的特質。
42. National Library of New Zealand, Wellington, NZ, qMS-0842.
43. 同上。美國對於白人陸上擴張的平反論點，也受到英國國會的部分殖民熱衷者援引。見一八五〇年四月十九日針對澳洲殖民地政府法案發表的演說：*Hansard*, vol. 110, columns 554–622。
44. 舉例而言，見John Dunmore Lang, *Freedom and Independence for the Golden Lands of Australia* (Sydney, 1857), 392–400。朗恩的跨洲重要性，而不只是對於澳洲政治的重要性，還需要進一步探究。關於他在國家與激進立場方面的重要性，有一項支持性的評估，見Benjamin Jones and Paul Pickering, 'A New Terror to Death: Public Memory and the Disappearance of John Dunmore Lang', *History Australia* 11 (2014), 24–45.
45. Lang, *Freedom and Independence for the Golden Lands*, 45 and 59.
46. John Dunmore Lang, *Cooksland in North-Eastern Australia ... with a Disquisition on the Origin, Manners, and Customs of the Aborigines* (London, 1847), 268–9, 359; Lang, *Freedom and Independence for the Golden Lands*, 128。我們幾乎可以確定朗恩有讀過托克維爾的*Democracy in America* (1835)，其中也認為原住民族逐漸受到侵蝕消失是無可避免的結果。
47. Malcolm Crook and Tom Crook, 'Reforming Voting Practices in a Global Age: The Making and Remaking of the Modern Secret Ballot in Britain, France and the United States, c.1600–c.1950', *Past & Present* 212 (2011), 218–19；一八五〇年代的各項澳洲憲法法案可見於https://www.foundingdocs.gov.au。
48. Lang, *Freedom and Independence for the Golden Lands*, 218。直到一九九一年一月，澳大利亞聯邦才通過一部適用全國的憲法，由五十名代表組成的大會起草

century online: Sources on the rise of modern constitutionalism'，查詢於二〇一九年。如同第三章注30所指出的，這個網站目前已經關閉，但仍有實體版本，而且還有幾冊書籍即將出版。

28. 見Hilda Sábato, *Republics of the New World: The Revolutionary Political Experiment in Nineteenth-century Latin America* (Princeton, NJ, 2018), 89–131。感謝Sábato教授與Rebecca Earle教授提供南美洲憲法條文的資訊。

29. 這是當時經常受到提出的論點，例如未來的美國總統John Adams就在他的著作*Defence of the Constitutions of Government of the United States of America* (London, 3 vols., 1787–8)指出，在「古代的民主共和國」裡，如果有男性「拒絕拿起武器保衛自己的國家，或是在軍隊裡擅離職守」，就會遭到這樣的懲罰：「身穿女性服裝在城市的公共廣場上示眾三天」(I, 350)。不過，對於西方古典過往的這類指涉卻隱瞞了近代一項深遠的轉變。到了十八世紀晚期，軍事服務已不再像過去某些文化那樣被視為**既有**男性公民的義務，而是愈來愈著重於把國家軍事服務視為獨占了積極公民身分的男性所必須具備的**條件**。

30. Karen Hagemann, Gisela Mettele and Jane Rendall (eds.), *Gender, War and Politics: Transatlantic Perspectives, 1775–1830* (Basingstoke, 2010).

31. 見Jonathan Sperber, *The European Revolutions, 1848 –1851* (Cambridge, 2005)，尤其是4, 167, 172 n., 177, 185–90.

32. Stanley B. Alpern, 'On the Origins of the Amazons of Dahomey', *History of Africa* 25 (1998), 9 –25。把這些女性士兵稱為「Amazons」(亞馬遜女戰士)，當然是反映了她們被視為有多麼不符典型而且又古老。

33. 舉例而言，見H. B. Willis收藏於紐西蘭國家圖書館的部分畫作，以及Frederick William Beechey繪製於一八二〇年代的作品，目前收藏在澳洲國家圖書館。

34. 關於俄國的定居殖民主義，見Alexander Morrison, 'Metropole, Colony, and Imperial Citizenship in the Russian Empire', *Kritika* 13 (2012), 327–61.

35. Mark McKenna, 'Transplanted to Savage Shores: Indigenous Australians and British Birthright in the Mid Nineteenth-century Australian Colonies', *Journal of Colonialism and Colonial History* 13 (2012), 10; and see Belich, *Replenishing the Earth*, especially 65, 82 and 261; Ann Curthoys and Jessie Mitchell, *Taking Liberty: Indigenous Rights and Settler Self-government in Colonial Australia, 1830–1890* (Cambridge, 2018).

36. Benjamin Madley, *An American Genocide: The United States and the California Indian Catastrophe, 1846–1873* (New Haven, CT, 2016), *passim*; James Belich, *The Victorian Interpretation of Racial Conflict: The Maori, the British, and the New Zealand Wars* (Kingston, ON, 1989).

37. 關於大英帝國及國際法律秩序，見Lauren Benton and Lisa Ford, *Rage for Order:*

Eighteenth-century Europe (New York, 1991).

14. 關於英國的狀況，見拙作*Britons: Forging the Nation, 1707–1837* (New Haven, CT, 2009 edn), 237–81.
15. Alyssa Goldstein Sepinwall, 'Robespierre, Old Regime Feminist? Gender, the Late Eighteenth Century, and the French Revolution Revisited', *Journal of Modern History* 82 (2010), 1–29.
16. Mary Wollstonecraft, *An Historical and Moral View of the Origin and Progress of the French Revolution* (London, 1794), 404; Mary Wollstonecraft, *A Vindication of the Rights of Woman*, Miriam Brody (ed.) (London, 2004), 5.
17. Jan Ellen Lewis, 'What Happened to the Three-fifths Clause: The Relationship between Women and Slaves in Constitutional Thought, 1787–1866', *Journal of the Early Republic* 37 (2017), 2–3, 15–16 n.
18. 這些美國州憲法的內容可見於Horst Dippel (ed.), *Constitutional Documents of the United States of America, 1776–1860*, Parts 1–8 (Munich and Berlin, 2006–11).
19. Antonio Feros, *Speaking of Spain: The Evolution of Race and Nation in the Hispanic World* (Cambridge, MA, 2017), 256.
20. Sally Eagle Merry, *Colonizing Hawai'i: The Cultural Power of Law* (Princeton, NJ, 2000), 95; Robert C. Lydecker, *Roster Legislatures of Hawaii 1841–1918: Constitutions of Monarchy and Republic* (Honolulu, HI, 1918), 23, 32, 35, 44.
21. Mara Patessio, *Women and Public Life in Early Meiji Japan: The Development of the Feminist Movement* (Ann Arbor, MI, 2011)，尤其是45–8。感謝東京大學的Watanabe Hiroshi教授提供關於女性與前明治時代宮殿官僚的資訊。
22. 對於皮特凱恩女性在島嶼內外的生活及她們擁有的機會，我們都不該賦予浪漫的想像。這裡不但偶爾會發生暴力與亂倫的情形，而且這裡的女性雖然提早獲得了投票權，卻從來不曾當選地方行政長官：*ex informatio* Dr Adrian M. Young.
23. 見Sally Gregory McMillen, *Seneca Falls and the Origins of the Women's Rights Movement* (Oxford, 2008)；及Olympe de Gouges, *The Declaration of the Rights of Woman* (1791)，收錄於Liberté, Égalité, Fraternité: Exploring the French Revolution網站：https://revolution.chnm.org/items/show/557。
24. Virginia Woolf, *A Room of One's Own* (London, 1929; 2002 edn), 77.
25. *Queen Victoria's Journals*, 3 April and 3 May 1848, XXV, 123–4, 175 at qvj.chadwyck.com.
26. Catharine Macaulay, *Loose Remarks ... with a Short Sketch of a Democratical Form of Government, in a Letter to Signor Paoli* (London, 1767).
27. 這項估計是基於一項索引搜尋所得出的結果，搜尋對象為Horst Dippel編輯的'Constitutions of the world from the late 18th century to the middle of the 19th

the Making of a Natural Laboratory on the Edge of Britain's Pacific Empire' (2016), Princeton University PhD dissertation; and Nigel Erskine, 'The Historical Archaeology of Settlement at Pitcairn Island 1790–1856' (2004), James Cook University PhD dissertation.

2. 完整內容發表於Walter Brodie, *Pitcairn's Island, and the Islanders, in 1850* (London, 1851), 84–91；艾略特針對自己航向皮特凱恩的旅程及在那裡採取的行動而向海軍部上司提出的報告，可見於夏威夷大學的eVols數位資料庫，網址為https://evols.library.manoa.hawaii.edu.
3. Brodie, *Pitcairn's Island*, 84.
4. Greg Denning，引用於David Armitage and Alison Bashford (eds.), *Pacific Histories, Ocean, Land, People* (Basingstoke, 2014), 8；至於太平洋世界在革命時代及後續時期的重要性，見Alison Bashford, 'The Pacific Ocean', in David Armitage, Alison Bashford and Sujit Sivasundaram (eds.), *Oceanic Histories* (Cambridge, 2018)；及Sivasundaram教授在不久之前出版的*Waves across the South: A New History of Revolution and Empire* (Cambridge, 2020)。
5. 這個描述出自馬克・吐溫一八七九年的短篇故事'The Great Revolution in Pitcairn'，他在其中想像了一名胸懷抱負的美國冒險家征服這座島嶼。
6. 關於這部科西嘉憲法，見National Archives, Kew, PC 1/34/90。羅素・艾略特針對自己的皮特凱恩之旅所寫的記述手稿'Facts and Impressions Recorded during a Cruise from the Coast of Chile'，在一九九八年由佳士得倫敦拍賣公司賣出，但似乎已消失於私人收藏當中。
7. 斯特爵雷茨基在他的*Physical Description of New South Wales, and Van Diemen's Land* (London, 1845)當中感謝了羅素・艾略特的援助；至於他救濟饑荒的工作，見Frank McNally, 'Strzelecki's List', *Irish Times*, 9 May 2019.
8. 見*infra* 295–305.
9. J. N. Reynolds, *Pacific and Indian Oceans: or, the South Sea Surveying and Exploring Expedition: Its Inception, Progress, and Objects* (New York, 1841).
10. 我針對這些發展援引了一些優秀的調查著作，包括Stuart Banner, *Possessing the Pacific: Land, Settlers, and Indigenous People from Australia to Alaska* (Cambridge, MA, 2007) and James Belich, *Replenishing the Earth: The Settler Revolution and the Rise of the Anglo World, 1783–1939* (Oxford, 2009).
11. Ingrid Lohmann, 'Educating the Citizen: Two Case Studies in Inclusion and Exclusion in Prussia in the Early Nineteenth Century', *Paedagogica Historica* 43 (2007), 17.
12. *The Constitutions of the Ancient and Honourable Fraternity of Free and Accepted Masons* (Worcester, MA, 1792), 275。這首歌似乎至少可追溯到一七五〇年代。
13. 見Margaret C. Jacob, *Living the Enlightenment: Freemasonry and Politics in*

2009)；至於玻利瓦本身，見同上，19.

61. *El Libertador*, 47.
62. 關於羅德里格斯與他造成的影響，見Ronald Briggs, *Tropes of Enlightenment: Simón Rodríguez and the American Essay at Revolution* (Nashville, TN, 2010).
63. El Libertador, 24.
64. Simon Collier, *Ideas and Politics of Chilean Independence 1808–1833* (Cambridge, 1967), 345–6.
65. Annelien de Dijn, 'A Pragmatic Conservatism: Montesquieu and the Framing of the Belgian Constitution (1830–1831)', *History of European Ideas* 28 (2002), 227–45; *Morning Post* (London), 2 November 1830.
66. Paul Stock, 'Liberty and independence: The Shelley–Byron Circle and the State(s) of Europe', *Romanticism* 15 (2009), 121–30。有一幅這兩位詩人的船隻互相競速的圖像，可見於Bodleian Library, MS. Shelley adds. c. 12, fol. 26。
67. 因此，在*American Independence, the Interest and Glory of Great Britain* (1775)這部暢銷著作當中，卡特萊特試圖藉著為原住民土地提供必要的保護，以調和帝國改革的需求及安撫抱持異議的美國白人這兩者之間的衝突。見Jeffers Lennox, 'Mapping the End of Empire' (2018), in 'Cartography and Empire' (essay series), https://earlycanadianhistory.ca/category/cartography-and-empire-series.
68. 見拙作'Empires of Writing: Britain, America and Constitutions, 1776–1848', *Law and History Review* 32 (2014), 252–3.
69. John Cartwright, *Diálogo político entre un italiano, un español, un frances, un aleman, y un ingles* (London, 1825).
70. F. D. Cartwright, *The Life and Correspondence of Major Cartwright* (London, 2 vols., 1826), II, 66, 262–3, 283.
71. Classically, in E. P. Thompson, *The Making of the English Working Class* (London, 1963), 666–8.
72. *The Chartist Circular*, 21 December 1839。《人民憲章》尚未受到以富有想像力的方式納入一種創新憲法文本的跨國歷史當中。然而，如同Gareth Stedman Jones在許久以前指出的，在這項運動裡，「《人民憲章》為何被視為令人嚮往？」這個問題具有核心重要性。見Gareth Stedman Jones, *Languages of Class: Studies in English Working Class History 1832–1982* (Cambridge, 1984), 108.
73. *The Chartist*, 9 June 1838, 23 March 1839.
74. *Northern Star*, 21 April 1838.

第六章　無法勝出與不願認輸的人們

1. 我援引的近代研究包括Adrian Young, 'Mutiny's Bounty: Pitcairn Islanders and

40. Juan Luis Simal, *Emigrados: España y el exilio internacional, 1814–1834* (Madrid, 2012), especially 186, 195, 201, 223–7.
41. Karen Racine, '"This England and This Now": British Cultural and Intellectual Influence in the Spanish American Independence Era', *Hispanic American Historical Review* 90 (2010), 423.
42. *The Literary Examiner: Consisting of The Indicator, a Review of Books, and Miscellaneous Pieces in Prose and Verse* (London, 1823), 351–2.
43. 最近期的研究著作是Antonio Ramos Argüelles, *Agustín Argüelles (1776–1844): Padre del constitucionalismo español* (Madrid, 1990)。他在英語世界裡應當更為人所知。
44. 關於外國革命分子身在倫敦而仰賴大英博物館圖書室的另一個例子，見Robert Henderson, *Vladimir Burtsev and the Struggle for a Free Russia: A Revolutionary in the Time of Tsarism and Bolshevism* (London, 2017).
45. 最平易近人的傳記是Lynch, *Simón Bolívar*.
46. 關於這項致詞，見El Libertador: *Writings of Simón Bolívar, David Bushnell* (ed.) (Oxford, 2003), 31–53.
47. 同上，尤其是42–3.
48. 同上，43, 45.
49. 以一八二五年一名英國使者的印象為例，見*The Foreign Policy of Canning, 1822–1827* (London, 1966 edn), 557–8.
50. *El Libertador*, 116.
51. 關於《牙買加公開信》，見同上，12–30.
52. Lynch, *Simón Bolívar*, 181.
53. 關於這個故事，見Hilda Sábato, *Republics of the New World: The Revolutionary Political Experiment in Nineteenth-Century Latin America* (Princeton, NJ, 2018).
54. *El Libertador*, 177; Sábato, *Republics of the New World.*
55. 這項資訊來自普林斯頓大學的Felice M. Physioc。
56. 關於在這段時期及之後於墨西哥受到嘗試制定的各部憲法，見Sebastian Dorsch (ed.), *Constitutional Documents of Mexico, 1814–1849* (Berlin, 3 vols., 2010–13).
57. Richard A. Warren, *Vagrants and Citizens: Politics and the Masses in Mexico City from Colony to Republic* (Lanham, MD, 2007), 59.
58. 這些墨西哥地方憲法的內容（西班牙文版本）可見於Dorsch, *Constitutional Documents*, vols 2–3.
59. *El Libertador,* 101.
60. 關於一八二〇年代愈來愈強烈的幻滅感受，見Rafael Rojas, *Las repúblicas de aire: Utopía y desencanto en la revolución de Hispanoamérica* (Mexico, DF,

26. 有一部引人遐想並且附有插圖的調查著作，能夠傳達這座城市在這個階段的規模與財富，見Celina Fox (ed.), *London – World City, 1800–1840* (New Haven, CT, 1992).
27. Rebeca Viguera Ruiz, *El exilio de Ramón Alesón Alonso de Tejada: Experiencia liberal de un emigrado en Londres (1823–1826)* (Lewiston, ID, 2012), 43 and 56.
28. Martin daunton, 'London and the World', in Fox (ed.), *London–World City*。關於英國對於新南美洲的整體投資，見P. J. Cain and A. G. Hopkins, *British Imperialism: 1688–2015* (London, 3rd edn, 2016)與Frank Griffith Dawson, *The First Latin American Debt Crisis: The City of London and the 1822–25 Loan Bubble* (London, 1990)。史學家比較感興趣的是這些英國投資背後的經濟與非正式帝國驅動力，而不是有時也涉及其中的政治與意識形態動機。
29. *The Times* (London), 24 December 1824.
30. 如同John J. McCusker所言，倫敦的報紙之所以傳遍全球，部分原因是這些報紙帶有大量的商業與金融報導：'The Demise of Distance: The Business Press and the Origins of the Information Revolution in the Early Modern Atlantic World', *American Historical Review* 110 (2005), 295–321。本段的數據是基於目前尚不完整的British Newspaper Archive (https://www.britishnewspaperarchive.co.uk/)。
31. 吉達有一項重要的側面記述，見Ulrike Freitag, 'Helpless Representatives of the Great Powers? Western Consuls in Jeddah, 1830s to 1914', *Journal of Imperial and Commonwealth History* 40 (2012), 357–81.
32. John Darwin教授目前正在針對英國的全球港口網絡及其廣泛影響撰寫一部研究著作。
33. Eric Hobsbawm, *The Age of Revolution: Europe 1789–1848* (London, 1962).
34. John Lynch, *Simón Bolívar: A Life* (New Haven, CT, 2006), 122–4；關於這些人員，見Malcolm Brown, *Adventuring through Spanish Colonies: Simón Bolívar, Foreign Mercenaries and the Birth of New Nations* (Liverpool, 2008).
35. *The Times* (London), 27 October 1819.
36. 舉例而言，見Aileen Fyfe, *Steam-powered Knowledge: William Chambers and the Business of Publishing, 1820–1860* (Chicago, IL, 2012).
37. Karen Racine, 'Newsprint Nations: Spanish American Publishing in London, 1808–1827', in Constance Bantman and Ana Cláudia Suriani da Silva (eds.), *The Foreign Political Press in Nineteenth-Century London: Politics from a Distance* (London, 2017).
38. Daniel Alves and Paulo Jorge Fernandes, 'The Press as a Reflection of the Divisions among the Portuguese Political Exiles (1808–1832)', in Bantman and da Silva (eds.), *The Foreign Political Press in Nineteenth-Century London*, 73–90.
39. *Foreign Quarterly Review* (London, 1833), 174，評論Pecchio伯爵的一份回憶錄。

12. McKennan, 'Bentham and the Colombian Liberators', 473; Jennifer Pitts, 'Legislator of the World? A Rereading of Bentham on Colonies', *Political Theory* 31 (2003), 200–34.
13. 相關文獻為數極多，但有一項富有洞察力的概要，見Edmund S. Morgan, *Inventing the People: The Rise of Popular Sovereignty in England and America* (New York, 1988), 72–4.
14. 引用於Alan Craig Houston, *Algernon Sidney and the Republican Heritage in England and America* (Princeton, NJ, 2014), 191–2.
15. Vicki Hsueh, *Hybrid Constitutions: Challenging Legacies of Law, Privilege, and Culture in Colonial America* (Durham, NC, 2010) 55 *et seq.*。如同Hsueh所言，英國的憲法「遠遠缺乏一致性」，而且在海外地點又傾向於變得更具混合性。
16. 引用於Bernadette Meyler, 'Daniel Defoe and the Written Constitution', *Cornell Law Review* 94 (2008), 111.
17. Lois G. Schwoerer, *The Declaration of Rights* (Baltimore, MD, 1981).
18. 這支武裝部隊的印度歷史已愈來愈受到深入研究，但這支部隊對於英國國家本身的影響則是沒有受到那麼多的研究：見Alan G. Guy and Peter B. Boyden, *Soldiers of the Raj: The Indian Army 1600–1947* (London, 1997).
19. Saxo, *A Hasty Sketch of the Origins, Nature, and Progress of the British Constitution* (York, 1817), 25–6；另見Robert Saunders, 'Parliament and People: The British Constitution in the Long Nineteenth Century', *Journal of Modern European History* 6 (2008), 72–87.
20. H. J. Hanham, *The Nineteenth Century Constitution, 1815–1914* (Cambridge, 1969), 12.
21. *The New Monthly Magazine and Literary Journal* (London, 1832), 79。認為基本法在本質上是一種令人嚮往的內部商品，是一種銘刻於心中的東西，因此不依賴書寫，這是一種自古就已存在的概念。
22. 谷歌的Ngram Viewer顯示，以「不成文憲法」一詞描述英國體系，是一八六〇年之後才普及的現象。
23. 在他為Henry Elliot Malden (ed.), *Magna Carta Commemoration Essays* (London, 1917)所寫的前言裡。
24. 如同二〇一六年英國脫歐公投的憲法有效性及對於國會的影響所引發的各種混亂論點所示。關於這方面的理論，而不是大眾抱持的想法，見Jeffrey Goldsworthy, *Parliamentary Sovereignty: Contemporary Debates* (Cambridge, 2010).
25. Leo Tolstoy, *War and Peace*, Louise and Aylmer Maude (trans.) (Minneapolis, MN, 2016), 884；另見Daria Olivier, *The Burning of Moscow, 1812* (London, 1966).

2014), 240–321.

69. Sophia Raffles, *Memoir of the Life and Public Services of Sir Thomas Stamford Raffles* (London, 2 vols., 1835), I, 304–6.
70. 同上，II, 242–4, 304.

第五章　例外與推手

1. 關於這場會面，見Eduard Gans, *Rückblicke auf Personen und Zustände* (Berlin, 1836), 200–14。感謝Jürgen Osterhammel教授向我提示這部文獻。
2. David Armitage, 'Globalizing Jeremy Bentham', *History of Political Thought* 32 (2011), 65; *Codification Proposal, Addressed by Jeremy Bentham to All Nations Professing Liberal Opinions* (London, 1822), 44 (italics in original).
3. Gans, *Rückblicke auf Personen und Zustände*, 207–8.
4. Southwood Smith, *A Lecture Delivered over the Remains of Jeremy Bentham*, Esq. (London, 1832).
5. 關於他的人生，見Philip Schofield, *Bentham: A Guide for the Perplexed* (New York, 2009)。關於他的部分憲法計畫與想法，見Frederick Rosen, *Jeremy Bentham and Representative Democracy* (Oxford, 1983)與Philip Schofield and Jonathan Harris (eds.), *The Collected Works of Jeremy Bentham: 'Legislator of the World': Writings on Codification, Law, and Education* (Oxford, 1998)。我在本書中一再援引這些文獻。
6. Miriam Williford, *Jeremy Bentham on Spanish America* (Baton Rouge, LA, 1980), 4及各處。伯爾送他的*The Federalist: Or the New Constitution* (New York, 1802)目前收藏在大英圖書館，內頁有邊沁寫下的些許注解。
7. Theodora L. McKennan, 'Jeremy Bentham and the Colombian Liberators', *The Americas* 34 (1978), 466.
8. 邊沁受到出版的書信集是近數十年來的一大編輯計畫，也是這些五花八門的跨洲聯繫的豐富文獻：見T. L. S. Sprigge et al (ed.), *The Correspondence of Jeremy Bentham* (London, 12 vols., 1968–2006).
9. 同上，XI, 177–8.
10. L. J. Hume, 'Preparations for Civil War in Tripoli in the 1820s: Ali Karamanli, Hassuna D'Ghies and Jeremy Bentham', *Journal of African History* 21 (1980), 311–22; and Ian Coller, 'African Liberalism in the Age of Empire? Hassuna d'Ghies and Liberal Constitutionalism in North Africa, 1822–1835', *Modern Intellectual History* 12 (2015), 529–53.
11. James Burns, 'Bentham, Brissot and the Challenge of Revolution', *History of European Ideas* 35 (2009), 221.

53. Quoted in C. W. Crawley, 'French and English Influences in the Cortes of Cadiz, 1810–1814', *Cambridge Historical Journal* 6 (1939), 196.
54. 見David Hook and Graciela Iglesias-Rogers (eds.), *Translations in Times of Disruption: An Interdisciplinary Study in Transnational Contexts* (London, 2017).
55. Zachary Elkins, 'Diffusion and the Constitutionalization of Europe', *Comparative Political Studies* 43 (2010), 992.
56. 見傑佛遜在一八一四年四月二十八日寫給西班牙自由主義者Luis de Onís的信件：https://founders.archives.gov/documents/Jefferson/03-07-02-0238.
57. 但教士的倡導並不可靠：見Maurizio Isabella, 'Citizens or Faithful? Religion and the Liberal Revolutions of the 1820s in Southern Europe', *Modern Intellectual History* 12 (2015), 555–78.
58. Katrin Dircksen, 'Representations of Competing Political Orders: Constitutional Festivities in Mexico City, 1824–1846', in Hensel et al., *Constitutional Cultures*, 129–62.
59. Leslie Bethell (ed.), *The Independence of Latin America* (Cambridge, 1987), 197.
60. 關於她的人生，見Betty T. Bennett, *Mary Wollstonecraft Shelley: An Introduction* (Baltimore, MD, 1998).
61. Mary Shelley, *History of a Six Weeks' Tour through a Part of France, Switzerland, Germany, and Holland* (London, 1817), 17.
62. Mary Shelley, *Frankenstein, or the Modern Prometheus: Annotated for Scientists, Engineers, and Creators of All Kinds*, David H. Guston, Ed Finn and Jason Scott Robert (eds.) (Cambridge, MA, 2017), 37, 89, 107, 175 and 185.
63. 在*The Last Man*沒有編製頁碼的Project Gutenberg版本的第一冊第十章，以及第二冊第一章；Shelley, *Frankenstein*, xxvii.
64. Markus J. Prutsch, *Making Sense of Constitutional Monarchism in Post-Napoleonic France and Germany* (Basingstoke, 2013).
65. Eugenio F. Biagini, 'Liberty, Class and Nation-building: Ugo Foscolo's "English" Constitutional Thought, 1816–1827', *European Journal of Political Theory* 5 (2006), 43.
66. Rafe Blaufarb, *Bonapartists in the Borderlands: French Exiles and Refugees on the Gulf Coast, 1815–1835* (Tuscaloosa, AL, 2005)。我在此處也援引了一些論文，發表於我和Jan Jansen博士在二〇一八年召開於柏林的這場研討會上：'Exile and Emigration in an Age of War and Revolution'。
67. Hook and Iglesias-Rogers (eds.), *Translations in Times of Disruption*, 45–74.
68. 關於穆拉維約夫及其他轉為反對黨人的俄國陸軍退伍軍人，見Richard Stites, *The Four Horsemen: Riding to Liberty in Post-Napoleonic Europe* (New York,

37. Comte de Las Cases, *Mémorial de Sainte-Hélène: Journal of the Private Life and Conversations of the Emperor Napoleon at Saint Helena* (London, 4 vols., 1823), II, 88.
38. Thierry Lentz et al. (eds.), *Correspondance générale de Napoléon Bonaparte* (Paris, 15 vols., 2004–18), VIII, 620 and 631.
39. 出自蘇格蘭陸軍上校Neil Campbell爵士的紀錄：見Jonathan North (ed.), *Napoleon on Elba: Diary of an Eyewitness to Exile* (Welwyn Garden City, 2004), 71 and 96。拿破崙也向Campbell保證指出，他要是成功入侵英國，必定會接著解放愛爾蘭。
40. 這項參考資料來自Tom Toelle博士。
41. Ewald Grothe, 'Model or Myth? The Constitution of Westphalia of 1807 and Early German Constitutionalism', *German Studies Review* 28 (2005), 1–19.
42. Jaroslaw Czubaty, *The Duchy of Warsaw, 1807–1815: A Napoleonic Outpost in Central Europe,* Ursula Phillips (trans.) (London, 2016), 38.
43. 同上，各處。
44. 依據Las Cases, *Mémorial de Sainte-Hélène*, I, Part 1, 189.
45. 舉例而言，見Ambrogio A. Caiani, 'Collaborators, Collaboration, and the Problems of Empire in Napoleonic Italy, the Oppizzoni Affair, 1805–1807', *Historical Journal* 60 (2017), 385–407.
46. 關於這起事件，見Antonio Feros, *Speaking of Spain: The Evolution of Race and Nation in the Hispanic World* (Cambridge, MA, 2017), 233–77.
47. Ignacio Fernández Sarasola, 'La primera constitución española: El Estatuto de Bayona', *Revista de Derecho* 26 (2006), 89–109。這部文本（包括法文與西班牙文版本）可見於António Barbas Homem et al (eds.), *Constitutional Documents of Portugal and Spain 1808–1845* (Berlin, 2010), 195–236.
48. Lentz et al. (eds.), *Correspondance générale de Napoléon Bonaparte*, VIII, 600, 630–1, 675.
49. 見Jaime E. Rodríguez O., 'Hispanic Constitutions, 1812 and 1824', in Silke Hensel et al. (eds.), *Constitutional Cultures: On the Concept and Representation of Constitutions in the Atlantic World* (Newcastle upon Tyne, 2012).
50. M. C. Mirow, *Latin American Constitutions: The Constitution of Cádiz and Its Legacy in Spanish America* (Cambridge, 2015), 276.
51. Ruth de Llobet, 'Chinese mestizo and natives' disputes in Manila and the 1812 Constitution: Old Privileges and new political realities (1813–15)', *Journal of Southeast Asian Studies* 45 (2014), 220.
52. Rodríguez O., 'Hispanic Constitutions', 77–8.

20. Philippe R. Girard, *The Slaves Who Defeated Napoleon: Toussaint Louverture and the Haitian War of Independence* (Tuscaloosa, AL, 2011); Gueniffey, Bonaparte, 702.
21. 關於拿破崙對於加勒比海地區持續不斷的興趣，見Ute Planert (ed.), *Napoleon's Empire: European Politics in Global Perspective* (Basingstoke, 2016), 32 n.
22. 關於這個階段的英國海戰，有一項精要（而且有時頗為興高采烈的）記述，見N. A. M. Rodger, *The Command of the Ocean: A Naval History of Britain, 1649–1815* (London, 2004)，尤其是380–525。
23. Edmund Burke, *A Letter from the Right Honourable Edmund Burke to a Noble Lord* (London, 1796), 26.
24. 伯克在一七九二年十二月的一場演說裡提出這項比擬，指控革命人士想要把「全世界都帶入法國的幫會裡」：見William Cobbett, *Cobbett's Parliamentary History of England* (London, 36 vols., 1806–20), XXX, 71–2.
25. David Bell, *Napoleon: A Concise Biography* (New York, 2015), 41–2.
26. 如同這個時期的其他法國憲法，這部一八〇四年文本的一個英文譯本可見於https://en.wikisource.org/wiki/Constitution_of_the_Year_XII.
27. Alan Forrest, 'Propaganda and the Legitimation of Power in Napoleonic France', *French History* 18 (2004), 426–45.
28. Bell, *First Total War*, 212。關於拿破崙侵略行動的埃及觀點，見Robert L. Tignor et al., *Napoleon in Egypt: Al-Jabartî's Chronicle of the French Occupation, 1798* (New York, 1993).
29. Philip G. Dwyer, 'From Corsican Nationalist to French Revolutionary: Problems of Identity in the Writings of the Young Napoleon, 1785–1793', *French History* 16 (2002), 132 and *passim*.
30. 同上，140–44.
31. Bruno Colson (ed.), *Napoleon: On War*, Gregory Elliott (trans.) (Oxford, 2015), 344; Dwyer, 'From Corsican Nationalist to French Revolutionary', 146.
32. *Constitution des Républiques Française, Cisalpine et Ligurienne ... dans les quatre langues* (Paris, 1798), second section, 1–133.
33. 同上。
34. 引自一場展覽的評論：'Napoleon: Images of the Legend', Musée des Beaux-Arts, Arras, by Kim Willsher in the London *Observer*, 3 September 2017.
35. Noah Feldman, *What We Owe Iraq: War and the Ethics of Nation Building* (Princeton, NJ, 2004), 7–8。關於拿破崙帝國主義，有一項範圍廣泛而且富有批判性的分析，見Michael Broers, Peter Hicks and Agustín Guimerá (eds.), *The Napoleonic Empire and the New European Political Culture* (Basingstoke, 2012).
36. 奇薩爾皮尼憲法的英文翻譯收錄於*Constitution des Républiques*, 5.

CT, 2003), 154；關於法國人在權利方面的創意與激進表現，見Lynn Hunt, *Inventing Human Rights: A History* (New York, 2007), especially 113–75.

5. Cary Morris, *The Diary and Letters of Gouverneur Morris*, I, 360。關於這部文本的制定，見Michael P. Fitzsimmons, 'The Committee of the Constitution and the Remaking of France, 1789–1791', *French History* 4 (1990), 23–47.
6. Cary Morris, *The Diary and Letters of Gouverneur Morris*, I, 486; Miller, Envoy to the Terror, 23.
7. Cary Morris, *The Diary and Letters of Gouverneur Morris*, I, 486.
8. Daniel Schönpflug, *Der Weg in die Terreur: Radikalisierung und Konflikte im Strassburger Jakobinerclub (1790–1795)* (Munich, 2002), 62.
9. Miller, *Envoy to the Terror*, 9 and 88.
10. 見Aqil Shah, *The Army and Democracy: Military Politics in Pakistan* (Cambridge, MA, 2014).
11. 關於這個表格的資訊來源，見第三章注30。
12. Dušan T. Bataković, 'a Balkan-style French Revolution: The 1804 Serbian Uprising in European Perspective', *Balcanica* 36 (2005), 113–29。如有一個表格完整呈現了一七九〇至一八二〇這段時期所有憲法制定的**嘗試**，那麼其中也會包含Granville Sharp為西非的獅子山書寫憲法的計畫：見L. E. C. Evans, 'An Early Constitution of Sierra Leone', *Sierra Leone Studies* 11 (1932).
13. 這個論點有一項令人讚嘆的詮釋，見David Bell, *The First Total War: Napoleon's Europe and the Birth of Warfare as We Know It* (Boston, Ma, 2007)。至於一項深入的批評，見Michael Broers, 'The Concept of "Total War" in the Revolutionary-Napoleonic period', *War in History* 15 (2008), 247–68.
14. 這些參考資料取自普林斯頓大學一份由Thomas Dodman教授所寫的二〇一七年研討會論文：'When Emile Went to War: Becoming a Citizen-soldier'.
15. 目前最佳的英文記述是Dominic Lieven, *Russia against Napoleon: The Battle for Europe, 1807 to 1814* (London, 2009).
16. Patrice Gueniffey, *Bonaparte: 1769–1802*, Steven Rendall (trans.) (Cambridge, MA, 2015), 446.
17. 同上，55.
18. Philip G. Dwyer, 'Napoleon Bonaparte as Hero and Saviour: Image, Rhetoric and Behaviour in the Construction of a Legend', *French History* 18 (2004), 396; and see Juan Cole, *Napoleon's Egypt: Invading the Middle East* (New York, 2007).
19. Peter McPhee, 'The French Revolution seen from the Terres Australes' in Alan Forrest and Matthias Middell (eds.), *The Routledge Companion to the French Revolution* (London, 2016), 274–5.

Biographical Reporter 4 (1833), 113–20。感謝Kieran Hazzard博士提供這項參考資料。

52. Buckingham, *America, Historical, Statistic, and Descriptive*, I, 261.
53. 舉例而言，見Henry John Stephen, *New Commentaries on the Laws of England: (Partly Founded on Blackstone)* (London, 3rd edn, 4 vols., 1853), IV, 312.
54. *Calcutta Journal*, 7 September 1821, 6 April, 9 May, 9 November 1822, 14 February 1823.
55. *Richard Carlisle in The Republican* (London, 1820), 229–30.
56. 關於人脈建構與長途通訊——包括政治方面——如何能夠在沒有印刷的情況下進行，見James Robert Pickett, 'The Persianate Sphere during the Age of Empires: Islamic Scholars and Networks of Exchange in Central Asia, 1747–1917' (2015), Princeton University PhD dissertation.
57. Preface of B. Shiva Rao (ed.), *Select Constitutions of the World* (Madras, 1934).
58. *Canton Miscellany* (1831), 32–4.
59. Philip A. Kuhn, 'Ideas behind China's Modern State', *Harvard Journal of Asiatic Studies* 55 (1995), 295–337.
60. William G. McLoughlin, *Cherokee Renascence in the New Republic* (Princeton, NJ, 1986)。關於塞闊雅及他的背景，見Robert A. Gross and Mary Kelly (eds.), *A History of the Book in America: Volume 2: An Extensive Republic: Print, Culture, and Society in the New Nation, 1790–1840* (Chapel Hill, NC, 2010), 499–513.
61. *Constitution of the Cherokee Nation, Formed by a Convention of Delegates from the Several Districts at New Echota* (New Echota, 1827).
62. 關於後來的美洲原住民憲法，見David E. Wilkins (ed.), *Documents of Native American Political Development: 1500s t0 1933* (Oxford, 2009); and James Oberly, *Nation of Statesmen: The Political Culture of the Stockbridge-Munsee Mohicans, 1815–1972* (Norman, OK, 2005).

第四章　立法者大軍

1. Melanie Randolph Miller, *Envoy to the Terror: Gouverneur Morris and the French Revolution* (Washington DC, 2006)；關於莫里斯的日記，見Anne Cary Morris (ed.), *The Diary and Letters of Gouverneur Morris* (New York, 2 vols., 1888), I, 136.
2. Cary Morris, *The Diary and Letters of Gouverneur Morris*, I, 16 and 26.
3. 見Keith M. Baker, *Inventing the French Revolution: Essays on French Political Culture in the Eighteenth Century* (Cambridge, 1990), 252–306.
4. William Howard Adams, *Gouverneur Morris: An Independent Life* (New Haven,

本書的序言出自安德烈斯．貝約的手筆。

36. 同上，89, 141, 151.
37. 同上，307.
38. David Armitage, *The Declaration of Independence: A Global History* (Cambridge, MA, 2007), 145–55.
39. 一部分是因為他的祖國法國在政治上所面臨的必要性。一八四八年，在又一場革命之後，托克維爾在法國制定一部新憲法的活動中擔任代表。單是在那一年的四月至九月之間，就出版了七部美國憲法的不同法文譯本。見Marienstras and Wulf, 'French Translations', 1318 n.
40. 一個開創性的例子是Jacques Vincent Delacroix廣受翻譯的*Constitutions des principaux états de l'Europe et des États-Unis de l'Amérique* (Paris, 2 vols., 1791).
41. *Select Constitutions of the World. Prepared for Presentation to Dáil Eireann by Order of the Irish Provisional Government 1922* (Dublin, 1922).
42. Kåre Tønnesson, 'The Norwegian Constitution of 17 May 1814: International Influences and Models', *Parliaments, Estates and Representation* 21 (2001), 175–86.
43. 麥克尼爾的話語引用於Franco Moretti, *Atlas of the European Novel, 1800–1900* (New York, 1998), 190.
44. Tønnesson, 'The Norwegian Constitution', 179.
45. 見Karen Gammelgaard and Eirik Holmøyvik (eds.), *Writing Democracy: The Norwegian Constitution 1814–2014* (New York, 2015).
46. 關於《伊瓜拉計畫》的這份譯本，見https://scholarship.rice.edu website.
47. 翻印於《加爾各答日報》，一八二二年五月九日。
48. 關於加爾各答的印刷文化及其混雜的政治，見Miles Ogborn, *Indian Ink: Script and Print in the Making of the English East India Company* (Chicago, IL, 2007) and Daniel E. White, *From Little London to Little Bengal: Religion, Print and Modernity in Early British India, 1793–1835* (Baltimore, MD, 2013).
49. James Silk Buckingham, *America, Historical, Statistic, and Descriptive* (London, 3 vols., 1841), I, 1。關於白金漢的職業生涯與思想，見Kieran Hazzard, 'From Conquest to Consent: British Political Thought and India' (2017), King's College London PhD dissertation.
50. 關於洛伊的思想，有兩部傑出的介紹著作：Bruce Carlisle Robertson (ed.), *The Essential Writings of Raja Rammohan Ray* (Delhi, 1999) and C. A. Bayly, 'Rammohan Roy and the Advent of Constitutional Liberalism in India, 1800–1830', *Modern Intellectual History* 4 (2007), 25–41.
51. 見白金漢的'Sketch of the Life, Writings and Character of Ram Mohun Roy', *The*

22. Michael Warner, *The Letters of the Republic: Publication and the Public Sphere in Eighteenth-Century America* (Cambridge, MA, 1990); Hugh Amory and David D. Hall (eds.), *A History of the Book in America: Volume I: The Colonial Book in the Atlantic World* (Cambridge, 2000), 361.
23. 見Franco Moretti (ed.), *The Novel* (Princeton, NJ, 2 vols., 2006).
24. Pauline Maier, *American Scripture: Making the Declaration of Independence* (New York, 1997), 156.
25. Maier, *Ratification, passim.*
26. Hulsebosch, 'Revolutionary Portfolio', and see his and David M. Golove's 'A Civilized Nation: The Early American Constitution, the Law of Nations, and the Pursuit of International Recognition', *New York University Law Review* 85 (2010), 932–1066.
27. 華盛頓的這封信後來又再度跨越洲界，而在一八二二年五月翻印於《加爾各答日報》。
28. Leon Fraser, *English Opinion of the American Constitution and Government, 1783–1798* (New York, 1915).
29. 此一用語上的轉變又進一步受到法國革命人士熱切接納「紙面」憲法的表現所證實。舉例而言，見John Bowles充滿憤怒而且多次再版的
30. 這個表格取材自這個網站：'Constitutions of the world from the late 18th century to the middle of the 19th century online: Sources on the rise of modern constitutionalism'，Horst Dippel編。我造訪於二〇一九年的這個網站，目前已經關閉了。不過，這個網站源自於一套同名的多冊系列叢書，而這套叢書的部分書籍仍可找到精裝本。見*Constitutions of the World from the late 18th Century to the Middle of the 19th Century: Sources on the Rise of Modern Constitutionalism, editor in chief Horst Dippel* (Munich and Berlin, 2005–).
31. Claude Moïse, *Le projet national de Toussaint Louverture et la constitution de 1801* (Port-au-Prince, Haiti, 2001)。感謝我的同事David Bell教授提供這項參考資料。
32. Julia Gaffield (ed.), *The Haitian Declaration of Independence* (Charlottesville, VA, 2016).
33. Comte de Lally-Tollendal，引用於Elise Marienstras and Naomi Wulf, 'French Translations and Reception of the Declaration of Independence', *Journal of American History* 85 (1999), 1309.
34. Alan Bronfman (ed.), *Documentos constitucionales de Chile 1811–1833* (Munich, 2006)；智利後續的一八二三年憲法明確把美國引為模範。
35. Francisco Isnardi *et al.*, *Interesting Official Documents Relating to the United Provinces of Venezuela ... Together with the Constitution Framed for the Administration of Their Government: In Spanish and English* (London, 1812)。這

1992 edn), 193.

6. Gordon S. Wood, 'Foreword: State Constitution-making in the American Revolution', *Rutgers Law Journal* 24 (1992–3), 911.
7. 見Alan Taylor, *American Revolutions: A Continental History, 1750–1804* (New York, 2016).
8. David Armitage, 'The Declaration of Independence and International Law', *William and Mary Quarterly* 59 (2002), 39–64。網路上有許多《獨立宣言》的文本可供查閱。
9. 見https://avalon.law.yale.edu/18th_century/NY01.asp.
10. Daniel J. Hulsebosch, 'The Revolutionary Portfolio: Constitution-making and the Wider World in the American Revolution', *Suffolk University Law Review* 47 (2014), 759–822.
11. 見https://avalon.law.yale.edu/18th_century/fed01.asp.
12. Mary Wollstonecraft, *An Historical and Moral View of the Origin and Progress of the French Revolution and the Effect It Has Produced in Europe* (London, 1794), 14。沃斯通克拉夫特在此處呼應了傑佛遜。
13. 漢彌爾頓在第二十四篇文章提出的觀點。《聯邦黨人文集》的所有文章都可在以下網址取得：https://avalon.law.yale.edu/subject_menus/fed.asp.
14. Harold C. Syrett (ed.), *The Papers of Alexander Hamilton* (Charlottesville, VA, 2011), letter to Francis Childs, 14 March 1787.
15. 我在此處及後續段落援引Michael J. Klarman, *The Framers' Coup: The Making of the United States Constitution* (New York, 2016)。傑佛遜對於費城代表的著名描述，提出於他在一七八七年寫給John Adams的一封信裡。
16. Joanne B. Freeman, 'Will the Real Alexander Hamilton Please Stand Up', *Journal of the Early Republic* 37 (2017), 255–62.
17. 引用於Jared Sparks, *The Life of Gouverneur Morris* (Boston, MA, 3 vols., 1832), I, 106.
18. 見https://avalon.law.yale.edu/18th_century/fed04.asp.
19. Klarman, *The Framers' Coup*, 149.
20. 在一七八七年六月六日的辯論裡。見https://avalon.law.yale.edu/18th_century/debates_606.asp。關於近代對於憲法的修正主義觀點，見Max M. Edling, 'A More Perfect Union: The Framing and Ratification of the Constitution', in Jane Kamensky and Edward G. Gray (eds.), *The Oxford Handbook of the American Revolution* (New York, 2013), 388–406.
21. 關於此處用字遣詞的仔細分析，見Jack N. Rakove, *Original Meanings: Politics and Ideas in the Making of the Constitution* (New York, 1996).

的目標」(4)。

68. Paine, *Rights of Man*, 53; Paine, *Common Sense*, 41–2.
69. James Delbourgo, *Collecting the World: The Life and Curiosity of Hans Sloane* (London, 2017), 323.
70. 見拙作 'Empires of Writing', 242–5.
71. 感謝Wilfrid Prest教授提供這項參考資料；Daniel J. Hulsebosch, *Constituting Empire: New York and the Transformation of Constitutionalism in the Atlantic World, 1664–1830* (Chapel Hill, NC, 2005), 8.
72. Allan Ramsay, *An Essay on the Constitution of England* (London, 2nd edn, 1766), xiv and 13.
73. Thomas Paine, *Public Good, being an Examination into the Claim of Virginia to the Vacant Western Territory, and of the Right of the United States to the Same* (Philadelphia, 1780), 24.
74. Paine, *Common Sense*, 31–2；關於這部著作的銷售狀況，見Trish Loughran, *The Republic in Print: Print Culture in the Age of U.S. Nation Building, 1770–1870* (New York, 2007).
75. 引用於Eric Slauter, *The State as a Work of Art: The Cultural Origins of the Constitution* (Chicago, IL, 2009), 39.
76. Robert P. Hay, 'George Washington: American Moses', *American Quarterly* 21 (1969), 780–91.
77. Paine, *Common Sense*, 18.

第三章　印刷的力量

1. *Notes of Debates in the Federal Convention of 1787, Reported by James Madison*, Adrienne Koch (introduction) (New York, 2nd edn, 1987)。透露資訊的禁令提出於五月二十九日。
2. 關於這份手稿受到的關注程度在長年以來的起起伏伏，見Jill Lepore, 'The Commandments: The Constitution and Its Worshippers', *The New Yorker*, 17 January 2011.
3. Pauline Maier, *Ratification: The People Debate the Constitution, 1787–1788* (New York, 2010), 70。鄧拉普與克雷普爾在先前曾以單頁大張形式印刷了五百份憲法草案，供費城代表私人發送。感謝Daniel Hulsebosch教授提供這項資訊，還有他為本章提供的建議。
4. 在一場一八三五年的對話裡，由Harriet Martineau紀錄。見她的*Society in America* (New York, 2 vols., 1837), I, 1.
5. Bernard Bailyn, *Ideological Origins of the American Revolution* (Cambridge, MA,

51. Gunnar von Proschwitz (ed.), *Gustave III, par ses lettres* (Stockholm, 1987), 156.
52. Lönnroth, *Den stora rollen*, 70–82.
53. Patrik Winton, 'Sweden and the Seven Years' War, 1757–1762: War, Debt and Politics', *War in History* 19 (2012), 5–31。換句話說，瑞典和全球其他地區一樣，這場混合戰爭也促成了政治秩序的大幅重整。
54. *State Papers Relating the Change of the Constitution of Sweden* (London, 1772), 31 and *passim*.
55. 同上，55。關於腓特烈大帝以「公民」一詞暗指自己，見其未出版的一七七七年散文'Forms of Government and the Duties of Rulers'，可在網路上取得。
56. *State Papers Relating the Change of the Constitution*, 10。關於這項演說的傳播，見Marie-Christine Skuncke, 'Appropriation of Political Rhetoric in Eighteenth-century Sweden', in Otto Fischer and Ann Öhrberg (eds.), *Metamorphoses of Rhetoric: Classical Rhetoric in the Eighteenth Century* (Uppsala, 2011), 133–51.
57. *State Papers Relating the Change of the Constitution*, 11–12, 15.
58. Jack N. Rakove (ed.), *The Annotated U.S. Constitution and Declaration of Independence* (Cambridge, MA, 2009), 104.
59. *The Critical Review* vol. 31 (London, 1771), 65。作者在此處借用了盧梭的*Social Contract*。
60. Diderot, *Political Writings*, 111.
61. 關於這起刺殺案件的細節，見https://decorativeartstrust.org under 'Sweden's Culture King'; *Form of Government, Enacted by His Majesty the King and the States of Sweden* (Stockholm, 1772), 29.
62. 如同Mark Philp指出的，我們甚至不「知道潘恩看了哪些書」。見他的*Reforming Ideas in Britain: Politics and Language in the Shadow of the French Revolution, 1789–1815* (Cambridge, 2014), 194.
63. 關於他人生中的美國元素，有一部傑出的指南，而且其中也承認了他人生中的英國面向，見Eric Foner, *Tom Paine and Revolutionary America* (Oxford, 2004).
64. John Brewer, *The Sinews of Power: War, Money and the English State, 1688–1783* (London, 1989), 85–6.
65. Thomas Paine, *Common Sense* (Philadelphia, 1st edn, 1776), 22; Brewer, *The Sinews of Power*, 178.
66. Thomas Paine, *Rights of Man. Part the Second* (London, 1792), 165; Thomas Paine, *Rights of Man, being an answer to Mr Burke's attack on the French Revolution* (London, 1791), 128.
67. Paine, *Common Sense*, 15；類似論點還可見於他的*Rights of Man*第二部分，例如：「所有君主制政府都是軍事政府。戰爭是他們的生意，劫掠與獲利是他們

Problems', *Slavonic and East European Review* 52 (1974), 34–62.

36. Antony Lentin (ed. and trans.), *Voltaire and Catherine the Great: Selected Correspondence* (Cambridge, 1974), 49.
37. *The Nakaz of Catherine the Great*, 22.
38. 同上，521–31.
39. Lloyds Evening Post, 29/31 October 1770; *Lentin, Voltaire and Catherine the Great*, 111.
40. 關於佛格里斯，見Paschalis M. Kitromilides, *Enlightenment and Revolution: The Making of Modern Greece* (Cambridge, MA, 2013), 39 et seq.
41. Michael Tatischeff, *The Grand Instruction to the Commissioners Appointed to Frame a New Code of Laws for the Russian Empire* (London, 1768), 192。感謝我的同事Ekaterina Pravilova教授針對俄國人如何使用「憲法」這個詞語提供的資訊，及她對本章的建議。
42. 引用於Martin J. Daunton, *State and Market in Victorian Britain: War, Welfare and Capitalism* (Rochester, NY, 2008), 40.
43. 關於近期的一部精要傳記，見T. C. W. Blanning, *Frederick the Great: King of Prussia* (London, 2013).
44. T. C. W. Blanning, *The Pursuit of Glory: Europe 1648–1815* (London, 2007), 593.
45. *Correspondance de Catherine Alexéievna, Grande-Duchesse de Russie, et de Sir Charles H. Williams, ambassadeur d'Angleterre, 1756 et 1757* (Moscow, 1909), 241.
46. 就連這部譯本的書名也深懷抱負：*The Frederician Code: Or, a Body of Law for the Dominions of the King of Prussia. Founded on Reason, and the Constitution of the Country* (Edinburgh, 2 vols., 1761), I, 29 and 32.
47. 關於古斯塔夫，至今最佳的政治傳記仍是Erik Lönnroth, *Den stora rollen. Kung Gustaf III spelad av honum själv* (Stockholm, 1986)，我在本書裡一再援引這部著作。關於當時的背景，見Pasi Ihalainen et al. (eds.), *Scandinavia in the Age of Revolution: Nordic Political Cultures, 1740–1820* (Farnham, 2011).
48. Michael Roberts, *The Swedish Imperial Experience, 1560–1718* (Cambridge, 1979).
49. *The Dispute between the King and Senate of Sweden ... to which is prefixed, A short account of the Swedish constitution* (London, 1756), 1.
50. Michael F. Metcalf, *The Riksdag: A History of the Swedish Parliament* (New York, 1987)。另見Marie-Christine Skuncke, 'Press Freedom in the Riksdag' in *Press Freedom 250 years: Freedom of the Press and Public Access to Official Documents in Sweden and Finland – A Living Heritage from 1766* (Stockholm, 2018)。我要感謝Skuncke教授針對一切瑞典事物所提供的珍貴意見。

世紀的英國與愛爾蘭書籍當中，提及傳說中的英國立法者Alfred the Great的七百五十幾筆指涉裡，將近有七分之六都是出現在一七六〇年**之後**。

18. 見英文版本：Louis-Sébastien Mercier, *Memoirs of the Year Two Thousand Five Hundred*, W. Hooper (trans.) (London, 1772), 214–15, 332–3.
19. 引用於Derek Beales, *Enlightenment and Reform in Eighteenth-century Europe* (London, 2005), 48.
20. Isabel de Madariaga, *Catherine the Great: A Short History* (London, 2002)與Simon Dixon, *Catherine the Great* (New York, 2001)針對她的人生與政治生涯提供了絕佳的簡明概述。
21. 關於這位統治者精心算計的形象塑造——包括試圖把自己呈現為一名立法者——見Erin McBurney, 'Art and Power in the Reign of Catherine the Great: The State Portraits' (2014), Columbia University PhD dissertation.
22. 舉例而言，見*Imperial Lovers behind Closed Doors*這幅一七九〇年代的情色水彩畫，翻印於Cynthia Hyla Whitaker (ed.), *Russia Engages the World, 1453–1825* (Cambridge, MA, 2002), 180.
23. Simon Dixon, 'The Posthumous Reputation of Catherine II in Russia 1797–1837', *Slavonic and East European Review* 77 (1999), 648–9.
24. Anthony Cross, 'Condemned by Correspondence: Horace Walpole and Catherine "Slay-Czar"', *Journal of European Studies* 27 (1997), 129–41.
25. Madariaga, *Catherine the Great*, 40.
26. Nikolai Nekrasov，引用於*The Rise of Fiscal States: A Global History, 1500–1914*, Bartolomé Yun-Casalilla and Patrick K. O'Brien (eds.) (Cambridge, 2012), 210.
27. *The Nakaz of Catherine the Great*, 446.
28. 同上，446–7.
29. 同上，463 and 518.
30. 同上，489, 503–4.
31. 同上，482, 484, 513.
32. 引用於John T. Alexander, *Catherine the Great: Life and Legend* (Oxford, 1989), 113.
33. 'Observations on the Introduction of the Empress of Russia to the Deputies for the Making of the Laws', in Denis Diderot: *Political Writings, John Hope Mason and Robert Wokler* (eds. and trans.) (Cambridge, 1992), 81.
34. 至今最詳盡的英文記述仍是Robert Vincent Allen, 'The Great Legislative Commission of Catherine II of 1767' (1950), Yale University PhD dissertation，我在後續的段落即是參考這份論文。
35. Isabel de Madariaga, 'Catherine II and the Serfs: A Reconsideration of Some

Empire: How Britain Imagined America before Independence (Cambridge, MA, 2017).

5. 這部薩丁尼亞文本是由一部一七二三年法典擴展而成的結果；Allan J. Kuethe and Kenneth J. Andrien, *The Spanish Atlantic World in the Eighteenth Century: War and the Bourbon Reforms, 1713–1796* (New York, 2014), 229–304.
6. 見拙作'Empires of Writing: Britain, America and Constitutions, 1776–1848', *Law and History Review* 32 (2014), 240 n.
7. Victor Kamendrowsky, 'Catherine II's Nakaz: State Finances and the Encyclopédie', *Canadian American Slavic Studies* 13 (1979), 545–55; The Nakaz of Catherine the Great, 14.
8. Voltaire, *The Age of Louis XIV, R. Griffith* (trans.) (London, 3 vols., 1779), I, 220.
9. Jean-Jacques Rousseau, *Of the Social Contract and Other Political Writings*, Christopher Bertram (ed.) (London, 2012), 153; see also Christine Jane Carter, *Rousseau and the Problem of War* (New York, 1987).
10. 見Rousseau, 'Constitutional Proposal for Corsica', in *Of the Social Contract and Other Political Writings*, Christopher Bertram (ed.), 187–240.
11. Dan Edelstein, *The Enlightenment: A Genealogy* (Chicago, IL, 2010), 94.
12. Dan Edelstein, 'War and Terror: The Law of Nations from Grotius to the French Revolution', *French Historical Studies* 31 (2008), 241 et seq.
13. 引用於Keith Michael Baker, *Inventing the French Revolution: Essays on French Political Culture in the Eighteenth Century* (Cambridge, 1990), 256。同是啟蒙時代人物的英國人Samuel Johnson，在差不多同樣這個時期提出了類似的論點。他在一七五五年出版於倫敦的著名辭典，把「constitution」(憲法)定義為「確立的政府形態」，但在此之前還提出了其他比較動態的定義：「建構、制定⋯⋯建立的**行為**」。見他的*A Dictionary of the English Language* (2 vols., London, 1755), I (unpaginated).
14. M. de Montesquieu, *The Spirit of Laws*, Thomas nugent (trans.) (London, 2 vols., 1752), i, 310–11；關於凱薩琳對於孟德斯鳩的說法，見Isabella Forbes, *Catherine the Great: Treasures of Imperial Russia from the State Hermitage Museum, Leningrad* (London, 1993), xii.
15. Montesquieu, *The Spirit of Laws, Including D'Alembert's Analysis on the Work* (London, 2015), xxviii.
16. Jean-Jacques Rousseau, *'The Social Contract' and Other Later Political Writings*, Victor Gourevitch (ed. and trans.) (Cambridge, 1997), 41.
17. Edelstein, *The Enlightenment*, 50。這種立法者崇拜風潮的興起現象不僅限於歐洲大陸。Eighteenth Century Collections Online (ECCO)資料庫顯示，在十八

History 25 (1991), 58–80。這項論點受到了爭論。

51. 這項資訊來自David Geggus教授。
52. 關於杜桑，見Bell, *Men on Horseback*, 133–70；關於他的書信集，包括這項他針對自己的戰傷所提出的陳述，見Jean-Bertrand Aristide, *The Haitian Revolution: Toussaint L'Ouverture* (New York, 2008), 112–13及各處。現在最權威的傳記是Sudhir Hazareesingh, *Black Spartacus: The Epic Life of Toussaint Louverture* (New York, 2020).
53. 關於這個人物的一項頗具爭議性的修正主義觀點，見Philippe R. Girard, 'Jean-Jacques Dessalines and the Atlantic System: A Reappraisal', *William and Mary Quarterly* 69 (2012), 549–82.
54. Mimi Sheller, 'Sword-Bearing Citizens: Militarism and Manhood in Nineteenth-Century Haiti', in Alyssa Goldstein Sepinwall (ed.), *Haitian History: New Perspectives* (New York, 2012), 157–79.
55. Saunders (ed.), *Haytian Papers*, 139.
56. Ibid., 97 et seq.; Clive Cheesman (ed.), *The Armorial of Haiti: Symbols of Nobility in the Reign of Henry Christophe* (London, 2007).
57. Saunders (ed.), *Haytian Papers*, 126–7.
58. *The Formation of the New Dynasty of the Kingdom of Hayti* (Philadelphia, 1811)的扉頁。
59. 我在此處受益於Doris L. Garraway教授發表於普林斯頓大學Shelby Cullom Davis Center for Historical Studies的論文：'Picturing Haitian Sovereignty: Portraiture and Self-fashioning in the Kingdom of Henry Christophe'。
60. Laurent Dubois, *Haiti: The Aftershocks of History* (New York, 2012), 61.
61. 如同Paul Schroeder所言，在一七五〇年之後，愈來愈多政治人物「對於戰爭的恐懼不再是因為他們認為戰爭會帶來革命，而是因為他們從痛苦的經驗當中得知戰爭*就是*革命」: *The Transformation of European Politics, 1763–1848* (Oxford, 1994), 802.

第二章　舊歐洲與新思想

1. William E. Butler and Vladimir A. Tomsinov (eds.), *The Nakaz of Catherine the Great: Collected Texts* (Clark, NJ, 2010), vii–24.
2. Isabel De Madariaga, 'Catherine the Great', in H. M. Scott (ed.), *Enlightened Absolutism: Reform and Reformers in Late Eighteenth-century Europe* (Basingstoke, 1990), 289.
3. Hannah Arendt, *On Revolution* (London, 1963), 157.
4. 關於七年戰爭後的各項英國地圖繪製計畫，見Max Edelson, *The New Map of*

見Paul Kennedy, *The Rise and Fall of the Great Powers: Economic Change and Military Conflict from 1500 to 2000* (New York, 1987), 99.

39. 最佳的調查著作是John Elliott, *Empires of the Atlantic World: Britain and Spain in America 1492–1830* (New Haven, CT, 2006), 292 *et seq.*。關於西班牙在一七六三年之後重振對於南美洲的帝國控制，有一個地區性的例子可見於Leon G. Campbell, *The Military and Society in Colonial Peru*, 1750–1810 (Philadelphia, PA, 1978).
40. Carlos Marichal, *Bankruptcy of Empire: Mexican Silver and the Wars between Spain, Britain, and France, 1760–1810* (New York, 2007).
41. Arjun Appadurai，評論Stuart Alexander Rockefeller, 'Flow', *Current Anthropology* 52 (2011), 557–78, at 569.
42. 近代的歷史編纂著作極多。偏向不同面向的傑出調查著作包括：Jeremy D. Popkin, *A Concise History of the Haitian Revolution* (Chichester, 2012); David P. Geggus, *The Impact of the Haitian Revolution in the Atlantic World* (Columbia, SC, 2001); and Laurent Dubois, *Avengers of the New World: The Story of the Haitian Revolution* (Cambridge, MA, 2004).
43. 一七九一年十月十二日報導於*Pennsylvania Gazette*，見https://revolution.chnm.org/items/show/317.
44. Julia Gaffield, 'Complexities of Imagining Haiti: a Study of the National Constitutions, 1801–1807', *Journal of Social History* 41 (2007), 81–103。一八〇一、一八〇四、一八〇五、一八〇六與一八一一年海地憲法的英文譯本可見於網路上。
45. James Stephen, *The Opportunity; Or, Reasons for an Immediate Alliance with St Domingo* (London, 1804), 11–12.
46. 關於這部文本，見Julia Gaffield (ed.), *The Haitian Declaration of Independence* (Charlottesville, VA, 2016)；關於黑人書寫憲法文本的評論，出自Prince Saunders這位在海地成立學校的非裔美國人，見他所編的*Haytian Papers: A Collection of the Very Interesting Proclamations and Other Documents ... of the Kingdom of Hayti* (London, 1816), iii.
47. Robert W. Harms, *The Diligent: A Voyage through the Worlds of the Slave Trade* (New York, 2002), xi.
48. David Richardson, 'Slave Exports from West and West-Central Africa, 1700–1810: New Estimates of Volume and Distribution', *Journal of African History* 30 (1989), 1–22.
49. 見Richard J. Reid, *Warfare in African History* (Cambridge, 2012).
50. John Thornton, 'African Soldiers in the Haitian Revolution', *Journal of Caribbean*

Eighteenth-Century World Region', *Modern Asian Studies* 47 (2013), 1125–56.

28. 我在此處受益於仔細閱讀C. A. Bayly的經典著作*The Birth of the Modern World, 1780–1914: Global Connections and Comparisons* (London, 2004)，尤其是86–121。不過，我想要更加強調西方強權從事的大規模戰爭到了一七五〇年代除了陸戰之外也涉及海戰的程度，還有這種情形造成的許多後果。在這一點上，Bayly在這部著作裡呈現武裝衝突散播於全球各地的那幅珍貴地圖（84-5）太過靜態，也太聚焦於陸地。理想上，這項主題的地圖應當包含愈來愈多的船隻在不同海洋上的移動。
29. 關於這項演變中的危機，近期最佳的評述是Alan Taylor, *American Revolutions: A Continental History, 1750–1804* (New York, 2016).
30. Edward J. Cashin, *Governor Henry Ellis and the Transformation of British North America* (Athens, GA, 1994), 211.
31. 見Eric Hinderaker, *Boston's Massacre* (Cambridge, MA, 2017).
32. Peter D. G. Thomas, 'The Cost of the British Army in North America, 1763–1775', *William and Mary Quarterly* 45 (1988), 510–16.
33. 後來當上財政大臣的查爾斯・湯森所說的話，引用於Taylor, *American Revolutions*, 98。湯森倡導在美洲殖民地課徵新稅的立場廣為人知。比較少人知道的是，他先前曾經擔任海軍大臣，所以深知戰艦的造價。
34. John Shy的評語至今仍然適用：「決定美國革命結果的是武裝部隊，而不是其他任何事物……如果沒有戰爭的撐持，《獨立宣言》將會遭人遺忘，淪為一份無疾而終的宣言。」這項評語提出於*A People Numerous and Armed: Reflections on the Military Struggle for American Independence* (New York, 1976), 165。此外，如果沒有先前的七年戰爭所造成的壓力，這場進一步的跨大西洋危機絕對不會以這種方式演變，速度也不會那麼快。
35. James C. Riley, *The Seven Years' War and the Old Regime in France: The Economic and Financial Toll* (Princeton, NJ, 1986)
36. Rafe Blaufarb, 'Noble Privilege and Absolutist State Building: French Military Administration after the Seven Years' War', *French Historical Studies* 24 (2001), 223–46；關於法國在一七六三年之後的報復，見Emma Rothschild, 'A Horrible Tragedy in the French Atlantic', *Past and Present* 192 (2006), 67–108.
37. Lynn Hunt, 'The Global Financial Origins of 1789', in Lynn Hunt, Suzanne Desan and William Max Nelson (eds.), *The French Revolution in Global Perspective* (Ithaca, NY, 2013), 32 and passim.
38. Pierre Serna, antonio de Francesco and Judith Miller (eds.), *Republics at War, 1776–1840: Revolutions, Conflicts and Geopolitics in Europe and the Atlantic World* (New York, 2013), 243；關於首要歐洲軍隊在一七八九年的規模所從事的估計，

(Oxford, 1990).

15. Robert Orme, *A History of the Military Transactions of the British Nation in Indostan* (London, 1763), 345; M. S. Anderson, *War and Society in Europe of the Old Regime 1618–1789* (Montreal, 1998), 80.
16. Daniel A. Baugh, *The Global Seven Years' War 1754–1763: Britain and France in a Great Power Contest* (London, 2011).
17. Pradeep P. Barua, *The State at War in South Asia* (Lincoln, NE, 2005), 47；關於納迪爾沙及其話語，見Peter Avery在其編輯的著作當中所寫的章節：*The Cambridge History of Iran* (Cambridge, 1991): 'Nādir Shāh and the Ashfarid Legacy', vol. 7, 1–62.
18. Peter C. Perdue, *China Marches West: The Qing Conquest of Central Eurasia* (Cambridge, MA, 2005).
19. 我在此處套用了彭慕然（Kenneth Pomeranz）的名著《大分流》（*The Great Divergence: China, Europe, and the Making of the Modern World Economy*）(Princeton, NJ, 2000). Joanna Waley-Cohen's 'Commemorating War in Eighteenth-century China', *Modern Asian Studies* 30 (1996), 869–99，針對不同世界區域及其戰爭在世紀中葉出現的這種合流現象提供了一項引人入勝的間接論述。她顯示了乾隆的顧問如何利用七年戰爭之後的巴黎雕刻匠紀念他對準噶爾人所打的勝仗。
20. 關於混合戰爭的當前定義，見英國國防部線上出版品*Understanding Hybrid Warfare* (2017).
21. 這項資訊來自我在普林斯頓的同事Susan Naquin教授。
22. 見Jaap R. Bruijn, 'States and Their Navies from the Late Sixteenth to the End of the Eighteenth Centuries', in Philippe Contamine (ed.), *War and Competition between States: The Origins of the Modern State in Europe, 13th to 18th Centuries* (New York, 2000).
23. Peter McPhee, 'Rethinking the French Revolution and the "Global Crisis" of the Late-Eighteenth Century', *French History and Civilization* 6 (2015), 57.
24. Bruijn, 'States and Their Navies', 71.
25. John Brewer, *The Sinews of Power: War, Money and the English State, 1688–1783* (Boston, MA, 1989), 29–63.
26. David Bell, *The First Total War: Napoleon's Europe and the Birth of Warfare as We Know It* (Boston, MA, 2007), 17.
27. 見拙作*Captives: Britain, Empire and the World, 1600–1850* (London, 2002), 269–307。關於其他印度國家在這個時期面臨的挑戰，見Tirthankar Roy, 'Rethinking the Origins of British India: State Formation and Military-Fiscal Undertakings in an

10. Sebastian Conrad, 'Enlightenment in Global History: A Historiographical Critique', *American Historical Review* 117 (2012), 999–1027, at 1027.
11. 見Wong, *The Other Kang Youwei*.

第一章　戰爭的多重軌跡

1. 關於對保利的崇拜，見David Bell, *Men on Horseback: The Power of Charisma in the Age of Revolutions* (New York, 2020), 19–52; *Independent Chronicle*, 16 October 1770.
2. 最佳的研究著作皆為法文著作：Antoine-Marie Graziani, *Pascal Paoli: Père de la patrie corse* (Paris, 2002), and Michel Vergé-Franceschi, *Paoli: Un Corse des Lumières* (Paris, 2005); *Correspondance Pascal Paoli: Édition critique établie par Antoine-Marie Graziani* (Ajaccio, 7 vols., 2003–18), I, 84–91.
3. *Correspondance Pascal Paoli*, I, 84–91.
4. 這部憲法的一份權威版本收錄於：*Correspondance Pascal Paoli*, I, 222–47；關於一份更早之前但仍然相當珍貴的評述，見Dorothy Carrington, 'The Corsican Constitution of Pasquale Paoli (1755–1769)', *English Historical Review* 88 (1973), 481–503.
5. Carrington, 'The Corsican Constitution of Pasquale Paoli', 495–6, 500.
6. 見Vergé-Franceschi, *Paoli*, chapter two; Fernand Ettori, 'La formation intellectuelle de Pascal Paoli (1725–1755)', in *Correspondance Pascal Paoli*, I, 11–31.
7. *Correspondance Pascal Paoli*, II, 136–8.
8. 同上。
9. *Correspondance Pascal Paoli*, I, 239.
10. Graziani, *Pascal Paoli*, 139.
11. 保利確實嘗試過建立一支海上部隊，見James Boswell, *An Account of Corsica, the Journal of a Tour to That Island, and Memoirs of Pascal Paoli*, James T. Boulton and T. O. McLoughlin (eds.) (Oxford, 2006), 30.
12. 如同他似乎意識到的。見*Correspondance Pascal Paoli*, II, 62–3.
13. 邱吉爾在他的《英語民族史》(*A History of the English-Speaking Peoples*）第三冊當中採用了這項描述。他之所以把七年戰爭稱為世界大戰，不是因為全球的每個區域都被捲入其中，而是因為其暴力與反響對於多座大陸造成的影響達到了史無前例的程度。
14. 見Tonio Andrade, *The Gunpowder Age: China, Military Innovation, and the Rise of the West in World History* (Princeton, NJ, 2016), and Kenneth Chase, *Firearms: A Global History to 1700* (Cambridge, 2003)；關於戰爭的國家建構潛力有一項經典論述，見Charles Tilly, *Coercion, Capital, and European States, AD 990–1990*

注釋

以下的尾注實際上是一長串書目，也提供了進一步閱讀的建議。作者、書名與出版地點等資料都會在每章開頭完整列出。只要在可能的情況下，我都會為書中談及的個別憲法列出現有線上資料的詳細資訊，及其原始紙本的所在處。

引言

1. Giray Fidan, 'The Turk Travelogue: Kang Youwei's Journey to the Ottoman Empire', *Bilig* 76 (2016), 227–43. For the Ottoman background, see Erik Jan Zürcher, 'The Young Turk Revolution: Comparisons and Connections', Middle Eastern Studies 55 (2019), 481–98.
2. Aida Yuen Wong, *The Other Kang Youwei: Calligrapher, Art Activist, and Aesthetic Reformer in Modern China* (Leiden, 2016), 86.
3. William Blackstone, *The Great Charter and Charter of the Forest* (Oxford, 1759), i.
4. 關於此一論點的一項經典闡釋，見R. R. Palmer, *The Age of the Democratic Revolution: A Political History of Europe and America, 1760–1800* (2 vols., Princeton, NJ, 1959–64)。這部著作歷久不衰的影響，至今仍可見於下列這本書的引言裡：David Armitage and Sanjay Subrahmanyam (eds.), *The Age of Revolutions in Global Contexts*, c.1760–1840 (New York, 2010).
5. Theda Skocpol, *States and Social Revolutions: A Comparative Analysis of France, Russia, and China* (Cambridge, 1979), 186.
6. Max Roser et al, 'Global deaths in conflicts since the year 1400', in Max Roser (2020) 'War and Peace'。線上發表於OurWorldinData.org。於二〇一九年取自https://ourworldindata.org/warandpeace。感謝Roser教授允許我翻印這這張圖表。
7. 「傘狀戰爭」的概念來自Jeremy Black教授。
8. 摘自這些講課的合集：*General Economic History*, trans. Frank H. Knight (London, 1927), 325.
9. Jürgen Osterhammel, *The Transformation of the World: A Global History of the Nineteenth Century* (Princeton, NJ, 2014), 118–19。關於美國轉變為海洋帝國及其背景脈絡，見A. G. Hopkins, *American Empire: A Global History* (Princeton, NJ, 2018).

世界的啟迪

槍炮、船艦與筆墨：戰爭及憲法所催生的現代世界

The Gun, the Ship, and the Pen: Warfare, Constitutions, and the Making of the Modern World

作者	琳達・柯利（Linda Colley）
譯者	陳信宏
執行長	陳蕙慧
副總編輯	洪仕翰
譯校	Jonathan
行銷總監	陳雅雯
行銷企劃	趙鴻祐、張偉豪
封面設計	許晉維
內頁排版	宸遠彩藝

出版	衛城出版 / 遠足文化事業股份有限公司
發行	遠足文化事業股份有限公司（讀書共和國出版集團）
地址	231 新北市新店區民權路 108-2 號 9 樓
電話	02-22181417
傳真	02-22180727
法律顧問	華洋法律事務所　蘇文生律師

印刷	呈靖彩藝有限公司
初版	2023 年 04 月
初版二刷	2023 年 10 月
定價	750 元

Email acropolismde@gmail.com
Facebook www.facebook.com/acrolispublish

國家圖書館出版品預行編目(CIP)資料

槍炮、船艦與筆墨：戰爭及憲法所催生的現代世界/琳達.柯利(Linda Colley)作；陳信宏譯. -- 初版. -- 新北市：衛城出版, 遠足文化事業股份有限公司, 2023.04
面； 公分. -- (Beyond ; 47)(世界的啟迪)
譯自：The gun, the ship, and the pen : warfare, constitutions, and the making of the modern world

ISBN 978-626-7052-76-1(平裝)
ISBN 978-626-7052-78-5(EPUB)
ISBN 978-626-7052-77-8(PDF)

1. CST: 憲法史 2.CST: 世界史

581.09 112001214